除了野蛮国家，整个世界都被书统治着。

司母戊工作室
诚挚出品

美国文明经典译丛 03 丛书主编 钱满素

处女地

作为象征和神话的美国西部

[美] 亨利 · 纳什 · 史密斯 著
Henry Nash Smith

张骏 译

人民东方出版传媒
東方出版社

图书在版编目（CIP）数据

处女地：作为象征和神话的美国西部 /(美) 亨利 · 纳什 · 史密斯 著；张骏 译 . — 北京：东方出版社，2021.11
（美国文明经典译丛）
书名原文：VIRGIN LAND: The American West as Symbol and Myth
ISBN 978-7-5207-1791-5

Ⅰ. ①处… Ⅱ. ①亨… ②张… Ⅲ. ①美国—历史—研究 Ⅳ. ① K712

中国版本图书馆 CIP 数据核字（2021）第 224250 号

处女地：作为象征和神话的美国西部
（CHUNÜDI: ZUOWEI XIANGZHENG HE SHENHUA DE MEIGUO XIBU）

作　　者：[美] 亨利 · 纳什 · 史密斯
译　　者：张　骏
策　　划：姚　恋
责任编辑：闫　妮　杨　磊
装帧设计：张　军
出　　版：东方出版社
发　　行：人民东方出版传媒有限公司
地　　址：北京市西城区北三环中路 6 号
邮　　编：100120
印　　刷：北京联兴盛业印刷股份有限公司
版　　次：2022 年 1 月第 1 版
印　　次：2022 年 1 月第 1 次印刷
开　　本：640 毫米 ×960 毫米　1/16
印　　张：29
字　　数：310 千字
书　　号：ISBN 978-7-5207-1791-5
定　　价：88.00 元
发行电话：（010）85924663　85924644　85924641

走进美国学

——《美国文明经典译丛》总序

美国学是一门不过百年之久的新学科，顾名思义它以“美国”为研究对象。美国是个年轻的国家，立国不足250年，加上殖民时期也才400多年，对一个新兴民族的观察和反思是需要时间的。

早期殖民地的领袖们就很有历史感，弗吉尼亚的约翰·史密斯、普利茅茨的威廉·布拉德福德，还有马萨诸塞的约翰·温斯罗普等，都留下了定居点开创时的详细记录，更有大批殖民者留下了书信日记，它们都是弥足珍贵的一手资料。当时有一种观念在移民中很是普遍：在完成从英国到新大陆地理迁徙的同时，他们也摆脱了旧大陆的束缚，他们要在北美处女地上开拓新体制——一种符合上帝旨意，也符合自身愿望的新生活。

美国革命的领袖们也保留下了各种历史文献和原始记录，他们更是清楚自己在开创历史：在创立现代共和国。他们知道这是一项史无前例的事业，因而也是一场有风险的试验。人类有史以来，权力一向集中在极少数人手中，帝王将相们通过国家机器对人民实行强制统治，现在他们要推翻并彻底埋葬这种机制。他们宣称，人人生而平等乃是不需自证的真理，每个人拥有不可剥夺的天赋人权，人民是为了保护自己的权利才组建的政府。

自治这一新的政治原则在殖民地150年的历史中有过不同程度的实施，但都只是部分的，殖民地毕竟属于英王管辖。现在要将自治原则推广到13州联合起来的美利坚合众国，而且彻底到民选政府之上再无权威，这仍是一个疑问，尚未经过历史的检验。长期处于服从地位的普通人能不能自己治理自己？能不能理性地依据自己的长远利益去决定公共事务？对人性并不乐观的革命领袖们其实并不清楚这种主权在民的伟大理想是否真能成功，宪法制定中最大的困难正源于此，连华盛顿也很怀疑刚刚制定出来的新宪法能否维持20年。新生的共和国到底走哪条路？意见相左的双方在1790年代的第一届华盛顿内阁中便斗得势不两立，形同水火，他们各自声称是为了国家和人民的最高利益，是为了实现美国革命的理想。最终，杰斐逊的共和党在大选中击败了汉密尔顿的联邦党，杰斐逊自豪地将这次胜利称为“1800年革命”，自认为率领人民击垮了保皇党，保住了革命成果。

就这样，共和国的试验一路蹒跚地进行着，时而让人振奋，时而让人丧气，好不容易度过了建国初期的危机后，被一再推迟的奴隶制危机便接踵而至。林肯没有忘记合众国是一场试验，他说：八十七年前，我们的祖先在新大陆建立了一个新国家，它孕育于自由，献身于人生而平等的理念；内战就是在考验以这种信念建立的国家能否长久存在。在牺牲了60万条生命后，美国这个民有、民治、民享的政府终于没有从地球上消失。虽说联邦是保住了，但决不是完胜，矛盾又一次被掩盖了，就像宪法掩盖了奴隶制一样，种族冲突又埋下了下一次危机的种子。它一直在发酵，在酝酿，在爆发，可以说直至今天。当然，随着时代的发展，还有许许多多其他类型的对抗和冲突需要应对，美利坚这个试验还远无定论。但无论千变万化，一切变革的背景都是政治演化。民主制下的众声喧哗难以形成共识，当彼此差距大到不再相容时，当两大党追求着完全不同的纲领时，试问开国以来的政党政治还能继续吗？当一党上台后便忙于推翻另一党的遗产，国家该如何承受这样的反复折腾？往深里说，人类内心对自由的追求是否真能战胜其他的恐惧？美国的历史就是在试图兑现《独立宣言》所允诺的自由、平等、共和、民主，但这些立国原则——或曰美国理想——该怎么理解？怎么兑现？甚至说——真能兑现吗？

有一点不可忘记：当清教徒移民踏上新英格兰这片土地时，他们不过是几百几千几万人的小群体，宗教信仰一致，政治目标相似。当合众国创建时，美国也不过是个四百万人口的小国，虽然多元，仍然是一个相对同质、拥有共识的民族，至少在国民精神上是如此。现在美国人口已经膨胀到了三亿多，容纳了全世界所有不同种族和信仰的人群，并且不再强调移民的美国化，那么，当初建国者那代人设计的体制是否还能适合和满足如今所有不同的人群？建国者们的理想是否还是如今普选制下全体选民的理想？

从一开始，美国人就在研究自己。1702 年，科顿 · 马瑟发表了《基督在北美的辉煌》，为新英格兰教会建史。立国半世纪后的

1834年，乔治·班克罗夫特开始出版十卷本的《自美洲大陆发现以来的合众国史》。人物传记、史学著作以及各种体裁的文字记载一直延续着，很多是亲历者的观察和记录。

欧洲人也在观察这个新世界，从这个国家发出的消息总是让他们感到好奇，他们很想看看这个新大陆的共和国到底新在哪里，这个民主制度又与他们会有什么样的关系。怀揣这个目的，法国贵族托克维尔对美国进行了一番开拓性的考察，历时9个多月，美国的民主令他印象深刻。1835年他发表《论美国民主》这本重要的美国学经典，全面深刻地评说了19世纪初的美国体制与民情，对“身在庐山之中”的美国人也是一次自我认识和意识觉醒。

这样零星分散的对美国的记录和研究从来没有间断过，然而要汇聚成一门有体系有前途的严肃学科还需要积累和时机。当美国的发展达到成熟，美国的影响和地位被世界公认，整理和探究美国经验便成为一门应运而生的学问：美国的特质到底是什么？美国的试验是否获得了成功？它能否成为一个示范？它的前景又将如何？于是乎，美国学诞生了，它首发于美国，但不限于美国，因为美国的影响遍及全球。我们很难锁定美国学诞生的确切日期，但大致是在20世纪初，首批专注于美国学的学者和他们的奠基之作出现了：弗雷德里克·杰克逊·特纳的《边疆在美国历史中的意义》（1893）、查尔斯·比尔德的《美国宪法的经济解释》（1913）、弗农·路·帕林顿的《美国思想的主要流派》（1927）、佩里·米勒的《新英格兰思想》（1939）、F.O. 马西森的《美国的文艺复兴》（1941）、亨利·纳什·史密斯的《处女地：作为象征与神话的美国西部》（1950），以及随之而来绵绵不绝的新学者和新著作。美国学学会成立了，学术刊物面世了，大学纷纷开设美国学课程，设立美国学专业。研究从表面到深层，横跨了更多的学科——从政治、经济、历史、社会、文学文化等多方面多视角地深入考察，虽然各学派观点不同，方法有别，但探讨的都是美国的经历和成败、美国的体制和精神、美国的国民性格和文化意识，还有美国的区域特征，以及一切使美国成为美国的特质。

中国人研究美国首先立足于整体认识与把握，东方出版社策划这套译丛，并非完全出于学术兴趣，主要还是想协助国人了解美国这个不可忽略的存在——人类文明的一个重要组成部分，所以我们不会纠缠于定义和概念。中国的美国研究其实已经有些时日，不少美国学经典也早有了中译本，故而本译丛不会求大求全，只求在可能的条件下进行充实扩展，并首先挑选更适合中国读者阅读需要和兴趣的著作。我们相信，对美国的关注将会长期继续，这套译丛也因此是开放性的，我们将不拘泥于原著的发表年限，在条件成熟的情况下，三三两两地陆续推出首译作品，以飨读者。

2021 年 2 月 8 日

钱满素

献给埃利诺

二十周年重印版序言

本书最早出版于1950年。此次的新版本仍按原版本重印，只是进行了一些小的修订，删除了一些不合时宜的说法，更正了个别与事实有出入的地方。《处女地》一书所涉及的话题，在过去的二十年中已有诸多优秀作品论及，但是在我看来，还没有任何论著对该书的结论提出质疑。因此，我决定让此书总体保持原貌，不作大的改动。

尽管如此，的确有一个问题需要说明。这个问题来自原版本序言中有关“象征”和“神话”的以下说法：“这些想象之物是否能够准确地反映客观事实，我无意提出质疑。与客观事实不同，这些想象来自另一个认知层面。但是，我想要说明的是，它们有时对实际事务的影响显而易见。”从我以前的学生巴里·马克斯（Barry Marks）开始，一些评论者指出，书中一再讨论象征和神话与客观事实的关系，而上述观点在该书中却没有得到论证。那么，我所否认的究竟是什么？虽然措辞欠老练圆滑，其中的道理却并没有不当之处：我反对人们普遍把“神话”这个词简单地理解为一种谬说；我要坚持的是，我所讨论的这些富于想象力的解释与19世纪美国西部历史之间的关系远比一般的想象错综复杂。

我当初的看法实在是千真万确，甚至超乎自己的想象。原来我认为是他人失之简单化，如今重新翻阅这本书，不得不说我该接受惩罚，因为自己也犯了同样的错误。关于小说的性质，我从柏格森（Bergson）、列维－布留尔（Lévy-Bruhl）和韦欣吉（Vaihinger）那里学习到一些理论知识，但是在如何看待人们对西部的普遍认识这个问题上，我实际上常常是个简化论者。我往往把它们简单地看成对事实真相的歪曲，并认为这是它们最令人瞩目的特征。正如艾伦·特拉亨伯格（Alan Trachtenberg）最近的评论，我所使用的包含不同层面的隐喻，其分析模式“过于刻板、一成不变，具有二元性”。一方面，它促使人们在象征和神话之间作出过于死板的划分；另一方面，它也助长一种因循传统、埋头于书斋得以认识的所谓超精神历史现实。我的观念受到二元论的影响，使我难以认识到人的思想与其所处环境之间存在持续不断的辩证的互动关系，而我们对于物体和事件的认知都只是意识的一部分，就像幻想只是意识的一部分。

但是，也可以说《处女地》所呈现的材料丰富多样，足以弥补方法上的欠缺。从我最初关于象征和神话的只言片语到更为详尽的系统构想，其基础正在于此。一方面，这类形象往往是永恒的，不受时间的限制，因此它们和历史事件的关系始终变化不定。（1）第1章和第2章中关于刘易斯（Lewis）和克拉克（Clark）探险之旅的讨论表明，尽管探险家们并未找到一条可行的与东方贸易的通道（正如杰斐逊所希望的），通往印度的西北之路并不完全只是幻想。它激励人们走向新的探索之旅，最终找到了一条俄勒冈小道（Oregon Trail）。正是沿着这条小道，移民们得以横穿大陆从密苏里边疆一路西行抵达太平洋海岸。（2）诚然，世界花园的神话（第 13 章—第 15 章）并未完全成为现实，而且由于密西西比河流域的工业化发展，花园神话最终变成明日黄花。但是，其中包含的道理颇有几分不假：对于选民而言，自耕农的自由劳动为基础的农业经济理想远比南方种植园和奴隶制的神话更加富有想象力和吸引力。事实上，共和党赢得 1860 年的胜利，以及随后挫败南方的分离计划都无不大大得益于此。

第 16 章“花园与荒漠”谈及信念与物质环境之间更为错综复杂的关系，也为下列论点提供了证据：（3）随着内战之后移民们在半湿润平原上的农业拓居，花园神话一说兴起，并在一定程度上取代了大美洲荒漠的神话。“耕犁动，雨水至”这一极具想象力的信念，既是向平原拓居的社会和经济压力的结果，也是其原因。另一方面，第 19 章提出了以下论点：（4）为降雨量极其稀少的跨密西西比河流域西部广大区域营造的花园神话，由于掩盖了气候条件的真相，阻碍了值得人们期待的公有土地制度的改革。集体的描绘与历史进程之间的相互影响只需再举出一例便可说明，即（5）体现在弗雷德里克 · 杰克逊 · 特纳（Frederick Jackson Turner）的“边疆假说”（见第 22 章）中的花园神话要素赋予了该假说一种想象力，超越其表面意义，解释了经济、社会和政治的发展变迁。

综上所述，可以得出以下结论：离开了形象，就不可能有人类历史——人类就不可能从事有目的的集体活动。正是这些形象表达了人们共同的向往，同时又凝聚起无限繁杂、无限多变的感受和体验。当然，这些形象绝非对自然和社会环境精确无误的复制。它们之所以能够激励和指引人们采取行动，原因在于它们极为简明易懂，让人一目了然。但是，追求形式简明必须经过考证核实，言而有据。否则，象征和神话也可能带来危险，煽动人们采取与相应历史环境严重不符的行为。联邦法规赋予农业的特殊地位表明，现在已经过时的花园神话依然对国会有显著影响。

除了在初版序言中列出的感谢对象，我希望在此特别感谢巴里·马克斯、罗伊·H. 皮尔斯（Roy H. Pearce）及艾伦·特拉亨伯格，感谢他们对《处女地》提出富于见地的批评；感谢艾伯特·约翰森（Albert Johnson）关于比德尔出版丛书千头万绪的书目提出的详尽意见；还要感谢罗伯特·赫斯特（Robert Hirst）在编辑方面提供的专业协助。

H.N.S.

加利福尼亚州，伯克利

1969 年 10 月

第一版序言

“象征”和“神话”这两个词语在本书中常常出现，值得在此提醒读者。我使用这两个词来命名同一种类事物中或大或小的组件，即一种把概念和情感结合在某个形象中的思想创意。我所讨论的象征和神话还有另一个特性：它们是集体的描绘，而不是个别人别出心裁之作。对于这些想象之物是否能够确切地反映客观事物，我无意提出质疑。与客观事实不同，这些想象来自另一个认知层面。但是，我想要说明的是，它们有时对实际事务有着显而易见的影响。

在长期专研这一主题的过程中，我受惠于诸多学者的思想，种种启迪教益永难回报，感激之情亦难尽言。受约翰 · H. 麦金尼斯（John H. McGinnis）和 J. 弗兰克 · 多比（J. Frank Dobie）的启发，我才开始关注西部在美国社会中的重要性。承蒙霍华德 · M. 琼斯（Howard Jones）和弗雷德里克 · 默克（Frederick Merk）指导我进行相关研究，才有了现在这本书。如果没有伯纳德 · 德沃托（Bernard DeVoto）一次又一次的指点，诸多资料于我就会失之交臂。我以前的学生里奥·马克斯（Leo Marx）和 J.C. 列文森（J.C. Levenson）做了大量工作，帮助我从古旧文献中解放出来。肯尼思·麦克莱恩（Kenneth McLean）和 A. 惠特尼·格里斯沃尔德（A. Whitney Griswold）给予了我这个陌生人专业的建议，表现了真正学者的慷慨无私。我之所以会引起他们关注，仅仅因为我们在思想方面的共同兴趣。路易斯·B. 赖特（Louis B. Wright）、罗伯特·G. 克莱兰（Robert G. Cleland）、伯纳德·德沃托和西奥多·霍恩伯格（Theodore Hornberger）阅读了全部书稿。他们的学识和智慧让我获益匪浅，但我书中的异想天开之处自然不该由他们承担任何责任。几所图书馆的工作人员也给予了我莫大的帮助，特别是哈佛大学图书馆、得克萨斯大学米拉博·B. 拉马尔图书馆、明尼苏达大学图书馆、亨利·E. 亨廷顿图书馆和艺术馆的工作人员。亨廷顿图书馆和洛克菲勒基金资助了为期一年的学术假期，让我得以放下教学，专心写作。此外，明尼苏达大学研究生院研究基金也为我提供了慷慨的经济资助。

本书部分内容曾略加修改后发表在《亨廷顿图书馆季刊》《密西西比流域历史评论》《太平洋旁观者》和《西南评论》上。承蒙这些杂志的编辑允许我重印相关内容，在此谨致谢忱。

H.N.S.

明尼阿波利斯

1949 年圣诞节

CONTENTS

目录

第 2 卷　皮袜子的儿子们

第3卷　**世界花园**

序幕

十八世纪的开端

> 我依稀察觉……一股新的力量，
>
> 那是普通人在这片荒原上忙碌的身影。
>
> ——威廉·吉尔平（William Gilpin），《中部宝地》（*The Central Gold Region*，1860）

何为美国人？美国革命之前，圣约翰·克雷夫科尔（St. John de Crèvecœur）曾经发问。从他那个时代起至今，每一代人都在反复提出这个问题。诗人、小说家、历史学家和政治家们也曾力图给出答案，但是他们努力把握的民族自我意识各不相同，最终总是没有定论。托马斯·杰斐逊（Thomas Jefferson）时代的人强调自由与共和，并将之视为美国社会的本质特征；此后的思想家们则强调数以百计的不同民族合众为一，超越地域和种族界限融为一体，或强调能工巧匠的心灵手巧，又或强调对于商业经营的满腔热忱。但是，对于美国社会生活特性的各种概括中，始终贯穿着一种看法：有种无法抗拒的力量塑造了我们这个社会。它源自一片空旷无主的陆地，它吸引着人们一路向西，穿越阿勒格尼山脉（Alleghenies），横跨密西西比河河谷，越过远西地区的高原和群山，万里跋涉来到太平洋海岸。

上述观点不证自明。至少在一定程度上，克雷夫科尔已有所领悟，之前还有本杰明·富兰克林，而之后则有爱默生、林肯、惠特曼以及千百个其他作家。但对我们来说，它带着威斯康星历史学家弗雷德里克·杰克逊·特纳的个人印记。1893 年，芝加哥世界哥伦比亚博览会美国历史学会会议上，特纳在他宣读的论文《边疆在美国历史上的重要性》中，对此给出了经典的论断。特纳断言，他确信随着西部自由土地的边疆的关闭，西进运动即将结束。尽管如此，整整一代历史学者却继承了他的学说，按照这一假说着手重写美国历史。虽然出现越来越多的学者反对特纳的理论，但这一假说至今依然是关于美国历史最为人熟知的解释。

特纳才华出众，极具说服力。但是如果没有思想上、态度上的广泛呼应，边疆和西部主导了美国社会发展的论点几乎不可能如此让人普遍接受。正是由于这一理论广为大众接受，证明它表达了一种普遍深入人心的信念，因而近来围绕特纳的实际用意以及他的假说的正误的争论就绝对不仅仅是学术上的分歧。这场争论事关今天许多美国人——也许是绝大多数美国人的自我形象，事关美国人如何看待自己的历史，因而也事关他们打算将来成为什么样的人。

本书探究的是西部——边疆以西空旷无主的陆地——对美国人思想意识产生的影响，以及迄至特纳予以阐述为止这一影响在文学、社会思想方面的主要结果。不管特纳假说的价值如何，美利坚合众国是大陆国家而不是欧洲大西洋共同体的一员这一观点对于美国精神的塑造产生了决定性影响。因而，单就这一观点本身来看就值得从历史角度加以探讨。

十八世纪之初，在大西洋沿岸殖民地外围地区居住的那些英王的子民心中，阿巴拉契亚山脉（Appalachian Mountain）以西的西部形象极其模糊不清。杳无人迹的森林不再如迈克尔·威格尔斯沃思（Michael Wigglesworth）1662 年描述的那样，像个“魔鬼的巢穴”，

> 狂风呼啸的荒野
> 看不见一丝人迹，
> 只有恶鬼和野人
> 得到魔鬼的礼拜。[1]

然而，对于内陆地区的情况，说英语的殖民地人中很少有人拥有确切可靠的知识。如果说西部曾经受到过欧洲人的控制的话，那么非法国莫属。早在 17 世纪 90 年代，英国殖民者就曾与法国人为敌开战。但是，即便是最大胆的预言家也无法想象，有一天英国的势力会扩展到广阔无垠的密西西比河流域。当时，不列颠帝国的发展走上了一个不同的方向，即走向称霸七大洋而不是走向北美洲空旷而遥远的内陆地区。

对英国在密西西比河流域所施行的政策，最早的分析基于以下观点。在内陆地区拓居移民或许是抵御法国的一种权宜之计，或者只是皮毛贸易的一个副产品，其本身没有任何意义。政府没

有理由鼓励向内地殖民，这是因为农产品太过笨重不便从内地运往沿海，而不列颠帝国奠基于海上贸易，这类殖民地在其中发挥不了作用。1721 年，贸易和种植联合会呈送给乔治一世（George I）一份备忘录，提出“今后无论何时，如在阿巴拉契亚山脉以西或在湖畔地区进行殖民，都有必要将其发展基础建立在与印第安部落贸易的利益之上，而不是寄希望于在远离海岸的内地靠种地而有利可图”。[2]

到 1763 年，法国人战败后，英国的影响显然可以就此拓展到密西西比河流域。即便如此，国务大臣埃格雷蒙特勋爵依然义正词严地提出，应该禁止那些渴望移民的美洲人搬去内陆。应该引导他们搬到靠近海洋的新斯科舍（Nova Scotia）或佐治亚。“在那里他们将有益于自己的祖国，而一旦扎根于政府鞭长莫及的美洲中心地带，由于很难采购到欧洲商品，他们将不得不诉诸商贸和生产，从而极大地有损于不列颠的利益……。”[3]

上述有关不列颠帝国问题的分析合情合理。美洲殖民地出产各种原料，英国商人则在联合王国或欧洲大陆为它们找到市场进行出售。除了像食糖这类亚热带特有的产品外，欧洲在食品生产方面总体依然自给自足。毛皮、烟草和海军补给品——松节油、沥青、用于造船的木材等商品都可以在英国或欧洲其他国家找到市场。但是，俄亥俄河流域的农民似乎不大可能生产出什么值得运往大西洋彼岸的产品。出于务实的经济方面的考虑，议会中有一派人反对取代法国接管密西西比河流域。显而易见的是，人口从靠近海岸的地区向内地扩展将会造成诸多管理上的困难。这一点自然为经济方面的考虑提供了有力的支撑。

但是美洲西部客观存在着，这种客观存在的重要意义或许尚未可知，却极为惊人。美国革命之前围绕这一帝国性质的争论就深受其影响。北美内陆的可耕地幅员辽阔，一望无垠，足以养活数目庞大的人口，是规模空前的潜在财富。这片不曾开发利用的自然资源具有磁石般的魅力。但它却与建设一个以海上贸易为基础的帝国这一观念格格不入。因为前者意味着密西西比河流域一幅截然不同的图景：人口稠密、基本实现自给自足的农业社会。于是，西部提出了一个重大问题：能否让该帝国的组织结构富于弹性，既允许北美拓展农业的做法，同时又不至于打破以伦敦为中心的经济和政治上的完整性?

真心实意的“帝国爱国者”可能坚持认为不列颠体系进行如此富于创造性的发展，既不可避免又值得期待。例如，1763 年巴黎和会上威廉 · 皮特（William Pitt）作出接管法国在美洲领地的决定，表明他赞同这个普遍认可的观点。[4] 而像本杰明 · 富兰克林这样拥有先见之明的理论家已经在美洲殖民地的土壤中诞生。因为他认识到，在不列颠霸权的未来发展中，北美洲可能会成为昭示未来的重要力量。富兰克林曾在几家土地开发公司享有权益。为协助它们从英国国王那里得到俄亥俄河流域的土地授权，他负责撰写了一些关于西部移民的小册子。有关这一新兴力量对于美国社会发展的意义，他在结论中曾作出十分准确的预言。

首先，他领会了从一个多世纪英国新世界殖民经历中提炼出的基本原则。他懂得，农业将在未来很长时期继续成为美洲大陆占据主导地位的经济产业。传统的理论学说是从商人的视角发展而来，其前提是贸易乃不列颠影响力的基础。这是从广义上来看，为方便起见或许可以称之为重商主义。而另一方面，富兰克林是从重农主义者的角度讨论问题。起初，他采用的是 17 世纪后期约翰 · 格朗特、威廉 · 佩蒂爵士及其追随者的“政治算术”论。这一方法展示了最早有关人口趋势的统计学研究的手段。但是，后来他意识到由于边疆以西的无主土地广阔无垠，取之不竭，美洲的人口出生率与“完成了充分开发的旧世界的国家，例如欧洲”的出生率并无关系。新世界的人口在以每隔二十年翻一番的速度增长。如此几何级的发展速度会带来令人吃惊的结果。他断言，未来一百年间，美洲讲英语的殖民地的人口将“超越英格兰的人口，而绝大多数的英国人将会生活在大洋的此岸”。[5]

这是不列颠政治家们必须面对的一种新兴的力量。为全力抑制这一力量，他们可能会通过立法禁止在内陆地区开拓殖民地。然而，这类法律不大可能收到多大成效。对此，富兰克林一贯态度温和不予评价，直到后来他争取土地授权的努力一再失败，让他失去了耐心。此外，在不列颠政策决策者面前，还有一条既明智又富于建设性的道路。英格兰的商人们必须意识到，北美这样的殖民地作为潜在的市场远远要比单纯作为原料产地更加重要。富兰克林力图说明，对于帝国的贸易来说，在内地进行农业开发非但不是毫无意义，而且将会为英国制造商提供最大的市场。他指出由于自由土地不断吸引来自城市的劳动力，城市工人的工资就会保持在较高水平。实际上，这一说法近乎流传至今的“安全阀”理论。正是由于这个原因，在可以预见的未来，制造业对于美洲人而言仍将会是无利可图的行业，而英国商人则将因为出口，自然而然地垄断这个不断扩张的市场。由富兰克林与理查德 · 杰克逊（Richard Jackson）——一位宾夕法尼亚殖民地驻伦敦的代理人，合作撰写的小册子中，这一论点得到清晰精彩的阐释。

> 新的拓殖地将会不断从老的拓殖地吸引剩余劳力，而我们现有的殖民地不会……即便是为他们自己的居民从事制造业，更不用说为那些后来的人了。
>
> 因此，几个世纪之后，等到那片土地与英格兰一样人丁兴旺，我们的贸易一定会持续发展，与之相伴的一定是我们海上力量的发展强大。因为，海洋横亘在我们和他们之间，我们的船队和海员也必定伴随贸易的发展而发展。[6]

这一愿景一时激起了富兰克林少有的澎湃热情。“届时，从海洋到陆地，不列颠帝国的力量扩张到何等地步！”“贸易和航运事业繁荣到何等地步！船只和海员的数量增长到何等程度！”[7]赞叹之情满怀诚挚，不容置疑。

然而，富兰克林为新帝国描绘的蓝图注定会引发英国人的种种疑虑。1760年，他在写给凯姆斯勋爵（Lord Kames）的信中表现出少有的天真：“一直以来，我始终认为不列颠帝国未来繁荣和稳定的基础在美洲……。”[8]要求英国人怀着喜悦之心期待有一天伦敦变成一个外省都市，听命于远在北美洲内陆的某个帝都，这未免有点过分。但是，在富兰克林之前，这个想法就已经有人提及。伯克利主教（Bishop Berkeley）在18世纪20年代曾经略带伤感地写过“帝国向西进发”[9]的话，而他有关国运更迭，天命注定一说也为英国人所熟知。希腊帝国曾经让位于罗马帝国，罗马因北欧的崛起而被取代，不列颠国力日盛的同时，法兰西和西班牙帝国则日薄西山。难道美洲注定将继承未来世界的主宰权？时至1774年，《米德尔塞克斯》（*the Middlesex Journal*）杂志的一位作者还曾用反感的口吻指出，英格兰普遍流行的看法是把美洲视为帝国未来的希望所在。刊登于《劳埃德晚邮报》（*Lloyd's Evening Post*）的一则幽默小品则刻画了两个美洲人于1974年造访伦敦，结果发现伦敦如巴尔贝克（Belbec）或罗马一样，已经成为废墟。[10] 20世纪中叶的现实已经给予了无情的、戏剧性的讽刺。

对于这类观点，美洲人自然比英国人更加认真。例如，菲利普·弗雷诺（Philip Freneau）和休·亨利·布拉肯里奇（Hugh Henry Brackenridge）为1771年普林斯顿大学毕业典礼而作的诗歌，“美洲的荣耀如日东升”中，这一主题得到充分的演绎。* 两位桂冠诗人感叹道：“试问”，

何等帝国原本就注定强盛，
何等王国、强国和政权的今天
只是死寂的荒原，隔绝于世，
只有忧伤笼罩，满眼孤独凄凉
希望有朝一日，不列颠的子孙
将英联邦版图拓展到北方、南方和西方

---

* Philip Morin Freneau（1752—1832）美国诗人、散文家、编辑，被称为“美国革命的诗人”；Hugh Henry Brackenridge（1748—1816）美国作家，创作的小说*Modern Chivalry*（1792—1805）是美国独立战争后第一部描写边疆生活的小说。二者是同学、朋友，合作创作了*The Rising Glory of America*一诗。该诗描绘了北美大陆从大西洋海岸到太平洋海岸成为一个统一国家的美景。（译者注）

从大西洋海岸一路向西直达太平洋海岸。[11]

1771年的情况并不明朗。太平洋海岸的不列颠子孙们是否依然会做国王的忠诚子民？为避免伤感情，对这个问题人们含糊其词，不得其详。但是，伴随美国的独立，美国的民族主义精神不断发展，对美洲大陆天命的信仰很快成为其主要内容。乔治·克洛根（George Croghan）是个对西部土地投机颇感兴趣的人，被称为“美国的地理通”。其门生托马斯·哈钦斯（Thomas Hutchins）于1784年出版《路易斯安那和西佛罗里达的历史故事与地形地貌》（*Historical Narrative and Topographical Description of Louisiana, and West-Florida*），对这个新国家的未来发展作出了预言，基本道尽了19世纪40年代“显然天命论”（Manifest Destiny）者的学说宏论。根据世界强国应运而生更迭换代的传统观念，他发现，在北美大陆丰富多样的自然资源中，孕育着一个历史上前所未有的强国的希望。在这片大陆上——包括西班牙领地在内，他估算可居住的面积为350万平方千米，并声称：“如果我们想得到它，我敢保证它很快就会属于我们。”已经在新世界开始成长的未来帝国的居民们，

远离来自地球上任何其他地方的攻击，遭遇危险的可能极小，有能力垄断所有的大陆贸易，不仅统治美国本土，而且安然拥有全世界海洋的统治权。在此之前，他们的世代祖先曾经享有过这种权力。

总之，“从今往后，行走在北美大地上的将是这个世界前所未有的一流的民族，……这片土地一定会忠实见证”。[12]

蒂莫西·德怀特（Timothy Dwight）在其诗集《格林菲尔德希尔》（*Greenfield Hill*）中收录了一首关于西部扩张的礼赞狂想诗。从中可见，对于上述激情昂扬的主题，即便是保守的新英格兰也按捺不住，作出了响应。

> 致敬，你这西部世界！借上帝之手
> 立光辉之样板，只为人类之新生。
> 不久，你的儿子将横穿大陆，漫步西方；
> 在遥远的太平洋海岸，找到他们的家乡；
> 带去规则、信仰、生活方式和谋生技艺，
> 且将他们的自由精神在亚细亚海岸远扬，
> 曾几何，那有六千个太阳终年往复周转，
> 烈日下，杀戮遍及四野，恐怖笼罩荒原，
> 城镇、神庙皆难幸免，而你的儿子将无比自豪；
> 因为每一条潺潺溪流侧畔，都有村庄生机焕发；
> 西部的惊涛巨浪，有壮丽的康默斯防波堤抵挡；
> 洁白的灯塔，在起伏的波浪中高耸忽隐忽现；
> 一张张船帆，在清晨透明的桅杆上鼓足海风，
> 还有那星条旗，正迎着来自朝鲜的劲风飘扬。

其中，甚至可以读到一丝后来惠特曼在其诗作《通往印度之路》（*Passage to India*）中所描绘的世界大同的幻想。

> 就此，这般福分将惠泽他乡异域，
> 身处沙漠的鞑靼人为好日子欢呼；
> 蛰伏已久的中国为之惊醒而觉悟；
> 秘鲁亦挺起身将苦难的锁链打破；
> 手牵着手，心连着心；
> 一条伟大的纽带，所有亚当的子孙：
> 神圣的诺言圆满实现，
> 和平与虔诚充满人间。[13]

托马斯·杰斐逊曾经对这一过程进行过更为具体的分析。他相信，来自大西洋海岸殖民地“老巢”的居民就此将遍布整个美洲大陆。他于1786年写道：美利坚合众国的人口居住密度已经达到每平方英里10人，而且“一旦达到这一密度，由于感觉太拥挤，当地的居民就会变得不自在，于是就会大批离开，去寻找空旷无人的地方居住”。丹尼尔·布恩（Daniel Boone）在山脉另一边的冒险经验已经一清二楚：

> 最近，我们看到有一个人决定前往肯塔基定居。那个地方与其他白人定居点相距数百英里，而他带上家人和几户邻居一同搬了过去。虽然印第安人的骚扰总是不断，十年时间里他们的定居点却吸引了30000名定居者。就在我们记录下这个数字的时候，定居人数仍在上升。该地原本是一个州的一部分，如今州政府已经同意其独立。[14]

按照这个速度，他估计定居者会在四十年之内占据密西西比河以东所有地区。之后，人们将开始向密西西比河以西移居，毫无疑问，最终还会涌入南美洲。

甚至在美国革命正式结束的标志——和平协议签署之前，菲利普·弗雷诺就已经详细描绘了西部未来的辉煌愿景。他于1782年写道，未来北美帝国的农业将登峰造极，高度发展。由于新世界的财富在全球得以共享，各民族人民情同兄弟。伟大的时代将会重新开启，那将是“古代的先知用无比美好的辞藻描绘过的……幸福时光”。正如人们后来创作的数以百计有关西部的礼赞和狂想之作中所描绘的，北美大陆的自然风貌是这幅画卷的主要内容。根据这些描述，美国内陆地区土地肥沃，风景优美，迷人之处难以言传，令人耳目一新。动物们成群结队，穿过茂密幽深的森林，漫游在郁郁葱葱的草地上，不属于任何主人，也不期望人类援手饲养。千百条河流汇入密西西比河的滔滔巨流，

> 这条大河从某个不知名称的源头聚集起最初的水源，穿越严寒的北方，滚滚向前，一路向东向西伸出长长的手臂，拥抱那些既不曾有游人踏足，也不曾有诗人称颂，抑或经过专业测绘的原始丛林；与俄亥俄河交汇后，它转身向南奔涌而去，一路接纳了密苏里河和上百条其他河流。这条万河之王奔流而下，最后以汹涌澎湃之势注入墨西哥湾。大河所到之处在河流两岸形成众多肥田沃土，为一些几乎不为人知的民族，甚至没有名称的民族提供了居所。相比之下，尼罗河不过是涓涓细流，多瑙河也只是形同沟渠。[15]

这段文字所蕴藏的情感远比它表面的内容更为引人瞩目。高大茂密的林木、野牛群（不知为何化身为性情温顺的奶牛群，或许是借“牧场”一词所隐含的意义而得）、怡人的气候，无不沐浴在乌托邦幻想般的金色迷雾之中。将密西西比河与旧世界其他知名河流进行比较，透出对于边疆的夸张，妙趣横生，给这篇严肃而高雅的散文平添了喜剧色彩。全文以一种孤傲、冷淡但令人印象深刻的平易的语调收尾。什么样的旅行者可能深入这些丛林和荒凉之地？什么样的探险者可能为这些无名的部落命名？什么样的诗人可能会歌咏这些西流的江河呢？

早期有关美利坚帝国的想象包括两种构想，彼此不同但又常常纠缠在一起。一方面，人们认为这个帝国享有制海权；另一方面，也有人认为未来这个帝国占据美洲大陆的内陆腹地，是一个人口众多的社会。如果说这两类帝国并非彼此排斥——毫无疑问，爱国者们必然坚持任何光荣和伟大全都属于自己的祖国——那么，它们赖以存在的经济基础一定彼此不同，这也意味着它们会采取彼此不同的政策。独霸世界贸易这一雄心显然得自英国重商主义理想。从另一个角度看，在西部沉闷荒凉之地创设新州是一个雄心大业，有赖于人口的增长，而人口的增长来自深入肥沃空旷的内陆进行农业开发。关于美利坚帝国想象的第二种看法建立在土地所有权的基础之上，更近乎符合 19 世纪社会发展的实际进程。

上述两种设想均对西进运动的结果作出了预言。要想成为海上霸主，必然意味着美国要向西扩张直至太平洋。而关于寻找一条通往亚洲的西北通道，或者用惠特曼的话说寻找一条“通往印度之路”的故事由来已久，意味深长，这也成全了这一想法。本书第 1 卷讨论的主题即在于此。狩猎者和使用陷阱的捕兽者承担了横跨大陆进行扩张的开拓者的角色，也成为美国神话的一个组成部分，此乃本书第 2 卷的主题。立足农业，并反映在西部可能实现的“美好社会”的种种形象，这样一个大陆帝国的设想不同凡响，或许可以称之为“世界花园”主题。其来龙去脉将在本书第 3 卷予以描述。

第 1 卷

通往印度之路

就此踏上那最最遥远的西部之路，
不因密西西比河或太平洋而止步，
也不会止步于老生常谈的中国或日本，
这探险之旅如经过大地的切线一往无前，
无论冬夏，日以继夜，哪怕日月沉沦，
哪怕最后，地球随之沉没也绝不罢休。

亨利·戴维·梭罗（Henry David Thoreau），
《瓦尔登湖》（*Walden*，1854）

第 1 章

通往太平洋之路：托马斯·杰斐逊与远西地区

如前文所述，杰斐逊相信最早来到美洲大陆的英国殖民者的后代将最终占据整个北美。尽管如此，这毕竟是既遥不可及，又无法看清的未来的事。从某些方面来看，当时他对远西地区的态度类似于英国当局在美国革命前对待俄亥俄河河谷的态度。也就是说，他把这个地区视为毛皮商人而不是农民占据的地方。他似乎并不觉得自己虔诚信奉的平均地权论可以适用于密西西比河以西地区。维护社会秩序的本能要求，或许再加上来自他的联邦党的对手的攻击，导致他在收购路易斯安那之时提议，应该将密西西比河右岸转变为印第安人居留地，至少为期五十年。“除非我们已经把河这一边的空地填满”[1]，必须禁止向河对岸移民。

然而，杰斐逊显然是“美国向太平洋推进的思想之父”。在从政之初，他就开始搜集与广阔的内陆腹地有关的资料，因为他认为这一地区原本就包括在弗吉尼亚殖民地最初的土地特许状之内。1784 年至 1789 年是他在巴黎出任外交使节的五年。他后来写道，他收集到了“相当齐全的有关路易斯安那题材的著述，既有英国、法国作者，也有西班牙作者”[2]。由于不满足于购买书籍和整理笔记，他还长期致力于推动对横贯密西西比河地区的实地勘探考察。在巴黎的时候，他制定了一个计划，由康涅狄格的旅行家约翰·莱迪亚德（John Ledyard）向东穿越西伯利亚前往太平洋西北地区，然后再从那里由陆路穿越北美大陆抵达弗吉尼亚。但是这一探险计划受到凯瑟琳女皇的阻挠。回到美国，出任华盛顿总统政府内阁的国务卿一职后，杰斐逊曾安排法国科学家安德烈·米肖（André Michaux）由美国哲学学会（American Philosophical Society）赞助，考察太平洋西北地区。这一计划同样未能实施，原因是米肖牵扯进了法国大使热内（Genêt）煽动对外战争的阴谋。[3]

1801年，杰斐逊宣誓就职总统，他终于能够实施酝酿已久的考察远西地区的计划。他派遣梅里韦瑟·刘易斯和威廉·克拉克沿密苏里河北上，翻越落基山脉（Rocky Mountain），一路到达哥伦比亚河口。表面上看，此次探险的目的是一次科学考察。为刘易斯和克拉克进入西班牙领地，他在向马德里申请许可时正是这样说明的。但是，一个有责任心的政治家不大可能忘记，地理知识乃是经济渗透，乃至最终政治统治的必要准备。追求科学知识乃是为毛皮贸易提供方便。蒙特利尔的西北公司正向加拿大西部扩张；亚历山大·麦肯齐（Alexander Mackenzie）已经于1793年抵达太平洋海岸。英国毛皮商人早已南下并立足现在的明尼苏达、达科他州所在地。事实上，1804年至1805年的冬天，刘易斯和克拉克在是在北达科他州俾斯麦附近的曼丹村度过。他们发现英国人当时已经牢牢控制了密苏里河上游地区的毛皮贸易。

当时必须鼓励美国捕兽者前往该地区，以抵消英国人的势力，因为英国强大的经济地位可能轻而易举令其在横贯密西西比河大部分地区的影响力进一步扩张。[4]吸引美国毛皮公司进入该地区的最佳办法就是让他们有利可图。这就意味着，要为他们找到一条比英国商人掌控的贸易通道更加便捷的途径。杰斐逊向国会提出，加拿大线路从蒙特利尔到落基山脉，沿诸多湖泊和河流行进，“无法与密苏里河线路相竞争”。因为后者线路较短，且有连续不断的水路相连，无须陆路接驳运输，可能只需一段短途的陆路运输翻越落基山脉，就可抵达太平洋海岸。[5]

给国会的这封著名的信件中列出了具体计划，但实践证明并不可行。美国毛皮商人沿密苏里河北上前进，抵达某个地区以便从那里对付英国商人，这一设想由于心怀敌意的黑脚印第安人有效封锁了水路通道而告吹。而寻找一条贸易通道翻越大陆分水岭，沿哥伦比亚河而下，从而抵达太平洋海岸的努力，也由于地形难题宣告失败。甚至梅里韦瑟·刘易斯也不得不坦承，如果取道密苏里河和哥伦比亚河跨越北美大陆，最为可行的交通路线需要340英里陆路行程，其中有140英里需要“翻越崇山峻岭，包括60英里终年积雪的山路”[6]。

但是，与杰斐逊犹如大地一般宽广的眼界相比，这些实际困难不算什么。刘易斯和克拉克勘察活动的重要意义在于它的想象力：它是戏剧，它把昭示未来的神话搬上了现实的舞台。它把原本仅仅只是概念之物具体化，在美国人心中牢牢树立起跨大陆交通干线的形象，使之就算历经失败也无法撼动。约翰·雅各布·阿斯特（John Jacob Astor）雄心勃勃的计划是立足阿斯托里亚（Astoria），建立起哥伦比亚河谷与东方之间的贸易，然而英国海军在“1812年战争”中占领了这一堡垒，并监督，实际上是强制将这一财产出售给了西北公司（The North West Company），因而打乱了他的计划。但是，美国毛皮商们下定决心打通北落基山脉的通道。19世纪20年代，威廉·阿什利（William Ashley）和杰迪代亚·史密斯（Jedediah Smith）开辟出一条穿过普拉特河谷（Platte Valley），翻越南山口（South Pass）的陆路通道。[7]接下来的二十年里，统治西北地区的经济成为英国和美国捕兽者彼此竞争的目标。这场斗争中，美国人再次失利。毕竟，他们的对手是世界上最强大的商业帝国。他们的另一个对手是1821年收购了西北公司的哈德孙湾公司（Hudson Bay Company）。该贸易公司拥有英国执照，两个多世纪以来积累了丰富的实际经验，且得到政府的有力支持。对俄勒冈的争夺，只要依旧立足毛皮贸易且以帝国为对手，英国就始终坚不可摧。

另一方面，日后称为“俄勒冈小道”（Oregon Trail）的陆路通道的发现，其最终影响远比毛皮贸易要大得多。19世纪30年代后期和19世纪40年代早期，密西西比河流域的经济普遍不景气，使得西部人对于俄勒冈的自由土地充满期待，渴望俄勒冈会有更好的市场。边疆农民一旦了解到，只需带上自己的枪、马车和牲畜，他就可以与家人一路跋涉直达太平洋海岸，这自然激发了他的全新的热情，使他投身到与西北的英国人的竞争之中。[8]美国拓居移民大迁徙的第一批移民进入威拉米特河谷（Willamette Valley）之后，不到5年时间，哈德孙湾公司这一重商主义巨头就放弃并撤离了该地区。《1846 年条约》（*The Treaty of 1846*）确立北纬 49 度为边界线，即今天的边界线所在，仅仅是以官方形式记录下这一事实：美国的农业边疆已经推进到了俄勒冈。

第 2 章

通往印度之路：托马斯·哈特·本顿与阿萨·惠特尼

1804 年，刘易斯和克拉克抵达太平洋海岸，再次唤醒了与美国相关联的最为古老的想象：探寻一条通往印度之路。在寻找传说中的东方财富过程中，哥伦布发现：一个新世界横亘于欧洲与亚洲之间。自此，许许多多来自各个国家的探险家几乎从未停止探寻，只为找到一条既可以穿越或是绕过这一障碍，又不必横穿西班牙领地的通道。17 世纪，在弗吉尼亚就组织过好几次这样的探险，其目的正如威廉·伯克利总督在 1669 年谈及自己的计划时所写的，在于“寻找东印度海”[1]。当时以为这段距离并不十分遥远——翻越阿勒格尼山脉后，或许只是 10 天的路程。但是，人们逐渐认识到北美大陆的幅员极其辽阔，因而放弃了这一计划，转而尝试绕着大陆通过海路寻找一条西北通道。其结果同样劳而无功。

直到 18 世纪末，密西西比河以西的西部地区始终朦胧而又遥远，人们几乎可以随心所欲像作家那样加以想象。然而，其中有些想象多少带有以下特征：目的明确、延续传统。1771 年，弗雷诺与布拉肯里奇合作的毕业典礼诗歌就是一个例证。诗中描绘了帝国向西发展的进程，预言在未来的美洲，堪与旧世界的辉煌帝都媲美的都市将如雨后春笋般出现：在白雪皑皑的北方将出现圣彼得堡（Saint Petersburg），墨西哥将出现巴比伦（Babylon），在南美洲的奥里诺科河（The Orinoco）畔将出现尼尼微（Nineveh）。生活在未来的远西地区，你会看到

> 一个新的巴尔米拉（叙利亚古城）或埃克巴坦（古国米地亚首都）
> 那回到家乡的商旅车马，缓缓而行
> 从太平洋海岸而来，跋涉万水千山，
> 载回远渡重洋的波斯丝绸，五彩斑斓，
> 还有阿拉伯的香水，而难得一见的香料
> 来自菲律宾、科尔伯和马里亚纳群岛，
> 或是（墨西哥）阿卡普尔科海岸——我们眼中的印度，
> 珍宝载满车马，金灿灿的宝石让人目眩神迷。[2]

如果诗中描绘的仅仅只是令人心仪的幻想，我们同样可以在托马斯·哈钦斯那样的严肃作家笔下看到：北美洲终将支配东方贸易。[3]

显然，杰斐逊完全懂得太平洋西北地区和亚洲之间的关系。因为按照他的计划，由约翰·莱迪亚德取道西伯利亚前往美洲海岸，此外他在给米肖的指示中强调要在“密苏里河上游地区和太

平洋之间”寻找一条贸易通道，[4]该文献写于1793年1月。在此之前，已经有雄心勃勃的美国船长驶出大西洋港口，绕过霍恩角，取道桑威奇群岛，在太平洋西北地区和中国之间做起了有利可图的贸易。因此，杰斐逊在谈及开辟跨大陆贸易通道的可能性时，他不可能不考虑到与中国的贸易。而当时这一想法已常见于美国的报纸：1795年2月，《肯塔基报》从一家纽约的报纸上转载了一则消息，称亚历山大·麦肯齐已通过陆路抵达太平洋海岸。据这则消息，“这一情况终有一天将给这个国家带来极大影响，因为这开辟了与中国往来的直接通道，并且毫无疑问还将带来更多的发现”[5]。

确实，杰斐逊本人并未在其他地方详细谈及发展与亚洲贸易的价值。或许，心怀维护美国淳朴的农业社会的愿望，这让他对这一商业发展的可能并不热心。但是，在他私底下给梅里韦瑟·刘易斯的指示中，与东方贸易的重要性不言而喻。

> 你们此行的目的在于考察密苏里河及其主要相关支流，考察哪些河道以及与太平洋水域相联通的水道可能为发展商贸提供横跨大陆，最为直接和可行的水路交通。[6]

此外，勘察活动归来，刘易斯立刻从圣路易斯城给杰斐逊写了一封密信，似乎提及之前关于前往远东地区的讨论：

> 我们认为这条跨越大陆的路线会给毛皮贸易带来巨大好处。但是，我们担心的是由此带来的好处——为东印度公司

的产品提供了一条去往美国，之后再去往欧洲的通道，就其规模而言将永远无法与取道好望角相提并论。不过，我们依然相信，只要不是过于笨重或易碎的物件，多数都可以通过这条路线运抵美国，而相比目前人们所采用的线路更加便利且节省费用。[7]

然而，这一计划很难得到认真对待。这是因为，刘易斯的建议实在没有什么说服力：他建议使用马匹将货物从密苏里河航线的起点运往哥伦比亚河航线的起点，因为马匹“在当地的花费极少，数量充足”[8]。

阿斯托里亚是约翰·雅各布·阿斯特于 1811 年在哥伦比亚河口附近建立的贸易站。人们并不清楚，当时他想通过什么交通工具沿陆路前往阿斯托里亚。他原本打算主要通过海路为他的贸易站提供后勤补给，但是他派遣威尔逊·P. 亨特从密苏里河一路西行，希望找到一条比刘易斯提议的河运与驮马运输水陆联运更好的路线。翻越落基山脉的过程中，亨特一行遭遇的困难远比刘易斯和克拉克更大。但是，1813 年，罗伯特·斯图亚特带领的一批阿斯托里亚人在回程时发现了南山口。[9] 十年之后，威廉·阿什利驾驶四轮马车顺利通过南山口，说明前往俄勒冈的这条路线可以通行马车，从而再次召唤起了亚洲贸易的旧梦。1829 年，来自俄亥俄的凯莱布·阿特沃特带着西部特有的坚定信心宣称：“从此之后，未来的五十年这将会是通向中国之路，这一点不容置疑。”他预计这条路线所经之处将会积聚稠密的人口，沿途的美国人民生活富足、繁荣兴旺。[10] 尽管如此，从密苏里的独立城（Independence）

到哥伦比亚河（Columbia）这条路线可谓费时费力。运气好的话，那些吃苦耐劳、携家带口的拓边者或许能够花费四五个月的时间，学会跋涉前行。但是，阿萨·惠特尼，一个早期鼓吹太平洋铁路的人，在这个问题上的看法不无道理。他对所谓在运输来自东方的进口物品方面，“俄勒冈小道”优于刘易斯和克拉克路线的看法嗤之以鼻。“要带领车马穿越长达两千多英里的荒野和沙漠，我认为没有人会考虑走这样一条陆路。”[11] 直到19世纪40年代，人们开始认真讨论开辟一条跨大陆的铁路之时，把亚洲来的货物跨大陆向东运输的想法才逐步得到切实的关注。

提及印度，人们根深蒂固的联想是巨额的财富、象牙、猩猩和孔雀。然而，要寻找一条通往印度之路令人在想象之余完全无从下手。可是，这一想法极具魅力，让人无法抗拒，成为数十年间美国人关于西部遐想的主导思想之一。来自密苏里的托马斯·哈特·本顿几乎沉醉其中。杰斐逊去世后的三十年里，他是国会中拥护向西扩张主张的最为引人注目，同时也是最为博学的斗士。本顿的社会事业始于“圣达菲小道”开辟之初，以及落基山毛皮贸易鼎盛时期，直至美国内战前夕。在此期间，他全身心投入到分析西部问题和推动扩张事业之中，乐此不疲。1850年，由于他的自由土地观点，他竞选参议院失败。1854年，他回到众议院投入到太平洋铁路建设事业之中。1858年，直至去世当天，他还在为铁路事业以及西部地区的全面发展发表演讲。

本顿是托马斯·杰斐逊的忠实追随者。据他的女儿杰西·本顿·弗里蒙特（Jessie Benton Frémont）回忆，他认为1824年底他在蒙蒂塞洛（Monticello）造访这位年事已高的政治家的场景如同领受圣职，是他从第一位美国扩张主义预言家手中接受衣钵的交接仪式。[12] 事实上，本顿虔诚之至，甚至从杰斐逊的思想中领会出原本没有道出，或者说至多是尚在萌芽状态的想法。这一点并非十分重要，但还是值得略加关注。在《三十年之观察》（*Thirty Years' View*）一书中，本顿曾提及杰斐逊派出刘易斯和克拉克，旨在开辟与亚洲的商业往来路线。他写道："如此说来，杰斐逊先生乃是倡议开辟北美通往印度之路，并通过这条路线开启亚洲贸易的第一人。我本人有关这一问题的言论和文字……都只不过是杰斐逊先生用他的智慧在我心中播下的种子结出的果实而已。" [13] 谈及杰斐逊关于刘易斯和克拉克考察活动的构想，杰西·本顿说的更为明白。通过转述她父亲回忆录中的一段文字，她指出杰斐逊向国会表明，刘易斯和克拉克的考察之行

> 将"开辟通过陆路与亚洲发展贸易关系之先河，同时拓展地理科学知识之边界"。——说明其首要动机就在于开辟通往印度的北美线路，并且通过这条线路开发亚洲贸易。[14]

上述引号中的文字并未见于杰斐逊写给国会的有关这次考察的提议，事实上，也未见于我所知道的任何其他杰斐逊文稿中。该内容发布八十年之后，在有关本顿的论述中，发展与亚洲贸易一说占据主导，因而实际上使得杰西·本顿的回忆带有某种渲染的成分。

本顿对于通往印度之路的兴趣来自一种深思熟虑的西进扩张哲学。在北卡罗来纳（North Carolina）和田纳西州（Tennessee）

度过他的童年和青年时代之后，他于 1812 年服役于杰克逊领导的田纳西民兵组织。据他的女儿说，这一经历决定了他把自己的命运与西部，与密西西比河的广大盆地联系在一起，同时摒弃了“他生长于其间，并成长于其间，完全英国式的、沿海地区的影响”。这位父亲和女儿一致认为，大西洋海岸与欧洲传统不可分割，属于“英国的海岸”，通过强制人们因循陈规旧俗，明哲保身，压制了美国个性的成长。与此相对照，接触亚洲对美国而言成为自由的象征，同时也是民族伟大的象征。本顿承担起了犹如摩西（Moses）那样的角色，带领人民摆脱束缚。杰西·本顿援引了矗立在圣路易斯的她父亲塑像上的那段铭文：“只要有东方，就有通往印度之路。”这句话出自他于 1825 年在参议院所作的支持军事占领俄勒冈的一次演讲。[15]

对于本顿而言，亚洲的形象成了理解全部现代历史的关键。在他看来，这一历史就是英国与其接二连三涌现的对手之间，为争夺世界霸权而不断发生冲突的历史。杰西·本顿断言，在她父亲于 1812 年战争之后迁居圣路易斯时，

> 他发现自己遭遇的是以另一种方式出现的英国人的侵略。当时地处美国大陆中心位置的这个法国小城，直接继承了英法两国长达一个世纪为争夺新世界和大西洋贸易而竞争的传统。随着法国人撤出该地，英国人对于法国遗老遗少的愤恨情绪有增无减，因为这些法国的遗民取而代之加入了这场竞争。[16]

密西西比河河谷之争失利之后，英国人依然寄希望于通过控制圣弗朗西斯科（旧金山）（San Francisco）来主导跨太平洋的亚洲贸易。因而，美国人夺取加利福尼亚（California）之举与其说是无视墨西哥，不如说是无视英国，其意义远远超出了单纯的领土占领问题。[17]

本顿关于通往印度之路的想法，以及相关的英美彼此为敌的议论都可以从几乎长达四十年的公开讨论中一窥究竟，这包括：（1）在密苏里正式成为州之前，他于 1818 年至 1819 年间为圣路易斯《询问者》（*Enquirer*）撰写的系列社论；（2）1825 年，围绕俄勒冈问题，他在参议院发表的著名演讲；（3）19 世纪 40 年代，他对女婿约翰·查尔斯·弗里蒙特（John Charles Frémont）中尉探险勘察活动所作的鼓励；以及（4）19 世纪 50 年代，他对提议中的直通太平洋铁路的关注。

为《询问者》撰写系列社论的起因是美国和英国签署的《1818 年协议》（*Treaty of 1818*）以及美国和西班牙签署的《1819 年西班牙协议》（*Spanish Treaty of 1819*）。前者规定美英双方共同占领俄勒冈，后者划定以萨宾河和红河为美国和西班牙在西南地区属地间的边界。本顿的观点是，与西班牙谈判协议的约翰·昆西·亚当斯（John Quincy Adams）和与英国谈判协议的艾伯特·加勒廷（Albert Gallatin）向外国列强作出了让人无法容忍的让步，牺牲了美国向西部地区的扩张。他坚持认为密西西比河河谷的西半部分地区拥有自身的价值，而美国向太平洋地区的商业发展势不可当。他进一步阐发了帝国扩张的理论，郑重宣告：有史以来，向西部进发一直是“天体运行之道，人类发展之道，以及科学和文明进步之道，由此而来的则是国力之强大”。这一目光远大的观察启发了人们宏大的思考。不久之后，美国的拓荒大军将抵达太平洋，昂首眺望他们的祖先最早扎根的亚洲，从而完成“环绕地球一周”的壮举。[18] 阿肯色河（Arkansas）、普拉特河（Platte）和黄石河（Yellow Stone）的河源与那些汇入西部海洋的河流源头彼此交织。对于美国人民而言，它们的重要意义将会像“幼发拉底河（Euphrates）、奥克苏斯河（Oxus）、发西斯河（Phasis）和居鲁士河（Cyrus）之于古罗马人一样，成为与东方的亚洲往来的交通干线，也成为与之发展巨额贸易的通道，而四千年来无论这一贸易发展到哪里，都会在那里创造出无比的财富和权力！”[19]

几千年来，满载黄金白银的商旅或骑乘骆驼穿越沙漠，或扬帆远航于茫茫大海，只为寻求东方的富饶物产。从古代的腓尼基人（Phoenicians）到今天的英国人，历史上一代又一代掌控了亚洲贸易的国家都成为世界文明、权力和财富的领导者。正是因为垄断了这一贸易，英国才得以单枪匹马仅凭一己之力就战胜了欧洲其他各国的联合力量，从而使其政策远播世界各个角落。美国航海家们已经着手对抗英国的垄断，尽管只是刚刚起步，但这是美国商业发展血脉实现最佳活力的希望。一旦美国人能够优化自己通往亚洲的路线，使之比英国人的路线更短，那将会是何等结果呢？[20]

刘易斯和克拉克已经证明，这样一条路线只要取道哥伦比亚河就可以找到。只要有第二个丹尼尔·布恩引路，穿越荒野就不成问题。本顿用杰克逊的方式解释了原本一直由富商把持的海上贸易。美国通往印度之路一旦缩短，将会方便拥有中等财富的人投身这一贸易，而一旦社会各个阶层的人更容易从事这一贸易，对于这个国家就更有价值。最为重要的是，有望通过发展与东方的贸易将美国从对欧洲的依赖中解放出来。美国人将不再是“卑躬屈膝的抄袭者和模仿者”，不再被标上法国生物学家布丰（Buffon）所谓的生性低劣的污名。他们已经建立起自己的政府管理体系，就让他们接着建立起一套适合自己的地理位置，且免于欧洲干涉的商业体系，从而确立起自己的民族特性。[21]

五年之后，在关于占领俄勒冈的演讲中，本顿再次讨论了与亚洲接触的话题。此时，他对太平洋海岸的农业资源已有更为全面的了解。他预测，用不了一百年，落基山脉以西地区的人口数量将会超过当时的美国人口总数。美国拓荒者将为亚洲人民带去科学、自由开明的国家治理原则和真正的信仰。最古老的民族与最新的民族，最专制的民族和最自由的民族可能成为朋友，联合起来共同反抗决意统治和剥削他们的欧洲。[22]

尽管本顿的扩张主义思想激情洋溢，但是对杰斐逊传统的忠诚不渝令他的思想表现出明显的保守主义特征。他的心中保留着一种来自孟德斯鸠（Montesquieu）的古老的恐惧，他担心由于疆域如此广大，共和政府难以为继。他希望并认为有必要，由将来定居太平洋海岸的那些美国人的后代另行建立起一个独立的国家。对于美国而言，落基山脉就是一道便利、自然和永恒的西部边界。在那里，“应该树起神话中的界标神忒耳弥努斯（Terminus）的雕像……，永不推倒”。这类领土界限绝对不会阻碍美国向东方发展商业，因为这个新兴的太平洋共和国将会和美国携手，反抗旧世界强权的联合压迫。[23]

此后一个阶段，本顿对于向远西地区扩张的兴趣在其事业发展中最具重要意义。1841 年，来自密苏里边疆的移民由于参议院通过的一项法案备受鼓舞。根据这一法案，每个移民可以在俄勒冈获赠 640 英亩的土地。（但是这项法案并未在众议院获得通过）于是，这些移民开辟出一条大路穿越普拉特河（the Platte River）河谷，经过南山口，连接霍尔堡（Fort Hall）和俄勒冈。第二年，在本顿的努力下通过了一项法案，授权在地形勘探队任职的女婿约翰 · 查尔斯 · 弗里蒙特，负责绘制直达南山口的路线图。事后，很大程度上得益于杰西 · 本顿的文学才能，弗里蒙特发表的考察报告激励了更多移民，鼓舞他们在此后几个夏季走上了“俄勒冈小道”。此后，弗里蒙特又进行了几次探险，最终在墨西哥战争（The Mexican War）爆发之际深入加利福尼亚。后来的这一系列探险无疑是扩张主义激情大张旗鼓、精心宣传之作。正是凭借这一激情，到 1848 年，美国的边界已一路延伸到了太平洋。

墨西哥战争之后，本顿的西部计划又有了新的进展，但其精神实质依然不变，即强调向西发展，寻找一条通往印度之路。1849 年 2 月 17 日，他提出一项法案，提议留出出售公共土地所得款项的一部分，用于修建一条西起太平洋东至密西西比河的中央国家公路（Central National Road）。由政府为建设太平洋铁路提供联邦补贴是后来的事，本顿的提议显然具有超前性，但是他的计划又让人感觉跟不上时代。他赞成把铁路一直修建到尽可能远的地方，但是只准备依赖于雪橇穿越冰雪覆盖的重重山隘。按照他的计划，铁路由联邦政府建造，之后租赁给愿意经营火车的承包商。而国家公路全程将建成为“一条平坦而传统的英国道路，那种我们已经习惯了一辈子的道路——在这条路上，农民或驾驶着自己的车马，或是骑马，或是步行，来来往往无忧无虑，不必缴纳税费，也没有人会撞到他，或是把他从路上赶走”[24]。

这一朴实的想法极富想象力，把穿越阿勒格尼山脉的“坎伯兰大道”（Cumberland Road）、现实中车马川流不息的“俄勒冈小道”和未来的联合太平洋铁路（The Union Pacific Railway）融合其中。在本顿的演讲中，他习惯于把这一想法与一些伟大的历史事例相提并论，从而使自己有关西进扩张的言论让人肃然起敬。例如，他曾引用吉本（Gibbon）有关连接罗马帝国最为边远的行省的罗马大道的议论。正如那些古代的道路一样，通往太平洋的这条道路将有助于运送军队保卫边疆。通过连接大西洋沿岸和太平洋海岸的各州，它还将有助于维护政治上的统一协调。（本顿已然放弃了在大陆分界线位置树立忒耳弥努斯界标神 [Terminus] 的想法。）但最为重要的是商业方面的考虑，因为这是本顿心怀已久的偏爱的议题：通往印度之路。每一次重提这一话题，他都会赋予它些许奇思新意。如他所说，对他而言，这一话题总是“无法穷尽，其内容之浩瀚，其意义之重要让人目眩神迷”。世界历史的发展在他眼前拉开了巨幕，展现出横跨大陆的交通干道完工之后的远景：

> 太平洋贸易、北美洲西海岸贸易以及东亚贸易都将利用这条通道，不仅为我们自己这一代，也是为我们的子孙后代。印度贸易的通道从腓尼基时代到现在已经变换多次，也将注

定再次发生改变，进而实现哥伦布的伟大理想。而美国通往印度之路也将是欧洲通往印度之路。无论美国商人，或是欧洲商人都将飞越我们的大陆直达中国。繁荣的亚洲贸易将滋润我们这个大陆的中心地区。只要是这一贸易所到之处，不都随之带去了财富和权力吗？看一看那些古代的亚洲贸易通道，看一看多少城市得益于这一贸易而壮大为王国，看一看多少人凭借这一贸易带来的财富，在科学、知识和艺术上取得卓越的成就。那些古代商业中心城市，例如提尔（Tyre）、希登（Sidon）、巴尔贝克（Balbec）、巴尔米拉（Palmyra）、亚历山大（Alexandria）无不证明这一贸易拥有富民强国，增进文明的力量。中世纪和十字军东征时期，君士坦丁堡（Constantinople）曾是西欧的一大奇观，而这完全是因为她当时可谓亚洲贸易的八方通衢。像热那亚（Genoa）和威尼斯（Venice）这样的普通城市因为从这一贸易的支流成长为贸易要道，后来也都变得富可敌国，成为各国君王眼红的对象。发现好望角（the Cape of Good Hope）之后的一段时间里，由于与东方的往来，里斯本（Lisbon）曾繁荣一时，而葡萄牙的繁华也一度让人仰视。阿姆斯特丹（Amsterdam）不过是一个围海而成的城市，由七大联合行省（Seven United Provinces）组成，其面积甚至不及我国较小的州。但是，她在武器、文学、财富以及权力方面的发展堪称卓越，而这一切都离不开东印度贸易。再以伦敦为例，她又何以执掌世界贸易之牛耳？一个面积不及我们最大的州的岛国，何以在全球各地都拥有领地（相当于半个欧洲），且能够称霸亚洲？如

> 果不是上文讨论的亚洲贸易，那么究竟还有什么能够造就这一切？这样的成就还能主要归功于什么呢？上述事例已经证明，只要掌控了亚洲贸易之利，这个国家及其人民就能够达到财富和权力的顶峰，也就能够随之取得文学、艺术和科学的最高成就。[25]

这样一个帝国的命运，正如 18 世纪的美利坚帝国之梦，存在两个不同的方面，但二者却很少在某个特定时刻得到同等程度的重视。一方面，存在像统治七大洋这样世界级的历史使命。它类似于威尼斯、阿姆斯特丹或伦敦的使命，能够帮助一个国家走向伟大，而无论其国内资源和人口状况如何。本顿贡献其大半生所鼓吹的通往印度之路思想就属于帝国梦想的这一方面。其中强调的经济基础乃是海运贸易的经济基础。但是，通往太平洋海岸的公路可能并不仅仅是联结海港码头与内地商人的仓库的一种手段。它不仅是一种分配的工具，也可能成为生产的工具，或者说至少可能为它所经过地区的生产创造条件。在 1849 年那次演讲的结尾部分，本顿第一次认识到公路将带来西部地区自身的发展。他断言："穿越我们国家的心脏地带通向印度的美国公路，将会使那些我们从书本上了解的奇迹，在这条路的沿线全部成为现实，甚至让它们黯然失色。拜它所赐，西部荒原，从太平洋到密西西比河，必将开始迎来勃勃生机。"[26]

这就要求用一个全新的视角来考察问题。问题不再单纯是拓展美国的海上贸易，同时也涉及密西西比河以西地区的发展：从追求帝国的外观到对帝国意义的反省，这一转变已经发生。美国向太平洋扩张的理论基础在于谋求发展亚洲贸易，但是随着美国于 1846 年正式获得俄勒冈，1848 年正式获得加利福尼亚，扩张主义的脚步已经抵达海洋这一自然边界。目标已经达成，扩张的冲动不再是美国社会主要关注的对象。如何为业已纳入国家版图的新获得的广大地区制定联邦政策？这成了新的议题。

密西西比河河谷的东半部分河网纵横适于航行，极大地促进了农业的发展，而密苏里河以西地区则完全缺乏同等的自然条件。显然，远西地区的农民必须依靠铁路把农产品运往市场。但是，应该如何修建铁路？

在这一阶段的讨论中，有一个人与本顿志同道合。虽然没有任何公职，也没有执掌任何机构可以接触公众，但是仅仅凭借自己对于太平洋铁路建设的奇思妙想，这个人短短五年就闻名全国。这位斗士就是阿萨 · 惠特尼，一位来自新英格兰的纽约商人。1837 年经济大恐慌（the Panic of 1837）中，他的生意失败。此后，他以商业代理的身份前往亚洲。1844 年回国后，他发了一笔财，足以衣食无忧颐养天年。1845 年 1 月，惠特尼向国会提议，请求通过赠予大面积土地的方式资助修建从密歇根湖到太平洋的铁路。他要求获得铁路全程所经过的线路两侧 60 英里宽的土地。他大胆的提议加上公开造势之举一时间惹人瞩目，让人来不及去想这一计划是否切实可行。

惠特尼最初加入这一讨论时，忠诚追随托马斯 · 杰斐逊 25 年之久的本顿很难理解铁路的重要性。1846 年 5 月，在一次关于俄勒冈问题的演讲中，本顿发挥他那高明的辩才，强调指出："刘易斯和克拉克受命寻找一条通往太平洋的商贸路线。肩负如此重任，他们态度审慎，行动明智。因而，他们的回程路线一定会成为，而且将永远成为商贸往来的路线……”本顿的言外之意是，一旦杰斐逊决心已定，山川河流也最好与之配合。对于他的朋友——圣路易斯的毛皮商人的马车行进路线，本顿愿意有所让步——“再往南，穿过南山关的路线……可以作为运输道路”，但是对于纽约人和技术创新方面，他没有任何让步的意思：“贸易往来可以利用水上路线……从北纬 47 度翻越落基山脉，穿过北山关（the North Pass）。”[27] 在后来的一次辩论中，惠特尼曾满怀欣喜地引用过这次演讲，并非没有道理。对于当时正在进行的运输革命，本顿极度不能理解。这是因为他在按照传统方式思考问题，密西西比河河谷的自然航道网罗棋布，已成为一个世纪以来的思维定式。他的家乡圣路易斯是跨密西西比河流域贸易的大都市，因为它地处密苏里河咽喉要道，与密苏里河的关系等同于新奥尔良与密西西比河的关系。在他的想象中，未来的美国东印度商人（一直到本顿的事业接近尾声，这样一个十分过时的人物始终占据着本顿的思想）乘船沿哥伦比亚河逆流而上，之后取道陆路，而其中短途的山路可以想象可能得依靠“蒸汽车”，最后来到密苏里河大瀑布旁，而这里就是汽船从圣路易斯向上游航行的起点。来到这里，他所有的麻烦就此结束。因为在他的面前，成千上万个市场在欢迎他，沿河而行每个市场都不难找到。[28] 在这样的场景之中，铁路还能有一席之地吗？

但是，惠特尼的看法无疑是正确的。他坚持认为，发展亚洲贸易和跨密西西比河流域的大规模移民都必须以铁路为技术基础。作为商贸运输的路线，远西地区的河流无法与东部密西西比河流域的河流相比。这个国家要发展，除了依靠铁路别无选择。最后，本顿本人也认可了这一点。1848 年至 1853 年之间的四五年间，正如我们所了解的那样，本顿提议由联邦政府修建一条通向太平洋的铁路。[29] 但是，他对惠特尼的计划表示反对。他的理由不无道理：赠予如此大面积的土地意味着赠予随之而来的相应权力，将这一权力托付给任何个人都是十分不可靠的。[30] 而本顿也终于承认，因为派系斗争，联邦政府不可能修建铁路。于是，本顿转向他一度严厉抨击的私人资本家，并发挥他的影响力，支持由马萨诸塞州的阿博特·劳伦斯（Abbott Lawrence）领导的太平洋铁路公司。

1854 年 12 月，本顿在波士顿商贸图书馆协会（Boston Mercantile Library Association）的一次讲话中（日后又在巴尔的摩以及众议院重复其主要内容），就其西进扩张思想进行了总结性陈述。其最为显著的特点是，不同于对通往印度之路的讨论，本顿在最后阶段关注的是跨密西西比河地区自身的内部建设。他终于放弃了为之奉献终身的过时了的重商主义观念，开始正视“世界花园”这一主题。在有关西部的美国思想主流的发展中，重商主义注定将被“世界花园”取代。当初，心怀旧念时他曾激情四射，如今面对新思想他同样热情洋溢，富于感召。本顿绝对是个事业上全力以赴、不遗余力的人。正如他自己所说，为了这一事业，他完全可以像当年的法国僧侣隐修士彼得（Peter the Hermit）* 一样，云游四方鼓吹十字军东征。他为人们仔细解释，提议所涉及的远西各个自治地区自然资源何其丰富，大声呼吁应该在密

* Peter the Hermit（1050?—1115），法国修道士，第一次十字军东征时的传道士。

苏里边疆和加利福尼亚之间建设一条与大西洋通往密西西比河一样了不起的洲际线路。堪萨斯州的土地“就像埃及的土地一样肥沃，如果能够免于洪水的浸泡，少几分起伏不平，让灌木与草地彼此点缀，浇灌以泉水，让河道疏通，那么也会像埃及一样令人神往……”[31] 他还用同样的方式描绘了科罗拉多，描绘了落基山脉美丽迷人的公园以及美洲内陆盆地。即便那里的土地乏善可陈，他也会强调当地丰富的铁矿和煤炭资源；即便承认当地降水不足，他也会以自流井丰富为例说明土地灌溉之便利。

以穿越科罗拉多南部的一条路线为例，至今人们仍然认为要在这条线路上建设铁路并不现实，但是本顿有能力用同样的方式向人们这样描绘这条线路。“全程都不用挖掘隧道，不用翻山越岭，不用穿行沼泽，也不用面对荒漠、流沙。”[32] 这样一种能够移山填海般的必胜信念，不禁让人肃然起敬，但是更为恰当的感受应该像是热恋中的爱人在赞美他的情人。因为本顿热爱远西地区。他从未亲眼看到那里的风貌，只是通过弗里蒙特的眼睛有所耳闻。但是，或许正是因为那种理想主义和柏拉图式的爱，他的爱恋更为炽热。我们也许可以引用他的一段描述来向他暂时告别。且看他是如何用珠宝——点缀在圣路易斯到旧金山的铁路沿线，一个又一个珠宝一样璀璨的未来城镇——来妆扮他的情人。

> （这是一段）亚洲贸易的通道，自所罗门时代开始就在不断迁移着路基，无论通向哪里，哪里都有城镇和王国崛起（一旦离开，那里的城镇和王国也随之消亡）。如今，它正在进行最后的改道，在最便捷、最安全、最完善、最省时的线路上

> 扎根，贯穿美国的心脏，并将一路让历史上的经贸和政治之都在此复活，涌现出众多的提尔、希登、巴尔贝克、巴尔米拉和亚历山大。而那些古代城市的遗址将依旧为人们展现昔日的辉煌，激发东方来客的赞叹。[33]

在本顿鼓吹东方贸易的价值20多年之后，惠特尼走上了同一条道路。他不仅继承了本顿的主要观点，而且还奉上在中国生活过两年的收获。正如本顿一样，他断言亚洲贸易自古以来就是一切贸易的基础，主宰着国家的兴衰，为英国的强盛奠定了基础。他也论及同一个话题——亚洲贸易又将如何帮助美国达到前所未有的巅峰，永葆繁荣辉煌。“我们要像这样巍然屹立，永不动摇，”他呼吁，“让我们一只手伸向亚洲，另一只手伸向欧洲，心甘情愿让所有人分享我们的福分，主张与各国发展人员的自由往来和商品的自由贸易，除了那些……我们愿意接受的附庸国，不去寻求征服任何国家”[34]。

惠特尼和斯蒂芬·A. 道格拉斯（Stephen A. Douglas）于1845年互致对方公开信中的争论表明，东部人惠特尼和正崭露头角的西部领袖道格拉斯之间，在跨密西西比河地区发展问题上存在有趣而根本的分歧。道格拉斯代表边疆的农民，其个人主义带有半无政府主义的色彩。他拒绝支持惠特尼的计划，原因在于这一计划极具强制性，自上而下的计划色彩过浓，与道格拉斯想象中的美国边疆推进方式太不契合。他赞同有必要且最终将会建成一条太平洋铁路，但不是马上，也不是依据任何理性的蓝图规划。后来，道格拉斯把自己的主张应用于解决西部各州的奴隶制问题，被人们称为“人民主权论”（Squatter Sovereignty）。太平洋铁路如果按照这一原则来修建，需要数年时间才能完成。这就意味着，这条铁路的建设必须

> 自东向西循序渐进，始终保持畅通，并追随移民前进的浪潮以及土地拓居的步伐。除了满足印度和中国贸易，以及规模庞大的太平洋商贸的需要之外，还必须通过征服荒野，让勤劳勇敢的人们在此生活，从而为这条铁路线创造新的价值。因为他们不久就会生产出富余的产品，可是缺乏把产品运去市场的工具，同时又需要大量商品和物资满足自身的消费。而没有合适的运输手段，他们就不能以合理的价格得到需要的商品。[35]

作为西部的代言人，道格拉斯认为西部的社会价值和活力之根本源泉在于每个农民以及原始农业。这一看法来自（尽管只是间接地）富兰克林和杰斐逊的农耕传统思想。而另一方面，作为纽约商人，惠特尼的出发点是社会价值和社会成就的主要源泉在于商业。初看起来，这一观点似乎难以适用于农业边疆的现实。但是惠特尼与道格拉斯一样并无矛盾之处。如果说道格拉斯坚持认为是农民创造了太平洋铁路，那么惠特尼同样坚信只有铁路才能创造出远西地区的农民，即只有铁路才能让农民成为对社会有用的一员。惠特尼指出，对进入密西西比河以西地区的移民而言，他无法将产品送往市场。置身荒野，远离文明，缺衣少食，饥寒交迫，这种情况下他只是“半个野人”。的确，他可以通过劳动从

土地上生产出食物。在这一有限的意义上，自给自足的农耕生产理想有其合理根据。但是，他无法“与工业生产的各个部门交换产品”，也就是说他在贸易体系中没有一席之地，他对于这个国家而言并非财富或权力的源泉，因而从重商主义的观点来看，几乎无法承认他的存在。[36] 正是用这样一种方式，惠特尼构想的是一种他的朋友和拥护者，参议员约翰 · M. 奈尔斯（John M. Niles）所说的“铁路的创造力”[37]。从大湖区（Great Lakes）到太平洋的茫茫荒野要想得到发展，铁路是唯一的手段。没有铁路，这片广阔的区域对于人类而言将永远一无用处，“因为在这里，大部分地区没有可以用作木材的树木，没有可用于与文明世界或市场往来航行的河流水道”。事实上，惠特尼基本并不寄希望于道格拉斯的人民主权论，他一度计划输入欧洲劳力来建设他的铁路。[38]

第 3 章

天命难违：威廉 · 吉尔平

伴随墨西哥战争（The Mexican War）及战后获得的土地，本顿 20 年来向西扩张的旧梦终于成为现实。但是，具有讽刺意义的是，由于随之而来的围绕奴隶制问题的争执，他在参议院的政治生涯也因此画上了句号。而 20 年的出谋划策让本顿身边的一位年轻助手的思想得到成长。日后，他也将成为本顿地缘政治思想的主要继承人，正像本顿继承了杰斐逊的思想一样。这个人就是威廉 · 吉尔平（William Gilpin）。他出生于 1813 年，因而要比自己的导师年轻 30 岁。他成长于费城一个有名望的家庭，其家庭与安德鲁 · 杰克逊往来密切。他的一个兄弟受民主党任命，任职于领事馆；而另一个兄弟亨利 · P. 吉尔平（Henry P. Gilpin）是位热爱文学和艺术的律师，在反对比德尔（Biddle）的美国银行（Bank of the United States）的斗争中引人瞩目，后来在范布伦（Van Buren）内阁中出任司法部长。

威廉 · 吉尔平本人与杰克逊私交甚好，还因杰克逊的指派去了西点军校（West Point）。虽然并未从该校毕业，但他一度作为志愿军官在塞米诺尔战争（Seminole War）中服役。1838 年，吉尔平前往圣路易斯任职《密苏里巨人报》（*Missouri Argus*）编辑。他的目的明确，即帮助本顿和詹姆斯 · 林（James Linn）重新当选参议员。然而，在 1843 年前往俄勒冈的途中，因为偶遇弗里蒙特，他进一步接受了本顿传统。他与弗里蒙特一路同行到达瓦拉瓦拉（Walla Walla），然后独自继续西行，在温哥华堡（Fort Vancouver）的哈德孙湾公司做了两个月不是很受欢迎的客人。1844 年 3 月，他在俄勒冈参加了旨在成立政府的大会，并把大会草拟的要求美国占领该地区的请愿书带回了华盛顿。在“显然天命”说甚嚣尘上的几个月中，他成为本顿、布坎南、波尔克及其他一些政治家的顾问。[1]

但是，这仅仅只是开始。不到一年时间，吉尔平成为闻名多尼芬（Doniphan）的密苏里第一志愿军团（First Missouri Volunteers）的一名少校。战胜墨西哥之后，他又指挥了远征军与波尼族人和科曼奇族人的战斗。10 年之后，在密苏里州杰克逊县，他是唯一把选票投给林肯的人。十三个人护送当选总统林肯从斯普林菲尔德（Springfield）到华盛顿，他便是其中之一。而在新政府成立伊始那几个紧张的星期中，他也是在白宫守夜执勤的百人志愿保镖之一。后来，他被林肯任命为科罗拉多州的首任州长。[2]

这一任命从好几个方面来说都是恰当的。从党派政治的原则来看，吉尔平当之无愧，而且最重要的是考虑到了他的军事才干，因为当时联邦政府要想控制该地区是存在风险的。此外，15 年来，吉尔平一直是关于西部问题的杰出作家和演说家。他的有关该话题的言论包括1846年发表在政府文件中的两封论西部问题的书信，

19世纪50年代发表在杂志上的几篇文章，以及1860年出版的公开讲话集，其标题为《中部黄金地带：北美的谷仓、草原和黄金宝地》（*The Central Gold Region. The Grain, Pastoral and Gold Regions of North America*）。1873年，他又将该书修订出版，题名为《北美人民的使命》（*The Mission of the North American People*）。1890年，在77岁高龄之际，他又发表了一篇阐述更为详尽的论文《超越界限的铁路》（*Cosmopolitan Railway*）。40余年间吉尔平连续发表了大量著述，给人们留下深刻印象，让他足以成为19世纪下半叶最具抱负的远西问题研究者。

尽管吉尔平的许多想法都很宏大，但是他的文字直指现实政治，采取露天树墩演讲式风格。其文风在诸多方面都与本顿相似——节奏急促、行文夸张、不吝修饰。但是，二者有一个重要的不同之处。本顿的演讲采用国会讨论中的辩论模式，只有在攻击对手（东部地区、陈年旧事、大英帝国、反扩张主义者等）时才能发挥到极致。吉尔平则完全是个吟游诗人般的预言家，不会与任何人进行争论。他是个神秘主义者，秉性执着，千方百计要把自己所陶醉的思想传递给听众。似乎他是在向自己述说不证自明的真理，而不是像个律师在陈述辩护词。

吉尔平从本顿那里继承的理论是：一个个强国“沿着世代传承的进步之路”，接踵而起，直至北美共和帝国而达到巅峰。[3] 按照历史进步的一般法则，历代新生帝国从来都要比前朝帝国更胜一筹。同理，伴随向西部地区的挺进，美国社会发展每个阶段都将较之前一个阶段实现更好的发展。这一理论令西部人感到分外高兴，也同时成为美国人民面临抉择时的行动指南。只有勇敢地面对世界历史发展的挑战，这个国家才能圆满完成自己的使命。对于这一使命，吉尔平用启示录般的语言进行了描述：

> 美国人民难以推卸的天命就是征服这片大陆——让我们越过这片辽阔的土地直达太平洋；激励千百万人民焕发勃勃生气，振奋精神乐观积极……；让这力量无穷的万千民众动员起来发挥才智；让我们建设一个人类生活的新秩序……；让衰弱腐朽的民族获得新生……；将沉睡万年者从昏睡中唤醒；将新的文明传授给古老的民族；让我们确认人类未来的命运；将人类的事业推向光辉的顶峰；让停滞不前的民族得到重生；让科学日臻完善；让我们用和平的征服来装饰历史；让人类沐浴在灿烂的新的光荣之中；让全世界团结成为一个社会、一个家庭；让专制和暴政土崩瓦解，让博爱和宽恕得到颂扬；让笼罩人类的咒语得以解除，让幸福的光芒照耀这世界的四面八方！[4]

实现这样的太平盛世和理想社会的物质手段就是太平洋铁路。惠特尼的计划是在北方建设一条横跨大陆的路线，其他几个方案是建设一条以孟菲斯（Memphis）或新奥尔良（New Orleans）为起点，经过埃尔帕索（El Paso）的铁路线。而吉尔平则确信这条线路必须沿着一条中央线进行修建，要穿过他的第二故乡密苏里的独立城（Independence），并由南山关翻越落基山脉。这样一条铁路线将贯通全美大陆，并将注定成为欧亚之间的交通干道，促进北美帝国走向成熟，从而为人类生活开辟一个新的纪元。

促使美国义无反顾奔向自己天命的动力是边疆地区的西进运动，而这场运动中的旗手是西部的农民。

（1846年，吉尔平写道）不要忘记，我们应该心怀宽宏地来评估在太平洋海岸上，美国的先驱者们正在我们眼前完成的这项无与伦比的事业。移民大军已经涌入沙漠，或已攀上巍巍群山——有些人将会成为征服者，有些则会湮灭消失……1843年5月，在我们的西部边界，在堪萨斯河与密苏里河的交汇处，聚集了数以千计的美国公民及其家属，没有一个人不是各自为战，带着义无反顾向西前进的冲动砥砺而行。妻子儿女相伴左右，马车、牛车以及沿途无法获得的粮食、来复枪和少得可怜的日用物品就是他们的装备。这些吃苦耐劳的人就是这样踏上了向荒野进军的漫漫征途。闯入那片一望无际的平原，通往落基山脉的道路越向西走海拔越高。他们既要与大河激流搏斗，又要时刻警惕，面对印第安部落的敌视带来的种种无法预知的危险。因此，为了共同的安全，他们把共和的精神和军事化管制结合起来，设立政府，制定规章，而西进的人们无不默默遵循……历经长途跋涉，在冬季来临之际，他们终于抵达渺无人烟的太平洋海岸。尽管精疲力竭，一无所有，即便沮丧犹豫，他们对于肩负的任务没有过片刻动摇。他们以战无不胜的力量，在来年的春天建起了农庄、房屋、作坊和城镇。发展建设之迅速，仿佛经过多年的积累和准备。以下事实就足以具体说明。这群意志坚定吃苦耐劳的移民，短短5个月时间就长驱直入抵达太平洋海

> 岸。他们一路驱赶122辆马车，开山辟路，长途跋涉，沿途有1000英里穿越平原，1500英里需要翻越山顶常年积雪的崇山峻岭。他们唯一的向导是自身坚韧不拔的毅力，他们唯一的护佑是从不服输的来复枪，还有他们紧紧跟随身边的妻子儿女。[5]

吉尔平所描述的，就是他称之为需要“一条国家铁路通往他们寻找的海洋”[6]的边疆农民。从某些方面来说，这不像是惠特尼的观点，而是更接近道格拉斯的看法。因为，这就意味着一个个定居者才是西部开发的主力军。但是吉尔平的主要观点就是本顿的观点。他和本顿一样忠于杰斐逊和杰克逊的思想，同样痛恨英国、哈特福德会议（Hartford Convention）和南方的脱离主义者，同样坚信亚洲贸易将给美国带来难以估量的财富，也同样憧憬太平洋铁路沿线的美丽城镇如雨后春笋般出现。吉尔平从新兴的自然地理科学中汲取知识，为这笔思想遗产增添了一些重要的新思想。他特别指出，他的想法得益于德国地理学家亚历山大·冯·洪堡（Alexander von Humboldt）的“神谕般的启迪”和“天赐雄辩”。而亦如吉尔平所说，洪堡算得上是个伟大的科学家。[7]

吉尔平从洪堡那里获得的最为重要的思想是等温线黄道区思想，即“北半球呈蛇形分布的一片区域”，其宽度大约为35度，其轴心“在北纬40度或上或下，交替变化，区域内各大陆气候因受海洋的远近影响而发生变化”。吉尔平相信，这一地理学说为帝国向西扩张的旧观点提供了科学基础。他指出，沿着等温线黄道区，一度决定世界历史的一个又一个帝国曾先后崛起——包括中国、印度、波斯、希腊、罗马、西班牙和英国。穿越密西西比河以西地区，一路向西挺进的西部开拓者们正在开创一个最伟大的帝国，即北美共和帝国。它将为多年以来向西发展的愿望画上圆满的句号，并将永远称霸于世，成为世界的主人。[8]吉尔平宣称："作为由公民构成的帝国，其使命背后的行为准则来自我们这个大陆的地形构造。密西西比河盆地占据着至高无上的地位，就像太阳运行于行星之间。"[9]密西西比河河谷的东部和西部均有山峰环绕，总体上看整个大陆呈现为凹形构造。广阔的内陆地区都是由河网联结成为一个整体。欧洲和亚洲，由于中央山系和高原的分割，产生了迥然不同的文明，彼此常常发生战争。但是，北美洲的地形表明，在这里形成的社会的主要特点将会是统一、和谐、团结。由于美国内战迫在眉睫，吉尔平在19世纪40年代就已提出的这个观点具有了独特的紧迫意义。1860年，他以近乎极端的坚定的口吻再次谈起这一话题："……我们这个联邦的神圣存在于自然之中……而并不存在于那些微不足道、转瞬即逝的俗物中，例如政治压力、非洲奴隶、地方权力，或是某个卓越的演说家所给出的灵丹妙药。"[10]

至此，在吉尔平有关自然这一概念的讨论中，地球的物质形态完全取代了以帝国的发展或亚洲贸易的主要地位决定国家命运为基础的扩张主义理论。其重要性甚至超越了边疆农民是推动历史发展的有效力量这一看法。根据洪堡的指导思想，物质形态的自然乃是一个有机的整体，它主宰着人类社会的发展。从自然地理学家的角度来看，陆地与海洋、山脉与河流彼此结合成为一体，拥有一种至高无上的不可打破的秩序，同时也是一种至善的秩序。

这一秩序将最终决定这个地球的文明状况，让美利坚合众国从所有国家中脱颖而出。

吉尔平对于自然之善的信仰来自洪堡，而洪堡的思想则形成于18世纪的乐观主义思想氛围之中。但是，如果把自然和北美洲具体的自然环境等同起来，那么自然一词的含义较之18世纪思想家所指要狭隘得多。那个时候，人们通常认为自然是一种浸润于天地万物的力量，是一种集成各种关系的庞大体系，用英国诗人蒲柏（Pope）的话来说，甚至是“清澈、不变的普世之光”[11]。而到了19世纪，人们则倾向于把注意力集中在这个统一体的这一个或那一个特定方面，把自然看得越来越具体。因此，自然地理科学一方面鼓励观察者把地球上所有的陆地、海洋当作一个单一、和谐世界的组成部分加以考察，另一方面则又能将注意力聚焦在极其有限的区域中的有机体与其环境间的关系。前者视野开阔，超越地域界限；后者则限制视野，甚至有所局限。前者适合于像洪堡这样的世界公民；后者则适合于像吉尔平这样的地方主义者。但是，二者尽管后果很不一样，却属于同一个主导思想的不同侧面。

世界主义者洪堡的学说还可以用另一种方式服务于美国的民族主义和西部的地方主义。如果说人类命运的最后主宰是大地，那么研究社会的学者应该将注意力投向自然，而不是历史。人类的要事不是人类的过往，也不是人类的文化传统，而是人类在生物学意义上适应环境，因为这事关现在和未来。根据自然地理科学推导而来的这个结论与人们对于东方和欧洲的仇视完全吻合。而后者正是本顿和吉尔平的地方沙文主义的重要组成部分。可是，假如根据洪堡的思想推导出了这样的结论，其原因在于吉尔平不过是在利用地理学让已经根深蒂固的西部偏见合理化。而同一门科学也可以用来支持完全相反的观点——假如说同样充满偏见的话，比如东西部之间的关系。正当吉尔平诉诸地理学来证明西部一定会主宰东部之时，与大西洋海岸关系紧密的一位欧洲地理学家却在利用这一新思想来证明东部将永远主宰西部。

1848 年，瑞士科学家阿诺德·盖约特（Arnold Guyot）应路易斯·阿加西斯（Louis Agassiz）之邀来到美国，随后在普林斯顿大学任教多年，取得了杰出成就。1849 年 1 月和 2 月，他在波士顿洛厄尔学院（Lowell Institute of Boston）用法语作了系列讲座。[12] 该讲座后由哈佛大学的科尼利厄斯·C. 费尔顿（Cornelius C. Felton）翻译为英文出版，题名《大地与人类》(*The Earth and Man*)，受到报纸和出版商的热烈欢迎，并多次再版发行。盖约特把北美洲视为刚刚现身世界历史的新大陆，而“欧洲那些古老国家由于受各种难题的困扰变得精疲力竭，停滞不前，于是就把希望的目光转向这片大陆。……”他同意吉尔平的观点，认为

> 它（北美大陆）朴实而又壮观，地域辽阔一望无际，似乎早已准备好要成为地球上有史以来最庞大、最强大的人类联盟的居所。

而盖约特所详细罗列的北美地缘政治优势，也让人想起鼓吹显然天命说的那些哲人：

(北美大陆)土地肥沃，四周海洋环抱，与欧洲和亚洲首尾相望，方便与这两大洲发展贸易；它邻近富裕的中美洲和南美洲热带国家，又似秉承天意，有壮丽无比的密西西比河及其千百条支流养育滋润；如此优越的自然地理条件似乎预示，人类的劳动创造定会带来前所未有的繁荣。它绝对不属于将来只会听天由命的人。但是，人类憧憬着一个新的社会秩序。诉诸科学，通过仔细考察仿佛上帝为实现一个新的社会秩序而安排的这个舞台，也许会有助于我们了解上帝的意图，理解国家的命运。因为，自然的秩序就预示着未来的新秩序。[13]

但是，盖约特根本不赞同本顿和吉尔平有关美国应该放弃与欧洲的联系，转而建立与亚洲的联系以便明确自身未来的观点。他提出了疑问：

如果为了从大西洋海岸前往密西西比河，必须穿越加利福尼亚的沙漠高原地区，翻越崇山峻岭，那么这个大陆当下的命运及其未来会变成什么样？如果美国要背弃文明国家，仅仅面向太平洋和中国，那么他和旧世界之间的那种重要关系又会变成什么样子呢？[14]

美国的文明来自欧洲：欧洲动脑，美国动手；只有这些互为补充的原则真正结合起来，美国的发展才能够登峰造极。[15]因此，由于面向欧洲，大西洋海岸将永远在新世界占据其主导地位。来自波士顿的听众听到以下内容时，不会觉得不高兴："……无论是从自然或是历史的角度看，每一片大陆的沿海地带都要比其他地区享有无可怀疑或不容置疑的优越性。"盖约特断言，"正是在这一地区……生活展现出它最为热烈和多彩的形态。……"没有一个文明国家不是生活在海洋边缘的。

> 北美这个崭新的世界，在众多美好的鼓励和支持下，置身世界各国组成的大家庭，正在开创自己的伟大事业。不也正是在大西洋的海岸上，生活展现出了最积极、最热烈和最崇高的形态吗？这难道仅仅只是偶然吗——旧世界的殖民者偶然选择在这里登岸，才有了今天的偶然结果？不是，先生们，虽然西部的土地肥沃，让人们渴望从中追求美好的生活前程，但是现实的生活与行动却永远指向沿海，而沿海的不断繁荣又只能来自内陆的繁荣发展。[16]

盖约特敏锐的洞察力在于，他认识到东部将会长期保持对于西部的经济支配地位。在这个大实话面前，除了吉尔平以外，西部的地方主义者都将碰得头破血流。

第 4 章

沃尔特·惠特曼与显然天命

沃尔特·惠特曼，这位对显然天命主题做过最后且富于想象的表达的诗人，在大西洋海滨土生土长并终生定居于此。[1]他并非通过直接经验接触到西部的思想传统——在创作其主要诗作时，他甚至没有去过密西西比河以西地区，而是通过他的炽热信念，即美国社会和美国文学必须适应北美大陆的现实。由于这一热忱的信念，他与本顿（当然也包括爱默生）一同宣告，美国必须摆脱欧洲封建历史的包袱，才能建设一个立足自然的新秩序：

> 我肯定，没有任何伟大或强大的事物，不是在模仿大地的伟大或强大！
>
> 我肯定，没有任何理论能够言之成理，假如它无法把大地的原理证明！[2]

在 1855 年的《草叶集》第一版的前言中，惠特曼写道，美国的诗人是“美国的地形地貌、自然生物和江河湖泊的化身”：

> 年年泛滥的湍急的密西西比河、瀑布众多的密苏里河、哥伦比亚河、俄亥俄河和圣劳伦斯河（Saint Lawrence），以及壮美的哈德孙河（Hudson）从山谷奔涌而出流向远方，也一样流入诗人的心房……无论绵长的大西洋海岸如何向前伸展，无论太平洋海岸如何向前伸展，他也无疑会沿南北海岸张帆远航。他还会从东到西穿梭东西海岸之间，向读者呈现其间的万千风物。[3]

这段文字表明，惠特曼的初衷是要讴歌这个大陆的每个部分，无论东部或是西部，无论南方或是北方。一生中，他也不时回到这一初衷，为不同的地域歌唱，不带任何地方偏见。但是，大西洋海岸毕竟代表着过去，存有欧洲的影子，包括那里的城市、人情世故、模仿欧洲的以及因袭欧洲传统的日常生活和文学艺术。而越过大西洋海岸进入内陆，便来到了西部。这里占据着这块大陆的绝大部分面积，一切都在自然而不是文明的笼罩之下，也不曾有过封建主义在此立足扎根。显而易见，西部才是真正的美国社会的未来所在。1860 年，惠特曼已经意识到，在他最初的想象中，逻辑上包含着显然天命崇拜中所固有的西部为重思想。“这些州地处内陆，面朝大海，”他写道，“而我也愿意这样。”[4] 他认定，他未来的读者会在西部：“我相信，此后从肥沃的草原到俄勒冈和加利福尼亚，人们将会了解我。”[5] 正是在美国内陆，他发现了他喜爱的那种无忧无虑、从容不迫和身强体健。[6] 他声称，他的《草叶集》是为密西西比河以西地区、大平原、落基山脉和太平洋斜坡地带（北美落基山脉以西地带）所作。他满怀喜悦地详细描述了“那里自由而独特的生活……简单的饮食、清新可爱的天性、……灵巧自如的肢体、神色威严的面庞、清澈的眼睛、完美的体形……”。至关重要的是，他预见了“未来的岁月中，在阿纳瓦克（Anahuacs）东西两侧的美国内陆地区它给人们带来的巨大精神影响”[7]。

同时，惠特曼对于引领美国人走向太平洋海岸并促使他们与亚洲发展往来的帝国崛起之命运产生了兴趣。在“亚当的子孙”中，他对这一古老的想法进行了生动再现：

> 不知疲倦地探寻，寻找那依然不为人知的事物，
>
> 我，虽是个孩子，却已然衰老，面朝新生命之乡，移民之乡，劈波斩浪，极目远望，
>
> 越过我那西部之海的海岸——最终又回到我所伫立的地方，相当于围绕地球画个圈；
>
> 从印度斯坦、克什米尔河谷，一路西行，
>
> 从亚洲——从北方——从上帝、圣人和英雄那里，西行；
>
> 从南方——从那鲜花盛开的半岛，从那盛产香料的岛屿，西行，
>
> 而今我又回到故乡——面对家乡，满心欢喜，像是历经跋涉，经历成长，得到安眠；
>
> 但是，时光流逝，哪里是我出发时向往的远方？
>
> 为何至今依然全无踪影？[8]

这段诗歌最后悲伤的提问并不属于欢快的西部传统，确实只是反映了惠特曼本人一时的忧郁之情。1865 年出版的诗集《桴鼓集》（*Drum-Taps*）中，有三首诗又重归帝国发展之路的主题，其中的乐观主义精神总体上更加合乎惠特曼的人生哲学，也与显然天命论的暗示更为合拍。《开拓者！啊，开拓者！》（*Pioneers! O Pioneers!*）是他创作的最为出名但并非最好的有关西进运动的诗作。该诗描绘了开拓者大军挺进西部的跋涉之旅，其中的用词常常令人想起吉尔平对俄勒冈大移民（the Great Migration to Oregon）的描述。旧世界的人们日渐衰弱，青春年少、朝气蓬勃的开拓者担负起全人类的责任。征服荒野翻越重山后，他们终于来到太平洋海岸。他们的到来开启了人类历史的新纪元："我们迈进了一个更新、更伟大的世界……"[9]

"没有完成的年代"（Years of the Unperformed 这一标题或许仿效了吉尔平的措辞"美国人民无法推卸的命运"）[10] 让进军西部的开拓者踏上进军太平洋的征程，并用新技术将他全副武装：

> 从未有过一个普通人，一个普通的心灵，如此精神饱满，如此接近上帝；
>
> 看吧，他策马扬鞭，让所有人跟着沸腾；
>
> 无论陆地，无论大海，都有他勇敢的足迹——太平洋、无名群岛都成为他的殖民地；
>
> 轮船、电报、报纸、应有尽有的战争武器；
>
> 凭借这些资源和遍布世界各地的工厂，他把万水千山、世界各国联为一体。……[11]

在庆祝日本第一任大使1860年抵达纽约所写的诗歌“百老汇庆典”中，太平洋上的美利坚帝国这一观念得到进一步阐发：

> 我歌唱我的西部之海；……
>
> 我歌唱这个新的帝国，它的辉煌前所未有——好似梦幻；
>
> 我歌唱美利坚，我的情人——我歌唱你的权威，至高无上；
>
> 我歌唱蓝图上描绘的一座座欣欣向荣的城市，不久就会出现在那一座座海岛之上；……
>
> 我歌唱自由的贸易，从长长的沉睡中醒来——各个民族重获新生，焕发生机。……

这是因为环绕地球的漫漫征程已近尾声：亚当的子孙一路西行，漫游了几个世纪，但随着美国开拓者抵达太平洋海岸，一个壮丽辉煌的黄金时代就此开启。[12]

这些想法虽然表述详尽，但是围绕帝国崛起之路这一主题，惠特曼意犹未尽。1871年，他又回到该主题，创作了《通往印度之路》。他表示，这首诗所表达的是“从一开始……就或多或少隐藏在我的作品中，隐藏在每一页诗稿，每一行诗句里，可谓无所不在的东西。……”[13]。他再次描绘了亚当与夏娃的众多后裔在地球上一路西行的场景。“徘徊彷徨，心怀渴望，充满好奇……遭受质疑，经历挫折，缺乏组织，躁动不安——没有片刻幸福可言。……”[14]如此世代相继，不知道经过了多少时间，上帝的意图从来不为人知。但是，当苏伊士运河、大西洋电缆，尤其是太平洋铁路，单凭一套网络就将世界各国彼此连接起来，上帝的意图终于显现：

> 所有的人都以兄弟姐妹相称，
> 不同的民族和邻居相互通婚，
> 海洋可以跨越，天涯亦成近邻，
> 国与国紧密团结，彼此同心。[15]

随着一个旧的历史周期的结束，新的时代开始了。这不仅意味着各个民族相互融合，它还将恢复曾经失去的人与自然的和谐。终于，人们将解开这面无表情的地球的奥秘。“工程师们大胆、精巧的杰作”通过环绕地球将引导人类充分了解自然，并将永远以赎罪之心与自然进行沟通：

> 所有像忧伤的孩子一样愁苦的心灵，都将得到抚慰，
> 所有的情感都将得到充分回应——不再把秘密藏在心里；
> 所有这些距离和隔阂都将一一填平，紧紧相连结为一体；……
> 自然与人类将不再分裂，不再离散，
> 忠诚的上帝之子必将让他们合二为一。[16]

20 世纪的人们难以理解其中的神秘主义，但是它直接来自本

顿最初的提示：帝国崛起之路将引导美利坚人民一路西行，抵达神奇的亚洲。相比而言，其他思想家就太平洋上的美利坚帝国一说所作的结论欠缺了一些打动人心之处。因此，人们倒是应该感谢这种大无畏的理想主义精神。正是借助这种精神，惠特曼得以把开拓者大军的西进步伐视为各民族人民和平、友爱的序曲。

第 2 卷

皮袜子的儿子们

那个友好而洒脱的野蛮人，他是谁呀?

他是在等候文明?还是他已超越并且掌控着它?

他是那种在野外成长的西南边地人吗?他是加拿大人吗?

他是来自密西西比乡下吗?还是他来自艾奥瓦、俄勒冈、加利福尼亚?

他是来自山区?来自草原?来自森林?或者他是远航归来的水手?

无论他走到哪里，男男女女都接纳他，喜欢他；他们也都渴望他会喜爱他们，跟他们接触，和他们说话，与他们一同住下。

行动如雪花一样自由不羁，言语像青草一般坦率质朴，头发从不梳理，笑声爽朗又天真，步履稳健，貌不出众，举止平凡，气质平凡；他们化身于他的指尖，变换各种新的方式降临这个世界，他的体味和气息中飘送着他们的模样，他的眼神里洋溢出他们的身影。

——惠特曼，《自我之歌》（*Song of Myself*）

第 5 章

丹尼尔·布恩：帝国建设者抑或原始主义的思想家？

1842 年夏季，在哈佛大学读完二年级之后，弗朗西斯·帕克曼（Francis Parkman）前往纽约州北部和新英格兰旅行。在乔治湖（Lake George）畔观赏了几天风景之后，他在日记中写道："作为文人雅士的休憩之所，找不到比此地更好的去处了。但是，这里如今大部分都让一群乡巴佬占着，这些人粗俗、下贱而又愚蠢，就像他们最喜欢的猪一样。"[1] 相比于 30 年前蒂莫西·德怀特对这一带的边远地区的人们所做的出了名的描述，这番话听起来要更加直截了当。但是，其中表现了可以与之媲美的贵族式的轻蔑。对于美国各边疆地区的农民如何缺乏教养，从东部城市来的观察家们的意见基本相似。这种判断背后的阶级偏见是造成 19 世纪人们对于西部的态度的一个主导因素。

在帕克曼离开农场和猪群，走进森林之后，他的语气就完全不同了。例如，他这样写道，有个名叫詹姆斯·阿博特（James Abbot）的伐木工人，虽然又粗鲁又固执，但却是个"非常聪明的家伙；对周边事物了如指掌；像疾风一样坚毅果敢、无拘无束”[2]。四年之后，在他的远西旅行日记中，这位青年雅士对于生活在荒野地区的人们的喜爱之情愈发强烈。在《俄勒冈小道》（*The Oregon Trail*）一书中，他以向导亨利·查狄伦（Henry Chatillon）为主角，描写了这个娶了个印第安女人为妻的法属加拿大白人的爱情故事。亨利长相帅气，勇敢真诚，熟悉如何在平原和山区穿行，甚至具有“一种自然而然的优雅，且心思细致，即便是在女人中也属少有”[3]。

帕克曼对于边远地区的农民及荒野地区的狩猎者持有两种对照鲜明的态度，这表明对当时的美国人而言存在着两种截然不同的西部：地处农业生产为主的边疆地区已经驯化了的平淡无奇的西部，以及该地区以外的荒野西部。以农业为主导的西部单调乏味，那里的居民属于受鄙视的社会阶层。与此形成对照的是，荒野西部是让人心情欢畅的旷野，那里的生活激动人心，那里的人们同甘共苦，那里的主人公不带任何身份卑微的印记。现实中，他们甚至并非社会的一员，而是没有主人的高贵的无政府主义者，是无垠的荒原上无拘无束的常住居民。

帕克曼对于荒野西部的热爱意味着对于有组织社会的一种自相矛盾的抵制。他本身是经过两个世纪的历史形成的复杂社会秩序的产物，他之所以可以按自己的生活方式生活是因为他的祖父是波士顿巨商，为他积累了一笔财富。但是，对于 19 世纪早期从拜伦那里继承下来的略显陈腐的荒野和野蛮崇拜，一个有闲阶层的年轻绅士要比任何其他人都更有闲暇沉溺其中。这种精神状态历史学家称之为“原始主义”。帕克曼尤其深陷其中。晚年时，他曾说起自己从年轻时期开始，“常常寄情于森林，林中万物让他魂牵梦萦、日思夜想，让他的脑海充满了不可能实现的模糊的渴望”[4]。《俄勒冈小道》出版 20 多年后，他在为该书所写的序言中哀叹，激动人心的 1846 年以后，科罗拉多宽广而空旷的平原迎来的是单调无聊的文明社会。[5]

这种文雅地敌视进步的情绪影响了为数惊人的帕克曼的同时代人。但是，在这个信奉扩张天命论的社会，它很难深入人心。因为官方对于进步的狂热崇拜让人欢欣鼓舞，这种进步意味着荒原将被征服，代之以一个个农场和城镇。与此相比，对于正在消失的荒野西部的浪漫之爱只不过是一种自我陶醉的装腔作势。如果说为一片原始大陆的原始的自由遭到破坏而懊悔会让老于世故的文人们感受一丝忧伤的乐趣，那么对于想象力欠缺的观察者而言，西进运动就是一次文明战胜野蛮和原始的辉煌胜利。对于他们——这些人乃是绝大多数，西部的猎人和向导值得称颂，不是因为他内心的狂野或半开化的魅力，而是因为他为那些勤劳的农民照亮了前进的道路。

对于西进运动当时存在两种彼此矛盾的态度，最为瞩目的证据之一就是广受喜爱的丹尼尔·布恩的形象。官方的态度体现在由霍雷肖·格里诺（Horatio Greenough）创作的一件安放在美国国会大厦的受到高度赞赏的寓言式雕塑中。该雕塑将文明与野蛮之间的较量刻画成布恩与印第安武士间激烈的徒手搏斗。[6]乔治·C. 宾厄姆（George C. Bingham）的油画《丹尼尔·布恩的迁移》（*The Emigration of Daniel Boone*, 1851）表现的则是这位知名的肯塔基人正带领一群移民和他们的妻子儿女，赶着牲口，迁往梦幻般美丽的荒原，显然是打算在那里开荒耕种。[7]

历史充分记录了这些推进帝国缔造进程的点点滴滴。布恩曾经指导签署《锡卡莫尔·肖尔斯条约》(*Treaty of Sycamore Shoals*)，该条约废除了印第安人对肯塔基大部分地区的所有权。他也曾在森林中开辟出荒原小道（The Wilderness Trail），于 1775 年带领第一批移民抵达布恩斯博勒（Boonesborough）。此后，在独立革命的多事之秋，他还坚定地保卫这个文明的前哨免受印第安人的侵犯。[8] 约翰·菲尔森（John Filson）是第一位创作布恩传奇的作家。早在 1784 年，在他的《肯塔基的发现、移民和现状》(*The Discovery, Settlement and Present State of Kentucke*)一书中，他就对布恩作为肯塔基州的缔造者所发挥的作用加以赞美。在菲尔森的笔下，一想到肯塔基不久就会成为这块大陆上最富裕和最强大的一个州，布恩就满怀喜悦。而本州的乡亲对于他的热爱和感激就是自己付出的一切辛劳和经历的一切苦难的最好回报。[9] 1813 年，这位英雄的侄女丹尼尔·布赖恩（Daniel Bryan）出版了构思宏伟的叙事诗《丹尼尔·布恩历险记》(*The Adventures of Daniel Boone*)，其中更为关注的是他对社会进步的贡献。该诗叙述了布恩被天使般的进取之灵选中，把文明带到阿勒格尼山脉以西荒原的过程，全诗最后以弥尔顿式的天堂与地狱之会结束。[10] 得知自己承蒙天赐承担这一任务，布恩心生想象，憧憬着文明的金锉刀将野蛮人尚未开化的外壳磨除，让商贸、财富以及灿烂的艺术之光洒满大地。[11] 在一次荷马式的告别中，他告诉妻子说至高无上的天国之法要求他登上充满风险的舞台，投身崇高的冒险事业，把知识传播到尚未开化的荒原，为“世界人”的领地纠错扬善。[12] 即便成为印第安人的俘虏，他依然忠诚于使命，为印第安首领蒙图尔（Montour）讲解人类的历史，并在最后进行了反思：

> 仁慈之心与社会之爱
> 何以如此慷慨汹涌来
> 穿过优雅欢欣的河谷
> 那最丰富的让生命崇高的快乐之河。[13]

这样的布恩有着一副帝国的缔造者和慈善家形象。与此同时，人们心中还创造了一个完全不同的英雄形象，一个难以容忍移民侵占他所热爱的荒原而逃离文明的逃亡者。1816 年，《奈尔斯年鉴》（*Nile's Register*）转载了一则来自印第安人领地欧塞奇堡（Fort Osage）的消息，描述了对布恩进行的一次访谈，并写道："这个人与众不同，不可能在肯塔基得到开拓之后继续居住下去。……他原本完全可以像其他任何人一样在肯塔基轻而易举地发财致富，但是他就是爱森林，从他的装扮你能看得出来，极其粗陋，完全是个穷猎人。"[14]

布恩之所以在边疆垦殖开始之前向西迁移，实际上是迫于一次次获取土地、守住土地的努力失败所致，而这也成为报纸的一个笑料。出于创作西部奇谈故事的需要，他就变成了所有需要充裕生活空间的拓荒者的典型。1823 年，纽约《美国人》（*American*）杂志的一位记者写道："随着文明向前推进，他就会不断后退"——从肯塔基退到田纳西，又从田纳西退到密苏里。但是，密苏里的移民也在不断增多。据说，布恩曾抱怨说：“我到那里还不到两年，马上就来了个该死的新英格兰人，而且就在离我不到100英里的地方安顿下来！”很快，他就会被赶去落基山脉，而在8年到10年之后又会被挤走。[15]为斯蒂芬·H. 朗（Stephen H. Long）记录探险经历的埃德温·詹姆斯（Edwin James）曾于1819年访问欧塞奇堡。有人告诉他，一旦伐木取材时，倒下的树冠不再能倒在离他的木屋门几码远的地方的话，那么就又到了他该搬家的时候了。这些话让詹姆斯这个佛蒙特（Vermont）人开始思考拓荒者的非理性行为。他注意到，新加入联邦的州和准州的多数居民，“尤其是在男性中，都有一种显著的习性，就是再次西迁，其原因很难解释”。显然，有一种生活方式对于真正的西部人而言具有无法抗拒的魔力：“在这样的生活中，没有由于人口拥挤必然带来的人为的物资匮乏和令人不安的物质限制，这样的生活让我们能够直接依赖，并唯一依靠的就是取之不竭的大自然，以及我们自身的力量。……”[16]斯蒂芬·H. 朗一行曾遇到一位年过六旬的老人，他居住在密苏里河上游最偏远的一处定居点附近。他向他们详细询问了尚未有移民迁居的普拉特河谷（the Platte Valley）的情况。詹姆斯惊讶地记录道：“我们发现，他在极其认真地考虑带着家人一起迁往那个河谷。”[17]

了解到布恩在文明到达之前动身迁移的情况之后，拜伦（Byron）在《唐璜》（*Don Juan*）第8章中中断关于包围伊斯梅尔城（Ismail）的描述，插入了一段文字表达对于布恩的敬意。尽管拜伦笔下的布恩在自己的同胞不断靠近他心爱的森林时选择回避，但是他快乐、天真、善良，单纯而不粗鲁，即便迈入老年依然怀有赤子之心，他的美德也让文明社会为自己的堕落行为而羞愧。拜伦的这些诗句也为美国人喜爱并引用。[18]

究竟哪一个才是真正的布恩——是文明与优雅的旗手？还是在定居点推进之前逃亡荒野的自然之子？这位著名的猎人去世几年之后，布恩的一位姓名不详的亲戚在 1820 年发表的一篇传记中曾尝试解答这个问题。他写道，人们自然而然地认为布恩上校对于他在荒野中缔造的这个州（肯塔基）的茁壮成长满怀喜悦。但是，实际情况并非如此。因为布恩"像未开化的野人一样"热爱狩猎，所以在他看来，外来的移民吓跑了猎物，破坏了狩猎的兴致。"如果他不得不作出选择的话，他肯定喜欢自然天成的环境，而不是文明社会的环境。"[19]

19 世纪上半叶出版的描写西部人物的作品中，蒂莫西·弗林特（Timothy Flint）的传记或许算是读者最多的书。该书反映了当时人们普遍混乱的态度。据弗林特说，布恩为之欣喜的是"从野蛮人部落的统治下赢得了大西部众多富饶、无边的山谷——这个地球的花园，和这个狩猎者的天堂；这里已经成为一个庇护所，向全世界被压迫的人、心怀壮志的人和自由的人们敞开怀抱"。这个肯塔基探险家

> 已经抓住了几许未来之光，并用爱国者富于远见的眼睛看到，这个巨大的谷地一定很快就会成为数百万自由人的家园；他的内心洋溢着欢乐，因狂喜而无比激动。对于像他这样一个天真无邪、心底无私的人来说，倒也自然。[20]

但是，接下来仅仅几页之后读者便会发现，他被“难以满足的移民精神、社会和物质改善精神”赶出了肯塔基。[21] 甚至是在密苏里州，“移民的浪潮又一次席卷丹尼尔·布恩的安身之地，赶跑了猎物，并绝对控制了富饶的猎场”。在绝望之余，

> 他明白了一个道理，即与命运相争终究徒劳。无论去到哪里，美国人的进取精神似乎注定如影随形，打破他退居偏远的所有计划。他再次发现自己陷入了为了改善而进军的洪流之中，于是他调整自己，尽己所能去适应自己无法阻止的形势。[22]

然而，在其他场合中，弗林特则认为布恩对于田园式俭朴生活的崇拜夹杂着世故，与他自己极为相似，而他则是模仿夏多布里昂（Chateaubriand）*。每当这位边疆居民试图劝说移居者跟随他迁往新的地方，他总会向他们保证，他们到年老之时将会获得

> 关怀、照料以及子女们的温情体贴。孩子们不会因为雄心壮志而变得冷酷无情，也不会因为贪得无厌而变得麻木不仁；在他们心中，所谓文明和有教养的生活带来的只是自私、虚荣和对他人讥讽的恐惧。他们不会因此而对沉醉自然的渴望和纯洁的情感所给予的美好感受无动于衷。[23]

---

* François René, Vicomte de Chateaubriand, 1768—1848，法国作家、政治家，法国浪漫主义运动的先驱。

此后的十年里，围绕布恩的性格和动机的争论一直没有停止。1847 年，著名的西部浸礼会（Western Baptist）牧师和新闻记者约翰 · M. 佩克（John M. Peck）为贾里德 · 斯帕克斯美国传记图书馆（Jared Sparks's Library of American Biography）准备了一份关于布恩生平的材料。他在其中一再抨击当时流行的把这位英雄视为逃避文明的逃亡者的看法。佩克说布恩之所以离开北卡罗来纳前往肯塔基荒原，是因为那里富裕的奴隶主，他们弱不禁风、挥霍放荡，对于在自己土地上辛勤劳作的农民不屑一顾。但是，当斯帕克斯于 1818 年在密苏里访问这位已经年迈的英雄时，布恩已经对某种伟大的历史使命有所意识。尽管为某个州或国家奠定基础并非他刻意的目标，但是他相信自己“曾经是荒原上的开拓者，承天意而生，奉天命而为，推进文明，开疆扩土”[24]。

1846 年，辛辛那提（Cincinnati）的詹姆斯 ·H. 帕金斯（James H. Perkins）曾经在《北美评论》（*North American Review*）上发文，其关注点同样是布恩的动机，但是倾向于采取更为合理的解释。他提出，布恩是一位白种印第安人。虽然他和他的伙伴们一点也不像后来西部的迈克 · 芬克斯（Mike Finks），爱吹牛、爱发誓、爱喝酒、爱骗人，吸引他们来到荒原的不是有望得利，不是要逃避旧世界的罪恶，也不是什么建立一个新州的梦想，而是单纯因为“热爱自然，热爱纯粹的自由，以及热爱丛林中的冒险生活”。布恩“原本可以像一个在印度或其他什么东方国家发财后回国的欧洲人一样，在文明世界中衰老并死去。但是，他需要的是一处边疆和边疆生活带来的危险与乐趣，而不是财富；居住在他的小木屋中，一块鹿肉、一根猎枪通条当烤肉叉，要比生活在一大堆现代生活的奢侈品中更让他感到幸福”[25]。

如果说这一段叙述中有点屈尊俯就的意味，那么其中还表达了对这位边疆居民单纯而全面的美德的极大敬意。19 世纪 40 年代，这一看法似乎已广为人知。1846 年入侵墨西哥的西部军的威廉·埃默里曾求助于这位肯塔基人的形象，用以表述他对一位居住在圣达菲东北莫拉河谷（The Mora Valley）的美国移民的印象："他绝对是个慷慨大方、待人坦诚的冒险家的典型。从外表看，我觉得就像是肯塔基的丹尼尔·布恩本人现身。"[26]

但是，这一争论长期以来一直没有定论。作为小说中的一个人物，作者依然可以把布恩写成夸张做作的原始主义的代言人。约翰·琼斯（John B. Jones）创作的蹩脚故事《荒凉的西部风景》（*Wild Western Scenes*）出版于 1849 年。书中，年轻的东部英雄格兰（Glenn）途经布恩离开密苏里前最后居住的家附近时，与这位德高望重的开拓者不期而遇。两个人之间有一段极其让人难以置信的对话，从中可以说明人们在罔顾历史利用布恩的形象时可能做到何等程度。这位西部人问格兰是否已经厌倦了人类社会。正像这个问题所暗示的那样，格兰碰巧就是个口头上的愤世嫉俗者，期待着有这个机会来阐述他的观点：

> 我曾听说（他宣称），无论身居山峰蔽日的幽静峡谷，或是绵绵不断望不到边际的茫茫草原，你都会乐在其中。无论是骄横者的嘲弄、嫉妒者的恶意，或是以爱情和友谊为名的虚情假意都不会打扰你凝神静思。我一度以为有些希望是永恒的，但这些希望破碎后（指的是对爱情的失望），我毅然

> 立下誓言，要去寻找一片荒原，好让我花点时间置身其中去做最适合自身性情的事情。我曾经想象过这一决心能够带给我的美好结果。那就是，仇敌的恶语谩骂声再无法伤害到我，珍爱的人的微笑也再不能骗得了我。

布恩热情地握着这个自以为是的年轻人的手，表示赞同。[27] 如果说，丹尼尔·布赖恩的叙事诗中把布恩描绘成文明和优雅的先驱可谓荒诞至极，那么上述这个故事中让他成为一个文化原始主义者，则完全走向了另一个极端。在这位荒野西部的主人公形象的塑造上，作家们做到了可彼可此，前后两可。

第 6 章

皮袜子与社会秩序问题

尽管布恩并不完全是库珀笔下的皮袜子形象的原型，但是两个人物之间存在着难以抹杀的相似之处。库珀的小说《最后的莫希干人》（*The Last of the Mohicans*）第 10 章、第 12 章中的部分内容就是取材于布恩从彻罗基人（Cherokees）那里解救贝齐 · 卡拉韦（Betsey Callaway）、范妮 · 卡拉韦（Fanny Callaway）和他的女儿杰迈玛 · 布恩（Jemima Boone）这一众所周知的英雄事迹。[1] 就像库珀小说中的科拉 · 芒罗（Cora Munro）一样，贝齐 · 卡拉韦曾试图沿路折断树枝做标记，来帮助解救她的人，但是被印第安人守卫察觉。[2] 这次营救行动还为库珀的故事提供了其他几处故事细节。[3]

在《大草原》（*The Prairie*, 1823）的开头，库珀描写了故事的背景，即“路易斯安那购买”（The Louisiana Purchase）之后马上出现的从俄亥俄、肯塔基州出发穿越密西西比河的美国人移民大潮。尽管布恩实际上是在 1799 年定居密苏里州，但是库珀却把他加入到了 1804 年的移民队伍之中：

> 如今，这位爱冒险的值得尊敬的老人开始了最后一次迁徙。他的成功曾经吸引大众闻风而至，但他们之间始终隔着一条“川流不息的大河”；他又在追求新的乐趣，但是在他看来，一旦受制于人类社会的种种制度，任何乐趣都变得毫无价值。[4]

在该书的修订本中，库珀增加了一个脚注，解释说布恩之所以移居密西西比河以西，是“因为他觉得每平方英里的人口达到10人的话，会让他不舒服”[5]。年迈的皮袜子一样，也是“因为前所未有的人口迁移和人口增加的驱赶，想要在西部没有人占据的广阔平原上寻找一个最后的避难所……”[6]。

1825年，一位具有敏锐洞察力的作家在《奈尔斯年鉴》（*Niles' Register*）中对布恩和皮袜子之间的相似之处进行了详细分析。当时，皮袜子这个角色仅仅出现在《开拓者》（*The Pioneer*）这一本小说中。这位批评家指出，这两位英雄人物都热爱森林中的自由生活，都热爱打猎，而且也都不喜欢文明社会中人们通常追求的事物。为证实库珀小说人物塑造的真实性，作者引用了一个游历过宾夕法尼亚山区的人的一封信。旅途中，他就曾遇见过让他想起布恩和皮袜子的牧人和猎人。其中一位据说在整个西部都颇有名声，因为他曾和布恩待过一段时间，并在将近百岁高龄之际启程前往阿拉斯加，而且听说依然健在，仍然是个独来独往的林中猎人。布恩有个侄子定居在宾夕法尼亚，据说年届70依然身体健硕、精力充沛，像布恩一样热爱狩猎，又极端反感开辟林中空地用于耕种，让人觉得他就是库珀小说创作的原型。[7] 诗人艾伯特·派克（Albert Pike）也持类似的观点。哈佛大学毕业后，派克走过圣达菲小道，之后在十分不开化的阿肯色州定居下来。“许多人选择在森林中度过自己的一生，对此我并不惊讶，”派克在1834年写道，“而且我也并不觉得霍基（Hawkeye）和布什菲尔德（Bushfield）的人物刻画有任何过分或夸张。”他列举了这位猎人的孤独生活的主要诱人之处：独立自由，不受法律和框框的限制，摆脱繁文缛节的束缚。[8]

如此看来，至少在一部分读者心中，皮袜子和布恩一样是无政府主义自由的象征，是法律和秩序的敌人。这样一种解释是否符合库珀刻画这个角色的创作意图呢？

最初出现在《大草原》中的猎人显然是各种破坏力的体现。这一角色的塑造是基于自然与文明、自由与法律之间的对立，而美国人对于西进运动的理解大多受到这种对立的支配。因为这种发自内心的力量确切地重现了当时社会流行的思想和感知方式，所以库珀才能够在这个话题上为他的人民代言。但是，他又比他的同时代人更加深刻地感受到这一问题：相比而言，他一方面更加坚定地忠诚于维护社会秩序的原则，同时又更加深切地关注西部森林中有关自然和自由的看法。他在这两方面的忠诚所带来的冲突的确颇具讽刺意味，而如果说他能够（事实上做不到）将自己的思想探索和情感探索进行到底，那么皮袜子系列故事或许已经成为一部重要的艺术作品。虽然库珀一次次失败，但是皮袜子这一角色已经成为迄今横跨大陆的国家冒险历程最重要的象征。[9] 皮袜子与真实的布恩以及民间传说的各种版本中的布恩之间存在种种相似，并不只是偶然。

《开拓者》以近乎充满天真的直率方式说明了库珀作品的这些特征。写完第一部无足轻重的小说《戒备》(*Precaution*)后，库珀在《密探》(*The Spy*)中转向了美国革命这一主题，结果大获成功。他的下一部书《开拓者》的序言颇有扬扬自得之意，表明这位初出茅庐的作家的自信日增。库珀声称，他现在的写作只是为了自娱自乐。[10] 对此，我们姑且相信。因为故事的背景是他儿时生活的库珀斯敦（Cooperstown），法官马默杜克·坦普尔（Marmaduke Temple）是这个新兴城镇的守护神、地主、治安官以及本地的实际领主，而这些情况都和小说作者的父亲威廉·库珀（William Cooper）十分相似。威廉·库珀和法官坦普尔不仅都在纽约的边远地区购置了土地，而且同样负责监管在奥齐戈湖（Lake Otsego）畔兴建城镇一事。他们甚至在一些次要的细节上也彼此相似，例如他们的祖先都来自公谊会（Quaker），但他们又都放弃了该教派的教籍。[11] 如果一位作家诉诸这类自传材料，向读者介绍一位与自己的父亲相像的主要角色，那么即便不是一个笃信弗洛伊德学说的人也会得出一个结论，即这位作家的想象力颇具深度，非同寻常。当然，《开拓者》正是这种情况。

因为在艺术表现手法方面还未能做到驾轻就熟，库珀为库珀斯敦故事设计的情节让人难以置信。该故事围绕法官坦普尔在处置他的老朋友埃芬厄姆（Effingham）少校的财产过程中发生的幼稚可笑的误解而展开。但是该情节仅仅只是个框架，故事聚焦的却是一个完全不同的问题。法官坦普尔和老猎人皮袜子之间的冲突才是故事的感情和文学发展的中心。这一冲突象征着向荒原进军进行农业移民引发的种种问题。库珀尤其擅长处理这类主题。从故事的开头坦普尔法官想要把皮袜子的年轻同伴射杀的一只鹿据为己有，到后来法官因为老猎人抵制自己无法理解的法律程序而判处一笔罚金和监禁，这个故事反复思考的问题是：以往林中生活的自由与一个社会要求建立能支配个人的法律权威的新需求之间的较量。[12]该冲突的一个方面是享用自然资源的原始自由——无论以猎物的形式或是以土地的形式获取自然资源的自由，与个人占有和财产权利不可侵犯概念彼此对立的问题。而这个问题的背后，进一步涉及的是自然状态中人与人之间的大致平等与以财产不平等分配为基础的社会分层之间对立，以及规范化、制度化的宗教与皮袜子的自然的、本能的神学之间的对立。对于神学理论的细微区别和宗教仪式的细微之处，皮袜子从来不屑一顾。

皮袜子象征的深刻之处来自以下事实：库珀最为坚定地信奉的力量是秩序，尽管如此，对于上述所有问题，库珀呈现的态度是既诚恳又矛盾。要在荒原上建立任何一个新的社区，必然要求生动活泼地兑现特定的社会契约及其所有相应的后果。同时，权威的方方面面，包括制度的稳定性、有组织的宗教、阶级分层以及财产，全部通过父亲这一象征辐射呈现。但是如果在这位父亲统治下，公正得到体现，毫无疑问在这个记忆犹新的童年时代，库珀扮演的角色是儿子。因而在讲述挑战和对抗的故事时，他能够赋予它真情实感。

但是我们关注的不是库珀的写作素材与他本人的关系，而是他如何处理垦荒大军向西挺进引发的各种话题。故事的大背景就体现在伊丽莎白 · 坦普尔（Elizabeth Temple）的一声感慨之中：

坦普尔法官的事业就是征服这片森林！文明的脚步踏过自然的足迹是何等迅速！[13] 皮袜子入狱让伊丽莎白不禁迸发女性的同情，断言因为内心善良，皮袜子必定是无辜的。此时，她的父亲给出了重要的判断："你说得有理，贝丝，很有道理，只是你的同情代替不了道理。" 法官本人有意替皮袜子支付罚金，但身为正义代言人，他又不能罔顾他自己作出的监禁判决。于是，他安排伊丽莎白带上钱包前去探视并安慰那位猎人。"……你想对那位可怜的老人说什么，你就说什么吧，尽管表达你的一番热心。但是你要记住，伊丽莎白，只有法律才能让我们摆脱野蛮。他因触犯法律而获罪，而为此作出判决的法官正是你的父亲。"[14]

另一个有趣的情节是，膝下无子的坦普尔法官邀请奥利弗·埃芬厄姆（Oliver Effingham）到家里做他的秘书。奥利弗一时拿不定主意。理查德（Richard），法官家里那个自以为是的管家，对伊丽莎白轻声说道："贝丝妹妹，您瞧，让一个（美洲白人和印第安人）混血儿摆脱野蛮不是件自然而然的事。我绝对相信，他们根本克服不了对流浪生活的依恋。" 法官的评论是，猎人居无定所的生活 "极其不利于世俗生活，而且让人从心底完全不接受更神圣事物的左右"。然而，这番话激恼了皮袜子，他不禁大声说道：

> 不，不是这样，法官……你尽可以带他去你的小木屋，表示欢迎，但是你得有一说一。我在林中度过了漫长的 40 年时间，有段时间整整 5 年没有看到过有比大风吹拢的树叶堆还大一点的林中空地。我倒想知道，你们到哪儿能找到一个活到了 68 岁，像我这样生活自在的人。尽管你们的生活条件

> 有了这样那样的改善，你们还有你们捕鹿的法律。而要说诚实，或者说人与人之间以诚相待，我是不会不管不顾你们特许状上的那套说辞的。

这些话完全概括说明了问题所在。因为无法解决这一问题，于是库珀诉诸调和，这恰恰表明他不愿意或者说不能全盘接受他所说的冲突的含义。法官“向猎人温和地点了点头”，答道：“你是个例外，皮袜子，因为你具备你这个阶级中少见的克制，同时你还拥有一种超越你的年龄的勇气。但是，这位年轻人天赋异禀，不应该在森林中荒废。”[15]

法官的回答说明他始终关注着社会地位，而正是社会地位决定了库珀对于以自然为尺度这个看法的态度。皮袜子虽是森林的尊贵之子，但却属于低等社会阶层。然而，即便乔装打扮，奥利弗高贵的出身依然逃脱不了这位法官福斯塔夫式的直觉。皮袜子目不识丁，是从担任埃芬厄姆少校的仆从开始步入社会的。他总是讲方言本身就是在不断提示人们，他的出身低微。的确，在《最后的莫希干人》和《大草原》所描述的长期冒险生涯中，老猎人的社会地位无足轻重。这两部小说描写的都是印第安部落的战争以及营救受苦受难的女主角的故事。在这些故事中需要关注的是皮袜子高超的射击本领、足智多谋的头脑以及娴熟的追踪技能，而不必考虑他的出身门第。但是，皮袜子的社会地位问题不能永远置之不理。对于这个林中自由生活和美德的象征，读者的反应令小说作者陷入了一个困境，因为这让他意识到无论是在社会体制中，还是他所运用的伤感小说形式中，他的这个最重要的角色从技术上来说都低人一等。库珀及其读者心中对于茫茫荒原的丰富情感与库珀所采用的文学结构极不谐调。

对于一个自我意识较强或更乐于尝试的作家来说，这种情形或许意味着一种挑战，让他从小说素材的实际出发创造一种新的形式。但是，不管是在生活还是文学上，库珀并不是个会投身革命的人。他选择了一条不同的道路，他开始在小说的传统形式上做改动，但尽可能不去破坏它。同时，他又在他的小说材料上作改变，使之尽可能贴合这一形式。

从皮袜子系列故事的最后两本小说《探路者》和《猎鹿者》中，读者可以看出库珀为解决这个问题所作的努力。上述两本小说分别出版于 1840 年和 1841 年。而在 13 年之前出版的《大草原》中，他就已经描述了皮袜子之死，且在那时就已经打算要永远放弃这个角色。这一决定的部分原因似乎是前文提及的技术上的困难，因为库珀在晚年曾告诉女儿说他希望把《大草原》中的上流社会男女主角伊内兹 · 德 · 塞塔瓦洛斯（Inez de Certavallos）和米德尔顿（Middleton）上尉去掉，只保留那些真正属于故事发生地的角色。[16] 但是，如果去掉上流社会男女主角，将皮袜子上升为故事的第一主角，那么故事情节该如何处理呢？显然，库珀在这一点上极不愿意打破感伤小说的创作惯例。所谓小说就是爱情故事，这是他依据传统认为必须遵循的准则。小说的主人公就是求爱过程中那个男性示爱者。如果将皮袜子提升到这样一个地位，必然要安排他与一位女主人公恋爱。因此，库珀在《探路者》中满怀善意地展现皮袜子的恋爱。问题在于需要塑造一位女性角色，既文雅有教养，符合成为小说女主人公的要求，又必须出身于社会底层，这样才适合接受这位猎人兼侦察员前来奉献殷勤，而不至于违背社交礼仪，引起人们的震惊，有违体面。

皮袜子的恋爱对象是梅布尔·邓纳姆（Mabel Dunham），英国军队中的一位军士（不是军官）的女儿。她的叔父是个以航海为生的船长，其地位“比普通的水手也就略微高出那么一点”。在这位船长的陪伴下，梅布尔初次经人介绍与他认识时，库珀小心翼翼地指出梅布尔是位“社会地位并不比他自己优越多少的未婚少女”。[17] 因而，从技术上来说，对于社会地位较低的皮袜子而言是可以与她接触的。但是首先必须赋予她某些上层阶级的属性，之后才能让她有资格成为女主人公。库珀的进一步解释是，在梅布尔的母亲去世后，梅布尔被托付给了梅布尔父亲军队中的一位校官的遗孀照管。在她的照料下，梅布尔培养出了“一些品位，学习了不少知识，若没有这样的安排，她原本是不可能了解这一切的”。这种安排的结果

> 明显体现在她的服饰、语言、见解，甚至是她的情感方面。虽然其中或许还没有一件达到了堪称上层社会淑女的程度，她最初的社会地位所带有的粗鲁无礼、缺乏教养的习惯和举止已经从她身上消失了，但同时她又还不至于无法适应由于自己的出身和财产状况而可能要面对的生活环境。[18]

具体而言，梅布尔获得了一定程度的鉴赏力，这让她能够感受自然风光的美好，并用人们赞许的方式加以表达——这是库珀小说中的一个标志，几乎像语言一样绝对可靠，可以用来鉴别上

层社会和下层社会。

让人啼笑皆非的是，库珀在精心塑造梅布尔这一角色同时，又给自己制造了一个新问题。为了让她符合女主人公的角色，作者对其性格进行了修正，这就使得她在品位和举止方面要比皮袜子稍高一些。在梅布尔的父亲提议他们的婚事时，皮袜子显得缺乏自信。他害怕的是"一个贫穷无知的林中人"难以赢得姑娘的芳心。在这位军士（梅布尔的父亲）的逼迫之下，他这个侦察兵只好承认自己的确是个荒原生活经验丰富的人，完全有能力供养妻子，是个久经沙场的勇敢的老兵，同时也是英国国王的忠实臣民。但是，皮袜子依然犹豫不决。"我怕自己太粗鲁、太老、太野，没法投合像梅布尔这样年轻、纤巧女子的想象。她从来不习惯我们荒原上的生活方式，或许会觉得定居生活会更适合她的秉性和爱好。"在进一步的敦促之下，皮袜子做了一次公开表白。这些话颇有助于人们理解在常规的故事场景中——女主人公被俘，皮袜子与一位出身于上层社会的男主人公前来营救，库珀是如何看待其中的社会关系的：

> 我也曾和与她一样漂亮的人一起旅行过，我还曾带着他们穿越森林，见过他们经历怎样的危险，也见过他们开心快乐。但是，他们总是高高在上，让我觉得他们不属于我有义务要保护的那些弱者。而这次的情况却不一样。梅布尔与我几乎一样，但当我发现我们如此不一样的时候，我感觉心里好像压着一块石头，难以承受。军士，我真希望自己年轻 10 岁（当时这位侦察员大概 30 岁出头），长得更帅气，更符合

年轻漂亮的姑娘的想象啊！

一句话，“我只是个穷猎人，而梅布尔，在我看来，适合嫁给一个军官做太太”[19]。的确如此，正如故事后来发展的那样，有一位军需官想要娶她为妻。但她的确适合吗？库珀后来让这位军需官成了一名叛国者。这或许是因为下意识中，库珀想要惩罚他这种破坏规矩，不顾社会阶层界限的行为。不管怎样，皮袜子求婚的时刻真正到来的时候，毫无疑问的是梅布尔的优雅让她显得高人一等，而这就让问题有了答案。库珀有效运用了他难得一用的喜剧手法，梅布尔困惑之余越说越复杂，让皮袜子一头雾水不知所云。他只好用上他特有的疑问词：“嗯哪？”[20]这显然文不对题，而到最后他是以极度自虐的方式，愉快地祝福她嫁给年轻、英俊、与她般配的大湖区水手贾斯珀·维斯顿（Jasper Western）。[21]

如果无法想象皮袜子娶妻成家，考虑到爱与被爱的对称结构，至少可以把他描写成为一个被人深深爱恋的对象。这便是这个系列小说中的最后一本《猎鹿者》所采纳的故事套路。该小说回到了主人公的青年时代，解决了年龄障碍问题，从而为皮袜子故事的发展提供了最大的空间，让他成为爱情故事的主人公。在这个故事中，爱上他的是美丽的朱迪斯·赫特（Judith Hutter），她是林区一个粗人的女儿。但是因为有过与人调情的故事，她的名声不佳。显然，作为配偶，她并不适合正派的皮袜子。但是，故事结束时，据说她生活在英国，做了一位英国官员的情妇。

尽管作者在后来描写青年皮袜子过程中做了一系列试验，但是长期以来这位猎人在读者心中的形象依然是初次出场时的样子，是个年事已高的人。由于人们觉得在丹尼尔·布恩和皮袜子之间存在某种相似之处，皮袜子的上述形象尤其深入人心。约翰·菲尔森撰写的布恩传记在 1784 年出版时，这位肯塔基人，年届 50，似乎已经成为元老级人物，旌旗招展的战斗岁月已经成为历史。1815 年之后，民间对于布恩的崇拜突出强调的则是一位年逾八旬的老猎人的生动形象。库珀本人也证实了人们普遍喜欢夸大布恩的年龄的说法。例如他曾在《大草原》修订版的一条注解中写道，这位知名的猎人在移居密苏里州时已经“92 岁高龄”。[22] 实际上，布恩当时只有 62 岁。19 世纪绝大多数西部小说都塑造了以皮袜子为形象的西部猎人，其中大多是高龄猎人。

如果说高龄是皮袜子形象固有的一个特征，那么它与社会地位低微一样严重妨碍了他转变为爱情故事的主人公。因此，库珀转而尝试选择较为年轻的主人公——他们既像皮袜子那样与森林关系密切，又更容易让他们成为恋人。《开拓者》中的奥利弗·埃芬厄姆就是较早出现的年轻猎人形象，他着装奇特，与皮袜子乃是同行。《大草原》中为再现这样的猎人形象而塑造了保罗·霍弗（Paul Hover）这一角色。像奥利弗一样，他是以皮袜子的同伴身份出现，但其实是真正的森林之子。保罗是土生土长的肯塔基本地人，一口地方土话绝对就是社会地位低微的标志。的确，他只是一个捕蜂人，而不是猎鹿人或猎熊人，但是他关于枪的看法和枪法都让皮袜子赞赏有加。关于保罗，最有意思的地方是，尽管在小说中正式出现了上层社会的男女主人公，他的形象还是个萌芽状态的主人公。他年轻、英俊又有德行，库珀最后让他与埃伦·韦德（Ellen Wade）结了婚。作者在小说中详细描写了韦德的外表、仪态、言谈和审美，她在这些方面要比她那些粗俗的同伴要高明得多。这显然预示了《探路者》中梅布尔·邓纳姆的社会地位和品性。事实上，《大草原》中保罗与埃伦的爱情故事似乎已经为库珀后来两部小说中的实验奠定了基础。

在生命接近尾声之时，库珀在《栎树空地》(*Oak Openings*, 1848)中最后一次创作了一个以西部英雄为主角的故事。正如20年之前创作的人物保罗·霍弗，本·博登(Ben Boden)是个品行高尚的捕蜂人。但是，因为故事中没有来自上层社会的主角，就必须把他描写得比保罗·霍弗更加儒雅一些。这一过程是通过语言这个重要的标尺加以呈现的。在第一章，作者就两次提醒读者他使用的是非常纯正的英语。鉴于他的出身，这简直让人惊讶。此外，他关于威士忌酒的观点绝对合乎道德规范，这一点也是上层社会的一大特征。[23] 故事的女主角玛格丽特·韦林(Margaret Waring)，正如埃伦·韦德一样，和一位粗俗的边疆居民有瓜葛，但是在她的社会地位藩篱之内，作者把她描写得尽可能温文尔雅。《栎树空地》是库珀最糟糕的一部小说，其错误在于他无法控制自己喜欢说教的毛病，他总爱一想到某个话题就指手画脚，一通说教。尽管如此，他的根本想法还是不错的。

从小说的开头看，作者似乎决意要看一看假如实施省略上层社会男女主人公的计划，小说《大草原》会成为什么样子。如果这一猜测是对的，那么本·博登就代表了库珀在以荒原人物为技术上的主角方面所取得的最大成就。在这对年轻恋人经历了密歇根早期印第安战事的种种危险之后，小说作者觉得有必要增加一章作为尾声，来表明本·博登在晚年成了一个富裕的农民，一个在当地有影响的人物，一名州议员。他这一生的经历“说明当一个人能够无拘无束尽力而为时，他会发挥出何等的力量”[24]。但是，如果说让博登的社会地位得到杰克逊式的上升，是用来证明库珀挑选他作为主角确有自己的道理，那么与此同时，这也使得他与神秘莫测、令人生畏的荒野之间可能有过的任何充满幻想的联系荡然无存。

库珀奋斗了 25 年，旨在塑造一个足以在小说中担当主角的荒蛮西部的主人公形象，其最终结果如下：（1）由于皮袜子的基本形象年龄太大，不适合于用在爱情故事中，小说作者便复制了一个年轻猎人的形象，让他拥有与这位老猎人一样的习惯、爱好和技能，并在一定程度上也具备老猎人的美德；（2）皮袜子最早的年轻同伴奥利弗 · 埃芬厄姆之所以可以成为小说主角，是因为他本是个乔装猎人的绅士。也就是说，这位主角保留着世袭继承的权利带给他的绅士特权，而与此同时，借助面具——一个按照老猎人形象设计的角色，他又具备那种人们想象中的皮袜子身上的种种价值。但显而易见的是这个人物实在经不起推敲，无法让库珀满意。因而，通过复制皮袜子形象，他进而塑造出年轻的猎人形象，于是在这一过程中产生了（3）像保罗 · 霍弗和本 · 博登这一类主人公。他们都是年轻、英俊的定居荒原的移民，从事着比较平和的捕蜂行当，因而也就避免了像皮袜子的行当理所当然带有的血雨腥风。这位年轻的西部主人公所讲的土话也不像皮袜子的土话那么口音厚重，除非是他兴高采烈得意忘形的时候。他的真实的出身不得而知，既不是上层社会的一员，但也没有一处具体写过他做过奴仆。最后，对于文明，这位年轻的主人公也完全没有皮袜子身上那种显而易见的自以为是的敌意。上述改变解决了小说技术上的问题，使得一个身处荒蛮的西部人能够成为爱情故事的主人公，但是同时它们也破坏了赋予皮袜子形象如此打动人心的感情深度的颠覆性寓意。

第 7 章

自然的纯真与狂野：查尔斯·W. 韦伯及其他作者

由皮袜子演变而来的西部荒蛮之地的猎人和侦察员要想获得充分的资格成为文学作品中的主人公，就只有牺牲与自然的联系。在继续追踪这个有趣的角色后来的冒险经历之前，我们稍微了解一下他究竟牺牲了什么，或许对于读者不无益处。

皮袜子本身从大自然中得到的恩惠自然极大。“大部分时间里，我是个孤独的人，”他在晚年曾这样感慨道，“在大自然的怀抱中，这个人生活了 70 年，虽说可以称之为孤独，但随时随地都可以向上帝敞开心怀，不必要为了移民定居点带来的那些烦恼和麻烦而撕心裂肺……”[1] 这段话里包含了两个主要意思——负面的道理是文明是邪恶的，而正面的道理是原始状态下的自然是力量、真理和美德的源泉。直到 19 世纪，在相当长一段时间里这些观点依然不时出现在描写西部荒野的作品中。例如托马斯·J. 法纳姆（Thomas J. Farnham）在 1839 年前往俄勒冈的途中，记录下了据他说是在本特堡（Bent Fort）以西的阿肯色河附近遇见的一位了不起的，也可能大部分是虚构的印第安人的一段谈话。这位印第安人根据描述并非是个没有受过教养的高贵的野蛮人（他曾在达特茅斯学院 [Dartmouth] 接受过教育），而是一位哲学家。他的观点让法纳姆印象深刻。

> （这位吐字清晰的印第安人大声说道）一旦你把犁头插入土地，犁头上就会满是小虫和杂草。它会促进人口不断增长，乃至超出正常的范围；它会要求人们制定法律实施刑罚；它会在人们脸上戴上欺骗和自私的面具；它会用腐化堕落，用热衷财富和权力，用杀戮千百万生灵以满足某个王室凶手的私欲，来取代纯真的诚实，取代殷勤好客之道，取代荣誉感和自然状态的纯洁无瑕。[2]

文明之所以有害，还因为它在个体和人类体验的自然万物之间拉起了人为这道帐幔。城市生活的精致世故取代了万物本来的面目——“它们本来的恢宏壮丽只存在于不朽的崇山峻岭之间，存在于人迹罕至、无人涉足的溪谷之中。”文明引以为傲的科学也许显示了人类在物质方面控制自然力量所取得的浅薄的成功，但是真正的野蛮人鄙视这种浅薄的手段，他们“诉诸自然，敬仰自然，而不是借助科学”[3]。

类似这一套看法的说辞迟早肯定会用于对西部荒蛮之地作富于想象的解释。在这一方向走得最远的是一个名叫查尔斯 · W. 韦伯（Charles W. Webber）的人。他是一位已被读者遗忘的作家，但当初也曾轰动一时。韦伯绝对算得上是个肯塔基人。19 世纪 30

年代，他在得克萨斯住过一段时间，后来进入普林斯顿大学神学院读书。因为苦于神学方面的困惑，他前往纽约开始为杂志社写稿，成为一名多产作家。1844 年，他的小说《杰克·朗，或敌对之举》（*Jack Long, or The Shot in the Eye*）大获成功；1856 年，他和沃克（Walker）在尼加拉瓜（Nicaragua）煽动叛乱，在当地去世。在这期间，他写下了几本书，大约 20 多篇论文、随笔和小说，其中大多与他在得克萨斯的经历有关。

起初，韦伯专注于探究边疆地区的暴力事件，这为比德尔时期及后来发表的成百上千篇还算不上文学的故事提供了题材。“杰克·朗”广受欢迎后，他颇受鼓舞，认为自己是西部的解释者，开始模仿哲学家的样子，写作了两部雄心勃勃的小说。其中《向导老希克斯》（*Old Hicks, the Guide*; 1848 年）更有意思，因为该小说清楚地表明，作者如何试图在原始主义的教条下解释西部荒原，最终又是如何失败的。

据韦伯说，《向导老希克斯》的第 5 章到第 8 章包括了他从得克萨斯（Texas）中北部的特里尼蒂河（the Trinity River）上游到上加拿大人河（the Upper Canadian River）（靠近今天的得克萨斯和新墨西哥［New Mexico］边界）的一次真实旅行的日记摘要。[4] 在第 8 章结尾，韦伯插入了“日记结束”几个字，之后便立即将故事中的人物带进了“宁静的山谷”。那里有女主角埃米莉（Emilie）和反面人物艾伯特伯爵（Count Albert），两个人都是巴黎人，而男主角则是故事的讲述者。韦伯似乎刻意围绕原始主义主题作对位的复调安排——文明过头的人特有的那种渴望回归自然的颓废念头，以及有德行的原始人原本就享有的与自然的和谐。

但是，在故事情节上他遇到了与库珀一样的问题：作为小说中的事件，他只能写爱情故事和与印第安人的战斗。的确，他在处理这些为人熟知的素材时采取了一种前所未有的方式。因为埃米莉是法国人，在作者和读者眼中她可能是个放荡的女人，或者说至少不像库珀小说中的女性那么规矩正经。此外，她还嫁给了那个邪恶的伯爵，这就不幸为小说主人公对她的爱情设置了障碍，也让韦伯有机会把荒原上从直觉出发的道德准则与城市社会的偏执态度加以对比。[5]至于印第安人，即那些科曼奇人，艾伯特伯爵已经把他们训练成为听命于自己的纪律严明的骑兵。在作者的笔下，他们是古老的自然母亲的孩子。例如，他们长于医术，使用冷水浴或发汗浴这类纯自然的手法进行治疗。印第安人的这一成就促使韦伯写下了一篇题为“原始生活的哲学”的长篇大论。他宣称：

> 错综复杂的人类文明花费了许多个世纪才最终达到，或是接近人类探究的诸多领域中的那些最高真理。但在原始和初级的社会形态中，人们却早已认识到并且本能地按照这些最高真理去行事。……伟大的天才人物本质上来说就是，并且一直以来就是那些仅在腰间缠一块遮羞布的原始人。他们通过差不多相同的过程认识真理。除了上帝赋予的感官之外，他们都同样鄙视一切枷锁桎梏，无论它们是肉体上的或是精神上的，而且他们都拥有同样的自立精神，遵循上帝的福音来裁断陈规惯例，如同感知天启而自觉。[6]

在谈论这些让人难以置信的科曼奇人时，这一类的议论还有很多。但是，他在文学上的核心问题自然还是在自己精心构想的哲学手段基础上，他该如何处理他的爱情故事。他的解决办法并没有让人耳目一新之处。他在故事中加进一个人物，埃米莉的弟弟。得知伯爵用假婚礼这套为人熟知的手段欺骗了自己的姐姐，弟弟便杀了艾伯特。这一情节似乎完全有赖于文明社会，甚至可以说是上流社会关于礼仪的观念而展开。但韦伯为这个弟弟辩护的理由是：边远地区的居民已经撤离了文明社会，目的是“摆脱那些对于他们自由的天性来说，仅仅习以为常的，有悖自然的清规戒律”，而自然才是他们严格的道德法则的基础——即以“荣誉、正义和权利这些自觉的本能为基础，全人类莫不如此”[7]。

所谓边疆地区道德观念的另一面则将韦伯引上了不同的方向。如果因为伯爵勾引了女主角，巡警们本能的荣誉感和正义感要求将这个恶棍处死，那么即便他们知道她现在是伯爵的合法妻子，同样的本能也会让他们认可自己的上司追求她。经过一番转弯抹角的论证，作者表达的观点是，这些得克萨斯巡警因为摆脱了物质生活上的一切束缚，也就同时不必受制于道德上的偏执。

> （他说）对于他们来说，拥有英勇刚毅的原始美德就足够了。他们根本不在乎文明社会所谓让人崇敬的事物、这样那样的礼节或仪式、责任义务等。但是他们尊重彼此的权利，并认识到令人敬畏的慈祥的上帝就存在于他们穿梭往来其间的寂静而壮观的高山、森林、河谷、平原和河流之间。
>
> 对于他们来说，占据第一位的是忠诚于真理和自然的上帝，第二位的是忠诚于自己的民族和同志。

> 简单而言，这就是他们的信条。
>
> 回顾文明社会时，这些人心中只有憎恶。他们通过审视自然万物来认识上帝之貌，通过审视自己的心灵来鉴别正义和真理。对他们来说，一切真实的、合适的，以及自然而然发乎于情的事物都是正当、合法的。[8]

这些巡警于是准备好了要接受他们的上司爱上埃米莉一事。但是对于一则小故事来说，这个序言肯定算得上洋洋洒洒。因为除了向女主角求爱获得成功之外，故事的讲述者（男主角）没有什么了不起的作为。就塑造有个性的西部主人公而言，在这个角色上很难说有任何重要进展。

韦伯决意要阐发其原始主义理论，因而把和平山谷（Peaceful Valley）精心描绘成为“一个拥有俭朴生活的新的伊甸园”。在这里，羚羊十分温顺，它们甚至会走上前来闻一闻这些得克萨斯人扔在草地上的背包。

> （他解释道）在这个迷人的山坳里，险峻的山峰将这些优雅的动物与外界隔绝，让它们无从了解在罪恶和死亡降临世界之后，人类与自身以及与上帝创造的所有动物间长久以来阴暗而血腥的争斗。[9]

面对这些毫无猜忌之心的动物，这群人之中，绝不会有人忍心开枪，“甘心成为第一个向这些天真的动物传递恐怖消息的信使，用一只血红的右手猛击它们快乐的心脏，向它们宣告灾难已经降临世界”。有关冲突的主题对韦伯似乎一直具有特别重要的意义。在对与文明生活相对的自然生活的赞颂中，他一再重复的观点是：文明的本质在于斗争。这一观点的表达并不严谨，但是在浮夸的语言中有一种虽显得杂乱却十分真诚的感情：

> 长久以来，我一直投身于与整个人类、整个社会秩序进行的无休止的斗争之中。在这个严酷而残忍的斗争环境中，我感到自己天性的绝大部分都得到了提升。但这种严酷的对抗合乎自然规律吗？它是否包含了更高的生活目标——更好地理解极乐的意义？想到这些，我就感到厌烦，只想永远倒在大地母亲平静的怀抱中，无梦酣眠。因为，至少那会让我得到宁静。[10]

初次接触到这种混沌的表述，读者也许会就此断言韦伯的原始主义冒险之旅仅仅只是一种个人风格的表演。但是对于他的同时代人而言，他绝不是一个可以无视的人物。1856 年，在他去世前不久，戴金克兄弟（Duyckincks）* 在其《美国文学百科全书》（*Cyclopaedia of American Literature*）中给予他相当多的篇幅，称赞他“关于动物生活的健康意识”“内心富于诗意的思想”及其“精神上的热忱”[11]——这些措辞对作者的写作意图和写作风格虽

---

* Evert Augustus Duyckinck, (1816~1878), American biographer, editor, and critic who with such works as the two-volume Cyclopaedia of American Literature (1855, supplement 1866), written with his younger brother George Long Duyckinck (1823~1863), focused scholarly attention on American writing and contributed to the advance of American literature in the mid-19th century. 参考 https://www.britannica.com/biography/Evert-Augustus-Duyckinck#ref24001

无意批判倒也确切。《格雷厄姆杂志》(*Graham's*)在评论韦伯的第二部小说《希拉河的金矿》(*The Gold Mines of the Gila*)时指出，“要是作者集中精力的话，他或许可以创作出一部不一样的小说，让自己跻身最富创意作家之列”[12]。这一评论加之后文讨论的同时代其他评论说明，韦伯的读者对于他的漫不经心、轻率即兴的作风是有正确认识的。同时，他们也相信他的前进方向值得关注，他的主题思想如果能够仔细加以斟酌，组织更加严密，就完全可以产生重要的作品。今天人们对于原始主义的印象好像只有浮夸和荒诞，但对于19世纪中叶的职业批评家来说并非如此。

当时有两家主要杂志曾把韦伯与梅尔维尔相提并论，且都对韦伯不吝溢美之词。这是韦伯留给同时代人印象的最好说明。《格雷厄姆杂志》直截了当地称《向导老希克斯》表现出了“比《泰庇》(*Typee*)或《奥穆》(*Omoo*)更高的天分”。[13]而《民主评论杂志》(*The Democratic Review*)则提出《向导老希克斯》与《奥穆》的相似之处在于其“栩栩如生，惹人注目”，但是“在表现诚意和诗意方面，前者更胜一筹”。事实上，《民主评论杂志》未署名的这位批评家简直就成了韦伯的崇拜者。他这样写道：“显然，我们还有许多东西要向科曼奇人学习”，并称“原始生活的哲学”这一章是在“用男子汉般的气概阐述真理，那些让自作聪明的人长期困惑的真理……”[14]。

现代读者在读完《向导老希克斯》前几章后就会发现，所谓“栩栩如生”完全不是那么回事，因而简直无法相信评论者是由衷这么认为的。但是《泰庇》与《奥穆》之间的比较更说明问题。梅尔维尔与韦伯两位作者所写的内容，都是关于在世界偏远地区的原始人群中的冒险经历。两位小说家都主要依据自身经历，并以第一人称叙述故事。两人都在原始人的简朴生活中看到了与美国社会的正统教义全然不同的价值观，而他们由此得出的推论并未恭维教养、斯文和文明。当然，无论作为思想家，或是艺术家，韦伯与梅尔维尔相比都要逊色很多。现在看来，《向导老希克斯》中每一页都可以明显说明他后来的发展，即他实在过于漫不经心、不负责任，没有能够让自己的艺术臻于成熟和完善。后来，梅尔维尔接着创作了他的《莫比·迪克》（*Moby Dick*），韦伯则依然把玩着动物、野外生活和狩猎这些七七八八的故事。可以说，这两位同样都生活在野人堆里，只是韦伯从未能够超越这一经历。

但是，与梅尔维尔进行比较也有利于说明一个问题，那就是除了韦伯，为什么没有其他人从原始主义的角度致力于文学创作，以及韦伯的努力为什么会归于失败。无论是韦伯笔下位于上加拿大人河畔的和平山谷，或是梅尔维尔笔下位于南海的田园诗式的山谷，二者的异国情调赋予这两种象征以宁静、梦幻的特质。而它们的生命力来自已然乏力的与自然交融这一思想。虽然正如梅尔维尔日后以其无可阻挡的力量所宣告的那样，这一思想已不再站得住脚，但是韦伯却无法面对这一事实。而他的所作所为只能成为原始主义破灭的例证。因为他并不具备梅尔维尔那样的智力和想象力，无法在自己早期的自然学说的废墟上进行新的艺术创造。他的经历有力地证明：合理的关于西部的文学阐释，是不能以日暮途穷大势已去的自然观为基础的。

如果说西部荒蛮之地不曾有过任何人为的痕迹，从未适合于重大的文学题材，在 19 世纪中叶却极大地吸引了美国作家。1844

年，爱默生曾这样写道：“在印第安人、设陷阱的捕兽者和猎蜂者所拥有的林中生活本领中充满令人惊奇的想象力。”“我们以为自己只是一群陌生人，并不像野人、野兽、野鸟那样从内心深处归化于这个星球的生存环境。”认为自身脱离了自然的人们，似乎希望通过描绘这些象征，能重新找回这宇宙间美德和力量的神秘源泉。爱默生认为这种追求只是徒劳，因为原始人，甚至动物们，与文明人一样在这个深不可测的世界上实在没有什么赖以立足的根基，“这个世界只有外部，没有内部可言”[15]。但是在与爱默生同时代的年轻人中，梭罗和梅尔维尔依然能够在西部这片处女地找到某种意义。

即便西部荒原不再像往日那样仁慈，荒野本身却能够鼓励梭罗，去抵制这个他以极度超然世外的态度进行审视的有组织的社会。他勉强承认，对于聪明人而言，文明所提供的好处要多于原始状态。但是他认为，为了获得这一好处，人们付出了可悲的代价：个人的自由和率性。[16]在他去世后发表的一篇题为《论步行》的文章中，有一段文字常常被人引用。他认为西部对他而言有一种难以言说的吸引力。“在我看来，那里有我们的未来，那里的世界更加富饶，取之不尽用之不竭。”向东是城市，向西则是荒原。“城市，在我身后越来越远；荒原，是我退隐的方向。”[17]这种向西进发的冲动让梭罗不时憧憬一种惠特曼式的未来社会，其中每个成员的心胸都应该能与西部的地形地貌彼此映衬：深刻、宽广而壮美。[18]但是，对他来说更为经常、更为深切感受到的西部“只不过是荒野的代名词”。他坚信“没有了荒野，这个世界将会难以为继。……森林和荒原赋予人类的既有树皮，也有补药”。[19]正当他在《瓦尔登湖》庆祝超自然的“更高的法则”之时，他同时也感觉到一种追求与原始人为伍和野性生活的冲动。“我之爱野性，不下于我之爱善良。”[20] 在一篇题为“论步行”的随笔中，他这样写道：“我希望每个人尽可能像只野羚羊，尽可能成为自然的一部分，在他身上应该……很容易展示我们对他的看法，能让我们想得起那些留下他最多足迹的自然风貌。”[21]

梭罗把西部充满生机的野性与文明社会死气沉沉的温顺加以对照。他进而断言荒无人烟的荒原乃是至善，从而掉进了文化原始主义的思维方式。但是对于梅尔维尔来说，西部荒蛮之地就像一般意义上的自然，最终看来极其捉摸不定。它不是所谓更好或更坏的问题，而是不论好坏同样给人又可怕又动人的感觉。这一点值得一说，因为西部荒蛮之地所提供的隐喻素材在《莫比·迪克》中发挥了十分重要的作用。对于俄亥俄河谷地的西部农业地区，梅尔维尔的态度与 19 世纪 40 年代大部分最为保守的东部人一样并无不同之处。《马迪》（*Mardi*）就西部政治家们对显然天命的崇拜所作的批判并无不同凡响之处，而对淘金热（the Gold Rush）的描写冷静理智。[22] 但是，边疆以西的西部地区对他而言具有不同的价值。《莫比·迪克》一书至关重要的第 42 章“鲸鱼的白色”（*The Whiteness of the Whale*）详尽刻画了两个形象：“大草原的白骏马”（White Steed of the Prairies）形象和会因水牛皮毯气味发狂的“佛蒙特小马驹”（The Vermont colt）形象。作者把西部荒蛮之地的这两个形象塑造为白色之化身，即一种威严与恐怖融为一体的凶险之物。它存在于伊什梅尔（Ishmael）心目中的大白鲸身上，当然也体现在超越人类感知的茫茫宇宙之中。但同时，梅尔维尔又选择了天堂般的纯真这一主题来表现西部荒蛮之地。这个主题也曾吸引过韦伯的关注。在小说中一个知名段落里，这匹白骏马是

> 一匹威武的乳白色战马，大眼睛，小脑袋，胸脯陡直平阔，在它鄙视一切的高傲仪态中散发着仿佛一千位君王的威严。它是大群野马拥戴的波斯王薛西斯（Xerxes），当年它们的牧场还只是以落基山脉和阿勒格尼山脉为界，它像火焰一般率领马群向西奔驰，就像上帝选定的星辰每晚引领众星归位。它的鬃毛如闪光的瀑布，它的尾巴如弯曲的彗星，就是任何金匠银匠都不能提供比这更为辉煌的装饰。它拥有一副那个尚未堕落的西部世界里最为庄严的、天使般的形象。在古代猎手们眼中，这一形象足以让远古时代的光荣全部复活。想当初，亚当像神一样行走四方，仪态庄严，像这良驹一样眉头舒展，无所畏惧。无论是在它的副官和将帅们的簇拥下，率领着无数军团川流不息地行进在俄亥俄一样辽阔的平原之上，或是置身于漫山遍野啃食青草的臣民当中，这匹白骏马总是一路奔驰检阅它的队伍，温暖的鼻孔在冷冷的乳白色衬托下越发显得红润。不管从哪个方位看去，即便是对于最英勇的印第安人来说，它始终是令人颤抖和敬畏的尊崇对象。毫无疑问的是，根据这匹高贵的白马充满传奇的记载，主要是因为它那精灵般的白色，它才披上了神圣的外衣。这种神圣尽管让人心生崇拜，同时也加深了某种不可言喻的恐惧。[23]

来自遥远的俄勒冈的牛皮散发出的野麝香味，会惹得身处宁静的佛蒙特山谷中的小马驹发狂。这就证明这个世界存在魔鬼崇拜：它让人联想到一群野生动物在草原上践踏一匹遭到遗弃的野生马驹。就像对那匹受到保护的佛蒙特小马驹一样，对伊什梅尔而言，这类让人难以启齿的坏事必然存在。于是在这一刻，出现了这样一句话，相比于同样长短的文字它更加能够表达梅尔维尔创作这部小说的意图："这个有形的世界在许多方面似乎都是由爱构成，但是诸多无形的领域却是形成于恐怖之中。"[24] 西部固有的狂野正是他用来表达自己主要直觉的一个手段。

第 8 章

作为西部故事主角的山里人：基特·卡森

在库珀之后虚构的第一代西部荒野的主角——皮袜子的儿子们，绝大多数是无政府主义式自由的象征。有人认为那些在荒原上来来往往的人已然逃离了文明的羁绊——是好是坏，自然取决于观察者对社会的看法。由于落基山毛皮贸易的蓬勃发展，这一看法在 19 世纪 30 年代进一步深入人心。与丹尼尔·布恩相比，靠设圈套捕捉野兽以获取毛皮的猎兽人或称山里人，明显地更加不开化。其主要活动场所距离美国大沙漠以西的边疆地带甚至有数百英里之遥，那里的地理环境并不适合农耕拓殖。与密西西比河以东地区那些典型的拓荒者相比，山里人更多地采取了印第安人的生活方式。从服饰、语言到对生活的看法，再加上他娶的印第安人妻子，都让他明显像个印第安人。然而，这些猎兽人掌控着横贯密西西比地区的勘察和开发。布恩和皮袜子作为西部荒蛮之地的主人公典型，其继承者无疑会是山里人。在《大草原》一书中，库珀就已经对此予以肯定。他把皮袜子转移到了密西西比河以西地区，并半真半假地想让他变成一个猎兽人。但是，皮袜子并不真正属于远西地区——因为皮袜子形象的创造者对那里一无所知。此外，在这位老猎人眼中，猎兽人这一职业多少有失他的体面。

蒂莫西·弗林特同样瞧不起毛皮贸易这一行。他于1830年出版的《肖肖尼谷》(*The Shoshonee Valley*)是第一次以山里人为故事角色所写的小说。的确，弗林特将故事中的猎兽人分成了两类。少数人本质上是善良的，在林木山峦之间，他们懵懂体会到“庄严和雄伟的自然中的一种淡漠感”，这可以证明他们至少还具有基本的道德上的崇高体验。但是，至今为止绝大多数的猎兽人都像鹿一样，对于迷人的自然景观无动于衷，因而也就意味着他们的庸俗或无德。[1]用弗林特的话说，这些人“不可思议、无所畏惧而又意志坚强”，他们

> 放弃社会生活，摆脱心中的恐惧以及我们天性中常见的冲动和情感……只有他们自己的机智、自己的刀具、枪支和捕兽夹子才是他们的上帝，他们坚定的天性和身处的环境让他们懂得这一切不可或缺……他们变得几乎和他们熟悉的树木或岩石一样，没有感情，没有欲求，自我满足。[2]

这样一种生活满足了人的较为基本的冲动。一旦品尝过其中的危险所带来的乐趣，很少有人会乐意再回到拓殖定居点，去重复那种沉闷单调的生活。山区的生活之所以具有特别的吸引力，是因为那里的情爱生活无拘无束，一夫多妻制得到允许。所有的

猎兽人都

> 对无所顾忌的原始生活具有一种本能的爱好。这样的生活时而懒散，时而辛劳，时而吃得饱，时而没饭吃，天天忙于打猎、打斗、尽情饱餐、阴谋诡计和男女偷情，不受任何法律的约束，也不必理会令人为难的道德观念或任何规矩，只有一些看不见摸不着的印第安人的习惯和主张。[3]

查尔斯·西尔斯菲尔德（Charles Sealsfield）虽然并未评论弗林特这位新英格兰人本质上属于神权政治的社会理论，但他同样肯定西部的猎兽人是美国特有的，是由绝对自由的荒野生活制造出来的一种怪物。他认为，那些从事毛皮狩猎的人狂放不羁，对于他们来说，甚至美国拓殖定居地的理性的自由也是一种无法忍受的限制。[4] 他们远走荒原以便逃避法律的控制，渐渐地把原始的自由视为保障生存的绝对需要。在这样的环境中，每个人都必须仰仗他自身的孔武勇猛。作战的各种技能、行之有效的狡诈、凶残十足的本性全都发展到了极致。名副其实的猎兽人仇视人类，会带着“真正的恶魔般的快乐”杀掉任何对手。[5]

戴维·H. 科伊纳（David H. Coyner）在他的小说体故事《失去的猎兽人》（*The Lost Trappers*）（1847）中呈现的山里人形象与西尔斯菲尔德表现的形象基本一致，只是不像后者那样过于紧张，并爱用夸张。科伊纳认为山里人故意摒弃文明生活的原因是他鄙视文明生活

> 沉闷的统一和单调……他在心中将文明社会的生活与荒蛮的西部激动人心的冒险生活进行比较时，就会产生这种感觉。法律所提供的保护和安全感对他没有任何吸引力，因为除了日夜陪伴着他的枪以外，他不需要其他保护。他忍受不了组织优良的社会中的种种繁文缛节和烦人的清规戒律，宁愿在森林中过自由自在的生活。[6]

爱默生·贝内特（Emerson Bennet）的小说《草原之花》（*The Prairie Flower*）或许就是根据俄勒冈小道上一名旅行者讲述的真实故事写成。故事中描写四个猎兽人的几个段落，十分准确地记录了他们之间的对话。其中一位讲述了几个属于正宗戴维·克罗克特（Davy Crockett）传统的夸张故事。[7]但是，对于山里人角色的刻画，贝内特没有任何贡献。他仅仅是重新组织整合了几个常见的故事主题——猎兽人对自由之热爱、对艰难险阻置之度外的态度、对定居社会单调乏味生活的憎恶。[8]对于猎兽人的品性，这位小说家没有表明自己的看法。小说中既暗含原始主义的认同，又不无矛盾地作出道德上的谴责，最后结论则平淡无奇，认为山里人是“一种由鸡零狗碎组成的怪物——既不合时宜又说不清楚——是善与恶兼备的复合体”[9]。我们或许注意到，贝内特笔下的猎兽人预示了西部荒蛮之地的主人公的未来发展方向，让来自上层社会的主人公弗兰克·莱顿（Frank Leighton）惊恐万分的是，他们居然以剥取印第安人的头皮为乐。[10]皮袜子历来认为白种人与印第安人各自“天分”不同，从来不会宽恕白人剥取人类头皮的行为。但是，随着文学作品中这个西部主人公跨越密西西比河搬到西部，他也日益为印第安人的习俗所同化。

同时，在小说家的笔下，他也越来越彻底地变得独立自主、与世隔绝并且自给自足。这一点也和山区的直接观察者所写的纪实报告相吻合。例如，刘易斯 · H. 加勒德（Lewis H. Garrard）的自传体故事《沃—托—亚》（*Wah-To-Yah*）中就突出强调这位山里人无法无天的自由和自给自足的生活。在猎兽人的帐篷中，加勒德体会到了“美妙的自由和彻底摆脱恐惧的感觉”。再没有任何人向他发号施令，也没有“任何社会习俗规范限制他穿什么衣服、摆什么仪态或者说什么话”。的确，加勒德当时还是个第一次离家度假的年轻人，但是他描述的不是自己的而是他人的看法。他在书中引述了一位年迈的山里人的忠告：

> 如果你看到有个人的骡子跑了，别去拦它——就让它见鬼去吧，因为那不是你的骡子。如果是他的袋子掉下来了，别去告诉他，他迟早会发现的。在营地，帮着做饭——担水劈柴——给自己找点事做——拿上你的烟斗，抽你的烟吧——别问太多问题，这样你就不会出什么问题！[11]

若论瓦解一个社会内部维系人与人联系的纽带，没有比这更加过分的了。

最为出名的山里人是基特 · 卡森（Kit Carson）。他的名声归功于杰西 · 本顿 · 弗里蒙特为她的丈夫 19 世纪 40 年代的探险旅行报告所作的精彩编辑。[12] 尽管在 1846 年之前，这些文字就广为传阅，但是墨西哥战争为它们创造了更多读者，因为这场冲突唤起了幼稚的民族主义情绪，而这些文字使得每一桩和赢取西部有关的事情都与民族主义联系起来。短期来看，其结果就是使得旨在谋取毛皮的猎兽人和山里人变成了帝国的开拓者，正像几十年之前赞美肯塔基的人们尝试打造布恩一样。这样，也就意味着对于卡森的描写必须遵循几项原则，这包括进步和文明，甚至包括此前在讨论山里人时不曾提及的出身高贵。卡森，就像布恩一样，现在不得不改变形象，转变成为

> 那些出身高贵，富于创造力的人物中最优秀的一员，他们常常出现在边疆或边疆以西的地区，并随着边疆的推进向西前进，他们与有待开发的大自然联系密切，但是并非从野蛮人那里学习粗俗无礼和沉迷酒色，而是汲取社会生活中难得寻觅的纯朴、真实的性格以及慷慨、英勇和全心全意的品格。

在人们心中，民族英雄必须是道德纯洁的人。而蛮荒之地的野蛮人生活对于这种纯洁是极大的危险。但是，如果典型的美国西部荒野之人像上文引用的现代新闻记者不得不承认的那样，生性“不受制约”，只会听命于他自己的低级情感，那么依然可以为卡森找到一个无懈可击的解决方案：“在和同伴一起历经艰辛、考验、危险和诱惑之后，我们的主人公脱颖而出，汲取了他们身上所有的美德，也摆脱了他们身上的恶习的侵蚀。”[13] 这就几乎完全复制了蒂莫西·弗林特对于布恩以及库珀对于皮袜子的人物塑造模式。

在此后几年中，卡森纯洁而又高尚的形象在一系列传记作者笔下得到了发展。其中第一位作者是德威特·C.彼得斯（DeWitt C. Peters），一名陆军军医。他曾于19世纪50年代驻扎在新墨西哥靠近这位知名的侦察员家的地方。他的传记是根据这位主人公口述的一本自传写成。彼得斯创作的这本传记出版于1858年。当时基特还未去世，这本传记对他的个性进行了过于殷勤的描绘。基特本人也曾对彼得斯表示不满，认为作者“有点言过其实”。[14] 有一个例子可以说明这位医生出身的作家是如何写作的。谈及1831年由尤因·扬（Ewing Young）指挥的一次猎兽远征，在返回圣达菲途中，彼得斯面临的问题是：依据卡森本人的记载，他这个山里人外出了相当长一段时间，饮酒狂欢。但是这么写显然不妥。于是这位传记作家作了华丽铺陈：

> 值此风华正茂的年纪，年轻的基特一言一行无不追随老一辈树立的榜样，因为他渴望得到他们的认可，把他一视同仁，当作朋友。不过，他还是经受住了如此可怕的考验。虽然绝大多数人常常在这考验中毁灭，但他最终经受了良心的洗礼，走出了这场洗练，生命更富生气，内心更加清澈，品德更加高尚。他没有沾染任何不良习惯，反而在抵制诱惑过程中受益匪浅，满心喜悦；经过良好的历练之后，凭借经验赋予他的谨慎和机智，他最终能够帮助许多前途无量且技艺精湛的人，避免他们卷入同样的旋涡自取灭亡。[15]

在卡森之后出版了两本传记。一本是由一位名叫查尔斯·伯德特（Charles Burdett）的无名作家写于 1862 年；另一本是由著名的历史普及读物作家约翰 · S.C. 阿博特（John S.C. Abbott）写于 1873 年。这两本传记均根据彼得斯和弗莱蒙特的报告写成，且大肆渲染这位山里人惹人注目的优雅品质。伯德特暗示说卡森滴酒不沾，并强调与这群经常一次就挥霍掉一年辛苦所得的人相比，他是多么节俭。[16] 除了肯定上述这些描述之外，阿博特更是十分过分，他坚称卡森的嘴里从来不曾吐过一个骂人的脏字。正如阿博特所说，"即使是他周围那些粗鲁的、爱骂人的猎兽人也会对像他这样庄重优雅的举止表示欣赏。" [17] 这位历史学家还援引了与自然（在这个例子中，是指黄石县）交融这个老掉牙的话题，认为他的主人公的美德源泉正在于此。

> 没有文化知识、对于文明生活的雅致和讲究少有了解的人，往往对于自然的美好和壮丽之处具有很高的欣赏力。想一想基特 · 卡森，天生体贴他人，从来不用一个骂人的脏字，从来不会酗酒，没有任何不雅的举止，他的最大快乐就在于和上帝赋予这广袤荒野的宁静、孤独、壮美进行精神上的交融，想一想此时此刻身处这种自然景色之中的这个人吧。[18]

这一类文字可能只会让读者越来越痛苦。而未来属于一个截然不同的基特 · 卡森——除了塑造其教养和斯文方面的形象外，他还是与印第安人作战的战士，是无所顾忌的骑手，是宰杀灰熊的猎人，是此后几十年那些出现在比德尔一角小说（the Beadle dime novel）中的数以百计的双枪勇士的祖先。在爱默生 · 贝内特于

1849 年出版的小说《草原鲜花》[19] 中，喜欢热闹的基特 · 卡森出场时间并不长。但在一位名叫查尔斯 · 埃夫里尔（Charles Averill）的作者写的惊险小说《基特 · 卡森：淘金王子》（*Kit Carson, The Prince of Gold Hunters*）中，他又得以大显身手。这部小说很可能就是讲述当年 10 月份，印第安阿帕奇人在抢劫一列敞篷火车时发生在基特身上的英勇事迹。虽然身陷困境，但是他赚足了体面。[20]

由于基特与弗莱蒙特之间的关联，才有了基特的名声，并由此产生了一种文学潮流。埃夫里尔的小说正是这个文学潮流的一个结果。而有关冒险的通俗文学故事的发展则要归功于模仿 19 世纪 30 年代末和 19 世纪 40 年代初的一分钱日报创办的故事周报的编辑。这些故事无不挖空心思以增加读者数量，又因为是由新引进的蒸汽轮转印刷机印刷，也被称为“蒸汽文学”。这些周报中最早的要数《波士顿见解》（*Boston Notion*）和《新世界》（*New World*），以及纽约的《乔纳森兄弟》（*Brother Jonathan*）。起初，这些故事周报主要依靠非法翻印英国的小说来维持。因此，才会有布尔沃 · 利顿（Bulwer Lytton）的作品《扎诺尼》（*Zanoni*）在 1842 年由《新世界》和《乔纳森兄弟》两家周报同时发表的事情，售价为 1 先令，即 12.5 美分。[21]1844 年，马图林 · M. 巴卢（Maturin M. Ballou），出生于波士顿，时年 25 岁，著名的宇宙神教牧师霍齐亚 · 巴卢（Hosea Ballou）之子，与另一位年轻作家弗雷德里克 · 格利森（Frederick Gleason）合作出版了三本海洋故事书。巴卢为三本书取的笔名为“默里少校”（Lieutenant Murray）。这些故事大获成功——其中的第一本《范妮 · 坎贝尔》（*Fanny Campbell*）在几个月内售出了 80000 册。这两位年轻的合伙人立即雇用了一些作家为他们精心创作该系列故事，以拓展其出版事业。这些作家中，有一些，如安·S. 斯蒂芬斯（Ann S. Stephens）夫人，后来还在比德尔处获得了稳定的职位。售价 1 先令的巴卢 - 格利森系列丛书，成为 19 世纪下半叶由比德尔及其同行竞相出版的许多类似丛书的先驱。格利森和巴卢也成为推动全国出版发行体系发展的先驱。他们在全国 9 个城市设立了代理人，包括纽约的塞缪尔·弗伦奇（Samuel French）。[22]

1846 年，格利森和巴卢创办了一份故事周报，名为《合众国的旗帜》（*The Flag of Our Union*）。很快，这份周报就超越《波士顿见解》及其他竞争者成为行业翘楚。在保持领先 5 年之后，它让位于《纽约纪事报》（*New York Ledger*）。据说该报是由罗伯特·邦纳（Robert Bonner）于 1851 年收购，凭借极端耸人听闻的手法获得了公众的注意。[23] 但巴卢依然精力十足，于 1854 年迫使格利森将股权出售给他，并在几经试验之后，于 1857 年创刊了一套丛书，名为《中篇小说周刊》（*The Weekly Novelette*），每份售价为四分。每期刊登一篇故事的五分之一，这样全篇故事售价 20 分。[24] 这一年，巴卢名下发行的出版物包括《合众国的旗帜》，周刊，发行量为 80000 份；《美元杂志》（*Dollar Magazine*），月刊，发行量为 10000 份；《巴卢画报》（*Ballou's Pictorial*），周刊，发行量为 140000 份。为了提供期刊稿源，巴卢还扩大了自己的作者队伍。新增加的作者中有几位后来还改投了比德尔麾下，其中就包括约翰·霍维·鲁宾逊博士（Dr. John Hovey Robinson）、A.J.H. 杜根（A.J.H. Duganne）和老作家 E.Z.C. 贾德森（E.Z.C. Judson），即“内德·邦特兰”（Ned Buntline）。巴卢本人至少创作了两部小说，后来由比德尔出版。在巴卢的指导下，到19世纪50年代末，这些作家已经开发出了流行冒险故事的标准写作程序。[25]他们可以轻松自如地从伪哥特式的铁甲骑士故事转换到关于加勒比海盗的天方夜谭，但是应大众读者的需要，他们大多还是回到了有关美国历史这一常规主题上，例如美国革命、肯塔基，以及越来越多有关美国远西地区的题材。贝内特和埃夫里尔的故事就属于这一类。[26]

埃夫里尔的《基特·卡森》中的小说人物表，基本上就是库珀笔下的标准化人物——包括一位有教养的男主人公、一位女主人公、各种反派角色和一位忠诚的向导。但是，小说在形式上有了重大演变。小说中远西地区素材之间的必然联系开始凸显。尽管来自东部上流阶层的角色依然出现在故事之中，但是已经变得无关紧要，与卡森这一高大形象相比只不过是形象残缺的配角。此外，作者对于基特的描写，完全没有诉诸难以理喻的或故作斯文的伪装，而是聚焦他的才干和勇气来突出人物形象。作者采用了肖像刻画手法把他呈现在小说的主人公和读者面前，散发出圣徒传记般的魅力，而写作手法与小说主题彼此相得益彰则令人物更加光彩照人。作者所刻画的肖像中有

> 一位骑在马上的人，身着西部猎人的服装，从装备看像是草原上的猎兽人。他身材高大，体格魁梧，如同森林中的松柏一样挺拔，但又灵活自如。他的脸庞宽阔黝黑，饱经风霜的面容记录着他危险和艰苦的生活经历，生动准确地反映出他身上超越常人的特性：一往无前的勇气和百折不挠的

> 刚毅。
>
> 该肖像以一望无际的草原为背景，绿草在风中起伏。这位猎人跨马伫立在寂静的荒野中，形象高大，气度不凡。外表上看，他是个印第安人和白人的混血儿。画面上这片沉闷乏味的荒原里，他唯一的伙伴就是他的来复枪、马和猎狗。但是，在右侧可以看到有咆哮的狼群紧随其后，而在左侧则有滚滚黑色浓烟笼罩，表现草原上燃烧的大火，而猎人的目光从他明澈的灰色眼眸中投向前方，穿越这个令人激动的场景，眼神中似乎既无视一切又洋溢着自豪，显示出一个崇尚自立者发自内心的自信。[27]

读者会发现，这一形象在外部特征上与真正的基特·卡森几乎没有相似之处。他是《大草原》中的皮袜子，只是更加年轻，作者将他安置在了马背上，赋予了他更大程度的自信。此前作为仆从惯有的那种自卑一去不返，但是能够与自然交融的那种力量也同样一去不返。这位西部荒蛮之地的主人公已经失去了原本的特征，变成俗套——如果说可以这么形容的话，而且也变得夸张。他不再诉诸自然来瞻望上帝，因为自然不再宽厚仁慈，取而代之的象征是狼群和草原之火。自然环境从密西西比河以东茂密富饶的森林转移到了贫瘠荒芜的平原。美国西部主人公的生存景观，用埃夫里尔的话说是“一片沉闷乏味的废土”。这就不仅让这位主人公回到了自力更生的状态，也突出表现了他极端可怕的孤独感。他就是颗既无法无天又独立自主的微粒——甚至算不上是个单体物质，孤身一人置身于这个充满敌意的，或者充其量充满不确定性的宇宙之中。

基特·卡森的这幅画像为西部荒蛮之地的故事在此后半个世纪里的发展确立了路线。最终，这一形象似乎变得僵化，甚至到了坚不可摧的程度。即便时至今日情况依然如此，并且看起来注定会在将来一个接一个的地质纪元里依然如故，而其他种种文学形式都将成为过眼云烟，无论多么构思精巧，无论多么雄心勃勃。埃夫里尔的故事已经为伊拉斯塔斯·比德尔（Erastus Beadle）的出场搭设好了舞台。[28]

第 9 章

一角小说中的西部男主角

Ⅰ. 从塞斯·琼斯到戴德伍德·迪克

伊拉斯塔斯·比德尔是库珀家乡靠近奥齐戈湖的人氏。1858年，为了实施一项雄心勃勃的吸引大众读者的廉价书出版计划，他迁居纽约。当时，他已经是布法罗（Buffalo）当地一名成功的出版商，出版的许多定价 10 美分的歌集和手册一面世就大受欢迎。这就促使他着手出版橙色封面“一角小说”（Dime Novels）每周系列丛书。第一本这类系列丛书出版于 1860 年 6 月。随后最初的这个系列出版了 300 多本小说，并且在长达 45 年时间里发行了 30 多个不同系列丛书，包括多达数千本类似题材的小说。

比德尔故事丛书——它们几乎称不上是小说，因为这些故事的篇幅很少超出 30000 字——是以格利森和巴卢从 19 世纪 40 年代以来在波士顿出版的惊险小说为模板创作的，但是其重点可能更多放在西部冒险这一主题。比德尔的贡献在于他做到了坚持不懈，更系统地坚持大规模经营的基本准则，并且坚持认为纽约正取代波士顿的龙头地位成为出版中心。[1] 比德尔的编辑奥维尔 · J. 维克托（Orville J. Victor）原先是俄亥俄州桑达斯基（Sandusky）的一名新闻记者。他负责指导一角小说以及其他系列丛书的制作长达 30 年之久。丛书的发行最初是由批发商经手，但在 1864 年之后，则由美国新闻公司（The American News Company）负责，而该公司与比德尔和亚当斯印刷公司（Beadle & Adams）的联系十分紧密。[2] 通常一本一角小说的发行数是 60000 册，但是有许多书再三重印。爱德华 · S. 埃利斯（Edward S. Ellis）的《塞斯 · 琼斯》（*Seth Jones*）在最早的丛书系列中排在第 8 集，但最终销售数超过了 400000 册。1860—1865 年期间，比德尔公司的图书销售总数接近 5000000 册。[3] 按照现在的标准衡量，这些数字并不惊人，但它们标志着 19 世纪美国出版行业的一场变革。人们发现了小说读者群，而在此前并不知道他们的存在。某种程度上，比德尔有资格在他那个时代的产业巨头中占有一席之地。在自己从事的行业中，他立足前人的发现成为一名组织者和创新者，是一位堪比洛克菲勒（Rockefeller）或卡内基（Carnegie）的人物。

大规模生产意味着产品具备其统一性。顾客必须能够依据产品统一的包装来识别生产商的产品——因而能够识别富于各自特征的不同系列产品。而仅有一个统一的标签是不够的，产品本身必须形式统一、可以信赖。维克托对于比德尔的成功所作的贡献在于完善了任何作家都可以使用的诸多创作程式，并且根据市场不断变化的要求对这些程式进行了富于灵气的改造。现在看来，人们可以称维克托为一个天生的“大众”编辑，就是说，对于大众品位发展变化的本质、程度以及方向他具有一种近乎地震仪一般的敏感性。[4]

维克托写作班底中的作家们创作速度极快，创作数量之大也让人难以置信。其中许多人能够一口气连续写作 12 小时，每小时写 1000 字。普伦蒂斯 · 英格拉哈姆（Prentiss Ingraham），《戴维之家的王子》（*The Prince of the House of David*）作者之子，创作了 600 多部小说，此外还有一些剧本和短篇小说。[5] 据说，有一次他在一天一夜之内完成了一篇 35000 字的小说。[6] 像这样创作出来的小说实际上带有自动写作的特征。由于这些作家堂而皇之按部就班地使用某些写作程式，那些富于想象力的作品中通常可以寻觅的趣味在这些作品中荡然无存。另一方面看，这类作品往往把大众的梦想变得具体化，正像电影、肥皂剧或漫画书，它们也就是今天的比德尔故事。作家个人放弃自身的个性，把读者的幻想当作自己的幻想。正是因为大众无法表达的理想生活可能在比德尔故事中得到十分忠实的呈现，这使得这些故事对于社会历史学家和思想史学家而言变得颇有价值。

然而，出版业的工业革命导致了出版商之间白热化的竞争，甚至连一角小说具有的这点价值都给摧毁了。据奥维尔 · 维克托所说，一旦有出版商进入这个领域与之竞争，比德尔的作家们只得多杀死几个印第安人。[7] 但是问题并非到此结束。老掉牙的故事套路必须不断寻找耸人听闻的内容来增加吸引力。马戏团的骑术、令人瞠目的射击绝技、让人眼花缭乱的复杂装束、面具和暗语都写入了小说，甚至还加入了一些滑稽可笑的人物加以点缀，例如在黄石公园巨大的地下洞穴中一心用人类祭祀的太阳神崇拜者。[8]

实际上，多杀死几个印第安人只是意味着单纯为暴力和流血而增加血腥暴力，甚至到明目张胆、令人发指的程度。及至 19 世纪 90 年代，西部一角小说几乎完全围绕侦探与劫匪之间的冲突展开，而这与西部这个外部场景并无多大关系。

经过 30 年的发展，比德尔故事丛书最后进入停滞时期，揭示了早在库珀的作品中就已经显露端倪的内在必然性。比德尔的西部故事来源于皮袜子系列故事，故事本身就已经显而易见，维克托也曾明确予以证实。1884 年，他就曾对《波士顿晚报》的一位记者说比德尔系列故事丛书"直接模仿了那些启发创作的'库珀的故事'"。[9] 就故事的主题、角色和情节来说，这又意味着什么呢？

比德尔的西部小说与库珀之间最为明显的联系就在于其中描写了一位慈祥的猎人，他居无定所，年事已高，单身独处，精于追踪、射击以及印第安式搏击术。这一系列特征，只是做些有限的变化后，在保尔丁的小说《嗨！西进》（*Westward Ho!*, 1832）中的肯塔基猎人布什菲尔德身上已经一目了然，成为一种典型形象（persona），即人物面具。19 世纪的人钟情于舞台上和小说中的各种乔装打扮的人物，这就促使演员们利用模仿术和化装术制造轰动效应。这也立刻让作家们想到利用皮袜子这一典型形象为人物进行伪装。比德尔西部故事丛书中最为知名的小说，是由爱德华 · S. 埃利斯创作的《塞斯 · 琼斯，或边疆的俘虏》（*Seth Jones, or The Captives of the Frontier*），奥维尔 · J. 维克托称之为"最完美的一角小说"[10]，就是用的这个套路。直到故事结尾，读者才发现贯穿全部故事情节的那位年迈古怪的猎人原来是尤金 · 莫顿，一位出身高贵的年轻人乔装改扮。而莫顿坚持隐藏自己身份的行为让人费解，其理由实在经不起推敲（他听说在自己奔赴美国革命战场之时，他的心上人不再爱他了），因此给人的感觉是埃利斯只是单纯为了利用这一典型形象而设计了这一情节。这本小说的书名来自故事主角所扮演的角色，并在小说封面配有图画，因而也就让作者不做其他打算了。读者如果对于前文就库珀创作手法的分析有所了解，一定会发现这是一种巧妙的策略，目的在于把身处“社会底层”的猎人动人的感染力与来自社会上层“富于美德”的故事主角的体面身份相互结合。

很长一段时间里，埃利斯一直是为比德尔系列故事写稿的多产作家。他对于传统写作程式和故事套路谙熟于心，因而在长达几十年的时间里能够让读者始终为之着迷。例如，甚至时至 1877 年，比德尔印刷公司还曾第三次重印埃利斯所写的一个故事（1860 年首次出版的《骑警肯特，或边境逃亡者》）（*Kent, Ranger; or The Fugitives of the Border* ）[11]。该故事几乎完全就是库珀小说的翻版。故事发生在 19 世纪早期的俄亥俄州南部地区。故事女主角罗莎琳德（Rosalind），威廉·利兰爵士（Sir William Leland）的女儿，被印第安人俘虏。负责追踪营救的是传统而正直的主角，罗莎琳德的兄弟乔治（George）及罗莎琳德的爱人罗兰·莱斯利（Roland Leslie）。在荒原上四处漫游的猎人兼骑警肯特·怀特曼（Kent Whiteman）给予了他们必不可少的协助。肯特自然会说土语，同时也带有皮袜子类型角色所特有的其他特征。[12] 罗莎琳德获救之后嫁给了莱斯利，而老猎人也成为受他们一家欢迎的常客。[13]

像这类多多少少仿照皮袜子形象复制的人物可谓为数众多。例如，安 · S. 斯蒂芬斯夫人，这位了不起的女作家，曾经创作了《马拉斯卡》(*Malaeska*)，第一本比德尔一角小说丛书。1862 年，她不再关注经典的哈德孙河河谷，转而创作了《埃丝特：俄勒冈小道的故事》(*Esther: A Story of the Oregon Trail*)。[14] 该故事讲述了一个“大自然的贵族”，柯克 · 沃尔特迈尔（Kirk Waltermyer）的故事。在这个角色身上综合了皮袜子的特性和一直以来属于丹尼尔 · 布恩的历史使命。斯蒂芬斯夫人完全意识到无论对于读者或是对于她而言，这样一个典型形象是的确存在的。她说，像沃尔特迈尔这样操一口浓重的土话，身着鹿皮服装等具备所有这类特征的角色，正是“开拓者的完美典型，他们鄙视城市生活的安逸舒适和种种时髦的枷锁；他们在西部尚未开发的广袤大地上为新州的建设奠定基业；他们为开辟新事业的天地而勇往直前，任由缓缓跟随其后的开拓者采撷他们的巨大成果。”[15]

某种程度上，因为有肯塔基的布恩才有了斯蒂芬斯夫人笔下的沃尔特迈尔，也因为佛蒙特才有了塞斯 · 琼斯这个角色，我们必须认识到皮袜子这一纽约北部地区的传统受到两种彼此不同，但并非相互冲突的笔调的影响。这两种新的影响与 19 世纪上半叶的两大边疆幽默——东部沿海地区传统和西南地区传统——相吻合。这两大传统任取其一结合到皮袜子角色的特性之中，都可以弥补在库珀作品中明显忽略的喜剧性成分。塞斯 · 琼斯身上具有不少新英格兰人的喜剧舞台感，包括他沙哑的嗓音。沃尔特迈尔则很难拥有像无拘无束的戴维 · 克罗克特那样的喜剧感，因为他老是趾高气扬，摆出一副高贵蛮族那种远离文明社会罪恶玷污的纯真善良的架势。但在比德尔故事中，也有一些皮袜子式的人物的确表现出一些夸大其词的幽默感。据说埃利斯笔下的俄勒冈·索尔（Oregon Sol）——《内森·托德，或苏人俘虏的命运》（*Nathan Todd, or The Fate of the Sioux' Captive*）中的一个人物，出生在密苏里州的布恩斯利克县（Boonslick County），与在同一地区出生的基特·卡森相比要大一岁——是一个"异想天开、行为怪诞的人"[16]，但是埃利斯显然并不熟悉克罗克特传统风格，人物对话中一点点幽默风趣的影子都没有。也有其他一些作家更加善于为作品中的老猎人恰如其分地编撰一些夸张出奇的故事。约瑟夫·E. 小巴杰（Joseph E. Badger, Jr.）创作的《森林公主；或基卡普的俘虏，伊利诺伊的罗曼司》（*The Forest Princess; or The Kickapoo Captives, A Romance of the Illinois*）中的老侦察员皮特·谢弗（Pete Shafer），就是刻意用这种方式塑造的人物。[17]但是，巴杰在营造喜剧性方面的成就——不容忽视的一大成就——在于塑造了来自西南边陲的马斯坦·山姆（Mustang Sam）。他的一身奇形怪状的丝绒绸缎服饰应该属于舞台，或只是成年人内心深处的向往，与真正的西部格格不入。尽管如此，他以高贵的边疆人自居，说起自己时用的是下面这种风格："我是马斯坦·山姆，是来自东普鲁利伯斯·欧努姆（E Pluribus Unum）的大亨。我侥幸躲过一劫，没有撞上冰山里跳出来的雄鲸鱼。"[18]与马克·吐温所说的"伟大的美国雄鹰给了我生命，欧洲大陆的母马给了我身体"[19]相比，这谈不上是什么成就，但是也仅次于这位大师的奇思妙语，值得一读。

不幸的是，作家们在处理边远地区的幽默传统时常常对其实质缺乏了解。稍后我们要提及的爱德华 · L. 惠勒（Edward L. Wheeler），曾因塑造戴德伍德 · 迪克（Deadwood Dick）这一角色而出名。他也曾大量运用这种幽默传统，但是他夸大了西南地区生机勃发的生活中荒诞不经的一面，甚至到了愚蠢的地步。惠勒把一个名叫老艾弗兰希的角色莫名其妙地描写成“一个地道的北方山里人”，让他翻着跟头首次登场，随身还带着一头取名弗罗伦丝 · 南丁格尔（Florence Nightingale）的黑山羊作宠物，[20] 让他喋喋不休地讲一口土话，本意是为显得滑稽可笑，但是今天的读者无论多么喜欢猎奇也无法读懂。而这一角色再三出现在戴德伍德 · 迪克系列故事中，即便故事不断发展依然让人摸不着头脑。[21] 但是，在利用克罗克特传统方面，惠勒最为大胆之举是为一位总爱危言耸听的名叫罗迪 · 凯特（Rowdy Kate）的年轻女子设计自吹自擂的台词“我是定期出现、加倍静止的老台风，这一点毫无疑问”，等等。[22]

无论是埃利斯所偏爱的相对庄重的传统形式中，还是富于喜剧性的精心设计的对话里，比德尔系列故事中总是会反复出现皮袜子的典型形象。在 1860 年至 1893 年期间有关西部的故事中挑选出 79 本小说为样本加以考察后发现，其中有 40 本包含一个或几个猎人或猎兽人，其年龄、服饰、武器和总体表现都足以视其为那位了不起的原型角色的直系后裔。故事中的这些角色始终坚持使用燧发枪，尽管他们的许多同伴早已在使用后膛式温切斯特连发枪和六响枪。他们不大习惯骑马，虽然就像不得不使用连发枪一样，他们最后也只得习惯于新事物。他们乐于从事的工作是从印第安人手中营救落难的美丽的女主人公。后来的一角小说中，西部驿道上的马路劫匪和制造假币者开始取代印第安人的位置，皮袜子式的猎人便挺身而出与新出现的敌人战斗。然而，总体而言，传统的猎人和猎兽人在想象中总是与红种人紧密关联，二者相互依存，彼此共生。因而，随着印第安人退出历史舞台，他也就在一段时间之后离开了这个舞台。需要补充的是，皮袜子众所周知的美德是一种可以继承的特性。脚蹬鹿皮靴、手握一杆来复枪的猎人几乎可以肯定是——虽然不是绝对肯定，因为在比德尔故事作者的笔下，万事皆有可能——宽厚仁慈的人。

与这位具有相对稳定性的年迈的侦察员角色相比，通过复制皮袜子式人物塑造出来的年轻猎人形象显得难以捉摸。名为基特·卡森的角色已经证明，他有能力支配埃夫里尔早期故事情节的发展。正是他，而不是皮袜子这个原型角色才是后来西部荒蛮之地男主角的祖先，这些主角中包括戴德伍德·迪克和公牛比尔（Buffalo Bill）。也就是说，从皮袜子到19世纪90年代的双枪好汉，如果我们想要说明这一系列西部荒蛮之地的男主角发展演变的连续性，我们就必须用心确认这种转变的性质究竟是什么。

从数量上来说，那些年轻、英俊，实际上或有可能富有教养的猎人和猎兽人几乎与皮袜子的直系传人——那些老猎人一样众多。我们不妨以埃利斯的小说为例加以说明。例如，小说《内森·托德；或苏人俘虏的命运》[23] 标题中的男主人公就是属于这一年轻猎人的队伍。皮袜子类型角色包括前文已经提及的俄勒冈·索尔和比尔·比敦（Bill Biddon），两人都是密苏里州布恩斯利克县人氏。托德（Todd）来自缅因州，带有点东部新英格兰人的相貌，这一点埃利斯在《塞斯·琼斯》中曾予以描写。虽然从他所说的方言来看，他完全不具备传统主角的品格，应该归入反英雄一类，但是他因为失恋成了一名猎兽人，总是随声带着一个金质的小匣。有经验的读者会一眼认出这绝对是上层阶级身份的标志，而且在女主角面前，他优雅的文辞与浪漫的男主角的身份十分契合。[24]与比敦谈论起宗教和不朽问题时，托德一副侃侃而谈的样子进一步证实了这一点。而当比敦牺牲自己拯救托德和艾琳·默门特（Irene Merment），让他们终成眷属，人物之间的关系安排也就变得不容置疑了。[25]

埃利斯的小说《迈阿密的步兵》（*The Riflemen of the Miami*）中的刘易斯·德诺（Lewis Dernor）是以一个猎人的身份出现的，一起出场的至少还有三个以森林为家的人，都是依托皮袜子形象塑造的人物。从印第安人手中营救出伊迪丝·萨德伯里（Edith Sudbury）之后，刘易斯·德诺握着她玲珑小手那一刻，内心的一阵剧痛证实了他有权利与她结为伴侣。这位娇弱女子与这位猎人满是老茧的手掌接触时，那一刻在西部男主人公的发展进程中意味深长。[26]这表明埃利斯在正视这种可能性：一个上层社会的女子爱上一个来自西部荒蛮之地的男子。而库珀是无论如何都不会这样构思的。在埃利斯的另一本小说《猎人的小屋：早期殖民地插曲》（*The Hunter's Cabin: An Episode of the Early Settlements*）中，乔治·费林顿（George Ferrington）是"一个年轻猎人，或者更确切地说是一名士兵"。[27]在他与安妮·斯坦顿（Annie Stanton）结婚时，对于地位问题看不出明显的紧张不安。或许这是因为安妮的父亲西尔维斯特·斯坦顿（Sylvester Stanton）在故事中所处的地位通常是一个皮袜子类型的角色。而作者把他描写成丹尼尔·布恩的老伙伴，[28]因而同样具有这位仇视印第安人的猎人的某些特征。而自从詹姆斯·麦克亨利（James McHenry）的《森林幽灵》（*The Spectre of the Forest*）1832年出版以来，布恩这一形象就始终具有一定的辨识度。费林顿使用的语言并无特别之处，但是森林生活赋予的粗鲁和女主人公的文雅之间潜在的冲突得到微妙的表现，值得加以引述。费林顿和安妮当时身处被印第安人包围的一个小屋之中。费林顿注意到一丛灌木在移动位置，形迹可疑时，不禁大喊道：

> "那是该死的印第安人的诡计——"
>
> "嘘，乔治，可别这样说话啊，"她注意到他的用词后，马上打断了他，虽然在她心中也满是紧张不安。
>
> "请原谅。那是印第安人玩弄的诡计，就在那个灌木丛后面藏着印第安肖尼人。"

幸运的是，友好的当地人赫龙·奥诺莫（Huron Oonomoo）就在附近。他伸出援手把他们从围困中解救出来，于是男主人公并未身陷重围而有性命之虞。[29]

在爱德华·威利特（Edward Willett）的小说《五战士，或森林美女》（*The Five Champions, or The Backwoods Belle*）中，身份问题成为关注的焦点。亨利·登顿（Henry Denton）是早年肯塔基州坎伯兰移民定居点（the Cumberland settlements）一名铁匠的儿子，"身份虽不高贵但干起活来受人欢迎"，"然而，他有一颗值得赞赏的雄心，想要超越他所处的社会地位"。他爱上了露西·西姆斯（Lucy Simms），当地移民定居点的创建者的女儿。[30] 威廉·西姆斯（William Simms）是露西的表兄，也是亨利的情敌，一副贵族气派，家境富裕，不可一世。在他看来，亨利的想法完全是“放肆无礼”。露西被印第安人掳走后，西姆斯设置了各种阴谋诡计。尽管如此，由于得到带皮袜子特征的老侦察员本·斯迈尔斯（Ben Smiles）的帮助，亨利救出了露西。显然，露西和亨利的结合证明爱情战胜了出身和贫穷。但这个故事也说明了比德尔系列故事中运用的一条有趣的原则——而这条原则在库珀的作品中的确也有先例可循，那就是：如果父母明显讲的是土语，那么子女们在恋爱中反而不讲土语。[31] 不讲纯正的英语就不适合恋爱，这一信条带来的影响巨大，事实上，大到足以颠覆孩子学习自己成长于其中的家庭和社会语言的常规进程。

约瑟夫·E. 巴杰的《森林公主；或基卡普的俘虏，伊利诺伊的罗曼司》描写了两个几乎属于完美无缺型的猎人，其中的年长者，皮特·谢弗讲一口浓重的土语（如前文所述，在小说中带有名副其实的喜剧感），而尤赖亚·巴勒姆（Uriah Barham）是理应同样出身的年轻猎人，却连丝毫土语的痕迹也没有，与女主人公迈拉·莫当特（Myra Mordaunt）喜结连理。[32] 在《边疆叛徒；或银湖白莲》（*The Border Renegade, or The Lily of the Silver Lake*）中，巴杰也运用了类似的手法。[33] 1812 年，在底特律（Detroit）附近活动的三名侦察员中，安迪·古奇兰德（Andy Goochland）和山姆·希尔（Sam Hill）说一口浓重的土语，而赢得阿格尼丝·莱彻（Agnes Letcher）芳心的年轻英俊的奥斯卡·朱伊特（Oscar Jewett）言辞夸张做作俗套。小说中描写的另外一位猎人则年龄较大，钟情于自己的燧发枪，完全就是皮袜子形象的翻版。但是，最后发现他竟然是乔装的叛徒乔治 · 格蒂（George Girty）。皮袜子形象实际上是用作人物的伪装面具，而这样一来就会变得极其僵硬不自然。

以上小说主要选自比德尔系列小说前十年出版的作品，快速浏览这些小说可以清晰看出西部故事的男主角的演变并非按照直线进行。如果说其中有什么趋向的话，那就是趋向于以皮袜子这一人物形象为基础，塑造一个更加年轻、更有教养的主人公类型。不过，与此同时，小说作者也常常回归到典型的库珀手法，也就是在故事中插入一个从东部来到荒蛮的西部，无可争议的来自上层社会的主人公。如此这般，经过 10 年的创作实践，西部故事主角的形象并未有任何改观。这一混乱状态一直持续到 19 世纪 70 年代。1877 年，爱德华 · L. 惠勒塑造了一个角色，尽管缺乏想象力和连贯性，但依然给人印象深刻，足以像皮袜子一样，成为屈指可数、与众不同的西部故事男主角之一。惠勒塑造的这个人物名叫戴德伍德 · 迪克，来自一个矿山小镇，该镇兴起于 19 世纪 70 年代中期达科他地区（Dakota Territory）黑山（Black Hills）的淘金热。后来，戴德伍德 · 迪克在西部各地靠非常手段谋生，但他对于矿区营地的钟爱常常让读者把他与他的出身联系起来。初看起来，他与那些依靠复制皮袜子形象来塑造的西部荒蛮之地年轻的男主角之间似乎关系并不大，因为他与那些角色之间的相似之处仅仅在于年轻、英俊、精通种种体现男人气概的自卫和进攻技艺——这些都是身在矿区营地必需的生存技能——以及吸引女人的性感。但是，一旦我们把戴德伍德 · 迪克与杜克 · 达拉尔（Duke

Darrall）联系起来加以分析，他们之间的血统关系就会变得更加清楚。杜克·达拉尔是 W.J. 汉密尔顿（W.J. Hamilton）的《老胖子；或钢铁外套，阿帕切恐怖行动》（*Old Avoirdupois; or Steel Coat, the Apache Terror*）中的主角，在比德尔系列丛书中比迪克出现的时间还要早几年。

年轻英俊的杜克出现在西部平原时，一起登场的还有几个显然来自西部荒蛮之地的人物，包括肯塔基猎人大块头山姆（Big Sam）。而作者称杜克是“完美型的猎人和侦察员”。[34] 他似乎是在西部出生——不管怎样，书中没有提及其他任何地方。他身着鹿皮服装——皮袜子的后代们大多如此穿着，但是他的服饰裁剪设计夸张，考究程度让人难以置信。他不仅精通平原地带人具备的各种技能，而且其他技能也无所不精。如果说受惊的野马群将要冲向人群的话，杜克会从地上一跃而起，跳上挤在一起的马背，在大块头山姆的帮助下让马群远离人群。[35] 但是杜克不讲土语，注定要娶印第安人抚养长大的美丽的白人姑娘维尔纳（Wilna）。的确，需要给这位女主人公的形象加工添彩，才能让她成为合格的新娘。于是，她先被送往圣路易斯（St. Louis）的一所学校学习两年，之后才结婚。在两年的学习结束之际，她“已经变得焕然一新，但是她的内心依然直率可爱，而只有教育和优雅的社会才能带来这种改变”[36]。然后，她终于准备好要与杜克·达拉尔成婚，而杜克究竟受过何种教育小说中却只字未提。

这个故事相当混乱，谈不上可以从中得到什么。但是至少作者为我们描写了一个没有上层社会世袭身份的主角，一个以打猎和猎兽为生的人，他既是荒原上的能工巧匠，按照沿袭的习惯也会为营救印第安人掳走的女主角拔刀相助。但是，与此同时，他又是一个不折不扣的浪漫的恋人。莫卡辛 · 马特（Moccasin Mat）——哈里 · 圣乔治（Harry St. George）在其作品《咆哮的拉尔夫 · 罗克伍德，鲁莽骑警》（*Roaring Ralph Rockwood, The Reckless Ranger*）中并未充分描写的男主角——的情况也是如此。马特以前做过得克萨斯州的骑警，胯下坐骑取名为“风暴云”（Storm Cloud），据说能够根据他的哨音召之即来。[37] 他讲一口自以为标准的英语，在故事最后和自己失散已久的恋人哈蒂 · 法利（Hattie Farley）重又团聚。把来自西部的男主人公升级为爱情故事的角色是这类人物发展演变的重要阶段。埃夫里尔笔下的基特 · 卡森尽管年轻英俊，讲一口规范的英语，但是作者从未让他有机会娶女主人公为妻。

戴德伍德 · 迪克最为重要的特征包括：他同样没有东部人或英国人所独有的那种上层社会的身份；他拥有十分高超的骑马、射击这类独特技艺；同时，他还有条件谈情说爱。事实上，他的生活中充斥着向他投怀送抱的美丽女人。戴德伍德 · 迪克这一角色充分说明了默尔 · 科蒂（Merle Curti）指出的一角小说的核心原则。他凭借自身的努力和勇气克敌制胜，体现了依靠个人奋斗获取成功的大众理想。正是这样一位主人公，可能在众人眼中出身低微，没有接受过正规教育或是没有任何财产继承的人，“坚定了美国人的传统信念，即一个人凭借自身的勇气、魄力和百折不挠的意志终将战胜艰难险阻”[38]。实际上，戴德伍德 · 迪克名利双收，因为他从矿区物业中每年获得 5000 美元的收入。[39]

但是，在确立了上述这些基本认识之后，戴德伍德 · 迪克的情况变得复杂起来。他在男女关系上混乱不堪。他曾结婚多次：与他正式注册的一位妻子委身恶棍，背叛了他；另一位则遭人杀害；因为相思病所害，女流氓对他本人进行恐吓；他向卡拉米蒂·简（Calamity Jane）求爱无果，但最后又成为她死心塌地为之献身的人，两人最终结婚。此外，他身上所体现的特征不仅表现出皮袜子的典型形象和传统的有教养的主人公形象，而且也同样表现了传统的恶棍形象：以前他做过土匪，至少有一次是因为妻子的背叛，他又重操旧业当起了土匪。尽管他是以公共马车驾车人的身份开始谋生，但在本文讨论的一角小说中，他的身份通常是侦探。而且，让人不安的是，本质上他是个奥菲士–赫拉克勒斯型（Orpheus-Heracles）* 的有文化的主人公。因为，他在作为土匪被判处绞刑后说道："我被夺走了性命，我的朋友又让我复活了，因此，在我上了绞刑架，向自然和正义偿还了债务之后，我又重生成为自由人，这世间不再有任何法律可以因为我以往的罪过妨碍我。"[40] 这个自称无辜而又不朽的普罗透斯 ** 还有着其他作用：他展示出对于社会问题的关切，就此而言根据我的理解，这在所有一角小说中可谓独一无二。1885 年，惠勒去世之后，不少人假借他的名义写了许多故事，其中的戴德伍德·小迪克就是戴德伍德·老迪克的化身。在这些故事中，小迪克领导着一个矿工工会，还以矿区主管身份给工人增加工资。然而，他并非社会主义者，坚决反对一个名为"雄狮军团"（the Lion Legion）的组织

---

* 奥菲士是希腊神话中的诗人，其美妙的歌声能让顽石点头，走兽俯首；赫拉克勒斯是希腊神话中的大力神。

** 普罗透斯是希腊神话中具有预言能力，可以异形的海神。

夺取矿山，“遵照公共福利计划”管理矿山的图谋。[41] 1886 年“牧草市场骚乱”（Haymarket Riots）发生之后不久，戴德伍德·小迪克访问芝加哥时对正在接受庭审的无政府主义者进行了谴责，称他们是不受欢迎的外来分子。他断言所有受到指控的人都理应被送上绞刑架。[42]

戴德伍德·迪克对于比德尔小说读者的吸引力或许来自惠勒的兼收并蓄，不拘一格。其手法就是令这位主人公汇集全部西部角色的技艺、特长、魅力和成功于一身，再加上来自远古民间英雄的种种其他能力，此外还有一角小说侦探的各种本领——这预示着老侦探（Old Sleuth）和老卡普·科利尔（Old Cap Collier）不久就会风行起来。戴德伍德·迪克当然并不是一个完美的形象，他的名声所反映的正是 19 世纪 70 年代后期人们趋之若鹜、愈演愈烈的那种热衷耸人听闻或煽情的追求。[43]

II. 公牛比尔和巴克·泰勒

公牛比尔是一角小说主人公中最为知名的文学人物。他在许多方面与戴德伍德·迪克颇为相似。作为一长串系列故事的中心人物（仅普伦蒂斯·英格拉哈姆一人就创作了 200 多本，20 世纪 20 年代仍在发行），[44] 公牛比尔的英勇事迹至少和他的对手一样不计其数，一样不同寻常。虽然他并不像戴德伍德·迪克那样缠绵女色，但他一样年轻、英俊，按照西部风格裁剪的服饰惹人注目，且精通各种体现男人气概的技艺。19 世纪 90 年代，他一度接替了戴德伍德·迪克的侦探角色。不过，在文学作品中公牛比尔提出的问题不同于戴德伍德·迪克，因为他很可能有一个真实的人物作为原型，这个人就是内布拉斯加州（Nebraska）议会前议员威廉·F. 科迪阁下（Honorable William F. Cody）。在公众眼里，科迪是其荒蛮西部秀节目的主要演员，频繁出场，爱出风头。的确，评论家们也曾提及一个据说是戴德伍德·迪克原型的人物，一个名叫理查德·克拉克（Richard Clark）的人——戴德伍德·迪克故事开场时第一个驾着马车出场的人。[45] 但是，此人实在微不足道，与闻名世界的科迪根本无法相提并论，而惠勒也没有重视为他寻找可能的事实依据。另一方面，一角小说的作者在写作公牛比尔的故事时，总是会强调自己是在撰写某个名人的传记。[46]

这一情况赋予了文学作品人物公牛比尔一种特殊的品质。自从丹尼尔·布恩的时代开始，西进运动的事实就常常因为要顺应神话的要求而为大众的想象所改变。对于自己作为逃避文明的无政府主义者这一公众形象，布恩本人在世时就曾表示不满。为布恩撰写传记的作家们也都先后试图纠正在他们看来是对布恩真实性格的诽谤和歪曲，但都是徒劳。来自田纳西州的戴维·克罗克特让这位主人公笼罩上一种全然不同的西南地区的气质，则也同样是面目全非的想象。[47]

19 世纪后半期，西部荒蛮之地主人公形象的文学演绎令事实和小说之间的分歧进一步扩大。如果说按照此前的描写，基特·卡森杀死过数以百计的印第安人，那么一角小说中的主角杀死的印第安人则数以千计，甚至一只手还是反绑在身后。但是，通俗小说作者所塑造的典型形象十分准确地反映了大众想象的需要，因而使得人物形象深入人心，影响之大甚至足以按照小说角色形象来塑造真实的人物。23 岁时，科迪如同许多其他人一样，在密苏里河以西的平原上长大成人。生存环境让他学会了自己的谋生方式——驱赶公牛，为著名的拉塞尔–梅杰斯（Russel & Majors）大陆货运商行的亚历山大·梅杰斯（Alexander Majors）充当“马背办公室的勤杂工”，驾驶公共马车，为与平原印第安人作战的军队小分队做侦察员。在他捕猎公牛供应堪萨斯太平洋铁路公司的建筑工人食用期间，他获得了“公牛比尔”的头衔。在成为艺术舞台上的角色之前，他在平原上度过的真实生活完全淹没在了后来天才的报纸代理商所发行的那些不可思议的故事中。但事实上，与他的许多同伴相比，他似乎并不见得技艺超群，胆识过人。只是一个偶然事件加上他善于惹人注目的天赋，才使得他成了荒蛮的西部历史进程中最受瞩目的人物。

这一偶然事件是指科迪第一次与爱德华·Z.C. 贾德森——又名内德·邦特兰，渲染血腥和暴力的传奇故事作家的鼻祖——的会面。邦特兰的职业生涯始于 19 世纪 30 年代向刘易斯·盖洛德·克拉克（Lewis Gaylord Clark）的《纽约人杂志》（*Knickerbocker Magazine*）投稿，此后几十年间，他源源不断地写作了大量海洋故事、野外运动类文章、墨西哥战争故事、禁酒传单，为“一无所知党”（The Know-Nothing Party）* 写作攻击外国移民的文章。在他 1886 年去世之时，他已经创作了 200 多本一角小说类型的故事。[48] 1869 年，他与弗朗西斯·S. 斯特里特（Francis S. Street）和弗朗

* The Know–Nothings 或 The Know–Nothing Party，“一无所知党”，也称为 The American Party，美国 19 世纪 50 年代主张从公职中排斥一切非美国出生的人的政党，美国第一个反对移民的党派。

西斯·S. 史密斯（Francis S. Smith）出版的《纽约周刊》（*New York Weekly*）签订合约，为该杂志撰写独家文章，据说他的报酬为每年 20000 美元。[49] 尽管邦特兰的专长一直是海洋故事，显然他作出了决定，到了有计划地转向大草原寻找写作素材的时候，因为整个国家的注意力都在西部地区。据《纽约周刊》的编辑说，他在西部已经旅行了两年，就是为创作新的系列作品做准备。[50]

邦特兰听说过弗兰克·诺斯少校（Major Frank North），他是三个连队的波尼族印第安人侦察兵的指挥官。将这些波尼人征召入伍编入正规部队的目的是和苏族印第安人作战。1869 年年末，邦特兰前往内布拉斯加的麦克弗森堡（Fort McPherson）寻访诺斯，意在把他作为主角写入一角小说中，但是诺斯没有同意。据科迪传记的作者理查德·J. 沃尔什（Richard J. Walsh）记载，诺斯当时对他说，"如果你要找一个符合要求的人，那边躺在马车下面的那个人便是"。正躺在马车下面睡觉的人就是科迪，当时他还只是诺斯手下一个无名的侦察员。邦特兰与他进行交谈，并跟随波尼人一道参加了一次远征侦察，甚至还骑过科迪的坐骑"粉脸"（Powder Face）。[51] 之后，他回到了纽约，写下了以《公牛比尔：边境之王》（*Buffalo Bill, the King of the Border Men*）为题的系列故事，把一个经过神话化的科迪介绍给了《纽约周刊》的读者。杂志编辑称之为"这个时代最伟大的传奇故事"[52]！该故事随后又以书籍的形式出版，并再三重印发行。1928 年，西尔斯–罗巴克公司（Sears, Roebuck）依然在以每册 22 美分的价格销售该书。[53]

尽管邦特兰和他的出版商都大谈特谈这部小说的所谓真实性，但是从人物的实际情况来看故事的事实基础十分有限——充其量可能只是在仓促的访谈之中所搜集到的一点内容。从邦特兰使用语音拼写专有名词可以看出，他所使用的完全是语音资料，例如他使用 M'Kandlas 而不是 McCanles，使用 Bill Hitchcock 而不是 Bill Hickok，以及使用 Cantrell 而不是 Quantrell。就此而言，值得注意的是公牛比尔这一角色在小说中首次出现时基本与库珀笔下的人物一脉相承。故事情节中包括一系列诱拐上流社会女子——主要是比尔的双胞胎姐妹——的事件，以及依照长期沿用的套路进行的营救行动。故事主人公的好朋友桀骜不驯的比尔·希契科克（Bill Hitchcock）和西姆·吉尔里（Sim Geary）使用的是皮袜子典型形象惯用的土语，而吉尔里的年龄则是不大不小。公牛比尔正是通过复制皮袜子典型形象而塑造的一个更加年轻的猎人角色的实例。他不讲土语，拥有皮袜子的一些技能，例如追踪猎物、悄无声息地从岗哨前匍匐而过。同样值得关注的是虽然他骑马，而皮袜子不骑马，他照样配备了来复枪。[54] 甚至，他还保留了一丝皮袜子的谦卑感——这是一种少见的古风，证明邦特兰依然还属于比德尔之前的一辈人。公牛比尔在把圣路易斯的美人路易莎·拉瓦利尔（Louisa La Valliere）从一群喝醉的士兵手中救出之后，面对她那感激不尽十分富有的父亲，他说他们应当永不再见，因为“倘若我再次见到她，我会爱上她，但是逾越我的身份去爱一个人，则是疯狂而又愚蠢的事”[55]。

邦特兰对于远西地区的地理状况的描写含糊不清。在他的小说中几乎没有任何真正的西部荒野的地方色彩。许多描述都是关于他位于堪萨斯的家庭。让这个家庭自豪的是他们家有一位滑稽的爱尔兰女佣和四位农民雇工。比尔的母亲和两个双胞胎姐妹都斯文得要命。小说的后半部分写到了美国内战期间在密苏里进行的游击战，小说的高潮发生在皮里奇战役（the Battle of Pea Ridge）中。有三位道地的英雄，其中包括比尔，但不包括讲土语的侦察员，都在战斗中负伤，被比尔未婚妻的父亲送往一家私人医院。在那里，他们与各自的心上人结了婚。这则故事中所包含的事实是，科迪曾经在联邦陆军做过列兵，1866 年和圣路易斯的路易莎·弗雷德里希（Louisa Frederici）结婚。

邦特兰和《纽约周刊》的编辑们对公牛比尔大张旗鼓地宣传推广，一时间使他成为风云人物。《纽约先驱论坛报》（*New York Herald*）的编辑詹姆斯·戈登·贝内特（James Gordon Bennett）曾经参加过一次谢里登将军（General Sheridan）的游猎活动，当时游猎的向导是科迪。之后，他撰文大肆吹嘘赞美科迪，说他是"大平原上的完人"，并邀请他访问纽约，而谢里登也鼓励他作这次旅行。或许出于自身的目的，邦特兰策划了这次访问，因为访问期间恰逢一个名为《公牛比尔：边境之王》的戏剧首场开演。该剧本是由弗雷德·G. 梅德（Fred G. Maeder）根据邦特兰在《纽约周刊》上发表的连载故事创作。[56] 科迪这位侦察员以贵宾身份受邀参加贝内特和奥古斯特·贝尔蒙特（August Belmont）各自举办的宴会，但是因为醉酒或是处世天真，他并未出席贝尔蒙特的宴会。1872 年 2 月 20 日晚，邦特兰带他前往鲍厄里剧院（Bowery Theater）观看了那场首演。第三幕的高潮部分是公牛比尔和杰克·麦坎利斯（Jake McCanles）之间的白刃战，据说两人使用的刀长达 3 尺。在这个舞台剧本中，比尔和一位爱尔兰女佣结了婚。聚光灯转向科迪后，他被介绍给了现场观众。后来，剧院的经理向他出价每周 500 美元，想请他在剧中扮演自己。但是，科迪由于太胆怯，没敢接受。[57]

尽管如此，邦特兰并未中断和科迪的联系。每隔一段时间，邦特兰就会写信给他，敦促他前往东部，登台表演。最终，科迪同意在芝加哥与这位小说家见面，还会带上他的朋友，得克萨斯的杰克·奥莫亨德罗（Jack Omohundro）和 20 名印第安人。1872 年 12 月 12 日，他们抵达了芝加哥，但是却忘记带上印第安人。于是，邦特兰雇用了跑龙套的上场，极其漫不经心地开始写作剧本台词。他花了 4 个小时时间，创作出了一个题为《草原侦察员》的剧本。其中主要情节就是射杀印第安人。4 天之后，这个剧本就被搬上了舞台。在自己的巧妙安排下，邦特兰大部分时间都在台上，一旦两位侦察员忘光了台词，他就临时拼凑救场。说完台词之后，就是大量的射击场面，然后幕布落下。[58] 在与邦特兰合作 3 年之后，科迪和奥莫亨德罗组织了自己的一套人马进行表演，聘请了约翰·M. 伯克（John M. Burke）作为新闻宣传代理和演出经理。从此以后，公牛比尔逐步闻名全球。[59]

邦特兰是最早构想公牛比尔这一角色的人，但是对这一构想作出重大修改，并贯彻到底的人显然非伯克莫属。邦特兰素来只是满足于利用公牛比尔的基本价值，如与印第安人打斗以及老套的罗曼史。即便是在《纽约周刊》的广告作家笔下，公牛比尔也只不过是“最勇敢的侦察员、最厉害的骑手、最有经验的向导以及当今最伟大的猎手”[60]，仅此而已。但是伯克下定决心要拓展这一形象，以便公众能获得一种崭新的构架来看待这个角色。公牛比尔将会成为一个肩负历史重任的史诗般的英雄。他将会与布恩、弗里蒙特、卡森并列，出现在美国英雄的名册中，并像他们一样被奉为文明的开拓者和进步的旗手，当然演出经理也不会忘记黑色炸药和骑术表演的票房价值。伯克总是喋喋不休地在科迪耳边灌输这些观念，最后甚至科迪本人也接受了这些翻来覆去的说辞。在他年迈之际，他常常会说，“早年间，大部分时间里，我生活在野蛮与文明之间”[61]。这种广告词的实际措辞可能来自普伦蒂斯·英格拉哈姆这位一角小说作家。到1878年，或许更早，他实际上已经成了为科迪工作的专职作家。英格拉哈姆这样写道，公牛比尔是

> 一位奇特的美国英雄。他热爱我们这个国家无路可循的荒蛮之地，他热爱那一望无际的平原和荒寂的山区，远胜于热爱我们城市生活的喧嚣、繁忙和种种乐趣。他就像一座屏障屹立于文明和野蛮之间，为拯救他人的生命而甘冒失去自己生命的危险。[62]

英格拉哈姆创作了科迪于1878—1879年演出季期间所使用的剧本，并且据说也是1879年出版的“自传”的执笔者。[63]人们不会忘记，在他于1904年去世之前，他创作的关于公牛比尔的故事多达200多个。除此之外，大量署名为科迪的一角小说可能也是由他执笔完成。[64]

从英格拉哈姆的青年时代一开始，与他创作的公牛比尔相联系的不是神怪幻想，就是可以抵挡子弹的锁子甲衬衣，以及一心复仇、乔装打扮的美丽少女，而这些元素在他后来的一角小说

创作中也屡见不鲜。这位小说家的独特癖好——也受到科迪本人爱好的鼓励——是他钟爱锦衣华服。公牛比尔在第一次登台扮演《金色羽毛，少年盗匪》（*Gold Plume, the Boy Bandit*）中的小马快递骑手时，英格拉哈姆为他设计的服装是

> 红色丝绒夹克，白色灯芯绒裤子，裤脚塞在漂亮的长筒马靴中，靴子上装了厚重的金色马刺，……头戴一顶宽边帽，帽子上围着一圈金色粗绒，用一根针在左边卷成了圈圈，代表一根马靴刺。
>
> 他还穿了一件绣花丝质衬衫，系着黑色领带，戴着金属护手套，腰间一根红丝绸的腰带，上面扎着两支左轮枪和一把匕首。[65]

在他的自传中，科迪——或是英格拉哈姆——描述了他在为谢里登、贝内特以及其他名流做向导时所穿的服饰。他说，因为“那是一群又漂亮又时髦的人”，他决定让自己穿出点风格。

> 于是，我穿上了一套薄鹿皮新装，衣服在接缝处用同样的料子镶了边。我还穿了一件深红色的衬衫，胸前用漂亮的饰物点缀，头上戴着一顶宽边帽。我跨上一匹雪白的马——一匹威风凛凛的快马——手持一杆来复枪，从要塞一路直奔营地。那天早上，我感觉精神抖擞，容光焕发。[66]

根据这部自传，几年之后，1876 年的夏天，科迪与“黄手”

（Yellow Hand）进行了一场广为人知的决斗，并在报社记者们的眼皮底下“为卡斯特（Custer）揭下第一张头皮”。当时，他穿了一身想必是从剧场的服装柜中取来的服装，包括一套墨西哥黑丝绒服，上面拼着猩红布条，并配有银色纽扣和花边。[67] 这些服饰，无论是虚构还是真实的，都表明科迪已经把自己和舞台角色混为一谈，甚至到了无人——他本人更不可能——说得出在何处现实到此为止，在何处一角小说中的故事开始上演的地步。

似乎是要穷尽事实和想象之间可能存在的一切联系，由科迪的新闻宣传代理人安排，以他本人的名义出版了许多小说。这些小说中尽管并没有他本人出场，但故事情节与那些以他为主人公的小说极为相似。《致命的眼睛》（*Deadly-Eye*）与《草原流浪汉》（*The Prairie Rover*）一同于 1877 年发行，属于比德尔和亚当斯印刷公司（Beadle & Adams）出版的短命的 20 美分小说系列之一。该故事叙述了一位化名致命的眼睛，也称艾尔弗雷德·卡尔顿的无名侦察员的英勇事迹。这位主人公年轻、英俊，服饰华丽，让人不禁猜想小说的作者很可能是英格拉哈姆。[68] 正如邦特兰的第一部小说中年轻的公牛比尔一样，这位无名的侦察员一心要向杀害双亲的凶手复仇。因为他在东部接受过教育，使用的是地道的上层社会主人公的语言，因而正像塞斯·琼斯一样利用了典型人物形象为伪装，可以毫无阻碍地娶女主人公西比尔·康拉德（Sibyl Conrad）为妻。[69] 金马刺——《金弹公子，或大陆骑士》（*Gold Bullet Sport, or The Knight of the Overland*）中的主人公，则比上文的无名侦察员更加风度翩翩。他身穿丝绒夹克，脚蹬配有镀金马刺的马靴，并身佩好几种武器。这又一次有力地证明了小说是出自英格拉哈姆之手。小说中，他得到一位名叫“鹿皮 · 本”（Buckskin Ben）的好心的猎手和猎兽人的帮助。这位猎手操一口土语，颇受称道，而这在传统上往往是皮袜子式人物的特权。[70] 因为金弹公子在追踪坏人的过程中多次乔装身份，还曾因一桩银行抢劫案误判入狱服刑，他也多少带有点戴德伍德 · 迪克特有的那种罪犯气质。[71] 鉴于这些相似之处，读者不难发现英格拉哈姆后期创作的故事中，公牛比尔往往以侦探和公共马车驾车人的形象出现。[72] 而且，读者应该记得戴德伍德 · 迪克的四轮马车从来都是公牛比尔的荒蛮西部秀节目的一个组成部分。

以牛仔形象出现的西部荒野故事的主角，在 20 世纪已人所共知，但其最早出现是在 19 世纪 80 年代末期公牛比尔形象出现之后。美国全国性杂志的读者对于加利福尼亚和得克萨斯州的墨西哥牧场主及牧童早已耳熟能详，但是直到 19 世纪 70 年代美国的放牧业从得克萨斯向北扩展到大平原时，那些马背上的美国雇工才成为名人。在这 10 年间，“牧人”一词很可能像“牛仔”这个标准称号一样到处使用，通常它让人想起的是那些饮食粗糙、住宿简陋、生活沉闷单调、处于半野蛮状态的劳动者。[73] 劳拉 · 温思罗普 · 约翰逊（Laura Winthrop Johnson）在 1875 年为《利平科特月刊》（*Lippincott's*）提供的文章中，描述了她在怀俄明州（Wyoming）的一个牲畜集市上看到的一个人。她这样写道，在那个“头发又粗又密，眼神粗野凝滞，淡棕色土布工装裤塞在笨重的大靴子里的粗人身上”看不出任何魅力。[74]

然而，就在这 10 年将近尾声之际，亨利 · 金（Henry King），一个为斯克里布纳出版公司（Scribner’s）工作的作家，却能够在堪萨斯西部的牧场生活中察觉出一种诗情画意。虽然平原上荒凉孤寂的生活让他感到抑郁，但是他很欣赏牧人们不同的服饰装扮所带来的异域风情。这些牧人喜爱穿戴“老式的西班牙卡斯提尔宽边帽，裤脚管上开衩且钉上一排排扣子的裤子，装饰各种色彩的镶边和印第安珠子的鲜艳的夹克衫，时常系上一条像是斗牛士用的血红色的围巾”[75]。此外，金还指出牛仔虽然很粗暴，但是也有些德行值得一提：他们慷慨、勇敢、为人诚实、一丝不苟，怀有“一种自相矛盾的奇特的个人荣誉感，为了捍卫这种荣誉，他们宁愿付出生命，好像与荣誉感相比生命不值一文”[76]。但直到1881 年，“牛仔”一词的含义仍然以贬义为主。在切斯特 · A. 阿瑟（Chester A. Arthur）总统向国会所作的首次年度致辞中，他就曾提及一帮“为数 50 ~ 100 人之众，被称为‘牛仔’的武装亡命之徒”扰乱公众的安宁，数月以来在亚利桑那地区并越过墨西哥边界，犯下了无法无天的暴行。他请求国会授权军队予以干预。[77]

但是，西部人持有不同的看法。1882 年，内布拉斯加州北普拉特（North Platte）的居民们决定组织一场盛大的 7 月 4 日庆典，一次“国庆盛典”（Old Glory Blowout），类似我们今天所说的牧马和骑术表演。科迪当时已经是舞台名人，且在附近购置了一个牧场，被指定为这场活动的司仪。于是，荒蛮西部秀节目就这样诞生了。由于北普拉特地处养牛之乡，套索套牛马、骑术、射击比赛成为庆典的主要内容，并且也决定了第二年科迪举办的巡回演出节目的特色。巴克 · 泰勒是他手下最出色的牛仔明星，能够驾驭最暴烈的马，抓住牛角或尾巴掀翻一头（四岁以下的）小公牛，并且能够在全速奔驰的马上从地上捡起一条颈巾。[78]

或许在比德尔小说中最早以牛仔作为故事主人公的是一本1887年出版的泰勒的传记，据说是由普伦蒂斯·英格拉哈姆所写。在这个故事中，年轻的泰勒来到麦克纳利上校（Captain McNally）位于得克萨斯的巡逻骑兵营，请求参军。在测试过他的拳击术和骑术能力之后，他被安排进入特勤编队。巡逻骑兵的主要任务是与一群以拉斐尔为首的墨西哥偷袭者作战。但是，在泰勒被科曼奇族印第安人俘虏之后，他又被此前结交的一个印第安人释放，后来他又从印第安人手中救出了麦克纳利的女儿，从中又可以看出皮袜子的传统形象。同样，巡逻骑兵们也属于传统穿戴——绑腿和猎装——虽然他们都戴上了墨西哥式宽檐帽。[79] 但是英格拉哈姆很快就为巴克·泰勒设计了更加合适的服装，其华美程度堪比公牛比尔的服饰：

> 他身着盛装，略显艳俗，佩戴了表和装饰链，黑色的领巾上别了一枚镶有钻石的饰针，象征微型马刺，右手的小指上戴了一枚戒指，设计款式是红宝石的马蹄铁。
>
> 在他宽檐的鸽灰色帽子上，盘了一个微型的套索，这样一来，马刺、马蹄铁和套索等饰物就标明了他的职业。[80]

身为荒蛮西部秀节目的新闻宣传代理人，英格拉哈姆曾尝试努力消除牛仔在公众心中的不良名声。在《牛仔部族；或得克萨斯的母老虎：巴克·泰勒与穿鹿皮衣的伙伴们的罗曼史》（*The Cowboy Clan; or The Tigress of Texas: A Romance of Buck Taylor and his Boys in Buckskin*）中，他把牛仔视为一个阶级加以维护。

的确，这些人大大咧咧，无所顾忌，但是他们无忧无虑、无所畏惧、慷慨大度，而且“对待朋友或是已经打败的敌人时行为高尚”。印第安人和作恶者害怕他们，但是移民定居点的士兵和移民敬重他们。[81]英格拉哈姆的另一本小说中，陆军医疗队的军医哈萨姆（Hassam）继续像这样为牛仔们进行辩护。他对巴克这样说道，正因为牛仔们都有点粗野，所以他们才会被并不了解他们的人恶意中伤。泰勒表示同意，并补充说：“我很清楚，有许多坏人钻进了我们牛仔的队伍中，但是也有许多牛仔忠诚可靠，秉性诚实。”不过，他的话听起来显得有点哀伤。“我们出没荒野，居无定所，历经坎坷，磨难不断，而且常常会有性命之忧，而要解决问题就得舞刀动枪，但是不管怎样，我们并不像一些人传说的那样坏。”[82]

但是，无论一角小说中的牛仔拥有什么样的优点，牛仔和牛群显然没有任何关系。如果偶尔有一本小说，例如菲利普·S. 沃恩（Philip S. Warne）的《套索利尔；或孤注一掷：爱情和嫉妒的故事》（*Lariat Lil; or The Cast for a Life: A Story of Love and Jealousy*）[83]真正描写的是牲畜方面的故事，那么绝大多数牛仔故事就几乎与戴德伍德·迪克和公牛比尔系列故事没有分别。比德尔的牛仔们的职责是与印第安人、墨西哥人和不法之徒进行战斗。而受到伤害的女性向虚伪的情人复仇，女扮男装的墨西哥姑娘，以及军官受命从事地下活动等情节所营造出的故事氛围则完全反映了比德尔小说颓废的一面。把牛仔角色写进小说只不过是试图赋予小说一种时代感。而这并未改变西部荒蛮地区小说的存在方式。

第 10 章

一角小说中的西部女主角

比德尔西部荒野小说中女主角的演变进一步表明，煽情或耸人听闻手法在 19 世纪末一角小说创作中如何愈演愈烈。

库珀笔下的女主角所展现的文明教养令人肃然起敬，这一点无人不晓。洛厄尔（Lowell）曾经评价说，她们像草原一样沉闷无趣，又如枫树一样多愁善感。[1] 这一评价对于其中有些人偶尔表现出的言谈和活力而言略显不公正，但是有一点毫无疑问，那就是库珀笔下没有任何女性会作出哪怕是一丁点思想、言辞或行动上的不当之举。因为在传统小说中，有教养的女性历来都是温文尔雅的主要源泉，所以西部小说中舍弃教养法则对于女性角色带来的影响要比男性角色更大。要将女性的角色从皮袜子故事中单纯是被动的性对象转变过来，一个方法就是塑造一个能骑马会射击的所谓印第安姑娘，而后再证明她是个早年被印第安人掳走的出身上层社会的白人姑娘。但是，如同把一位有教养的男主角伪装成猎人，这一手法并没有根本改变女主人公的品性。在原始的服饰下，她几乎与从前一样富于教养。

要想促进女主角真正得到成长，一个更为可行的手段是女扮男装这个老办法。马图林 · M. 巴卢 1845 年出版的作品《范妮 · 坎贝尔》中的范妮 · 坎贝尔是一位女海盗船长；[2] 查尔斯 · E. 埃夫里尔在其《加利福尼亚的生活》（*Life in California*）中让两位来自东部的女主角乔装成男孩。[3] 西部故事中最早穿上男性服装女扮男装的女主角好像是弗雷德里克 · 惠特克（Frederick Whittaker）的《野马猎人；或幽谷美女战士》（*The Mustang-Hunters; or, The Beautiful Amazon of the Hidden Valley*）中的尤拉莉 · 莫罗（Eulalie Moreau），出版时间显然是在 19 世纪 60 年代后期。[4] 尤拉莉这一形象可能来自查尔斯 · W. 韦伯的《向导老希克斯》中的埃米莉。她同样也是法国人，居住在远西南部（the Far Southwest）的幽谷之中。如果猜测无误的话，这就意味着韦伯在文化原始主义方面的尝试对于塑造最终充斥比德尔小说中的凶悍的女性形象产生了某种影响。如同韦伯一样，惠特克也许认为让法国姑娘来打破礼仪要比让美国姑娘完成会显得不那么惊世骇俗。

就此而言，尤拉莉算是颇有德行的人。她并非总是身着男装，但为了表示对于文学先祖们的敬意，她有时会穿着印第安公主的服饰出现。[5] 她与父亲——1848 年流放的一位“红色共和党人”——生活在一起，居住在得克萨斯州奥斯汀（Austin）西北大约需要三个星期路程的一所豪宅中。“她的性格中既有女性的温柔又有男性的坚毅，这一特点让人觉得不可思议。”风度翩翩的男主人公弗兰克 · 韦斯顿（Frank Weston）从平原上套回来的漂亮的黑色雄野马，她轻而易举就让它变得驯服了。[6] 故事中包含极度渲染残暴的流血和杀戮，但是尤拉莉始终置身其外。故事结尾，她与男主人公结婚，并搬去了新奥尔良。猎人皮特·威尔金斯（Pete Wilkins），一位真正的皮袜子式的人物，依然是这个家庭的忠实朋友，这使得整个故事似乎更有家庭生活的氛围，让人敬重。

第一位表现暴力行为的女主人公极有可能是爱德华·威利特的《银马刺；或山林女杰：阿拉珀霍的故事》（*Silver-spur; or, The Mountain Heroine. A Tale of the Arapaho Country*）一书中的“鸽眼”（Dove-Eye），又名凯特·罗比内特（Kate Robinette）。她是印第安贸易商塞拉斯·沃姆利（Silas Wormley）的混血女儿。最初，人们以为她是纯印第安血统的姑娘。她跨马而立，手持一柄战斧，还曾将战斧掷向故事中的男主人公弗雷德·怀尔德（Fred Wilder）。[7] 这一误会很快就消除了，两人还订了婚。但是，弗雷德的父亲怀尔德上校认为两人门不当户不对，表示反对。但不久之后，“鸽眼”挥动战斧，将上校从一头公牛和一群敌对的印第安人手中解救出来。[8] 这样，感动之余，这位老绅士终于同意了这桩婚事。但是，在她成为一个合格的女主角之前，还必须对其做些修饰加工。恰在此时，她接受了父亲的遗产，获得了一大笔财富。于是，按老规矩，怀尔德上校建议送她去女子学院学习几年。然而，弗雷德拒绝了这一安排，他要彻底解放这位非上层社会的女主人公：

> 您认为我会任由定居点的鸭子和火鸡们嘲笑我的野鸟吗？您认为我可以忍受与她分离几年，甚至几个月吗？优雅和教养对她来说已经绰绰有余，况且她最好的老师应该是她的丈夫。

作者让我们放心，凯特的“智慧和毅力很快就弥补了她在教育方面的欠缺”，因为在她到达圣路易斯之后，“对于她的经历一无所知的人根本想不到她以前的大部分时间生活在野蛮人之中”[9]。

在比德尔小说中，最早出现的敢作敢当的女性角色是美丽的白人姑娘安妮奥拉（Aneola）。像鸽眼一样，她也是由印第安人抚养长大，而且还在极其不利的学习条件下熟练掌握了英语。故事的男主人公尤赖亚·巴勒姆遭到印第安人俘虏后，面临一个传统的抉择：选择死亡或是娶一名印第安女子为妻。安妮奥拉主动向巴勒姆表达了热切的爱意，提出嫁给他以解决问题。当时，由于羞怯她还涨红了脸。但是，巴勒姆因为已经心有所属，拒绝了她。尽管羞红了脸庞，但是她以死威胁，而最后却又大发慈悲，帮助他成功逃脱后，自己纵身跳下了悬崖。[10]巴杰的芒廷·凯特（Mountain Kate）——北落基山一名白人逃犯的女儿——的最终结果要好一些。她擅长使用手枪。在故事的男主人公遭到同伴背叛袭击时，她毫不留情地转向那几个恶棍一通射击，击毙三人击伤一人。“漂亮的大拇指和食指动作起来快得不可思议。”但因为她并没有明显挑衅任何人，所以就不必搭上自己的性命。相反，她还嫁给了男主人公，在圣路易斯安了家并有了好几个孩子。[11]

弗雷德里克·惠特克在塑造了尤拉莉·莫罗这一角色之后，又在几年后在其《美洲虎皇后；或马德岭的亡命徒》（*The Jaguar Queen; or, The Outlaws of the Sierra Madre*）中塑造了一位形象更加鲜明的女勇士。[12]与之前的背景类似，故事发生在远西南地区的一处隐秘的山谷之中，但情节显然更加惊险。有位蒙特里奇伯爵（Count Montriche），正如韦伯笔下的艾伯特伯爵一样，成了印第安人阿帕切部族的酋长。他在偏远的墨西哥北部地区的后宫中妻妾成群，令人瞠目。这则故事中的女勇士是瓦格纳歌剧式人物卡特里娜·哈特斯坦（Katrina Hartstein）。她的身高达 6 英尺，有 7 只训练有素的老虎左右陪伴。由于她爱上心有他属的杰拉尔德·利（Gerald Leigh），所以她也必须死去。因而，她最后死于攻打蒙特里奇的巨宅，营救幸运的女主人公布兰奇·海沃德（Blanche Hayward）过程中。[13]

及至 19 世纪 70 年代末，女勇士和女扮男装的女主角这类故事明显已经日薄西山。这无疑应该归咎于人们趋之若鹜愈演愈烈的耸人听闻或煽情手段。1880 年的某一天，或许应该成为富于文明教养的女主角形象发生改变的转折点。菲利普·S. 沃恩的《冷酷的世界；或，绅士山姆的妹妹》（*A Hard Crowd; or, Gentleman Sam's Sister*）是一个发生在奥马哈（Omaha）的故事，那里是“丹佛东部‘最艰苦的地方’”。根据作者所述，这本书是专门为这座铁路沿线小镇中的低级酒馆和下流赌场里的社会渣滓们所写。[14]书中有两位女扮男装的角色，精通射击，在周围暴力血腥的环境中游刃有余。其中的佩皮塔（Pepita）有时乔装成来自内布拉斯加的拉里（Larry），一心要向曾经诱奸过她的男人复仇。[15]作家们喜欢诉诸复仇这一动机，来解释小说中的角色，尤其是女性人物凶悍无情的原因。其好处是为暴力行为提供一些合情合理的解释，而不用像让印第安人与白人之间发动一场战争那种老套手法那么笨拙。但是，将小说的关注点聚焦到道德问题上则使小说的社会意义明显有所损失。一心要为私人恩怨而复仇的这些人物也许应该感谢那些狂热仇视印第安人的人，因为他们的形象已经霸占西部小说太久了，而就人物动机而言前者似乎更加富于戏剧性。

在沃恩的小说中，绅士山姆的妹妹约拉（Iola）“称得上是一个女勇士”，因为她能够迅速向当街调戏自己的男人开枪，将他当场击倒在地。[16]这一角色标志着长期以来一直奉行的女性情色描写方面的禁忌已经大大削弱。该故事中的男主人公因为受伤，由约拉照料。一天，他已开始康复，在她为他拉平床上的枕头之际，他的手臂滑到了她的腰间。

> 她不知不觉地顺从他用有力的手臂环抱自己，最后她靠在了他的胸膛上，几乎晕厥过去，她感觉到他的心怦怦跳动，他温暖的呼气在她的脸颊上吹拂。
>
> 他们的爱无须言语倾诉。而这个女人有一颗自由的心，从来不曾受制于任何传统社会习俗。她把手臂滑向他的脖子，自然而然就像她本该这样，把他抱得越来越紧，直到他们的嘴唇碰到了一起。
>
> 于是，就这样嘴唇贴着嘴唇，他们畅饮下彼此间第一杯爱的甘露……[17]

那些描写女性暴徒的感官体验的作家并非都会去明确利用文明教养衰败之势，但是可以断定，与19世纪60年代出版的小说相比，1880年以后出版的小说更清楚地表明了一个事实，即作家们更加懂得利用性这一自然法则。

把西部荒蛮之地的男主角的种种技能和作用转移到一个女性角色身上，把复仇主题作为小说中暴力情节的动机，把女勇士角色提升到小说女主角的地位，所有这些都可以在爱德华 · L. 惠勒的小说《飓风内尔》（*Hurricane Nell*）中找到具体例证。该书的女主人公内尔于 1878 年出场，几乎与戴德伍德 · 迪克同时面世。在故事的开头，内尔以传统的、忧伤的女性形象出场。她是流氓鲍勃 · 伍尔夫（Bob Woolf）残暴行径的牺牲品，因为他焚烧了她的房屋，造成了她父母双亲的早逝。她立下司空见惯的复仇誓言，经过一段时间后，在派克斯峰（Pike's Peak）的矿山小镇上身着男装重又露面，成为一名具备西部荒野特有的各种技能的女杰。无论"奔跑、骑马、射击、套索，甚至破口咒骂"，镇子上没有一个男人是她的对手。[18] 故事的男主人公是位英俊的律师，来自费城，雇用她作他的向导。她为他套了一匹野马，有一次还把他从一群印第安人手中解救出来。这一场景完全颠覆了传统。因为男主人公的马跑累了，飓风内尔拦腰将他抓住，"用她那神奇的臂力"把他举过头顶，安放到那匹野马背上。她还用她的来复枪 3 发子弹击毙 3 个男人。[19] 而在一次射击比赛中，男主人公为她的枪法和她打赌 1000 美元，结果她赢了赌注，从中可见这位女主角完全承担起了皮袜子形象的功能。[20] 在皮袜子文学形象刚刚开始出现时，在《开拓者》一书中，伊丽莎白 · 坦普尔在一次射火鸡比赛中也曾赌皮袜子胜出。

把这位女勇士描写得如此孔武有力似乎会削弱她身上的女性魅力。但是惠勒并不打算放弃读者在这方面可能产生的兴趣。他不遗余力地为她塑造光彩照人的美丽形象。在她注视男主人公时，作者让她明亮的眼神中透出温柔、梦幻、渴望和期待，此外又让她被歹人吊在火堆上遭受折磨，表现出极端的暴虐。[21] 惠勒笔下的怀尔德·埃德娜（Wild Edna）是《老雪崩》（*Old Avalanche*）、《伟大的毁灭者；或，怀尔德·埃德娜：布里根德姑娘》（*The Great Annihilator; or Wild Edna, the Girl Brigand*）一书中一帮拦路劫匪的头目。但在令人望而生畏的外表之下，她同样是个内心充满天真和向往的姑娘。“在她那纯洁的处女的心中留有一处空白”，只是当她遇见那位神气而又时髦、有贵族头衔的英国男主角时，她才痛苦地意识到这一点。[22]

惠勒塑造的知名人物卡拉米蒂·简就是女版的戴德伍德·迪克。结合上文有关心地善良的女勇士的初步讨论来看，他们两人有诸多相似之处。正像多数戴德伍德英雄故事的内在结构一样，戴德伍德·迪克与卡拉米蒂·简的关系也很难搞清楚。其中一个原因是，小说出版的日期似乎与故事主人公生涯中的主要事件的先后顺序没有多少关系。在《金发女郎比尔；或，戴德伍德·迪克的老巢：“沉默者”的罗曼史》（*Blonde Bill; or, Deadwood Dick's Home Base. A Romance of the "Silent Tongues,"*）中，卡拉米蒂·简，是位“爱漂亮的女孩”，“身着华贵的男子服装”，对戴德伍德·迪克爱得死去活来。而迪克则已有一位妻子，名叫伊迪丝（Edith），后来遇害身亡。[23]戴德伍德·迪克告知卡拉米蒂·简这一消息之后，她转身而去，“以免从她那狂热又美丽的眼睛里透露出的渴望让他痛苦”[24]。在故事结束时，事情的发展多少依然维持在这一状态。在小说《来自戴德伍德的戴德伍德·迪克；或，意中人：瘦子本德的罗曼史》（*Deadwood Dick of Deadwood; or, The Picked Party. A Romance of Skeleton Bend*）的开始部分，卡拉米蒂·简对戴德伍德·迪克心怀妒忌，但是在故事结尾时，他们已经准备结婚。[25] 在这个系列故事第 195 集中，卡拉米蒂 · 简并未出现，但是迪克却至少与 3 位女扮男装的女子有瓜葛，而其中每一位都提出要与他结婚。[26] 其中的一位人称幽灵莫尔（Phantom Moll），是个拦路劫匪。据我了解她是比德尔小说中第一位抽香烟的女主人公。为说服迪克入伙并与她结婚，她宣称，“这就是我们这些不法罪人的快乐生活……”[27] 在希安 · 萨尔（Shian Sal）这一角色上，作者花费的笔墨远超其他女性角色。她说一口土语，虽然大概只有 18 岁，但已经是尤里卡酒馆（Eureka Saloon）的女老板。她承认自己抽烟、赌博、满口脏话、酗酒，甚至“有时会向无赖开枪，不过只是为了不让自己的枪法生疏，是要让他们知道我萨尔也是个老江湖”。她还是个会用拳头的好手，有一次她只用一拳就把一个男人打翻在地。[28]

惠勒在其《戴德伍德 · 迪克即将登场；或卡拉米蒂 · 简：闹腾的女主角，达科他的故事》（*Deadwood Dick on Deck; or, Calamity Jane, The Heroine of Whoop-Up. A Story of Dakota*）中对卡拉米蒂 · 简这一角色极尽探究之能事。读者对于小说中的心理分析没有什么兴趣，对此惠勒虽然像其他一角小说的作家一样心知肚明，因而很少去具体描写人物行为的动机，但是在这个故事中，他让乔 · 塔布斯上校（Colonel Joe Tubbs）以旁观者的身份来详细讨论简这一角色。她似乎属于这样一种类型的女主人公，蒙受极端不公正的对待反而会让她成为无情的女勇士。因为遭到爱人的抛弃，她后来成了“山中最胆大妄为女人，喝威士忌、开枪、玩牌、骂娘，想干啥就干啥”。“虽然年纪轻轻就一身是伤”，但是“她凭借自己的胆量，获得了周围人的敬意”。[29]

卡拉米蒂·简曾经是个淑女。最具说服力的证明是她可以随时不说土语，说一口标准的英语。[30]换言之，她那硬汉式的外表和举止只是她自愿选择的假面具，如同塞斯·琼斯的面具一样。但是，一个女子无法像男子那样可以轻而易举摆脱这样一个形象。简那张美丽的脸庞上镂刻着纵情宴饮和艰辛生活的痕迹。的确，虽然身着鹿皮裤、嵌珠护腿套裤和丝质衬衣，依然看得出她保持着昔日的风姿——脚登精致的便鞋，衬衣敞开处露出"雪花般纯净的胸脯"。然而，她的举止却极端狂暴。第一次出场时，她跨立于马鞍上冲过大街，一路越过水闸和其他障碍，她"用一种极其夸张的动作点燃香烟"，她还发出"响亮的叫喊，这种叫喊声是在模仿典型的印第安科曼奇族勇士，尽管音量和力道还比不上他们"[31]。这样的行为对于一个年轻女子的名声来说意味着什么，简的心里一清二楚。谈及另一位姑娘时，她的语气微妙而恰到好处，"山里的生活——你明白的，已经毁了她的前程，你完全可以这么说，因为她已经变成了一个做事无所顾忌、说话粗鲁不讲究的人"[32]。

在这个故事中，戴德伍德·迪克有一个妻子，名叫里昂内（Leone），但是其人物形象在故事情节中并不突出。卡拉米蒂·简爱恋的对象是桑迪（Sandy），一个英俊而又年轻的东部人。因为受一帮歹人所骗，他以为自己犯了伪造罪，于是逃到了西部矿区。但根据作者意图，她可能永远也不会结婚。因为她疏忽了自己的容颜，她的前程同样已经无可挽回。[33]

1877年，惠勒开始创作他的戴德伍德·迪克系列故事时，西部荒蛮地区故事的男主角已经从是非感分明，且"具有大森林的清新和自然"[34]情感的皮袜子型人物转变为一个做过土匪，即便经过改造依然很难把他和与他为敌的罪犯区别开来的人。首先，西部故事中的男主角摆脱了文明教养准则——表现为库珀笔下的主人公矢志不渝的忠诚，其次，他也摆脱了通过自然与上帝沟通的方式——这种交流将皮袜子塑造为森林中的圣人。这位男主角成了一名全靠自己的双枪闯天下的好汉。无论身为逃犯或是治安官，他的行为处事几乎毫无分别。最终，他化身为一名侦探，无论从哪个意义上来说都不再属于西部故事中的人物。而女主人公在摆脱身份教养的束缚之后，经历更加激烈的演变，最终发展成为一名女勇士。她与男主人公之间的区别仅仅只是性别而已。

人物形象的这些变化揭示了西部故事作为一种文学体裁日渐变质的过程。诚然，抛弃矫揉造作的文明教养准则是美国文学发展必须跨出的一步，但是一旦皮袜子类型的边疆居民取代有教养的女主人公，成为构建情节的核心，西部故事也就失去了原本拥有的产生社会意义的机会。这是因为皮袜子乃是荒野之子，社会和文明对他而言仅仅意味着边疆居民用斧头毁坏原始森林的可怕声音。围绕这样一个人物建立起来的体裁不可能与社会有任何真正的联系。

另一方面，在西部地区与自然进行交流这一主题实在站不住脚，无法支撑任何有意义的原始主义文学。上一代人一度相信他们在自然中已经发现的精神意义，在这一世纪中叶之后越来越难以触及。从原始的荒野之中汲取到的有关德行、幸福和和平等静态的观念——查尔斯·W. 韦伯笔下的和平山谷所代表的观念——对于一个致力于文明进步理念和工业革命的社会来说完全如风马牛不相干。西部故事还同样缺乏伦理意义和社会意义，除了将故事套路牵强附会或是夸大其词以外，没有任何发展途径。在西部故事的创作中已经看不到任何严肃认真的努力。到 1889 年，伊拉斯塔斯 · 比德尔从比德尔和亚当斯公司退休之时，西部小说已经降位到了近乎青少年读物的水准，而且直至今日，它依然占据这样一个地位，几乎没有任何变化。斯特里特与史密斯出版公司（Street & Smith）出版的丛书有：公牛比尔故事丛书、木屋书库、杰西 · 詹姆斯故事丛书、蒂普 · 托普周刊以及红白蓝文库。此外，还有弗兰克 · 图西出版公司出版的书刊，如：少年故事文库、弗兰克 · 曼利周刊、纽约侦探文库、勇气与运气故事丛书以及荒蛮西部周刊。这些廉价的刊物从 19 世纪 90 年代开始一路拓展直至 20 世纪，发行量之大难计其数。上述两家公司作为行业翘楚则引领了从比德尔公司的小说到今天的西部小说的一路发展。[35] 大量电影和广播节目已经对于西部小说中的伦理道德，或至少是其表现手法进行了编辑整理，但是故事的情节组织和人物塑造则明显依然遵循着传统的模式。

第3卷

世界花园

大自然在此张开双臂，用她宽广的怀抱迎接络绎不绝的新来者，并为他们提供食物。这些怡人的美景蔚为壮观，比古罗马废墟更加引人入胜，更加启迪人心。我确信，这么说的话，没有人会说我是个偏心眼的美国人。

克雷夫科尔，《一个美国农民的来信》

（*Letters from an American Farmer*, 1782）

第 11 章

世界花园与美国的重农主义

目睹浩浩荡荡的拓荒大军在命运的安排下一路西进，而皮袜子的子孙们则在荒野中上演了一幕幕难辨真伪的英雄壮举，这的确让 19 世纪的美国人激动无比。但是，这些主题与美国经济和社会发展的大方向并无直接的关系。主宰美国未来发展的力量并非源自农业边疆以西风景如画的荒蛮之西部，而是源自成就西部的经过拓居之西部。

西进运动的每一次波涛都会诞生出一个新的社区。这些社区专心致志于开荒种地而不再继续向西迁移。他们在这片处女地上耕耘播种，将广袤的内陆谷地改造成为一座大花园：想象中的“世界花园”。地处大陆腹地的这个无边无际、不断发展的农业社会的形象已经成为 19 世纪美国社会最主要的象征之一——美国生活美好希望的集中表现和诗意想象（正如托克维尔在 19 世纪 30 年代早期特别提及的那样[1]）。这个花园的主要象征包含了一组隐喻，表现这片土地上肥沃富饶、春耕夏种、繁衍生息和欢乐劳动的场景，其核心人物都是理想化的边疆农民的高大形象，他们的装备就是最重要的农具——人们理应尊敬的犁。尽管世界花园这一形象并不生动，如同查尔斯·米德（Charles Mead）著作《密西西比的风景》（*Mississippian Scenery, Philadelphia*, 1819）的卷首画所描绘的那样，带有寓言成分，但是它表达了全体社会的所愿所想，与此同时，围绕西部农民这一中心人物的故事情节也蕴含其言外之意。这就赋予了它一定的神话特征。

花园神话曾经断言农业将成为密西西比河流域未来社会的主要力量。的确，随着时间的流逝，正如荒蛮西部之象征一样，由于受到商业和工业的改造，花园神话这一象征也与这个社会的实际日益相去甚远。而当新的经济和技术力量，尤其是蒸汽机在轮船和火车上发挥作用时，这个花园也就不再成为花园。但是，作为美国思想和政治领域中的一股力量，西部农业天堂这个形象却继续存在了很久，体现了人们对于较早时期的更纯朴的，也公认是更幸福的社会阶段的集体记忆。由于它形象生动、影响巨大，直至 19 世纪末，它似乎依然（用惠特曼的话说）代表着这个国家的精髓，代表“真正名副其实的美国”[2]。

在 18 世纪有关大陆美洲帝国的五彩斑斓的憧憬中早已隐含了这个花园神话。根据刘易斯·埃文斯（Lewis Evans）1775 年的预言，“在如此幅员辽阔、土地肥沃、气候宜人的自然条件下，通过耕耘劳作自然会带给这个帝国无穷无尽的财富和力量”[3]。乔纳森·卡弗（Jonathan Carver）在密西西比河以西所预见的那一大片领地中也孕育着这个神话。[4]但是，这个时期关于这一西部未来帝国的想象与查尔斯·罗林（Charles Rollins）在《古代史》（*Ancient History*）中的描述类似，而不是以美国的实际为依据。根据这种想象，这个帝国不过是排在世界历史上一系列耳熟能详的帝国之后，沐浴在它们的余晖之下。哈佛大学的纳撒尼尔·埃姆斯（Nathaniel Ames）在其 1758 年年鉴中预言，“从此以后，在一路翻越阿巴拉契亚山脉前往西部海洋的旅程中，艺术和科学将改变大自然的面貌”，并认为未来像罗马、巴黎或伦敦那样的大都市将如星罗棋布般出现在密西西比河流域。他提出疑问，“为何不……让那些巨型采石场”，“笨重的石料物尽其用——适合基础建筑者何不用来建设城市，——适合雕塑者何不用作雕刻人像，以永远纪念声誉卓著的英雄人物？”[5] 在其为 1771 年普林斯顿大学毕业典礼所写的诗歌中，年轻的弗雷诺和布拉肯里奇也进行了类似的比较：他们预言有诸多新国家和新帝国将在美洲崛起，

还有一个又一个国王，
声名显赫，万众敬仰，还有一座座城市、宫殿、
一幢幢美丽的大厦矗立在每一处绵长的港湾、海岸、沙滩或是溪流之畔……
……
粗哑的尼亚加拉河水咆哮奔腾，
穿越丛林、岩石，冲破层峦叠嶂，
未来终将远离他们古老的河床，
接受某位明君的指引，选择更好的流向，
或是清除瀑布激流，奔流在
装载货物和乘客的不计其数的船只之下……[6]

围绕中西部遥远的未来，对于城市商业社会的这些预言诚然合情合理，并无不当。但是，在宏伟的建筑物现身于内陆的河流湖泊旁之前，还会有一个长期的发展过程。在此期间，农业在西部占据着压倒性的优势。经过一番合乎情理又富于想象的阐释，人们从中发展出了一种农耕社会理论（agrarian social theory）。

正如前文提及，这种理论的素材自18世纪50年代以来就在富兰克林的作品中出现过。美利坚合众国与英国分离获得独立之后，这些素材变得日益重要。在审视这个新生国家的社会状况时，这位日渐年迈的政治家发现沿海城市的人们无所事事而又挥霍成性，但是想到这个国家人口中绝大多数是内地勤劳节俭的农民，总算聊以自慰。这是因为内陆有亿万英亩土地依然覆盖着茂密的森林，每年都会吸引越来越多的移居者，沿海少数商人的骄奢淫逸并不会让美国堕落。[7] 18世纪80年代末，他心满意足地宣称："美洲大陆的主要行业就是农业。因为我估计有1位工匠或商人，我们至少就会有100个农民，显然在自己的沃土上耕作的人占据人口的绝大多数……"[8]这个国家的主体是由"居住在美国这些州腹地的勤劳节俭的农民"[9]组成。

正如切斯特 · E. 艾辛格（Chester E. Eisinger）所指出的，这类想法在18世纪后期的美国广为流行。当时，由于大量有待拓居的土地带来的影响，对于由此形成的新社会，许多作家进行了种种解释。艾辛格使用"土地（或财产）终生保有权观念"（freehold concept）来指代这些解释形成的总体看法。[10]他发现以下几条原则人们一再谈及：农业是真正财富的唯一源泉；每个人都拥有对土地的自然权利；耕者有其田；土地所有权使农民独立自主，从而得享社会地位和尊严，同时因为在劳动中始终与自然为伍成就了他们高尚的品格和幸福的生活；能够体现上述特征的社会只有天下无双的美国；综上所述，总的结论是：政府应该全心全意维护农民的土地（或财产）终生保有权益。集中体现这些抽象原则的具体形象便是理想化的农民，其名称各种各样——“庄稼汉”“种田人”“自由人”，或者，也许最具特色的名称是“自耕农”。[11]

富兰克林之后的一代人中，这种农耕哲学（agrarian philosophy）最知名的阐释者是圣约翰·德·克雷夫科尔及托马斯·杰斐逊。但是，不要忘记他们所发表的观点只是许多同时代人的共同看法。

克雷夫科尔出身于有教养的中产阶级诺曼人家庭，在法国与印第安人战争（French and Indian War）期间曾在法国军队中担任制图员。他后来娶了一位英裔美籍女子，定居在纽约州哈德孙河以西 25 英里的奥林奇县（Orange County）一座占地 371 英亩的农场。[12] 他写的《一个美国农民的来信》大部分完成于美国革命之前，并于革命结束时出版。18 世纪 80 年代和 18 世纪 90 年代，该书在美国深受欢迎。[13] 像富兰克林一样，克雷夫科尔同样认为美国社会理应一往无前地向西扩张。

> （他感叹道）未来相当长时期里，在我们的五大湖区沿岸不会有各族人民济济一堂聚居于此的场景，在北美大陆不为人知的边区也不会全部人满为患。谁能告诉我边疆将会伸展多远？谁能预知这片土地将会养育和接纳究竟多少人口？因为欧洲人踏足的范围还根本不到这片广袤大陆的一半！[14]

向西扩张的过程将把这个社会分割为三个主要部分：由边远地区的拓居点构成的远离东部的外围，由生活舒适的农场构成的中心地带，以及财富持续增长、城市不断增多和社会分层日益加剧的东部地区。克雷夫科尔认为这一过程的开端和终结均给社会环境带来不良影响。但是，中间的过程为人类的美德和幸福提供了一个独一无二的发展机会。

阿贝·雷诺尔（Abbè Raynal）神父是前耶稣会会士，他的著作《欧洲人在东西印度群岛殖民和贸易的哲学史和政治史》（*Philosophical and Political History of the Settlements and Trade of the Europeans in the East and West Indies*, 1770）概括了法国百科全书派人物的许多观点，[15]拥有大量读者。在将其《一个美国农民的来信》献给这位神父时，克雷夫科尔明确写道，“您从北美洲这些省份的实际情况出发，把它们视为自由的庇护所、未来各民族的摇篮以及贫困的欧洲人的避难所”[16]。通过亲身体验，他充分认同雷诺尔的观点：纯朴的农业社区构成了美洲殖民地的主体。在这些农业社区里有“一定程度的身份和地位的平等，也有来自财产的安全感，以及增加各自财富的普遍愿望”，由此也就产生了“普遍的善意”。[17]克雷夫科尔认为，无论是最偏远的边疆地带那些半野蛮的猎人中，还是在沿海城市，这些情况都闻所未闻。但是，伴随美国社会横贯美洲大陆向西扩展，美国社会的绝大部分都将洋溢着理想主义的朴实、正直和满足的气氛。

（在这封题为“什么是美国人？”的著名的信中，他这样写道）在这里没有贵族式的家庭，没有法院，没有国王，没有主教，没有教会统治，没有任何向少数人赋予明目张胆的权力的无形权势；没有雇用数千人的大制造商，没有穷奢极欲的生活。富人和穷人之间的差距不像在欧洲那么悬殊。从新斯科舍（*Nova Scotia*）到西佛罗里达（*West Florida*），除了少数几处城镇之外，大家都是种田的农夫。我们是一个种田的民族，分散居住在辽阔的疆土之上，通过畅通的道路和通航的河道彼此来往，宽厚温和的治理体制把我们凝聚在一起，我们都尊重法律，但并不畏惧其威力，因为它们公正无私。我们充满朝气，无拘无束，勤劳敬业，因为我们每个人都是在为自己工作。如果有人到我们乡间来旅行，他不会看到让人望而生畏的城堡和傲慢无礼的大楼，或是与之形成对比的泥块垒起的土屋和破烂不堪的木屋，他不会看到人和牲口挤在这样的地方相互取暖，在烟尘和贫困中过着卑微的生活。在我们的聚居地，到处都可以看到大方体面、丰衣足食的怡人的生活场景。即使是那些最为简陋的木屋也有着干燥舒适的生活环境。在我们的城镇中最好听的头衔是律师和商人，而我们乡下居民唯一的称号则是农民。……我们没有需要为之汗流浃背、忍饥挨饿，甚至流血牺牲的王公贵族：我们的社会是目前世界上最完善的社会！[18]

杰斐逊的主要兴趣是这种农耕理想所蕴藏的政治含义。在他的心中，大地的耕耘者，即那些在自己的土地上耕作的农民才是美利坚合众国赖以存在的基石。他这样写道，“小土地拥有者是一个国家最为宝贵的组成部分”。[19] 这种人在经济上、精神上都是独立的，而对于被赋予参政权这样神圣职责的人来说，这一点是必不可少的。富兰克林和克雷夫科尔都认为，有待开发的西部意味着纯朴的农业社会将有可能无限扩张。因此这一观点成为合众国在未来很长时期里维持其共和制度的最可靠保证。用不了几百年，这些空地就会有人来填满，而一旦人满为患则会像欧洲一样陷入腐化堕落。[20]显而易见的是，政府的政策应鼓励农业，消除一切阻碍西进扩张的障碍，从而尽可能推迟这种不幸的日子的来临。杰斐逊向弗吉尼亚州提出的计划包括废除限嗣继承权和长嗣继承权，并提议从公用土地中拨出 50 英亩给每个没有土地的成年人。[21]虽然杰斐逊未能说服弗吉尼亚州立法机构采纳这项早期提出的宅地计划，但他成功制定了一项有助于西进扩张的联邦政策。他起草了《西北地域法令》(*The Northwest Ordinance*)，开放阿勒格尼山脉以西地区以便人们前往拓居，为西部新州最终加入联邦进行准备；他还设计了公地未来如何转为个人所有的制度；后来他又圆满完成了路易斯安那购地计划，使得西部有待开发土地面积增加了一倍多。

杰斐逊及其同时代人的农耕学说是从欧洲文化传统中那些丰富的有关农耕的观念和思想发展而来：传统的对耕作或畜牧劳动的赞美，可以追溯至古希腊诗人赫西奥德（Hesiod）和古罗马诗人维吉尔（Virgil），后来许多诗人也曾竞相模仿；法国重农主义者提出的理论学说认为农业是一切财富的首要来源；激进派作家日益明显的写作倾向，如阿贝·雷诺尔把农民作为共和主义之象征，而不是采用田园牧歌方式把他们描绘为分层社会中满足于自身卑微地位的乡下人。[22]美国革命期间，人们对这些思想加以修改并重新表述，强调这个新社会乃是欧洲乌托邦梦想的具体象征，因此使这些思想带上了民族主义色彩。美国农耕理论发展的第二个阶段始于人们进一步的认识，即开发阿勒格尼山脉以西地区可能更加有助于实现这一农耕理想，其规模之大前所未有，足以令过去关于人类社会变革的所有观念相形见绌。

克雷夫科尔曾在大约是 1767 年探访俄亥俄河上游的一次旅行记录中阐述过这一主题：

> 我从未如此愿意沉思冥想：我的想象会不知不觉驰入未来；即便不去想也并不苦恼，因为对我来说未来近在眼前——我看到那美丽的河畔点缀着漂亮的屋舍，到处是成熟的庄稼，还有精耕细作的农田。……在我看来……能有这样一条河流浇灌土地，在这河流的两岸安居乐业乃是人类最精彩的战利品之一。……这将注定成为合众国的力量、财富和光辉未来的源泉。[23]

但这只是预言。农业在内陆地区占据主导地位的结果是塑造了一个新的社会，而认识这一社会的实际特性则有一个过程。有关阿勒格尼山脉以西肯塔基最早的定居地的描述中，作家们过于关注那里优美的风景和肥沃的土地，以及政治理论的陈词滥调，而不是关注那里社会变革的细节。于是，约翰 · 菲尔森在其《肯塔基的发现、拓居及现状》（*The Discovery, Settlement and Present State of Kentucky*, 1784）一书中呈现出一幅丰饶繁茂令人神往的自然景观——“就像是流淌着牛奶和蜜的福地，布满江河溪流，……

大麦和小麦遍布田野，各种水果琳琅满目。”他以《圣经》的笔调赞叹道，在这个广袤无边的美洲帝国的中心地带，“人们可以尽情享用面包，不必担心匮乏，所需物品应有尽有”，和暖的天空中既没有腐蚀性烟尘，也没有有害烟雾传播疾病。总体上及理论上来说，在西部，受尽折磨的人性抬起了低垂的头，良心不再受到奴役，而法律只是为了保障幸福。在这片茫茫荒原上，“大自然为解决创造人类而带来的问题提供补偿，政府——为了不可告人的目的曾经长期滥用权力——如今建起了一座庇护所……来保护那些备受贫困折磨的人”[24]。

《北美西部地域地形说明》（*Topographical Description of the Western Territory of North America*）一书读者甚众。作者吉尔伯特·伊姆利（Gilbert Imlay）在其中详尽阐述了上述这些政治观点。伊姆利是新泽西州（New Jersey）的一名土地测量员，也是参加过美国独立战争的一名老兵。他于18世纪80年代来到肯塔基，不久移居伦敦，然后前往巴黎，进入了汤姆·潘恩（Tom Paine）的圈子，并一度与玛丽·沃斯通克拉夫特（Mary Wollstonecraft）关系暧昧。[25]《北美西部地域地形说明》于1792年在伦敦面世，一年之后威廉·戈德温（William Godwin）的作品《关于政治公平的调查》（*Enquiry Concerning Political Justice*）出版。虽然形式上是从肯塔基写给英国一位记者的信件，但该书很可能就是在伦敦写成，其中充斥着当代欧洲激进主义的陈词滥调。伊姆利称，他的目的是将“美国偏远的定居地人民纯朴的习俗和理性的生活”与滥用教职、野蛮暴政压迫下“欧洲人扭曲变形和违背自然的习惯进行对照”。[26]西部美丽的自然景观进一步激发了他的政治热忱。他写道，“这里的一草一木无不呈现出我在世界任何其他地方不曾见过的庄严和壮丽”。灌木和树丛中缀满花朵，让人身心欢畅，仿佛经过专职的园丁悉心栽培。

> 柔和的西风轻轻吹拂着可爱的人们，空气中散发出健康和迷人的活力，沁人心脾，令人陶醉。森林里可爱的鸣禽似乎被这温和宜人的气候打动，用更加柔和而有节奏的音调，与自己的爱人和自然一同唱出温柔的音符。这里的一草一木都令人愉悦；沐浴在这温暖的光辉照耀中，我们感恩慷慨的造物主赐予我们高地平川。我们感受到大自然在创造人类时赋予我们的尊严，绝不会因为人类的卑鄙和堕落而心生厌恶；然而，由于伴随欧洲教育而来的恶劣影响，这种尊严已遭玷污。[27]

伊姆利对于边疆移民生活罕见的直观描写富于文学色彩，措辞刻板做作。其中关于制作枫糖的描述便是一例：

> 结束一天的劳作后，男人们陪着女人们同去那片似乎充满无限魅力的枫树林。——绿色的草地上高大的枫树枝繁叶茂，随风摇曳。在这温柔夜色的召唤下，周围的青年人来到这片绿茵上游戏欢闹。而我们乡下那些睿智的长者则一边凝视这些茁壮成长的年轻人孩子般嬉戏，一边在一起重温自己当年的英勇事迹，热烈交流回顾青春之余，也就忘却了年老力衰和其他种种生活的苦恼。或许，这样的场景会以一曲欢

歌或是一个妙趣横生的故事收尾。[28]

早些时候，绝大多数到访肯塔基的人如同伊姆利一样，都习惯于诉诸一些含糊不清的华丽辞藻来想象这一地区。在马修·凯里（Mathew Carey）1788 年编辑的杂志《美国博物馆》（*American Museum*）中曾经连载过一位“欧洲旅行家”写给一位伦敦朋友的信。其中谈到有一次，他在西部荒原一处偏僻的林中空地驻足，那里有一座六年之前刚建的木屋，边疆移民善良正直的自足之心让他陶醉：

> 我以为自己发现了一件古代贤哲曾经追求而未果的东西。就在这片荒野中，我找到了构建生活中最大幸福的材料：因为这里有不带迷信色彩的宗教——这里有完美的公民自由权和宗教自由权——这里有极尽人类生活的本性所要求的独立自主——这里丰衣足食，人们可以无拘无束尽情享受——这里的一切都与外部世界的喧嚣嘈杂完全隔绝。[29]

同一本杂志中，有几首匿名发表的题为《肯塔基河两岸》（*The Banks of Kentucke*）的诗歌也表达了类似的看法。但是这些诗歌似乎并非根据第一手观察所写，其中使用了大量理性时代十分珍视的抽象概念，例如天赋、美德、真理等。在肯塔基河两岸将洋溢着自由精神；暴虐专横和卑鄙偏执将从此一去不返。最为接近关涉人们具体言行的表达就是诗文中有一处间接地提到了“诚实勤奋”和“振奋人心的喜悦”。[30] 莱克星顿（Lexington）

的《肯塔基报》(*The Kentucky Gazette*)重印了这首诗的全部 5 节诗——合计 40 行——这在当时新闻用纸和报纸篇幅紧张的情况下可谓不小的褒扬。[31] 而西部移民最初的努力也正如诗歌中的描述一样。1797 年，为庆祝《格林维尔条约》(*the Treaty of Greenville*)结束与印第安人之间长期以来的残酷战斗，一位肯塔基人宣布肯塔基州的新时代已经到来：

> 我们的土地这样肥沃，我们的气候这样完美，
> 这是富人和穷人的避难所——
> 穷人，我的确这么说！——且把这个词收回吧，
> 丰衣足食在此摆好她慷慨的餐桌；
> 但是贫穷一定找不到位置来就座，
> 她可别想在这里找到她的避难所——
> 走开，你这凶残的恶魔！我们与你根本不熟，
> 你将注定从人们的记忆中永远消失；
> 自然这位女主人，用她和蔼的口吻发出指示，
> 永远禁止你在这片大地停留歇息。[32]

对于比肯塔基稍晚开始移民的俄亥俄以北地区，早期的观察家们几乎采用了同样的方式加以描写。1797 年，于俄亥俄州的迪尔菲尔德(Deerfield，今天的南莱巴嫩 South Lebanon)，弗吉尼亚卫理公会詹姆斯·史密斯牧师(Reverend James Smith)在其日记中这样写道：

> 啊！将来这里会是怎样一个地方！怎样一片乐土！怎样一个芳香扑鼻的花园！怎样一个充满欢乐的天堂！届时，远近的森林将被开垦成为良田，耶稣的福音传遍这个蒸蒸日上的共和国，不但摆脱了帝王的专制和宗教压迫的枷锁，而且扫除了奴隶制这个亵渎神圣虔敬之心的祸根。[33]

上述段落中运用了人们熟悉的表述方式，而作者关于未来的提示令人一目了然。他很清楚，开拓者将用手中的斧头和犁把森林变为良田，而有关奴隶制的看法显然表明西进运动最终必将使地区间冲突走向激化。

第 12 章
自耕农与自由土地帝国

美国革命之后的30年间，阿勒格尼山脉以西地区迅速发展成为新的定居地。在这一过程中，杰斐逊和克雷夫科尔所持农业观中的含混与不协调暴露无遗。杰斐逊和克雷夫科尔尽管都是奴隶主，他们二人却都赞成这样一个社会理想：在自己的土地上耕种的自由人应在社会中占据支配地位。但是，受到世界各地对于棉花无限需求的刺激，种植园制度在19世纪最初的25年间扩张到了南方腹地，由此产生了一个奴隶主集团（a slave power）——其性质虽是农业，但与自由的西北地区又大不相同。

因而，到1830年在美国已有两种重农主义并存，而不是一种。此后的数十年间，两者内在的对立日益明显，并在19世纪50年代争夺密西西比河以西地区控制权的斗争中达到高潮。这两种新的重农主义的表现方式既富于想象也充满象征：南方地区的重农主义表现在南方种植园的田园文学中；西北地区的重农主义表现在世界花园的神话中，以理想化的西部自耕农为中心。南方的社会理想与西部的经验毫无关联。它强调的不是新发展的、尚未完全开化的西南部，而是位于大西洋沿岸几个奴隶制历史较长的州业已形成的生活方式。而西部农耕主义的主要传统产生于俄亥俄河北部，后来随着内战中北方战胜南方传入密西西比河以西地区。

1832 年，离杰斐逊逝世仅仅只有 6 年，在弗吉尼亚州议会有关奴隶制问题的一场辩论中，自耕农社会理想与种植园奴隶制社会理想之间的冲突得到了系统表达，引起人们的关注。查尔斯 · J. 福克纳（Charles J. Faulkner）是位于谢南多厄河谷的伯克利县的代表。作为湮没无闻的小农场主的主要代言人，他提出在弗吉尼亚州内废除奴隶制。他表示，不应该逼迫西部地区勇敢无畏的林中居民向“懒惰而又低下的非洲人”让步。如果任凭种植园制度继续扩张，那么，至今依然回旋着自由人的勤劳精神和歌声的西部山谷，就将遭受奴隶制毁灭性的践踏。弗吉尼亚面临着两种社会形态的抉择：是选择由奴隶主和奴隶组成的种植园制度，还是选择在自己的土地上劳作的小土地所有者组成的杰斐逊式社会理想。福克纳对于他的选民的赞美之词表明，自耕农形象已经成为业已成熟的农耕哲学关注的焦点：

> 先生，本地土生土长、人数众多、独立自主的自耕农是我们的骄傲，是我们效率的保证，也是我们力量的源泉；战争中，他们抵御敌人，和平时，他们增光添彩；我敢冒昧断言，就热爱自由而论——乃至就品行、美德、节俭和独立自由的精神来看，在这个世界上没有任何人会比蓝岭（the Blue Ridge）以西的弗吉尼亚农民更加表现卓著。[1]

数百年来，人们也曾用同样的陈词滥调去赞美罗马、法国和英国的农民，尽管如此至少其中部分说法千真万确不容置疑。而到1832年，这些说法更加显得毫无疑问，因为它们准确地预言了此后半个世纪中关于以自由土地为标志的西部思想发展史。通过对俄亥俄和肯塔基两地的比较，福克纳描绘了在一个自由和繁荣的前景一度如此美好的地区，奴隶制所带来的毁灭性影响。西部的真正含义如今只有在俄亥俄河以北的几个自由州里才能找到。在那里，人们脸上洋溢着愉快与满足，工厂里回响着紧张忙碌和令人振奋的声响，人口在迅速增长，而教育也在不断发展。这一切都显示出美国的社会福利有望达到何等高度。但弗吉尼亚议会在辩论结束时否决了废除奴隶制的提议，其代言的对象是南方——一个抛弃了杰斐逊的以自给自足小农经济为基础的共和国理想的南方。[2]

然而，随着18世纪的农耕理论与美国人在阿勒格尼山脉以西的经历相互融合，自耕农理想就此开始主导西北地区的思想。但是，这一过程是缓慢的。一步一步地，西部农民的形象才从这种想象中脱颖而出，西部农民的作用也在这个基本没有阶级之分的社会中逐步获得认可。囿于传统，上层阶级对待农民有一种屈尊俯就的优越感。这使得一些即便是怀有同情心的观察家也难以完全意识到内陆当时正在发生的一场社会变革。直至1819年，拥有第一手资料的调查员和记者埃德蒙·达纳（Edmund Dana）在其《地理特写》（*Geographical Sketches*）中才偶然提及“占西部人口绝大多数的普通劳动者的主要营生将是耕种土地”[3]。福克纳本人对独立的自耕农的描写与达纳提及“普通劳动者”时不知不觉流露出的势利态度大不相同。但是，他在提及“蓝岭西面的乡下人”时的态度在10年之后的人看来仍然是不可思议的。就同样的农活儿而言，与普通劳动者或欧洲农民相比，西部自耕农也必须付出同样的劳动。尽管美国人根深蒂固的观念与此相反，自耕农的经济地位未必高于欧洲的普通劳动者。但总的来说，西部自耕农依然与众不同，因为他已经成为一种神话，或者说是19世纪中叶的美国神话中的一个神人。他甚至与诗人和社会理论家的宠儿、经常受到赞美的英国自耕农也不再相似。甚至这个词在美国口语中的意义也已经发生了改变。[4] 西部自耕农已经成为一个可以承载无限含义的象征。它既有强烈的爱国主义寓意，又让人联想起一种影响深远的社会理论。这一象征的形成和发展值得人们仔细关注，因为它是我们谈及美国民主观念的发展时最为直观的一个例证。

这一象征形成的开端可见于詹姆斯·K.保尔丁（James K. Paulding）于1818年发表的早期诗作《来自边远地区的人》（*The Backwoodsman*）中。保尔丁的故事发生在克雷夫科尔笔下的哈德孙河流域。仅仅过去30年时间，农民的境遇就发生了可悲的变化。保尔丁诗歌中的主人公是可敬但不幸的巴兹尔（Basil），他的生活并非克雷夫科尔所描绘的美国革命前夜那种田园式的生活，而是受到贫困甚至饥饿的威胁。如果没有遗产可以继承的话，当时的农民即便是做最艰苦的农活儿，过最节俭的日子，依然无法保证自给自足。周围不再有任何土地可以归他所有，即便在农田里——别人的田里——精疲力竭地干上一个星期，他还得在礼拜天去打猎或捕鱼，只为帮助家人免受饥饿之苦。但是，这一切全都于事无补。而他一旦病倒，整个家庭就会陷入绝境。如果说保尔丁只是为了获得戏剧性效果而夸大了阴暗面，他所描绘的场景与克雷夫科尔《一个美国农民的来信》中的描述依然形成强烈的对比。

保尔丁所表现的主题是：对于这些不幸的人来说，西部有摆脱厄运的机会在等待着他们。但问题的关键是土地所有权，只有拥有土地才可能拥有独立。[5] 只要巴兹尔依然还得在别人的土地上劳动，他就永远无法摆脱贫困的折磨。对于那些“欧洲老家倒霉的乡下人”来说，这将永远是难以摆脱的悲惨命运，但在美国，尚未开垦的茫茫大西部为所有愿意开垦它的人提供了土地：

> 就这样，这个破落潦倒的农民的儿子
> 渴望体验那自豪和勇敢带来的快乐
> 它来自珍视自身的权利，拥有
> 耕耘的土地、栖息的家园；
> 就这样，告别了朋友和故乡
> 深入遥远荒野，甘冒千难万险，
> 为只为不听命于人或是为奴一生，
> 不能出人头地，毋宁找块墓地。[6]

正如诗中所描述的那样，巴兹尔召集家人一同加入了西进的人潮。

在俄亥俄河的西岸，巴兹尔从一位仁慈的地主那里赊购了一块土地后定居下来，他的生活从此改观。现在，他拥有了神圣的自立能力，这既是舒适的物质生活的基础，也是精神生活和正直品性的基础。一旦出现自由的土地，或接近自由的土地，克雷夫科尔的乌托邦理想就会再度盛行起来。顺便提一句，就拓居地村落模式而言，受新英格兰影响的聚居方式（正如德怀特在其《格林菲尔德·希尔》[*Greenfield Hill*] 中所描述的那样）截然不同于南方边疆散居林中空地的定居方式。值得注意的是保尔丁关于西部理想社会的设想同样包含了对新英格兰聚居模式强烈的偏爱。当初，巴兹尔及其家人不得不挥泪告别老家村里的教堂、教堂钟声和村庄上空的炊烟，而今在俄亥俄河沿岸，这些边地居民很快就建起了"一个简朴的小村庄"：

> 森林已然变良田，
> 金色的麦浪，成群的牛羊；
> 原野、炊烟，袅袅入云天，
> 绿草地上白房子，那是粉刷一新的乡村教堂，
> 旁边还有小学堂，
> 有先生的教鞭和教诲，也有开心顽童称大王，
> 每逢行人走路上，
> 总闻读书声琅琅。[7]

白色的教堂和学校属于新英格兰式建筑，但是我们可能也要考虑英国的影响。早在 1809 年，托马斯·坎贝尔——保尔丁认可的自己的导师——就曾在《怀俄明的格特鲁德》(*Gertrude of Wyoming*)(1809)一书中，把一座非常雅致的村庄搬进了宾夕法尼亚的边疆地区。在坎贝尔之前的其他作家还著有《荒村》(*Deserted Village*)(1770)的哥尔德斯密斯(Goldsmith)。

将来人们会记得，无论发生战争还是和平时期，那些粗壮的庄稼汉都是这个国家的栋梁。1812年战争引起的印第安人骚乱中，俄亥俄州移民的勇气随即经历了考验。保尔丁指出，在国王和贵族逃之夭夭之后，勇敢的德国和西班牙农民挺身而出战胜了拿破仑的法国军队：西部的民兵组织“自由卫士”（Freedom’s band）的勇士们比起欧洲暴政统治下的军队更加让人生畏。[8]在蒂珀卡努（Tippecanoe）与印第安人的战斗中，巴兹尔和他的伙伴已然化身为“勇猛的自耕农”。[9]

显然，巴兹尔的故事发展到这里后，保尔丁并没有能够把握其故事素材的真正含义。正如后来以西部拓居地为题材的许多作家一样，保尔丁意在描写“普通人的崛起”。但是可以从两方面来理解这种崛起。根据19世纪30年代和40年代的政治思想，虽然普通人的身份没有发生改变，但他们已处于统治地位，或至少已介入对政府的管理；借此过程州的权力从一个阶级转移到另一个阶级手中。如果严格分析这一理论的话，那么情况似乎就是伴随着权力向另一个新的阶级转移，各阶级之间的界限显著削弱。无疑，根据19世纪中叶已趋成熟的花园神话，整个广阔无垠的西部本质上是一个性质单一的社会，在这个社会中阶级分层并不重要。

但是，在这些变化显而易见之后，保尔丁才写成了《来自边远地区的人》。再者，保尔丁是个拘泥于文学传统的作者。坎贝尔因为更接近于技术创新的中心地带，采用斯宾塞诗体描绘了美国的边疆风貌，而保尔丁则受到自身观念的局限，除了使用英雄偶句诗体之外其他诗歌形式一概无能为力，无法像坎贝尔那样大胆变革。然而，保尔丁在诗歌创作形式上的这种选择使其只能受制于语言和社会规范的局限，与诗歌的主题完全不相适应。就诗歌形式而言，他强调诗行内部的顺序为首要法则，但以此来表现阶级结构的流动性则根本无法调和。为解决矛盾，保尔丁便诉诸反语：

> 这个不起眼的话题是有关一个吃苦耐劳的乡下小伙（他这样开始）
> 他比所有卑微的乡下人还要卑微……
> 这个简单的故事，姑且由我来讲完，
> 因为诗人才思有限，诗文一般；
> 不会妄自吟诵阳春白雪
> 来称颂昔日的铁甲骑士如何威名远播，
> 因为在这个懦夫遍地的时代，赫赫军功
> 只会让他们在绞刑架上卓尔不同……[10]

我们要明白的是，只有从不堪一击的贵族阶级的准则出发，这样的主题才会显得微不足道。在骑士崇拜者的眼中，吃苦耐劳的乡下小伙的身份卑微不值一提，但是，在正确的道德价值体系中，乡村小伙子才是真正的英雄，而那些骑士则应该被送上绞架。

然而，一旦把诗歌中所暗讽的社会价值观颠倒过来，无论是在思想上还是在写作技巧上保尔丁都缺乏准备；他并没有真正相信这位乡村小伙子比上层阶级更加优越。对他来说，普通人的崛起并不意味着阶级制度的灭亡，而是在一个社会等级本身并没有发生任何变化的社会中，下层社会中个别成员的崛起。因此，仅仅把巴兹尔提升为一个勇敢而独立的自耕农是不够的，他必须超越他自身的阶级。在这首诗的结尾，他的形象较之伐木人或自耕农又大有不同：

老巴兹尔，如今头发斑白
他的财富和荣誉与日俱增；
除了身兼法官、将军和议员，
另有十多个体面的官职和头衔，
无一不是来自对他为人的答谢，
他的生活现在好比是君王，
上帝所能给予凡人的一切，他都如愿以偿。……[11]

与保尔丁相比，蒂莫西 · 弗林特的小说对西部生活的描述更加富于启发。他是马萨诸塞州的一名牧师，于 1816 年前往西部传教，后来成为西部文人的一个主要代表。理论上他十分赞同民主的农业乌托邦理想。由于来自新英格兰，他强调在西部村庄模式上进行再创造，但在这个农业经济为主体的社会中，他想象中的村庄非常靠近农田，没有任何体现外来元素的特征。在他 1826 年出版的《过去十年的回忆》（*Recollections of the Last Ten Years*）中，他对密苏里河发出呼唤，预言了一个与保尔丁的想象十分接近的理想的西部社会：

期待，让我欣喜若狂

期待你未来的荣光，你的波涛
奔腾不息，流经城镇、村庄和农场，
沿途的人们悄声细语，幸福安详
只因这片沃土，丰衣足食已不是幻想；
满眼的喜悦是因那一幕又一幕风光
大学讲堂的尖顶金光闪耀，那空中回荡
茁壮成长的年轻人的书声琅琅；
还有一座座的教堂，萦绕不绝的是那
赞美上帝之声，高亢又嘹亮。[12]

有时，弗林特可以把一个非常杰斐逊式的自耕农描写得恰到好处。与杰斐逊一样，他把美国社会的问题看成是有关农业制度和工业制度的抉择问题。他抨击那些提出保护性关税理论以维护工业制度的人士，以此表明自己的立场。在评论1827年亚历山大·希尔·埃弗里特（Alexander Hill Everett）（中文名义华业）发表的《美国》（*America*）时，弗林特既不认同波士顿·布拉汉（Boston Brahmin）对新英格兰工业化小镇的生动描述，也不接受他所描绘的逃往西部的农民受苦受难的悲惨画面：

（他声称）从新英格兰移居到俄亥俄和印第安纳的自耕农数以千计，他们性格独立，生性快乐。他们有健康愉快的家人陪伴身旁，有丰收的谷物装满粮仓，有新开辟的果园紧靠着山毛榉林和美丽的小河，那些果树枝条必须加固支撑才能承受累累硕果；山毛榉林中有松鼠欢快跳跃，有野鹿低头吃

> 草，有红雀甜美地吟唱；他们还期待着自己的子子孙孙在附近安居，人人都拥有属于自己的农场。因此，他们是不会愿意放弃他们的自由王国里这片林木茂盛的地方，放弃他们成群的牛马和家畜，放弃随心所欲支配自己一半时间的自由，去交换用砖石垒砌的居室，去呼吸满是棉花绒毛纤维的空气，去交换一份一年里每周6天，每天14小时目不转睛盯着那让人目眩的无数纱轮的工作。……只要还有一望无际、肥沃而无人占据的空地，只要在法律的庇护之下，只要农民可以与家人在这块土地上过着无人打扰的宁静而富足的生活，我们就希望这些农场继续扩展，直至落基山脉的山脚下。农民和他们的后代几乎毫无疑问一定是身体强壮、心地纯朴、品行端正的人。比较一下挤奶女工的双颊和大工厂里那些有趣而苍白的脸颊，人们就会一目了然。严厉的法令法规、新兴社团严格的清规戒律、用于规范交往的极端预防措施以及所有这些制度中有关纪律的道德说教，这一切毕竟已经证明明智而富于远见的管理者对事物自然发展趋势的认识。只有一座封闭的围城才需要军事管制令，需要武装警卫始终看守。[13]

自由土地帝国以这种熟悉的模式一再出现在弗林特的非小说类作品中。例如，在纱厂出现之前，新英格兰充满田园风味。根据弗林特1815年离开该地时的描述，那里是一块由许多小农场构成的土地，农场上的农活都由独立自主、品性正直的土地所有者自己打理，建有一排排整洁的校舍，还有象征法律、正义、秩序、勤劳和节制的乡村教堂。在西部再造这样一个新英格兰正是弗林特的理想。于是他把俄亥俄描绘成为完美实现了这一理想的地方。[14] 1833 年，弗林特用赞赏的口吻写道，俄亥俄“似乎吸引了无数吃苦耐劳的土地终生保有者，来到这里为自己挑选面积适中、大小几乎一致的农田，并且在俄亥俄各地都有他们的身影”[15]。正如伯克利县的福克纳一样，弗林特也把这样一幅幸福生活画面与蓄奴州的情况进行了对照。在种植园制度下，村庄繁荣、小农场主人口聚集的情况是不可能发生的。独栋大宅子里居住着睿智而又好客的人家，彼此分散，相隔很远，而这些宅邸周围则是肮脏的黑人居住的小屋。“这些简陋的小屋与大宅院之间形成强烈的对比，始终让人触目惊心。”[16]

然而，虽说弗林特偏爱自由的西北自耕农社会，他却没能把他们写进自己的小说。从他唯一的一本以密西西比河流域为背景的小说来看，根深蒂固的阶级感情对于他的束缚程度较之保尔丁可谓有过之而无不及。他于 1892 年发表的《乔治 · 梅森：边远地区的年轻人》（*George Mason: The Young Backwoodsman*）在某种程度上具有自传性质。故事主人公的父亲乔治 · 梅森牧师和弗林特一样，因为教堂会众中发生派别冲突而辞去了新英格兰一个村庄的教会工作。他带上家人搬到了西南部，定居在一小块林中空地上。故事背景虽然貌似是在密西西比州，但有可能是弗林特本人对其在密苏里州杰克逊县附近的一段经历的回忆。与其对于西部所作出的宁静、富庶这一结论完全相反，父亲在那里历经艰难困苦，最后离开了人世，而大儿子乔治成功地拥有了一艘汽艇。故事的结尾，梅森一家定居在俄亥俄河上游的一处村庄里，收入可观。儿子和大女儿伊莉莎（Eliza）也都各自找到了合适的配偶。

对于这篇小说的素材，弗林特的处理是混乱的。最初，他声称自己要写的是占人类十分之九的“穷人的编年史简史”。他的观点是即便是一个衣衫褴褛的人，胸腔中也会跳动着一颗高尚的心，而“在密西西比森林的小木屋中发生过许多既蜜意柔情又神圣庄严的故事”。[17] 他把某些奴隶主刻画成没有文化、粗野俗气的阔佬。[18] 但是，除了满怀爱心的奴隶庞比（Pompey）之外，书中对于西部土著的高尚品格没有任何描写。梅森一家虽然贫穷，但在这么一个偏远地区，他们没有遇上任何弗林特认为与他们社会地位等同的人。梅森的儿女所找到的配偶都像库珀故事中设计的那样富有，一个是新英格兰人，另一个是宾夕法尼亚人。但接近故事结尾时，因为想到在旅途中不得不和那些穷人待在汽艇的甲板上，而不能和头等舱的乘客一起待在船舱中，乔治的未婚妻不禁脸色惨白。[19]

弗林特的这篇小说——包括后面将要讨论的其他有关西部的小说——给人的启发是，文学创作接受农耕理论中鲜明的民主原则的过程非常缓慢。无疑其部分原因在于哪怕是糟糕的小说也比抽象的概念能够更深入地表现人物的个性。此外，另一个原因在于文学形式的惯性作用，皮袜子系列故事就很好地说明了这种惯性的存在。然而，文学作品在表现以农业占据主导地位的西部生活时所呈现的问题与农耕理论大不相同，在本书后面一章中将予以讨论。

随着西北地区拓居地相继开辟，各地有关农耕传统的认识几乎一成不变。例如，19世纪30年代末，正值土地繁荣的高潮之际，来自康涅狄格州的詹姆斯·B. 兰曼（James B. Lanman）曾经在密歇根州住过两年。他在颇具影响力的《亨特商业杂志》(*Hunt's Merchants' Magazine*）上撰文赞颂的庄稼汉是那种在自己肥沃的土地上辛勤耕耘的聪明人，拥有“饱满的独立精神，这是来自每一个土地（或财产）终生保有者内心的力量”[20]。兰曼在后来的一篇文章中诉诸杰斐逊的遗产，罗列出了花园神话的全部主题：

> 正如一位杰出的政治家所说，如果城市是政治机体上的溃疡，集中了一个国家的所有坏事，那么，农业为人们提供了多么有益身心的健康习俗！令人振奋的乡村生活氛围、各种各样使人生气勃勃的农业劳动、纯净的水、供应充足的生活物资，由此形成的贞洁的婚姻观念和早婚习俗，所有这一切都表明追求个人幸福的最佳途径在于务农。而务农对于国家的益处也同样显而易见。务农者远离大城市不断滋生蔓延的不良影响，远离人口高度聚集总会造成的喧闹不安，生活清静远离纷扰，拥有充分的经济和思想上的条件来深思熟虑自己的权利和义务问题，而由于他与土地难以分割的利害关系，这就促使他为自己和国家履行这些义务。国家危难之时，我们指望的正是这样一些真诚而富于独立精神的自耕农，依靠他们坚守国家的制度，并通过维护国家的各项原则来保护他们自身免受侵害。正是因为有他们的支持我们得以通过立法，令行禁止。在战争的恐怖阴云笼罩国土之时，我们最优秀的士兵正是来自他们这个阶层。在人类其他各项事业得到应有保护之时，不可否认的是，农业作为几乎所有的人类追

求的基础理应责无旁贷，成为国家的卫士，成为国家道德水准的促进者，成为国家幸福和独立的永恒基础。[21]

由于自耕农的西部乌托邦越来越强烈地表现出反对奴隶制之意，南方作家开始对其采取严厉的批评态度。《南方文学信使》（*Southern Literary Messenger*）上一位没有署名的作者抓住霍勒斯·格里利（Horace Greeley）1851 年发表《改革提示》（*Hints Toward Reforms*）一事，对与格里利有联系的民族改革者组织所提出的建议进行了评论。这位南方作者猛烈抨击了农耕理论的基本原则。人们普遍信奉的是："真正的产品全部来自土壤。土地具有某种神秘的品质，它能够保障土地占有者获得较之其他任何行业所能提供的更加可靠、更加充分和更加持久的支持。"对此，他提出了质疑。同时，他还对农业劳动具有独特的神圣性这一看法表示反对。因为农业本身并非目的，而仅仅是谋生的一种手段。格里利及其伙伴们希望每个移民都能够得到一块土地，而这块土地也许能够为一个普通家庭提供最低限度的生活必需品，但仅此而已。如果要使一个普通家庭过上优雅、讲究的生活，那么这块地的面积还不足以满足要求。实际上，每个农业单元的大小应该以土地原拥有者去世时，其子女所分到的土地足以维持他们各人的生活为标准。因此，个人拥有土地的限额不应规定得太低；肯定不能低于 1.5 或 2 平方英里——960 ~ 1280 英亩。换句话说，这种限额不应该低于使用奴隶为劳动力的种植园的面积。[22] 这一番论证所采用的基本标准不是农民的诚实劳动，而是地主阶级的闲暇时间。

其他南方人也对当时的西北自由土地理想提出了批评，并且联起手来抨击“种田是令人愉快的行当”这一看法。1856年，另一位作者在《南方文学信使》中写道，这种传统看法只不过是理论家和诗人的梦想。他认为，对于绝大多数人来说种田让人厌倦和反感。亚当·斯密有关“耕种田地让人头脑机敏”的说教完全自相矛盾，农业劳动者“没有多少机会培养或磨炼他们的才智、技能、趣味和习惯，而只有这些才能建立起令人愉快的社会关系”。这位南方批评家甚至否定了最受人欢迎的农耕社会信条：田野上的体力劳动培养了人们的政治洞察力。这是因为消耗农民精力的艰苦劳动限制了他的思想范围，让他无法理解自由政府赖以立足的各项原则。[23]（的确如此，根据卡尔霍恩 [Calhoun] 的学说，西北地区自耕农的观点证据不足。）这位种植园制度的辩护士认为，只有不需要参加艰苦的体力劳动的有闲阶级才能提出和捍卫明智而又稳妥的政治原则。弗吉尼亚的乔治·菲茨休（George Fitzhugh）是支持奴隶制的理论家中最具头脑的人。他在《皆为生番！》（*Cannibals All!*）一文中概括了南方对于西部农耕理想的驳斥：

> 农业劳动乃是最艰苦、最低贱、最廉价的劳动。大自然和人生哲学都教导我们，只要有可能就尽量避开它，远离它，去寻找不那么艰苦、更受人尊重和收入较高的职业。只要有办法，没有人会去种田。因此，自由社会在很大程度上依靠奴隶社会获取衣食。[24]

南方对于花园神话的批判最具启发意义的一点是，它在一定程度上预见了田园生活幻想的破灭。30 年之后，中西部“现实主义者”的先驱，如 E.W. 豪（E.W. Howe）和哈姆林 · 加兰（Hamlin Garland）的观点也正是这样。

第 13 章

南方与花园神话

到了 19 世纪 50 年代，随着自耕农理想发展成为密西西比河流域农业拓居的理论依据，南方对于这一理想已表现出强烈的敌意。南部领导人为了维护与内陆盆地的经济政治联系进行了长期斗争，但最终这种敌意发展成为南部与西北部的决裂。

18 世纪末的 25 年中，越过阿勒格尼山脉在西部的首次扩张带有明显的南方色彩。弗吉尼亚州和北卡罗来纳州曾是肯塔基州和田纳西州的拓居基地。甚至早在美国革命时期，乔治 · 罗杰斯 · 克拉克远征之后英裔美国人对于俄亥俄河以北地区的渗透行动总体上也极具南方色彩。从布恩、刘易斯和克拉克到弗吉尼亚的詹姆斯 · 克莱门（James Clyman），以及南卡罗来纳的约翰 · 查尔斯 · 弗里蒙特，西部的探险史上写满了南方人的名字。通过杰斐逊，弗吉尼亚为最初 50 年中向西部挺进提供了地理上的洞察和战略上的规划。在这一进程中，南方发挥的主导作用十分明显。因此，直到 1846 年，宾夕法尼亚州的威廉 · 吉尔平依然能够，当然不无夸张地，把西进的全部动力归功于南方。他声称，“詹姆斯敦（Jamestown）的后人将12个农业大州奉献给了联邦，也创造了整个国家赖以强大和繁荣的巨大产量和产能。”在南方所取得的成就中，除了肯塔基、田纳西、密苏里和西南部拓居地区外，他还列举了俄亥俄、印第安纳、伊利诺伊和艾奥瓦。[1]甚至在美国内战之后，惠特曼还在他的“弗吉尼亚——西部”（Virginia—The West）一诗中表示，弗吉尼亚为这个国家贡献了英勇刚毅的西部巨人，而他们的后代穿上蓝色军装，与背叛联邦的南部邦联浴血奋战，维护了联邦的统一。[2]

南部与西部的交往也反映在国家政治中。从一开始，许多中部州和新英格兰的代表就担心阿勒格尼山脉以西地区的发展会使得南方力量过于强大。1786年，詹姆斯·门罗（James Monroe）从当时的国会所在地纽约给帕特里克·亨利（Patrick Henry）写信说北方人打算解散北部水域的移民定居点，目的是“确保国家像现在这样向南发展”。[3] 1787年的制宪会议上，宾夕法尼亚州州长莫里斯提议在宪法中加入一项条款：“今后建立的各州代表人数不应超过已加入联邦的各州代表人数。”[4]出席制宪会议的代表认为，这一提议显然是对南北双方力量的考验。宾夕法尼亚州因内部意见分歧而弃权，最终该提议以4比5的接近票数遭到否决。投赞成票的州包括马萨诸塞州、康涅狄格州、特拉华州和马里兰州（马里兰因为没有对西部土地提出要求的权利而嫉妒弗吉尼亚），投反对票的州是新泽西州、弗吉尼亚州、北卡罗来纳州、南卡罗来纳州以及佐治亚州。[5]

此后的20年间，南方与西部为反对北方和东部而结盟，共同经历了一系列危机。最为引人瞩目的危机是由于联邦党人反对购买路易斯安那（the Louisiana Purchase），以及反对 1812 年的对英战争（the War of 1812），尤其是西部的战争而引起。本顿生动形象地把新英格兰联邦党人的态度归结为以下的口号："以波托马克河（Potomac）为界线，黑人州的问题自己扛！以阿勒格尼山脉为界线，西部野蛮人的问题自己扛！以密西西比河为界线，密苏里的问题让地方官去扛，或是任由它野兽出没也无妨！"[6] 西部和南方之间的联盟一直维持到 19 世纪 50 年代，成为一股值得关注的势力。它是杰克逊、本顿、道格拉斯和其他民主党领袖政治生涯的基础。即使是在 1860 年大选中共和党赢得西北地区之后，在南北战争期间声势浩大的"铜头蛇运动"（Copperhead movement）中，依然可以看到西部对南方的同情。但是，共和党在 1860 年大选中的胜利所代表的美国社会结构的变化，早在 1812 年对英战争结束后不久就已经开始。尽管将蒸汽船引入西部地区水域一度加强了新奥尔良在整个密西西比河流域的影响力，但是伊利运河、五大湖区的蒸汽船运输航道以及东西铁路干线最终将西北地区与纽约，而不是墨西哥湾连接了起来。

1829—1830 年著名的"韦伯斯特—海恩辩论"全面探讨了业已开始的地区间关系的变化。这次辩论是因南方争取西部地区的支持而起，但因其对于制宪理论产生的影响而载入史册。辩论中，卡尔霍恩的代言人海恩提出州有权拒绝执行联邦法令的论点，这表明南方担心北方与西部的联合力量会很快超越南方在联邦中的力量。两年之后，南卡罗来纳便将这一论点付诸实际行动，宣布该州的港口将拒绝执行 1832 年的关税法。从此以后，南方游移于两种策略之间。策略之一是拱手让出其长期占有但正日渐削弱的对西部的主导地位，转而依靠宪法规定的少数派权利；策略之二是通过开发南大西洋沿岸与俄亥俄河河谷之间的贸易路线，重新夺回对于西部的控制权。国会中的南方发言人着手抵制为修筑运河提供联邦援助以及其他加强新英格兰和西北地区联合的措施，并试图捍卫新奥尔良在西部水域贸易中的霸主地位。

本顿阐明了这些努力背后的原则："……任何一条运河，任何一条道路，只要有助于吸引阿勒格尼山脉以西西部各州的商贸，就是对西部人民的伤害。"对于南方和西部的经济联盟继续延续下去的希望让他无法看清运输革命已迫在眉睫。正如他在讨论跨大陆贸易路线时所持的观点，他坚持认为蒸汽船永远比铁路重要。西部农场和牲畜屠宰场体积庞大的货物将继续顺流而下，通过新奥尔良进入市场。"让西部的货物翻越阿勒格尼山脉，这本身就是个荒唐的想法！让铁路或运河来运送货物的事永远不会发生，即便不收运费！"从东部到西部的贸易通道只适合于运送体积较小的产品。如果西部人购买这些产品，就会危害到他们自己在新奥尔良的市场。因为如果新奥尔良的货物不能出售，那么也就无法购进货物。此外，与新奥尔良之间的贸易额一旦下降就会毁掉西部极其重要的蒸汽船运输系统，而这一系统的货物运输规模早在1829 年就已经发展到了 30 万吨。[7]

大多数南方人认为宪法禁止为内地的发展提供联邦援助，而卡尔霍恩是主张严格解释宪法的主要倡导者。因此，加强与西部的经济联系这一想法成为卡尔霍恩政治生涯最不可思议的一件事。1845 年 9 月，卡尔霍恩勉为其难地接受了邀请，出席了孟菲斯商业大会（Memphis Commercial Convention）。[8]他当选为会议主席，并发表了开幕演讲。他的演讲表明西部对于南方的宪政理论具有何等的诱惑。演讲一开始，卡尔霍恩就想当然地指出在地理上西部与南方都属于同一个区域，这一区域由密西西比河流域、从大西洋直至里奥格兰德河（Rio Grande）的海湾平原构成——别出心裁地用地理术语来表达其政治意愿。围绕这片广阔的地域里各地之间人员和商品自由并快速流动的重要性，他进行了细致的阐述。南方与西部的联系显然有赖于最大程度地发展水路运输系统，尤其是密西西比河，其滚滚洪流将河流沿岸各个地区的物产送往南部都市新奥尔良。[9]

对于南方而言，维护这种内河航道沿线的商业联系至关重要。这就要求千方百计促进航运发展，包括利用联邦拨款清除阻碍航行的暗桩、疏浚河道、安装灯塔，等等。20 年来，以卡尔霍恩为代表的民主党人始终反对这种联邦拨款，认为这是违反宪法的行为。但如今，卡尔霍恩本人却挖空心思推出新论，让听众既惊愕又欣喜："事实上，富尔顿（Fulton）的发明已经把密西西比河及其所有主要支流变成了一个内陆海。基于这样的认识。"他继续说道："就联邦政府航运管理而言，势在必行的是把它的地位等同于墨西哥湾及大西洋海岸、切萨皮克湾（Chesapeake Bay）、特拉华湾（Delaware Bay）和五大湖区（the Lakes）。"[10] 的确，提升密西西比河地位的想法让他颇受鼓舞，他甚至以为自己是在庆祝通往印度之路。在结束演讲时，他用一种几乎像是出自威廉·吉尔平之口的语言宣告：

> 你们拥有这个地球上条件最为优越的地区，不仅因为土

> 地肥沃，气候和物产多样，而且因为地理位置优越。在不到30年时间，我们的疆域从大西洋到太平洋横跨美洲大陆。如果这个联邦能够继续存在，我希望它将永存，正像你们现在考虑如何拓展与大西洋的联系一样，将来你们会考虑如何拓展与太平洋的联系，而且最终，你们与它们各自的联系程度将几乎同等密切。如果能够捍卫我们的自由及人们普遍拥戴的自由制度，你们不仅将主宰我们这个伟大联邦的商业，而且也将主宰全世界的商业……[11]

但是，卡尔霍恩的努力只是徒劳。南方终究没有能够将日益发展的西北部继续掌握在自己的手中，而南方的这一失败也成为美国历史的转折点。1860 年，北方和南方的分裂到来之时，西北地区与北方站在了一起。南方在俄亥俄河以北地区影响力的削弱可以从种种具有象征意义的历史记录中一窥究竟。因为那些如今人们已经熟知的象征性事物能够表明这两个地区各自的终极目标。南方在这方面最为丰富的资料是《德鲍评论》(*DeBow's Review*)。该刊于 1848 年在新奥尔良创办，主旨是根据孟菲斯会议精神推进南方和西部地区的商贸关系。德鲍和他的投稿人始终主张发展联结新奥尔良与密西西比河上游地区的贸易路线。经由五大湖区穿越伊利运河进行的贸易不断增长时，他们曾警示南方关注这一不详现象。[12] 他们还敦促新奥尔良从对密西西比河盲目乐观的依赖中清醒过来，修筑铁路。[13] 根据卡尔霍恩提出的地理概念，即南方和密西西比河流域共同构成一个区域，德鲍像本顿一样满怀热情地歌颂大西部的发展。[14] 为此，他出版了西部代言人详尽阐述世界花园主题的稿件。直至1858年，德鲍还在其《德鲍评论》中收录了威廉·吉尔平的两篇颇有特色的短论。[15] 此外，他还发表了俄亥俄州的杰瑟普·W. 斯科特（Jessup W.Scott）的文章。斯科特长期为纽约的《亨特商业评论》就西部发展问题进行撰稿。他为德鲍的读者详尽阐述了广为人知的显然天命观点，预言说帝国之星将“在我们中部平原的上空世代照耀”。[16] 关于此人，本书后面还将作充分的讨论。

德鲍对于西部发展主题的热衷早就与其对奴隶制的热情支持相互冲突，因为如果是为南方利益着想，前者就意味着民族团结。早在1851年，他就曾提及：如果北方的进攻继续下去，南方也许必须走到退出联邦这一步。[17] 最终，南方的领袖们不得不承认，所谓帝国崛起之路以及取得对西部的主导地位这些观点，实际上就是自由土地的观点。到1860年，得克萨斯州参议员路易斯·威格夫（Louis T.Wigfall）在抨击安德鲁·约翰逊（Andrew Johnson）的扩张主义观点时，已经能够把这种认识付诸文字：

> （威格夫断言）来自田纳西州的参议员认为有一种美国至上主义的胡话将在整个大陆蔓延，并跨越太平洋，笼罩桑威奇群岛（Sandwich Islands）；有人甚至以为，就自由而言，我们将占领全世界，所有人都将服务于美国利益。这一切全是谬论。在我看来，任何民主党人都不应该抱有这样一种观念。

威格夫坚持认为，在肯塔基州和弗吉尼亚州的决议案中并不存在显然天命一说。他大声疾呼，“我们应该行动起来，驳斥并摧毁这种民族主义论调”，因为所谓建立殖民地以及拓展自由地区的观点只不过是“红色共和主义、联邦主义、民族主义观点，是对历史的漠视”。[18] 威格夫的直觉是正确的。19 世纪 50 年代后期，德鲍曾为歌颂密西西比河流域帝国命运而求助于人，而那些人正是很快就加入了共和党的自由土地派。代表他们的扩张主义的英雄人物是吉尔平笔下拓荒大军中的战士，是西部的伐木工人，是勤劳的农民，是西部农耕传统中独立的自耕农。而这些人全部都是自由人。

与此同时，那些为表达奴隶制度的理想目标而创造的象征几乎独步天下，没有什么事物可以与之形成鲜明对照。这些象征集中表现为关于南方种植园的神话，影响巨大，富于感召力。有关贵族老爷、聪明美丽的女主人公和忠心耿耿的奴隶的描写最初出自华盛顿 · 欧文的怀旧和伤感体裁作品，最早是由约翰 · P. 肯尼迪（John P. Kennedy）在其《燕子谷仓》（*Swallow Barn*）中运用于南方题材作品。（该书发表于 1832 年，正值南方历史发展的转折点。）19 世纪 50 年代中期，在弗吉尼亚作家约翰 · 埃斯腾 · 库克（John Esten Cooke）的历史小说中，这种描写得到了完美的发展。这些象征因为富于传统的田园风光和封建传奇色彩而引起人们极大兴趣，即便种植园制度本身遭到摧毁之后，依然能够长期存在。内战之后，在托马斯 · 纳尔逊 · 佩奇（Thomas Nelson Page）这样的南方作家笔下，理想化的种植园形象不仅对于南方读者，而且对于北方读者也同样具有强烈的吸引力。事实上，今天它已成为美国丰富的民族文学题材中无法磨灭的一部分。[19]

但是，即便对文学作品中的种植园作一次最短暂的一瞥，人们也会明白为何在反映美国的西部经历方面，它根本无法与花园神话相匹敌，以及为何像德鲍这样的人会缺乏富于想象力的手段来补充论证其地理和经济方面的观点，以维护南方对于密西西比河流域的霸权。描写种植园的小说强调的是一个井然有序的封建社会中和谐的社会关系之美好。其前提条件是世世代代稳固不变的生活，仇视变化。文学作品中的种植园几乎永远地处历史较久的南方，而即使出现在新兴的发展中的西南地区，作者也会不顾历史根据，把它们描绘得与最初形成种植园传统的弗吉尼亚和卡罗来纳的种植园一模一样。这类象征无法用于表现西部无论其南方或北方的社会生活，因为那里的基本特征表现为社会变化迅速、人们举止粗鲁、生活喧闹忙乱、人员鱼龙混杂。

事实上，就在同一时期，西南部通过报刊杂文和口头讲述的故事创造出了惹人注目的西南地区的象征，统称为“西南部幽默”（Southwestern humor）。这些象征也注定经历内战而保留下来，并对美国文学产生重大影响。由此形成的传统造就了马克·吐温（Mark Twain）。然而，尽管西南部幽默中同样描述了一个拥有奴隶的社会，但只是偶尔触及奴隶制问题，并未触及奴隶制度本身，因而其政治作用几乎很少，甚至完全没有。这类作品的基调纷闹嘈杂，趋向于讽刺而不是争辩，作品本身也从不诉诸感情。而无论对捍卫奴隶制的卫士或是反对奴隶制的斗士，感情一直是最有力的武器。

19 世纪 30 年代至 40 年代初，种植园制度向西扩张就意味着吞并得克萨斯。萨宾河以西地区广阔无边，土地肥沃，气候温和，物种资源丰富。经过游客及拓居者的热情渲染，南方兴起了一股“得克萨斯热”。[20] 自从最早有英裔美国人在此定居，人们就无视墨西哥法令，在得克萨斯实行了奴隶制。人们普遍认为这个地区有大片土地适合种植棉花及其他种植园作物。然而，那些支持奴隶制并鼓吹吞并的人完全无法创造出堪与自耕农这一自由土地的象征相媲美的人物。他们打算用标准的教条来捍卫奴隶制，鼓吹为人熟知的显然天命论，但是他们根本无法让奴隶制在西部的扩张带上想象的色彩。1844 年，来自密西西比的罗伯特 · J. 沃克写了一封竞选公开信，成为针对吞并所作的最出名的解释。他提出，重新吞并得克萨斯乃是“自宪法通过以来，有待美国人民决策的最重大的问题”，[21] 明确呼吁有必要恢复密西西比河流域的完整性。他指出，造物主

> 造就了整个密西西比河流域一马平川的环境，其中包括得克萨斯，并将整个流域土壤中的每一颗尘埃、河流的每一滴水珠全都凝聚在一起。造物主将该地域内所有的河流与源远流长的密西西比河贯通起来，烙上印记，联结为一体，归属在一个政府的治理下，让整个民族安居乐业。任何分裂这一伟大而又光荣的联邦的企图都是对神灵的不敬。[22]

该演讲转而论及那些已经成为民族传统的形象，言语中洋溢着自信：

> 年轻的美国之鹰如今再次注视以往的边界，重又整理羽

> 翼准备再度飞回，有谁会来阻拦？……这片巨大的谷地一度承蒙我们的宪法仁慈的庇护，如今将在这里重新确立我们光荣的宪法，有谁会表示反对？又有谁还会希望压缩这个伟大的共和帝国的疆域，再次瓜分西部壮美的谷地？……有谁会拒绝帮助支离破碎的西部愈合那滴血的创伤？将得克萨斯割让给西班牙带来的巨大创痛犹如肢解，又有谁会拒绝将被割裂的动脉和静脉重新连接？[23]

但是，在对待奴隶制问题上，沃克退回到防御的姿态，描述了奴隶解放之后即将出现的状况，即北方经济发生崩溃，南方社会出现混乱。[24]他认为，吞并得克萨斯将会导致历史较老的南方各州黑人人口外流。受宜人的气候吸引，大量且越来越多的黑人将会渡过里奥格兰德河前往与南方接壤的几个拉丁美洲共和国，并在社会地位平等的基础上融入当地社会。无疑，这一过程终将带来全体黑奴的解放。这位预言家用斜体字强调指出，奴隶制“必将随着得克萨斯并入联邦而消失”[25]。上帝将打开得克萨斯的大门，“如同打开安全阀一样，奴隶将进入并通过该地，慢慢地一步一步地退出，最后消失在墨西哥、中美洲和南美洲无边的大地上”[26]。

尽管这种想象独具慧眼，但并非奴隶制扩张的思想。唯一具有思想深度的南方扩张主义梦想来自另外一个方向。这就是加勒比奴隶制帝国的观点。该观点于1854年出现在《奥斯坦德宣言》（*Ostend Manifesto*）中，极其引人瞩目。在这份咄咄逼人的文件中，南方的外交官们威胁西班牙，如果拒绝将古巴出售给美利坚合众国，就将武力占领这个岛屿。他们尝试付诸实施的是地缘政治学观点。这一观点的产生部分源于广义的显然天命论，部分则源于通往印度之路的想法。当时，海洋科学家马修 · F. 莫里（Mathew F. Maury），这位南方最有影响的科学家，曾把墨西哥湾称为美洲的地中海。由于密西西比河流入这个海湾，而南方一贯以来强调自然航道的重要意义，所以南方的思想家们认为墨西哥湾对于整个内陆的大河流域具有举足轻重的作用。东面，墨西哥海湾与加勒比海汇合，而加勒比海与沟通太平洋的门户巴拿马地峡毗连；对于海湾的控制就意味着掌控了通往印度群岛的主要贸易航道。由加勒比海向南可以到达南美洲，那里有地处神话般的亚马孙盆地的奴隶帝国巴西。巴西为种植园制度的扩张提供了最有希望的舞台。[27] 古巴则是通往这个富于希望的帝国的关键通道。里士满《探究者》（*Enquirer*）一篇社论的作者写道："……一旦我们掌控了古巴，未来的 50 年内我们将有望主宰让贪婪的人类目眩神迷、蒸蒸日上、富甲天下的商业命脉。借此，我们就能拥有主宰世界的力量。由此，我们也就拥有了左右世界舆论的力量。"[28]

很有可能，南方人会说他们的显然天命论不同于北方。[29] 一方面是占据亚马孙盆地的热带帝国、密西西比河以及对太平洋贸易的掌控，另一方面是为此从非洲送来黑人奴隶而重新开辟的奴隶贸易——斯蒂芬 · 文森特 · 贝尼特（Stephen Vincent Benét）称之为"紫色梦想"。

那是美洲之梦，我们不曾
把那温暖的海洋，热带王国寻觅

那是贵族们最后一次奇袭，——*[30]

这一想法截然不同于世界花园的神话，后者体现的是通过向密西西比河流域扩张谋取自由土地。但是，这个“紫色梦想”足以点燃一位名叫萨姆·克莱门斯（Sam Clemens）的年轻人的激情。他是艾奥瓦州基奥卡克（Keokuk）的一名印刷商人，也是兼职记者。他于1856年启程，沿密西西比河顺流而下，目的是前往亚马孙河创建一个可可种植园。[31]

第 14 章

对西部活力的新认识

西北部土地肥沃，却让农耕理想陷入了困境。吃苦耐劳的自耕农走向荒野，寻找土地，并最终获得了回报：他拥有了自己的农场，在美丽宜人的森林和草地环抱中子孙满堂。然而，由于土地如此肥沃，新开垦的土地面积急剧增加，粮食和牲畜很快就出现了生产过剩，西部农民无法再满足于自给自足的原始的农业生产模式。

早在 1827 年，蒂莫西 · 弗林特就曾注意到这一问题：但凡愿意辛勤劳动的农民全都拥有大量的农产品，且远远超出本地乡村所需。在俄亥俄河流域，人们普遍抱怨这种生产过剩现象极大地影响了销售，难以让人有利可图。[1] 希望进入市场的农民开始对内地的发展产生兴趣。他们竭力主张修筑公路，开挖运河，改善河流航道，后来又鼓动修建铁路。不断发展的商业活动催生了像辛辛那提（Cincinnati）和路易斯维尔（Louisville）这样的车站——荒野中的城市。在这些城市里有银行以及像食品加工那种基础的制造业。最终，正是这些城市而不是农村乡镇决定了西部的基调。

城市的急速增长以及精心规划的交通运输网的发展预示着一个新时代的到来，即西部——至少是包括俄亥俄河流域和五大湖区在内的开发较早的西部——将不再以农业为主。在此过程中，社会所崇尚的农耕理想与社会经济结构的实际变化之间的差距越来越大。18 世纪后期，这种农耕理想一度取代了重商主义理论，因为它更适合于当时北美内陆的现实状况，并且为制订西部在不久的将来的发展规划提供了更为可靠的基础。自耕农所代表的勃勃生机和感召力就是在此基础上发展而来，因而成为农耕理想顺应时代发展的一个标志。但是到了 19 世纪 30 年代，一些与农耕学说毫不相干的力量开始塑造一个新的西部，因此人们需要诉诸新的认识和新的象征来阐释这个新西部。这些新兴力量中最突出的是技术革命，它使蒸汽动力得到广泛应用——首先用于西部航运中的船只，后来用于铁路，最终又应用于工厂。蒸汽动力加速了农业从自给自足到商业化的转变，使资本积累达到空前的规模，也让西部诸多老城市改头换面，并新建起一些具有都市规模的城市，如克利夫兰（Cleveland）和芝加哥（Chicago）。至少在拓居初期曾与农耕理想基本吻合的那种简单经济，由于这些变化而走向终结。长远来看，讲究德行的自耕农既无法抵挡西南部的种植园制度，也无法与西北地区日益发展的商业、银行业及制造业等资本主义相抗争。

但是，对当时的观察家来说，世世代代持久不变的农业理想与期待经济变革的潮流之间的差异并非一目了然。例如，由杰斐逊任命的路易斯安那（Louisiana）首任州长，美国革命的老兵，马萨诸塞州（Massachusetts）律师阿莫斯 · 斯托达德（Amos

Stoddard）就对密西西比河流域广阔大地上农业发展的未来以及象征这些地区工业与商业辉煌前景的事物同样充满热情。[2]1815 年，对社会科学颇感兴趣的辛辛那提物理学家丹尼尔·德雷克（Daniel Drake）为西部描绘的远景与斯托达德的想象十分相似：

> 那种以为这些州无法供养比东部各州更稠密人口的观点纯属无稽之谈；迄今为止，人们提起这片遥远的土地就会想到野蛮和暴行——无知和罪恶。这种联想一定会很快消除，因为大西洋沿岸的同胞们自己会在这些年轻而质朴的西部州不无惊奇地发现某种平衡。由于这里的地理位置，他们与其他州穷奢极欲的生活隔绝，因而也与商业带来的极端腐败无涉；他们不与外界发生交往，因而让他们富于爱国之心；他们迫于生计而从事各种制造业，这必然让他们得以自食其力；由于免受侵略或占领之苦，他们能毫无顾虑地将其财力用于实实在在地改善生活；他们比世界上其他任何人拥有更多的自由保有的地产，因而也就理所当然地使他们成为工作勤劳、独立自主和充满自豪的人。显而易见，这个地区的居民注定会在农业、制造业、国内商贸、文学和艺术、公共道德以及民族凝聚力等方面展示无与伦比的杰出表现。[3]

换言之，西部有望拥有一切，没有必要因为何去何从左右为难。

当时人们对西部水上运输引进蒸汽船只的态度说明，他们普遍没有理解这些新兴力量的重要性。如蒂莫西·弗林特只是把河谷地区发展国内商贸看作大力拓展讲究德行的自耕农社会的一种手段。[4]他信奉由来已久的农耕传统，认为运河、汽船及铁路这类由于工业技术发展带来的标新立异并无实际意义。同时代人中很少有人会比他更加高瞻远瞩。诚然，18 世纪 80 年代的约翰 · 菲尔森以及 90 年代的吉尔伯特 · 伊姆利已经认识到弗吉尼亚的詹姆斯 · 拉姆齐（James Rumsey）的实验汽船对肯塔基州可能会有很大的价值。[5]面对第一批发出喷气声的水上巨兽，那些边远地区居民表现出的敬畏之情隐约暗示着这些船只会对西部社会的发展产生怎样的影响。在 1829 年詹姆斯 · 霍尔（James Hall）编辑的《西部的纪念》（*Western Souvenir*）中，来自匹兹堡（Pittsburgh）和辛辛那提的摩根 · 内维尔（Morgan Neville）写道：

> 即便是我们最粗野的林中居民……也不得不折服于蒸汽机船令人惊叹的威力以及船只在蒸汽驱动下自动航行时的威仪——他们在汽船驶过的岸边逗留——默默跟随着那快速驶去的船只，以为不可思议，满怀崇敬之心。原来需要一个世纪才能做到的事情，有了蒸汽机的帮助只用五年就能提前完成。就造福人类而言，蒸汽机并不亚于印刷术。[6]

然而，像弗林特这样单纯因为蒸汽机船的新颖别致而被打动也是自然的事。他于 1827 年这样写道：

> 把我们称作边远地区居民的大西洋城人绝对不会相信，

> 诸如华盛顿号、佛罗里达号、水上步道号、湖中淑女号 * 等富于东方色彩的富丽而又壮观的奇妙建筑会存在于传奇作家富于想象的脑海中，他们更不会相信这种奇妙建筑并非虚幻。它们沿密西西比河顺流而下，乘风破浪，或是逆流而上，仿佛耕耘于茫茫林海，“如有生命之物”，运载着投机者、商人、花花公子、漂亮的太太小姐；其中没有一件实在之物和娇饰做作不是充满了人情味；有钢琴、成堆的小说、扑克牌和骰子；还有调情、求爱、喝酒、香槟；或许，在甲板上还有 300 个见过短鼻鳄的家伙，他们天不怕地不怕，威士忌和黑色火药都一概通吃。[7]

作为文人，弗林特颇感兴趣的是制造一种富于神奇感的景观。他把那么一点巴黎味道，一丝百老汇气息和些许费城特色带到了边远地区，使得年青一代，当然还有他们的长辈们，心神不宁。

然而，其他观察家开始认识到蒸汽机船的作用要比上文所述重要得多。如亨利 · S. 坦纳（Henry S. Tanner）在其思路清晰的《密西西比河流域风景》（*View of the Valley of the Mississippi*）中所说的，“这个了不起的发明让我们从中获得的好处之大可谓无与伦比”[8]。其中之一就是，蒸汽机船将有助于把这个国家凝聚成为一个整体。早在 1829 年，俄亥俄州的凯莱布 · 阿特沃特（Caleb Atwater）就曾指出，这个水运系统似乎是根据上帝的旨意，为使

---

* 都是当时的蒸汽轮船的名称，如“水上步道”是在伊利湖上航行的第一艘蒸汽船。（WALK-IN-THE-WATER, the first steamboat on Lake Erie, was built at Black Rock, NY, in 1818.）

美国人团结成一个民族所作的安排。[9] 詹姆斯·霍尔则宣称：

> 在此，富尔顿的名字应该和华盛顿的名字一道受到人们的爱戴。如果说他们中的一位带领我们走向了自由，另一位则为我们带来了繁荣——一位砸碎了把我们与外国束缚在一起的枷锁，另一位则扩大了我们之间交往的渠道，并为我们增添了彼此联系的纽带。[10]

人们几乎很难把蒸汽机船在促进团结方面与其在推动商业繁荣方面所发挥的作用区分开来，因为人们期待贸易成为一种将国家各个地区联系起来的动力。19 世纪 40 年代中期，密西西比州的历史学家约翰·W. 莫尼特（John W. Monette）这样写道，唯有在富尔顿把蒸汽动力应用于西部河流的航运时，人类的聪明才智才真正体现出它的崇高。只要有了它，西部就能成为世界上最杰出、最富有的地方。在密西西比河流域，为促进美利坚合众国的腾飞，大自然和一位伟人携手合作展示了蒸汽的胜利。莫尼特宣称，这一神奇的动力在西部引发的革命堪比有历史记载的任何一次革命。[11]

然而，尽管莫尼特等人将蒸汽机的到来视为一股变革的力量，他们却几乎没有意识到这一力量必将带来的改变多么巨大。由于蒸汽机的出现，在西部新兴城市中的银行家及商人面前，自耕农的地位将沦为从属，而最终自耕农还将变成为遥远的市场供应主要农作物的生产者，从而受制于运输费率及国际商品价格的波动。美国思想史中最值得注意的现象之一是，人们对新生事物的评价总是显得缓慢而不当，或者，换言之，长久以来，农业理想在西部社会居然拥有如此惊人的生命力。1846 年，伊利诺伊州（Illinois）的一位报纸编辑断言，“西部是农业的西部，那里没有制造业，将来也不会有任何具有重要意义的制造业”[12]。这一观点虽已与事实完全不符，但依然存在了很久。1893 年，为东部杂志撰写有关芝加哥哥伦比亚博览会报道的作家曾用天真惊讶的语气指出，在这个世界一个转身的工夫，西部已成长为一个都市化与工业化地区。[13] 有位像亨利 · 亚当斯（Henry Adams）一样精明的观察家对于内地发生的变化十分不解。他这样写道：“这一博览会应该是西北地区的自然产物，是足以让达尔文惊诧不已的代表进化发展的一个台阶。……”[14]

这次博览会产生了一定的教育作用，但是大多数美国人长期以来依然把西部视为一个处于自然状态的农业地区。由于这种执着不变的想法，有位孤立的西部分析家的先见显得尤其惹人注目。早在 50 年前，他就开始对密西西比河流域的工业革命进行评估。此人就是杰瑟普 · W. 斯科特（Jessup W. Scott），一名辉格党人，是托莱多（Toledo）（俄亥俄州）一本名为《刀锋》（*Blade*）刊物的编辑。从 1843 年到内战爆发，他为纽约的《亨特商业杂志》及新奥尔良的《德鲍评论》撰写了近 20 篇文章，探讨西部的发展前景。斯科特在其分析中对农业几乎视而不见。他把注意力集中在正在迅速成长为主导力量的商业和工业上。他反对当时颇为流行的一种看法，即密西西比河流域的命运已“定位在单纯从事农业，几乎别无选择，完全不存在自古以来世界各国都存在的一个普遍规律：你得张嘴觅食而不是等着食物送到嘴边”。[15] 同时，斯科特还指出将海运贸易放在首要地位的说法早已陈腐过时。

> ［他指出］旧的观念，无论是从老一辈人那里继承而来，或是早期教育灌输的结果，都很难彻底根除或取而代之。在西欧人及其在美洲的后裔的心目中，大海、贸易和大城市之间有着自然的联系。同样，在他们的脑海中，这片辽阔大陆的内陆地区也自然与阴沉的森林、荒凉的大草原以及所有商业渠道缓慢的节律相联系。

以蒸汽机为动力的交通工具进入密西西比河流域后，这些陈旧的想法便靠不住了。尽管公众并没有马上意识到这一点，国内商业已经得到长足发展，其重要性已经足以与对外贸易相匹敌。[16] 从此之后，蒸汽机船、火车以及柏油碎石路面公路的使用将会带来更加巨大的变化，因为

> 这些机器目前只是刚刚开始投入使用。富于勇气的人将展望一百年之后的远景，并告诉这一代人，一旦这些机器在辽阔的北美河谷地带得到运用，它们将为这块土地带来怎样的影响。[17]

斯科特用崭新的视角对西部社会未来的发展作出了预言。首先，他认为西部地区将会走向城市化。机器在交通运输和工业生产中的使用使得“越来越多的人趋向于移居城镇。世界各国居民在取得艺术和文明进步的成就同时，也充分证明了这一点”[18]。建

设大城市的地点将取决于运输路线和是否便于获得工厂所需的原料及燃料。斯科特于 1843 年断言，独霸西部的城市将出现在五大湖附近，虽然他不能确定究竟是哪座。它可能是俄亥俄的克利夫兰或莫米（Maumee）（他曾经在那儿居住过），或底特律或芝加哥。[19] 尽管无法确定具体地点，“但是毋庸置疑的是聚集城市的人们将难计其数，其规模之浩大，情景之壮观亘古未有。这一点无需任何符合逻辑的归纳与数学论证就足以明了”[20]。

由于大城市的发展，大西洋沿岸的支配地位将不可避免地加速向内地转移：主宰美洲大陆的力量必将迁移到五大湖畔，永远不会离开。因为工业发展迟早会左右政治力量的变化，所以经济分析家无须担心政治形式。[21] 30 年以前尚未认识到的那些经济力量，现在为帝国西进事业这一旧题材赋予了新的意义。这是一段人类历史上登峰造极的历史时期，吉尔平曾经预言并把它归因为美国打通了与亚洲的贸易航道，而依据斯科特的先见，这是密西西比河流域经济发展的结果。

> （他宣称）人类大家庭中高加索（Caucasian）这一分支从亚洲高原出发向西推进，先是越过欧洲，然后，以汹涌澎湃之势蜂拥而来，进入了新世界，这是历史上最辉煌、最壮观的奇迹。

随着这股汹涌的人潮进入美洲，西进运动进入高潮：在移民大军川流不息地进入辽阔的西部谷地之时，这一进程才开始表现出它的真正含义。

> （在结尾部分，斯科特提出了如下要求）当……我们满怀爱国主义的自豪，思考我们作为一个国家在世界事务中所处的地位时，希望我们不要过分乐观地期望我们帝国的商业和社会中心会在短时间内占据它应有的地位，成为美洲大陆的中心，尽善尽美地展现其与生俱来的本领。[22]

斯科特与其他作者的观点一样，他也认为密西西比河流域是联邦得以继续存在的保障。1852 年，他这样写道：河流与湖泊组成的天然网络、在 20 年内必将建成的一万英里铁路线以及错综复杂的电报通信网将使整个地区 3000 万人口的思想一致，休戚与共。这样，在不久之后必然会造就出品性相同的人，并且“使我们不仅在政治上，而且在思想上成为一个统一的国家”。[23] 一年之后，他以更简练的语言表达了这一想法：西部河流及铁路上所使用的蒸汽机“已使我们的商业成为一个整体，使我们的人民情同手足”。[24] 迟至 1859 年，他依然坚持认为通过加强西部大平原地理上的联通，四通八达的铁路正使联邦日益强大。[25] 尽管斯科特无视经济一体化的蓬勃发展，未能意识到那些即将导致内战的政治和社会因素，从长远来看他的分析最终证明还是完全合理的。

大自然和技术在密西西比河流域的结合为美利坚联邦提供了担保，使所有分裂联邦的企图不仅只是犯罪行为，而且无法得逞：在 1860 年的危机发生前夕，无论根据农耕花园神话，还是依据技术变革的新考量，人们都得出一个相同的结论。民族团结的观点不仅反映在早期注定向太平洋沿岸扩张的论点之中，而且也同样清晰表现在显然天命论之中。为了维护联邦的统一，道格拉斯（Douglas）和林肯（Lincoln）这两位伟大的西部人恳切表达的正是一种基本的西部信念。1861 年 4 月，在俄亥俄州距惠灵（Wheeling）不远的贝莱尔（Bellaire），道格拉斯作了一次即兴发言，提出了脱离联邦带给西部的问题。他恳求蓝岭以西的弗吉尼亚人诉诸理性，因为他们的父辈曾是福克纳（Faulkner）的选举人，他们的祖辈曾因约翰·杰伊（John Jay）将美国人在密西西比河的航运权拱手让给西班牙人而勃然大怒。如果墨西哥海湾周围几个州退出联邦，并封闭密西西比河，那么是否不用多久，纽约也同样会这么干，向每一件经由它港口输出的西部物产及向西部市场运来的货物征税？道格拉斯用“激情澎湃的发言”宣告了这条西部信念，如同在念唱一道符咒：

> 这伟大的谷地绝不容许分割。万能的上帝将山川平原作如此的安排是为了表明这片土地是一个整体，永远不可分离。这一切都是上天授于我们，神圣不可分割。不要让任何人企图把它割裂。[26]

几天后，道格拉斯在斯普林菲尔德立足同样的立场，呼吁人们维护联邦的统一：“我请求居住在落基山脉和阿勒格尼山脉之间大盆地的每一位公民……告诉我，你是否会支持这样的一项政策——一项把我们和世界市场隔离的政策，一项让我们沦为那些蓄意孤立我们的势力的附庸的政策？”一位深受感动的与会者写下了这样的话，“你根本无法想象，有谁的演讲能获得这样震撼人心的效果”[27]。

内战爆发后一年多，林肯郑重作出了最后的努力以避免血战到底。在他提出的折中方案中援引了技术上得到认可的地理和谐观。林肯与道格拉斯一样都认为密西西比河流域的存在具有几乎超乎寻常的意义。他引述他人的话指出，“一代人逝去，另一代人出生，唯有天地永存”。

> 最重要的是充分考虑和评估（我们这个国家）历久常存的这个部分。地球表面的这一部分由合众国人民所拥有并在此安居，十分适合成为一个民族大家庭定居之地，而不宜分成两个或更多的国家。它幅员辽阔，气候环境多样且物产种类繁多，有利于一个民族的生产生活，无论以前的年代这里的情况怎样。蒸汽机、电报和人类智慧已使这些自然条件彼此结合起来，服务于一个统一的民族。[28]

“这片广阔的内陆地区东西两面分别有阿勒格尼山脉和落基山脉为界，北临不列颠自治领地，南面则以谷物和棉花种植彼此交接处为分界线。”如果没有政治上的愚蠢行为或失误，不出50年时间，这块土地将拥有5000万人口。内陆谷地，尤其是西北地区，构成了共和国的主体部分；其余部分只不过是边缘领地而已。林肯没有对谷地因工业化而可能发生的变化进行调查，他满足于就这块土地当时的情况来谈论它——仍然以农业为主——是世界上最重要的农业地区之一，发展情况良好，然而尚未达到其顶峰。他老调重弹道，“根据统计数字，根据该地区新近垦殖的一小部分土地及快速增加的大量农产品，呈现在眼前的宏伟前景让我们兴奋不已”[29]。在直接与西北农业区的人谈话时，他认为由于他们需要通向市场的口岸，让他们接受通过谈判取得的和平及南部邦联的独立是很难想象的：

> 这个地区没有海岸线——没有一处与大洋相接。作为国家整体的一个部分，这儿的人民现在，也可能是永远，将取道纽约去欧洲，取道新奥尔良去南美和非洲，取道旧金山去亚洲；但如果按现在的叛乱者所计划的那样，把我们共同的国家一分为二，这个广大地区的每个人都将与这些口岸中的一个或更多口岸断绝联系，造成这一情况的也许不是自然障碍，而是烦琐而又麻烦的贸易规章。……这些口岸，无论是东面的，西面的或南面的，对于已经或将要生活在这个辽阔的内陆地区居民的健康和幸福来说是必不可少的。如果要问这三个口岸哪一个最好，这个问题问得并不恰当。因为没有哪一个要比其余两个差。依照法律，它们永远都属于这儿的人民和他们的后代。其实，他们不会问这样一条分界线该定在哪儿，而是会郑重声明根本就不应该有这么一条线。[30]

从大陆地形这一宽广的视角来看，国内纷争只是一次政治性事变。它不是由于“我们的本性、我们所居住其上的这片土地或国家分给我们的宅地”[31]而造成的。这块大陆本身需要联合而憎恶分离。无论分离可能让人们付出多少鲜血和财富，最终，这片大陆都将诉诸武力，谋求再次统一。

第 15 章

政治上的农业乌托邦：宅地法

美国内战爆发之前的危机时期，西部的自耕农社会理想左右了共和党的政策，对美国历史进程产生了巨大的甚至是决定性的影响。

与 4 年之前令弗里蒙特在竞选中败北的政纲相比，让亚伯拉罕·林肯（Abraham Lincoln）当选总统的 1860 年共和党政纲更为谨小慎微。当时，1856 年开始的废奴热潮正在降温。尽管 1860 年政纲反对将奴隶制度扩张到各准州去，并批评了最高法院对亲奴隶制的“德雷德·斯科特诉桑福德案”（Dred Scott v. Sandford）的裁决，但它同时又反对干预各州业已经存在的奴隶制。事实是，在奴隶制问题上共和党的态度已相当软弱，以至于引起了激进的废奴主义者的强烈不满。[1]

这些变化在很大程度上是对西部的观点，尤其是南俄亥俄河河谷地带的观点作出的让步，因为这一地带与深受新英格兰激进主义影响的五大湖北部地区截然不同。共和党政纲的主要撰写人霍勒斯·格里利曾在 1859 年认为，就其公平合理地解决奴隶制问题的打算来看，共和党未必能获得 100 张选举人选票。[2] 人人都明白，只有争取到原来受民主党控制的西北部，共和党才有可能在选举中获胜。此外在这一地区，对于新迁入的德国移民和先前的拓居者后代来说，最重要的问题是《宅地法议案》（*the Homestead Bill*）。1858 年，该法案曾被民主党总统布坎南（Buchanan）否决。1860 年，明尼苏达州（Minnesota）的一位政治家这样写道："对于我们，乃至对整个西部来说，这项'宅地法议案'高于一切。"[3]

在支持"土地归无地者所有"问题上，共和党一度表现得并不积极。确实，当后来的共和党领袖第一次将其注意力转向西部时，他们对奴隶制的批判已从抽象的道义转向稍微具体些的"自由土地"论。但是，他们并没有把它与农耕传统联系起来考虑，而是把它和美利坚帝国及通往印度之路这类老话题联系起来。举例来说，这也就是纽约的威廉 · H. 苏厄德（William H. Seward）在 1850 年要求让加利福尼亚州加入联邦时的理论基础。

> （他用本顿和吉尔平的口吻宣称）通过相互之间在贸易、社会和政治上的密切关系与协调一致，大西洋沿岸各州正稳步改造着欧洲和非洲的政府和社会结构。而太平洋沿岸各州也有必要在亚洲同样发挥让人崇敬而富有成效的作用。如果美国人民能够始终如一保持团结，那么，经过 4000 年与东方文明之间不断渐行渐远之后，日趋成熟的西部文明将在其环行地球的传播过程中，在我们自己的这块自由土地上与走向衰败的东方文明再次相聚并相互交融。这样，在我们自己所珍视的、高效的民主制度支配下，将会诞生出一种崭新的、

更加完美的文明，从而造福整个世界。[4]

在抨击1854年斯蒂芬·A. 道格拉斯（Stephen A. Douglas）的《堪萨斯–内布拉斯加议案》（*Kansas-Nebraska Bill*）的诸多演讲中，自由土地问题依然与通向印度之路联系在一起。马萨诸塞州的爱德华·埃弗里特（Edward Everett）指出，在议案中提出的密苏里河以西各准州

> 在这块大陆上占据的地理位置极其重要。它们与波斯（Persia）、米提亚（Media）和亚述（Assyria）古国在亚洲大陆上所处的位置相同，注定将成为控制平衡的力量——成为影响东西方的中心。……世界贸易，无论从亚洲向东或是从欧洲向西，都必然要经由我们即将在这些准州铺设的铁路，通过落基山脉的各个隘口。那些宏伟、壮丽的河流两岸必将布满一座座规模空前、无比重要的城市。[5]

他认为，具有如此战略意义的地区绝对不能容许由奴隶制政权来管辖。1854年，苏厄德预计在今后的20年内，每年都将有100万自由民从亚洲涌入跨密西西比河地区，因此他公开提出这些准州必须对他们开放。[6]

这些论点正像自由土地说一样，对于西部的内部发展来说基本上是消极的。它们主张的仅仅是阻止奴隶制扩展到尚未建立奴隶制的地区。如果说扫清道路以便发展亚洲贸易和鼓励移民这一想法有过积极的意义，但如今这个想法已没有多大说服力，因为

在获得俄勒冈和加利福尼亚之后，通往印度之路这一主题已远非往日那么令人神往。苏厄德和埃弗里特在1854年所持的观点之所以显得软弱无力，也是因为他们从陈旧的重商主义立场出发强调海上贸易，而不是乞灵于近半个世纪以来一直作为西部社会思想基础的农耕考量。苏厄德显然根本没能理解西部的态度，因为在他看来，道格拉斯的“占地者主权论”（squatter sovereignty）使国家的政策为“拓荒者的自私贪婪”所左右。[7]他对西部自耕农以及道格拉斯意在通过《堪萨斯–内布拉斯加议案》予以满足的对土地的渴求进行了直言不讳的描述。这一描述正是对宅地法鼓吹者打算鼓励的那种冲动的谴责。如果共和党要挑战民主党人道格拉斯在西北部的影响力的话，它就必须用西部人能够理解的方式来批判“占地者主权论”。

为实现这一战略目标，俄亥俄的本杰明·F. 韦德（Benjamin F. Wade）断言道格拉斯鼓吹的学说是在鼓励西部自耕农和来自南方的奴隶一起去占领密苏里河西岸的那些准州。

> 各位先生，你们都知道，北方品格高尚的自由人尽管无福拥有资产，他们毕竟都有灵魂，他们绝不会降低身份去和你们的悲惨的奴隶并肩劳动。他们从来也没有这样做过——永远也不会这么做。但是，令人遗憾的是，来自肯塔基的那位先生却说出这样的话：如果他不愿意这样干，那么就请他另谋出路。难道这就是那位准州委员会主席（道格拉斯）的民主吗？让他去告诉伊利诺斯州的自耕农——那个伟大的州双手结实的劳动者——告诉他们这就是他的行为准则，告诉

> 他们这个准州将到处都是奴隶和奴隶主，告诉他们富于自尊心的选民得去那儿，把自己的身份降低到和你们那些悲惨的奴隶一样，与他们共同劳作。[8]

此类讲话中表达出的排斥黑人情绪与废奴主义的道义原则简直水火不容。来自肯塔基州的参议员阿奇博尔德·狄克逊（Archibald Dixon）就曾要求韦德回答是否黑奴就比白人农民低一等，企图置他于进退两难的困境。[9]但是，西北部的农民并不都是同情黑人的。对他们而言，自由土地意味着将一切黑人，不管是奴隶还是自由人，全部拒之于各准州门外。其中并不必然包含顾念受压迫黑人的人道主义考虑。

然而，仅仅批评道格拉斯并不等于制定了一个积极的有关准州的方案。早在1856年，共和党中就有像加卢沙·A.格罗（Galusha A. Grow）那样的元老提出了宅地原则，而且宅地议案曾两次获众议院通过，尽管如此，当年的共和党政纲却对此保持缄默。“自由土地，自由劳动和弗里蒙特”与其说是一个西部的纲领，不如说只是一条反对奴隶制的口号。但是在1856—1860年间，宅地原则及其旨在发展密西西比河西岸地区的乌托邦式蓝图成了共和党的正式原则。这一变化标志着共和党内保守派的胜利，是针对那些不为反奴隶制运动所动的人采取的争取选票之举。共和党1860年的政纲要求向当时的居民分配自由宅地，这表明共和党意在抓住花园神话及吃苦耐劳的自耕农这一象征，从而左右西北地区农民的思想。很大程度上，也正是出于同样目的，他们抛弃了从道义上严厉谴责整个奴隶制的老政策，而仅仅反对奴隶制向各准州扩张。约翰 ·R. 康芒斯（John R. Commons）甚至说过这样的话，“共和党之所以与奴隶制发生抵触，只是因为在一个面积只有 160 英亩的农场上奴隶制无法生存”。此话虽然说得过头，但大部分是有道理的。[10]

《宅地法案》（*Homestead Act*）中全面表达了对公地上的居民采取更宽松的政策这一基本要求。而这一要求当初是由西南部的几个蓄奴州提出的。19 世纪 20 年代与 30 年代期间，其主要代言人是本顿和密西西比的詹姆斯 · A. 沃克（James A. Walker）；而到 40 年代，又有田纳西州的安德鲁 · 约翰逊（Andrew Johnson）加入了他们的行列。他们 3 人都是民主党人，且在不同程度上都赞成奴隶制，但后来本顿表示反对奴隶制的扩张。在 1852—1853 年的会议期间，围绕宅地立法问题的争论难解难分打成平局，而参与争论的双方不是赞成奴隶制的一派和反对奴隶制的一派，而是西部的民主党人和东部辉格党中的资本家。只是在共和党在咄咄逼人的自由土地原则上取得一致意见，《堪萨斯–内布拉斯加法案》获得通过之后，南方人才最终一致表示反对宅地政策。西南地区由于惧怕共和党，便放弃了与西北地区的联盟，而与东南地区联合起来共同反对“宅地议案”。1859 年，30 名西南地区的国会议员投票反对这一议案。[11] 同样，在东北地区也发生了各派力量的重新组合，直至 1854 年人们在宅地提案问题上几乎一直分裂为势均力敌的两派，但是，到 1859 年，该提案又以 70 票对 1 票获得了通过。[12] 共和党在东北地区与西北地区之间建立了一个颇有成效的联盟，于是，一条显而易见的南北之间的裂隙取代了过去几十年来同样显而易见的东西之间的裂隙。

共和党宅地方案的思想基础是乔治·亨利·埃文斯（George Henry Evans）及其追随者提出的土地改革派学说，这是使西部人对土地的几乎出于本能的渴望得以合理化的理论。埃文斯是纽约工人党（New York Workingmen's party）领导人之一，与罗伯特·戴尔·欧文（Robert Dale Owen）和弗朗西斯·赖特（Frances Wright）都有联系。他是东部劳工运动以及国际激进主义思潮的代表。他的论点是西部自由土地将吸引工业城市中的失业者或低薪工人，这样，"工厂中就不会有那么多剩余劳动力，整个工人组织也就不会像目前这样任由工厂主的摆布"[13]。通过像加卢沙·格罗及格里利——他在 1846 年转而支持埃文斯的计划——这样一些领袖人物，土地改革派对共和党的理论产生了一定影响。[14]

除了自由土地论和剩余劳动力理论，土地改革派还在很大程度上信赖这样一个观念：只有那些把自己的体力劳动真正投入农耕的人才真正拥有土地。这一观点来自约翰·洛克（John Locke）及天赋权利论，并得到杰斐逊的细致阐释。[15] 它为反对奴隶制的自由劳动论提供了强有力的思想支持，也为宅地原则的拥护者否认其赠送土地的提议完全就是施舍这一批评提供了辩护的基础。[16] 拓居者在一块土地上耕作 5 年后也就完全拥有了这块土地，在宅地理论家看来只有以这种方式付出的代价才是唯一有效的。土地改革派纲领的这一推论是对土地投机者的土地垄断所作的有力抵制，因为从劳动者所有权理论出发，投机者对土地的所有权是无效的。对土地垄断的攻击触及了西部由来已久的痛楚。反垄断一个切实可行的表现形式就是提议限制一个人所能获取的土地总量。这条建议常常被提出，但又总是被否决。[17] 当时还有一些法律条款规定除实际垦殖外，人们还可以通过其他手段获得公地。宅地议案中本该提出废除这些条款，但是从政治角度看同样行不通，于是 1862 年通过的《宅地法案》中并没有废除那些无异于出卖公地的“先占”条款及其他程序。[18]

当《宅地法案》呈现在西部选民面前时，反对奴隶制、安全阀说及劳动者所有权理论都还只是有关这一法案讨论的次要内容。这些观点虽然可能出现在任何赞同该法案的言论中，但其根源主要是在东部地区。对西部来说，宅地制度最大的吸引力是触及了 19 世纪美国经历的最深层。这种吸引力寓于一种信念中，即宅地制度将以法律条文的形式支持自由土地帝国。这是一个属于勤劳勇敢、品格高尚的自由民的农业乌托邦，它从克雷夫科尔时代起就始终萦绕在聚焦西部的作家的想象之中。19 世纪 50 年代，西部的代言人用雄辩的语言阐发了这一主题，这种雄辩虽然可能遮蔽真正坚定的信念，但并不能扼杀它。除了那位富于开拓精神的煽动家安德鲁 · 约翰逊外，还有几位可以成为老西部的主要代言人，他们是印第安纳州的两位众议员乔治 · W. 朱利安（George W. Julian）和赛勒斯 · L. 邓纳姆（Cyrus L. Dunham），此外还有加卢沙 · A. 格罗，他那位于北宾夕法尼亚州内地的选区与俄亥俄河河谷有着牢固的关系。这些人在思想上与托马斯 · 杰斐逊（Thomas Jefferson）和安德鲁 · 杰克逊（Andrew Jackson）一脉相承。在有关美国传统的性质问题上，他们经常将这两位先驱的言论作为绝对权威加以引证。由于在国会的第一届任期内经常与年迈的本顿交往，格罗与杰克逊传统的联系尤为密切。[19]

由于自耕农社会理想传播甚广，要真正确定这些人士的主张的直接来源显得十分困难，但是关注一下众议员朱利安支持将自由土地赠予拓居者的言论，我们就可以了解历史悠久的农耕传统主题如何强有力地影响着像朱利安这样的人。

（1851 年朱利安宣称）农民的生活尤其适合于修养品性。人人品德高尚，社会风气淳厚，生活愉快幸福。农民的生活方式简单，其本性质朴无华。如果不受其他利益集团的压迫，一般说来，他会相当富足且无奢侈的恶习。他的生活不必过于奔波操劳，但也不允许懒散懈怠。他过得简朴而富足，远离人间种种邪恶的污染，享受着自己极其丰硕的劳动果实，身体健康，心满意足。……乡村生活的情趣和优点自古以来始终是诗人和哲学家讨论的主题。人类最早的工作就是在土地上耕作。作为一种艺术，农耕最有用，最必需。人们公正地称之为养育国家之父，因为在文明国家里，所有人都同样依赖于它以获取生活资料。[20]

事实上，长期以来在有关西部的讨论中，朱利安和他的同事们提出的见解大都早已有人提出过。1852 年，众议员邓纳姆发表的支持一项宅地议案的讲话就与菲尔森或伊姆利的言论如出一辙：

主席先生，我相信，我们受命于此是出于明智而光荣的目的——是为了使不幸的横遭残踏的人们重获失去已久的尊严，是为了推翻暴君，是为了让自由如和风般吹向四面八方；是为了使受压迫者摆脱桎梏，让丧失自由者重获自由；是为了解放，为了振奋和重建……为做到这一切，我们将遵循上帝的旨意，发挥我们的体制的创造性。这一议案将会进一步扩大我们的制度的影响力，使它们普遍为人接受，粉碎暴政的枷锁，促进自由的精神，其作用将超越你们所能成就的一切。[21]

西部代言人援引的另一个传统观点是关于大自然是人类仁慈的保护者。关于这一点，邓纳姆令人惊奇地提及了特库姆塞（Tecumseh）*：

我时常怀着钦佩的心情回想起伟大的特库姆塞高尚的言辞——尽管他是个未开化的人，但他是个伟大的人；是大自然的杰出人物之一，上帝按照自己的形象塑造了他，他也以上帝的语言——大自然的声音说话——当那位要和他签订条约的哈里森将军……命令自己的翻译为这位伟大的首领搬来一张椅子，并告诉他说他的父亲希望他坐下……他挺直了腰板，——只有深刻懂得人类尊严的人才能作出这样的反应——回答道："我的父亲！伟大的神灵才是我的父亲，大地是我的母亲！我只会在她的怀抱中歇息。"说着，他便伸展四肢，躺在了我们共同的母亲的怀抱之中。[22]

---

* 特库姆塞（Tecumseh）亦拼写为Tecumthe、Tikamthe或Tecumtha（1768—1813），美洲土著肖尼人部落酋长，主张印第安部落间的联盟，曾组织19世纪早期俄亥俄河流域对抗白人移民的斗争。

从这位高尚的野人的传奇中抽出这一片段是为“宅地议案”进行辩护，证明这一议案会让西部农民栖息在美洲大地的怀抱里并从中获得生计。1848年，西沃德面对俄亥俄州听众的慷慨陈词中甚至隐含着一种神秘的自然观，“奴隶制度召唤的是一片浸透血泪的土地——而自由召唤的是人们可以保持天赋的尊严，轻快漫步其上的土地”[23]。

但是，重要的是自耕农将指定获得法定的160英亩宅地，与自耕农这一象征相比，对大自然的崇拜就退居其次了。在1860年的竞选中，共和党的演说者们抓住这一象征，使共和党在竞选活动中增加了一股不甚明确然而强大无比的力量。在政治局势的危急关头，这种力量往往诉诸选民们的想象力而发挥其威力。“宅地议案”的鼓吹者们深信花园神话中所描绘的自耕农不折不扣地代表了西北地区的普通百姓，而且很明显这一想法也是数以千计的选民们的想法。由于自耕农一直是重大问题的关键所在，这一形象——从理论上说——完全摆脱了低人一等的耻辱。朱利安于1851年宣称，在俄亥俄河北部地区，

> 土地的主人一般都是土地的垦殖者，他们构成了当地人口中的精华。于是，劳动也就意味着光荣和独立，不再被人们视为有失身份的事。

同时，对公地政策的结论也变得一目了然：

> 把我们区域内的土地按限定面积分赠给该土地的真正的

> 居民，对他们来说，在这块土地上用自己的双手劳动与他们的切身利益和需求紧密相关。这会形成一道坚固的屏障阻止奴隶制的入侵。与韦伯斯特先生的“自然法令”，甚至杰斐逊著名的法令相比，这道屏障更加难以逾越。只有在大片土地上，奴隶制才能得到发展。如果土地分割成多个小农场，由相应数量的自食其力的独立的土地拥有者管理，那么在这样的地方，奴隶制就没有了立锥之地。目前正在讨论的这项提案如能成为法令，北方和南方贫穷的白人劳动者将向我们这些地区蜂拥而来；劳动将成为大家的事并受到尊重；我们关于平等的民主理论亦将实现……这样，物质和道义的结合将永远把奴隶制拒之门外。因此，公地的自由使用也就是一项反对奴隶制的措施。[24]

朱利安的判断没有错。人们要求有一项更宽松的土地政策，这在当初本与奴隶制问题毫无干系；同时《宅地法案》的支持者对黑人权力问题也不见得热心。[25]尽管如此，西北地区农民视作自己化身的自耕农形象仍是自由土地的一个像征。但在自由土地帝国的无阶级社会中，没有黑人的地位。如果这一点使它道义上的庄严形象有所逊色的话，那么，至少它在展望未来时将奴隶制排除在外。这一点在 19 世纪 50 年代始终贯穿于自由土地的代言人的讲话中。它也为弗吉尼亚州的参议员詹姆斯 · M. 梅森（James M. Mason）的指责提供了有力的依据。他认为宅地原则是“扩大化了的移民援助会的宗旨……其代价是把公有土地无偿地送人”[26]。朱利安所描绘的理想社会中，土地被划分成一个个小农场，由它的主人耕作。品格高尚的农民安居乐业，热爱家园，人丁兴旺，教堂、学校比比皆是。所有这一切都基于一条与农业传统和反蓄奴论一致的基本原则："分送地产，自由人耕作。"[27]

第 16 章

花园与荒漠

美国内战结束之际，以《宅地法案》为基础，在西部地区实现农耕乌托邦梦想的时刻终于来到了。[1]1865 年，农业拓殖区的边疆大致上位于堪萨斯州东部和内布拉斯加州沿本初子午线 96 度一带。内战后掀起的西进热很快就将边疆向前推移至次湿润的大平原。传统农耕方式是花园神话的基础，但到 19 世纪 70 年代中期，一些地区尽管降雨量可能每隔几年便会下降到难以满足传统耕作方式的水平，仍然有人前去占据土地开荒耕作。在此后的 20 余年间，降雨量不稳定始终是个无法解决的难题。1870—1890 年之间，在雨水较充足时期，拓殖区曾一再推进到大平原深处，却又总是因随之而来的干旱期而不得不一次次地后撤。[2] 只是在培育出了特殊的种子，创造了新的耕作技术——“干旱耕作法”——之后，人们才得以在子午线 100 度以西进行大规模的农业生产。[3] 然而，尽管有了这两种新武器，西部农民还得继续和荒凉的土地进行胜负难料的战斗。经过半个世纪的奋斗，20 世纪 30 年代的旱灾又使得大部分的大平原拓殖区变成了干旱区，于是人们开始思考该地区的人口是不是过剩了。[4]

但是，在南北战争结束后的10年中，西进运动（Westward Movement）的热情以及共和党获胜之后意在开发西部的誓言汇聚成为不可抑制的力量，推动着农业边疆不断向前伸展。从应变的角度来看，有必要让花园神话的影响向西扩展，以支持那儿的拓居者与干旱、尘暴及蝗虫作斗争。然而，花园神话要在平原广袤的新拓殖地区站住脚，必须正视并战胜与其意义截然相反的另一个神话，即美国大沙漠神话，尽管在力量对比上后者处于劣势。

19世纪前50年，若的确并非严重夸大的话，美国人总体上对于大平原的看法充分说明了内战之后拓居地移民在那里所遭受的贫瘠之苦。[5]泽布伦·M. 派克（Zebulon M. Pike）曾穿越大平原到达上里奥格兰德河谷（Upper Rio Grande Valley）。他于1810年发表了这次探险日志，最早向美国公众披露说落基山脉东面有一片不适于居住的荒漠。他断言这片广阔而草木不生的大平原就像非洲的沙漠那样，只有贫瘠的荒原。这对提倡农业边疆不断西进的人来说不啻是一个严正警告。[6]美国人习惯于依据当地生长的树木种类来判断刚刚踏足的土地是否肥沃。[7]而任何一片土地上，如果不见树木生长总会让人觉得反常。所以，在很长一段时期内，虽然伊利诺伊州的草原土地肥沃、水源丰富，但是拓荒者并不愿移居到那里去。人们认为，在偌大的平原上看不见一棵树，证明这块土地不适合于任何形式的农业，因而也不适宜于英裔美国人居住。小说家布雷肯里奇（Brackenridge）的儿子亨利·M. 布雷肯里奇（Henry M. Brackenridge）曾和一队皮货商人沿密苏里河溯流而上。1817年，他在《路易斯安那州见闻》（*Views of Louisiana*）

中写道：

> 我们一直都自以为是地认为西部那些地区就像合众国其他地方一样适宜于耕作，可以源源不断地提供安居乐业的处所。然而，事实却并非如此。印第安人部落将继续在那些平原地区游荡，那些野兽、麋鹿、野牛还将长期在那儿出没；除非我们国家的人口已经到了爆炸的地步，几乎不可能会有拓荒者冒险深入到这些地区。而待到那时，自然会形成与以往不同的、全新的生活方式和生活习惯。[8]

史蒂文 · H. 朗在其 1823 年发表的探险报道中证实沙漠地带的确存在。[9] 此后 30 年中，以西部为主题的作家们也一再提及西部沙漠。19 世纪 30 年代后期，突然出现了前往太平洋沿岸长途旅行的热潮，有关旅客们备受饥渴之苦的报道使得那片沙漠显得与众不同，但也带上了一丝凶险意味，由此引起了更多人的注意。1839 年，从伊利诺伊州出发进入俄勒冈州时，托马斯 · J. 法南这样写道："落基山脉东面有绵延 300 英里的美洲大沙漠，其凄凉荒芜的景象在整个美洲大陆上几乎是绝无仅有。这是一片如同经历大火烧烤的贫瘠的沙漠，荒原上会有狼出没，也有饥渴交加的马匹带着旅行者穿过荒原时的马蹄声声。除此之外，到处是死一般的寂静。"[10] 再举个例子，当时人们从弗朗西斯 · 帕克曼（Francis Parkman）的文章中看到的有关密苏里河以西地区的景象是什么样的呢？在他的笔下，落基山脉（the Rockies）以东绵延 400 英里的大平原是人迹罕至、土地贫瘠的荒野。在他和他的伙伴一行到达今天的内布拉斯加州中部普拉特河流域时，目睹满目荒凉、单调乏味的景观，他这样描述道：

> 无论向前或是向后眺望，极目所至是一望无垠、单调平坦的旷野。有时候它是一片灼热、光秃秃的辽阔沙地，在烈日下闪烁着让人目眩的强光；有时候，它又隐没在恣意生长的野草之下。野牛的粗大头骨随处可见。……[11]

相比于饱经风霜的西部人，这些来自风调雨顺的密西西比河以东地区的旅行者会更加鲜明地感受到大平原的荒凉。但西部人都知道，杂草丛生的荒野上，甚至落基山脉以西真正的沙漠中，并不是完全无法找到资源来维持生活。所以，曾在 1846 年去过加利福尼亚的肯塔基州的记者埃德温 · 布赖恩特（Edwin Bryant）在日志中写道，内布拉斯加州西部的荒凉与贫瘠说明这片土地不适宜于文明人居住。[12] 布赖恩特用了一个重要的字眼“文明的”。此前，我们曾有机会注意到那个流行的观点，即文明的发展取决于农业。虽然放牧牛羊的游牧部落照样可以在因干旱而无法耕种的土地上居住，但是这些人却被视为未开化的野蛮人。他们无法与美国社会融为一体，因而成为被永远剥夺公民权的人。与之类似经常为人提及的是阿拉伯沙漠中的贝都因人（Bedouins）以及亚洲草原上的鞑靼人（Tartars）。[13] 即便美国的边疆居民进入大平原，并受自然环境所迫不得不学会游牧生活，他们同样会成为居无定所的土匪强盗，因而威胁到远在东部的宁静的农业社会。

对于大平原这种令人不安的亚洲鞑靼特性，最早的讨论可追溯到 18 世纪英国关于俄亥俄河流域（Ohio Valley）的议论。尽管俄亥俄州和肯塔基州茂密的森林并不适宜马背上的生活方式，埃德蒙·伯克（Edmund Burke）在 1775 年曾警告英国下院，如果英国政府试图阻止拓居者越过阿勒格尼（Allegheny），那么美国边疆居民“将会出现在四面八方，根本无法遏制。随着生活习惯的变化，他们会改变自己的行为方式，……变成一群群英国鞑靼人，策马扬鞭势不可当地涌向你们不设防的边疆地区，成为你们那些总督和议员的主子。……”[14] 其实这样的想法倒更适合于美洲大沙漠。华盛顿·欧文（Washington Irving）在《阿斯托里亚》中就曾详尽地阐述过这些想法。他这样写道，在远离人类文明影响的大平原上，

> 可能会出现新的混血种族，就像地质学中“岩屑”和“剥蚀物”混合成新的地层那样，这些新的种族将由原来的文明种族和野蛮种族结合而成；他们是已经被驱散而濒临灭绝的部落的幸存者，是四处游猎的猎人和猎兽者的后代，是来自西班牙和美国边境的逃亡者的子孙，是每年被逐出社会内部来到这个荒芜之地，来自不同地区、不同阶层的冒险家和亡命之徒的后裔。[15]

如果把旧西南地区“开化了的”印第安人迁移到密西西比河以西的话，欧文预言他们也会受环境影响逐渐变成草原部落民族，就像在中亚细亚草原上漂泊的野蛮民族一样。他们既是牧人也是勇士，有些人一定会结帮为匪，骑着草原骏马——“成群结队，

每人一骑，袭击那些毫无戒备、安居乐业及拥有牲口和财物的印第安部落。”[16]

其他作家对于欧文有关大沙漠的这番预言极其重视。1846年，詹姆斯 · D.B. 德鲍（James D.B. Debow）引证欧文的话时写道，土匪和强盗头子可能会控制平原，并与印第安人合伙把死亡和灾难带给农业边疆。[17]1851 年，一位未具名的作者在以报道客观著称的《亨特商业杂志》上撰文，预言了 1900 年远西地区的情况，认为那时候将有数以百万计的文明人生活在太平洋沿岸的斜坡上。同时他还认为内陆盆地仍将处于野蛮状态，半开化的部落与草原游牧部落将在该地区相互渗透，横行四方。“不同种族、不同信仰、不同风俗习惯融为一体，既造就了一个新的民族，也为在语言及传统方面独占鳌头而互不相让。”[18]1849 年《南方评论季刊》（*Southern Quarterly Review*）的一篇文章的意见则比较温和。该文章预言，到那时在落基山脉以东荒凉的大平原上居住的只有猎兽人和矿工。除此之外，只有那些因愤世嫉俗或遭放逐的人才可能前往那么偏远的沙漠。[19]

然而，这些描述有一半是富于文学色彩的想象，与之对照的是一种根深蒂固的信念。直至南北战争爆发前夕，官方始终坚信在落基山脉以东有一片绵延数百英里无法居住的沙漠地带。受联邦政府派遣，探险家古凡纳 · K. 沃伦中尉（Lieutenant Gouverneur K.Warren）曾对密苏里河以西的大平原进行考察。19 世纪 50 年代后期，他在考察报告中写道，适合常规农业生产的区域最远只能到达 97 度子午线。

> （他这样写道）居住在内布拉斯加最边远地区的居民已接近这片草原肥沃地带的西部边界，有一片沙漠把他们和西部山区肥沃而令人向往的土地彼此隔开。某种程度上，那一地区就像是海边，移民和农业生产尽可以向那里推进，但到了那里，他们也就无法继续向前推进。

沃伦断言，如果白人想在干旱线以西生活，他们就得像印第安人那样以放牧为生。[20] 同一时期，太平洋铁路调查所作的详尽报告中有关大平原的看法也与上述观点基本相同。[21]1862 年，联合太平洋铁路公司（the Union Pacific）获准成立，从此让人望而却步的沙漠和山脉构成的屏障便有望穿越，这样也就把密西西比河流域的农业拓居地区与太平洋沿岸移民定居地区连接在了一起。[22]

而要求扩张的迫切愿望最终必然引发人们占据大平原的行动，这就需要改变让人望而生畏的美洲撒哈拉形象。想象中桀骜不驯的赶马人形象必将代之以粗壮结实的自耕农——长期以来一直是花园神话的主人公——形象。随着拓居地扩展到普拉特河和堪萨斯河（Kansas River）流域，沙漠神话便不复存在，而世界花园神话则取而代之在整个大平原流传开来。艾奥瓦州及堪萨斯州东部的草原土地肥沃，物产丰富，再往西则是贫瘠荒凉的丘陵地带，造成这种差异的唯一因素是降雨量，所以雨量成为问题的关键。于是，广泛传播大平原上降雨量增加的说法便成了人们设想征服沙漠的一种方式。

伴随密苏里州的独立城与圣达菲（Santa Fé）之间的陆上贸易，人们开始有计划地深入大平原。也正是在这一过程中，人们开始改写沙漠神话。1831年至1840年间，密苏里州人乔赛亚·格雷格（Josiah Gregg）曾往来于这两座城市之间从事贸易。在他1844年发表的《草原上的贸易》（*Commerce of the Prairies*）中，有一段文字如实地描述了美国边疆拓荒者是如何用自己的想象力改写沙漠形象的：

> （格雷格写道）这片高原看起来过于干燥，缺乏生机，不可能长出成材的树木。但是，既然自然万物盛衰更迭，变化无常，难道季节就不能有所改变吗？我们为何不可以假设人类文明——大规模地开垦土地——能够以其温暖人心的力量使雨露倍增，就如使泉水源源不绝那样？我们为何不能假设茂密的小树林在草原上生长时会对季节变化产生一定的影响？至少，许多年迈的拓荒者都表示说西部干旱的威胁正逐步减弱。新墨西哥州的人也告诉我们近年来当地雨量增加得相当可观，当地老百姓迷信地将这一现象的原因归结于密苏里州商人的到来。既然如此，我们难道没有理由相信这些干旱贫瘠的地区也能因此复苏，变得肥沃富饶，并且有一天成为繁荣昌盛的拓居区，一路延伸，直到落基山脉的山脚之下？[23]

新墨西哥州的百姓把大平原雨量的增加归功于密苏里商人的到来，这当然是迷信。但是不管怎样，其中却也包含深刻的启示。商人的出现是边疆西移的先声，然而真正致力于占领整个西部且最终能如愿以偿达成目标的，也许不是商人而是接踵而至的大批拓居者。如果美国人无法使降雨量增多，那么他们应该能够建设灌溉系统，并且发明旱地耕作技术。就实际功效而言，这些措施等于增加了降雨量。花园神话原本与大平原的现实可能性完全格格不入，但它无疑真实地见证了历史的变迁。

格雷格记载的这种看法起初只是广泛流传于边疆地区，那里的人们地处偏远，不善言辞。南北战争之后，随着西迁高潮的出现，外界才开始予以关注。当时，由于联合太平洋铁路公司的铁路铺设工程以及人们在堪萨斯与内布拉斯加的拓居行动，大平原引起了全国的注意，旅行采访的记者无意中了解到降雨量可能增加的说法，于是在东部报刊，尤其是霍勒斯·格里利的《纽约论坛报》（*New York Tribune*）上发布预告消息。[24] 最初在联邦政府领导下开展的对大平原持续进行的科学勘测，也使雨量增加的说法传播更广。当时，这项工作是在费迪南德·V. 海顿（Ferdinand V. Hayden）指挥下，由“准州地质地理勘测队”（Geological and Geographical Survey of the Territories）于 1867 年在内布拉斯加开始的。在给内政部长的第一份报告中，海顿的说法与 20 多年前格雷格提出的理论相似，即：如果大片土地都有人拓居，那么通过植树造林及草原火灾的防范会使木材产量增加。

> （海顿写道）据信……在每 160 英亩土地上种植 10 到 15 英亩林木将对气候产生极其重大的影响，平衡并提高湿度，大幅度增进土壤的肥力。由于拓居地的发展和树木的增加，密苏里河沿岸内布拉斯加州一带的气候已经得到改善。所以，在过去的 12 年或 14 年中，当地雨量逐年增加，并且一年中的雨量分布均匀。我坚信，随着拓居地区的不断扩大以及适

> 量种植林木，这种变化将继续扩展到整个干旱地带，甚至直至落基山麓。[25]

尽管海顿声称自己是从科学角度来讨论大平原的，但在字里行间他也流露出了扩展帝国事业的决心。1871年，他这样写道："我始终不渝的愿望就是为西部人民报道能使他们最感到高兴的事，只要这些事的确有理有据。"接着，他还表明了一直鼓舞所有美国边疆居民的那个信念：

> 从占地而居者的第一座简陋的小木屋，到目前密密麻麻、星罗棋布的一座座美丽的村庄和城镇，我目睹了西部地区这一带（密西西比河以西地区）年复一年的发展。……如今，与以往任何时候相比，我对整个西部的辉煌前景更加深信不疑。我衷心希望在自己在有生之年能为这一地区的科学事业和物质进步竭诚工作，直至有一天看到现在组建的每个准州都成为联邦的一个州为止。[26]

粉碎沙漠神话而代之以花园神话，这不失为海顿的一项具有重大影响的成就。继承这一衣钵的则是一批集中在大平原东边的理论家。19世纪70年代，农业边疆正是从他们所在的地区向干旱地带推进的。主要通过分批相继发表的《海顿勘测队报告》（*Reports of Hayden's Survey*），这些作者提出了自己的见解。而海顿编辑的这些报告多多少少成为这个志同道合的小圈子的喉舌。海顿小圈子中最具活力的人非塞缪尔·奥格海（Samuel Aughey）莫属。他在海顿的勘测队中见习了一段时期后，成为新成立的内布拉斯加大学的自然科学教授兼州地质学家。之后，奥格海与查尔斯·达内·威尔伯（Charles Dana Wilber）往来密切。威尔伯是个勤于思索的城镇建筑家，也是一位科学爱好者。在大平原东部繁荣发展并趋于鼎盛期之时，为了把花园神话推向密苏里河西岸，他们二人曾携手合作。

在这个神话背后是一种让边疆越过密西西比河向西推进 1500 英里的强烈要求；此外它还与堪萨斯和内布拉斯加的每个土地所有者及新州的所有商业团体的经济利益互相吻合。事实上，通过重提花园神话并将它应用于开拓较晚的西部地区，无论是从人们的想象、根深蒂固的习惯、老一套的反应，还是从土地自然增值的潜在收益方面所作的最严格的估算来看，奥格海和威尔伯都是在为民众代言。

他们要做的首先是一劳永逸地明确而"科学"地论证太平原上的降雨量必然会增长，同时结合这片草原地区的实际对花园神话进行必要的修正，用新的形式重新讲述这个神话。依靠一连串煞费苦心设计出的伪科学观念，再加上南北战争后凑巧出现了雨量连续数年异常充沛，这两项尝试中的第一项终于得以完成。[27] 而且（由威尔伯）最后总结为一句简短的警句："犁动则雨到"（Rain follows the Plough）[28]——在这句匠心独运的口号中，最古老、最神圣的农业象征用它翻动土地的魔力祈求生命之水普降大地。虽然为这一论证提供技术上的支持的人是奥格海，但是抓住其充满想象的弦外之音的人则是威尔伯：

在这奇迹般的发展中，犁是其先行信使——是准确无误的预言家——是取得成功的因素。人类能够感动上苍将雨露洒向他们所选择居住的土地，靠的不是魔法或妖术，也不是符咒或祭品，而是他满脸的汗水和双手的艰苦劳作。甘霖普降确实是上帝的恩赐，或更确切地说，是各种力量的共同协作——包括劳动者的一腔干劲或辛勤劳动，包括富于生命力的种子，也包括对人类付出艰辛劳作所祈求的一切总是有求必应、晶莹剔透的雨珠。[29]

虽然威尔伯声称这一切并非魔法，但他无疑在说这就是魔法。

伴随人们付诸土地开垦和春耕秋收的劳动和期盼，大平原变得肥沃多产，农耕乌托邦社会在那儿扎下了根。在对纽约州北部计划移民者的代表发表演讲时，威尔伯说道：“人们经常问我在内布拉斯加的最重大发现是什么？”威尔伯的回答正是对农耕传统的一个概括：

我在内布拉斯加最重大的发现是占地160英亩的一片土地。它就像一个充满奇迹和珠宝的博物馆。……土地的表面覆盖着良田，出售谷物的收益超过付出的劳动；靠近这块土地的中心是泉水和树丛，它们环抱着一个幸福的人家，映入眼帘的是一派兴旺景象，孩子们欢乐的喧闹声不绝于耳。牲口棚、畜栏、禽笼、谷仓以及放置马车、犁铧和机械的小屋隐约可见，井然有序。再远些，在一小块草坪中央，两棵榆树的绿荫下是一座白色的校舍，从远处望去宛如镶嵌在翡翠中的一颗明珠。[30]

如果将这幅内布拉斯加平原地区的图画与弗朗西斯·帕克曼的作品加以比较，读者就会明白花园神话是如何左右着人们的观念和想象的。

正如俄亥俄河流域一样，大平原自耕农社会在经济上的安全感和独立性为这个社会提高文化和教养提供了坚实的基础。在这一点上，奥格海的话尤其具有说服力。

（他问道）那么，对于内布拉斯加州的人们，我们能够寄予哪些合乎情理的希望呢？我们有权期待我们的教育制度达到尽可能先进的程度——当地的绝大多数人都能拥有丰富的知识和敏锐的头脑。在获得自然而然的发展同时，每个人都拥有健康的体魄，男人精力旺盛，女人风姿绰约。文化艺术受到应有的重视。音乐、绘画及雕塑深受人们的热爱并得到扶植。我们这片丰饶富庶的土地为未来的繁荣昌盛奠定真正永久的基础。人们将会牢记的是相比任何其他行业，农业生产的方方面面更加能够经得起时间的考验。对于国家来说，农业还是培养美德的最佳学校。农场中训练出来的孩子勤奋而幸福。它比别处能出更多的人才，他们天资聪颖、品性高尚。它与大自然的心脏和万物之主的上帝靠得最近。尽管现在还只是摇篮时代，但促进内布拉斯加繁荣昌盛的各种力量正在稳步地发挥作用。待到一定时刻，这里的生活终将开花结果，如愿以偿。[31]

这就是花园神话带给大平原的理想社会。它所取代的是沙漠神话中那个充斥着冒险家、亡命之徒、土匪和强盗头子的社会。从沙漠神话向花园神话的这一转变大约花费了30年时间。它还将持续近10年，届时人民党运动的抗议将会把一个截然不同的以农业为主导的西部展现在公众面前。

第 17 章

复活的帝国

随着美国社会从 1873 年的经济大恐慌中渐渐恢复元气，密西西比河以西地区的拓居出现了第二次高潮，并一直持续到 1885—1886 年间那个灾难性的冬季。在此期间，4 条新的铁路干线修筑到了太平洋沿岸。畜牧业在大草原上向北发展到了怀俄明和蒙大拿，配备农业机械的小麦种植业开始广泛出现在适宜小麦生长的地区，如明尼苏达州的红河谷（Red River Valley）及加利福尼亚州的圣约华金河谷（San Joaquin Valley）等地。1870—1880 年间，堪萨斯、内布拉斯加及科罗拉多 3 州的人口由 50 余万增加到 160 万。及至 1883 年，堪萨斯的玉米产量达到 1 亿 5000 万蒲式耳，居联邦各州之首。19 世纪 80 年代初期，在达科他、太平洋沿岸西北部及落基山脉等地区，拓居活动几乎同样发展迅猛。无论是凭借自身的能力还是作为欧洲的经济代理人，大西洋北部沿海地区比以往任何时候都更加深刻地卷入了这次农业扩张的高潮之中。既有来自东部的资本为修建铁路提供资金，也有东部地区的保险公司收购抵押契据，而农田的开垦在很大程度上正是基于这些抵押借款才得以进行。许多大型畜牧业公司属东部地区或欧洲所有，而新迁往西部地区的移民中很大一部分——事实上近一半——是欧洲移民，如斯堪的纳维亚人、德国人及英国人。他们在美国的大西洋沿岸港口登陆，然后搭乘火车越过半个大陆来到西部这片土地。

东部城市普遍对于开发西部充满了热情，这一点并不奇怪。随着重建南方的任务结束，公众的注意力不再聚焦于战后的种种问题。获胜的共和党全心全意地支持向西部扩张，这既是党纲的要求，也是为了维护该党一些头面人物的利益，因为他们在建设横贯大陆的铁路等西部事业中拥有债权。而且征服荒地之举多少带有类似维护联邦统一所特有的那种义不容辞的道义色彩。正如1872年一位作者在《斯克里布纳月刊》(*Scribner's Monthly*)的社论中的预言，不久青年人将“在西部大平原上赢得荣誉，履行其职责。他将沿着钢铁干道穿越大陆的中心地带，他将在崇山峻岭之巅亲眼见证上帝创造的奇迹。”[1]

由莱纳斯·P. 布罗克特（Linus P. Brockett）编辑的一本百科全书式的地方指南有力地证明，这一时期东部是何等赞同西部昂扬的斗志。该书名为《我们的西部帝国：密西西比河以西的新西部》(*Our Western Empire: or the New West Beyond the Mississippi*)，于1882年在费城出版。布罗克特是康涅狄格人，算得上是共和党的官方作家，曾为格兰特（Grant）和科尔法克斯（Colfax）写过竞选用的传记。他编纂的这本地方指南条理清晰，一目了然，为此他曾查阅数百种出版物，并广泛联系了那些掌握西部第一手资料的人士。因此，这本书汇集了人们有关西部发展鼎盛时期的所见所闻。

不出意料的是，由于他本人的政治背景，布罗克特对沙漠神话进行了猛烈抨击。

> 50 年前，从密西西比河到落基山脉之间的广大区域几乎都被视为荒漠，根本无法进行大规模开垦，只能成为野牛、美洲豹和草原狼逍遥的天堂；然而事实上，在偌大的合众国领土上，甚至在世界上其他任何一个国家，都找不出一块面积与它相当的土地会像它一样几乎没有几亩地是不宜耕作的，或者说会有如此广大的土地无论灌溉与否，都会生产出如此丰硕的农作物来。[2]

布罗克特甚至不愿意承认落基山脉以西的内陆盆地是一片沙漠。他的论断是密西西比河以西整个地区“注定会成为世界花园”。[3]

布罗克特首先说明了远西地区开发的经济基础——土地肥沃，物产丰富，接着便详细阐述了古老的帝国之梦。他指出，在伯克利主教对美国的未来作出预言时，

> 他当时所展望的帝国……是由阿巴拉契亚山脉与大西洋之间的殖民地组成。这个未来帝国的核心人口接近 120 万人。
>
> 然而，就在大西洋沿岸从缅因州到佐治亚州，在那些为数不多的散居于此的人群中却孕育着有史以来最显赫的帝国的萌芽——这个帝国之梦注定会成为现实……用那位伟

> 大的罗马演说家的名言来说——帝国与自由（Imperium et Libertas）。这就是我们所说的，即将会成为现实的帝国。它幅员广大，人口众多，蕴藏着无限的资源，拥有成熟而多元的文化，其道德上的影响力遍及世界各个民族，而与这种影响力密不可分的是自由，是一个伟大民族所享有的基本权利——即自由的权利，它不是特权而是律法；一个民有、民享、民治的政府。在这个帝国中，人口最多、资源最丰富，且在各项伟大事业中一马当先的那个部分将是位于密西西比河与西部海洋之间的这个地区。如今，这一地区的居民已超过1100万，到公元1900年将达5000万。而到公元1950年，有谁又能预料到会有多少人口？就生产制造来说，这个国家维系国民生计的能力尚未经过检验。但是，目前已经开垦的可耕地还不及全部土地面积的二十分之一，而牧场完全能够放牧现有羊群的二十倍，且已能养活国内5000万人口以及欧洲近2500万人口。一旦我们的资源得到充分利用，我们还有什么事情办不到呢？[4]

通过这些得意扬扬的论断，沙漠从地图上抹去，世界花园的形象在合众国的每一平方英里土地，甚至这片幸运之土的最西部边界传播。

美洲大陆帝国说与花园神话终于彼此融合，由此产生出一种极富想象力的形象。但在此过程中，有关帝国的概念却失去了它的过渡意义。它不再召唤人们继续向太平洋和远东进发，而是像花园神话那样成为一种内省的，甚至是自恋的象征。有关美国命运的思考就其广度而言也相应变得狭窄。由于极少涉及过去，对欧洲也不感兴趣，即便偶尔提及也只不过是为了衬托美国的光辉形象，显然天命论的传统在这种情况下便丧失了与曾经赋予它一定思考广度的亚洲的联系。

1869 年完工的联邦太平洋公司铁路并没有吸引欧洲取道合众国与东方进行贸易。其主要原因是苏伊士运河为欧洲托运人提供了一条运费更为便宜的路线。事实上，美国从亚洲进口的货物与横贯大陆铁路总货运量相比显得微不足道，以 1883 年为例，所占比重还不到百分之二。[5] 恢复对于亚洲的兴趣则要到很久之后，是在美西战争及占领菲律宾群岛时才发生的事。一个世纪以来，人们围绕西部及美国前途所考虑的焦点是沃尔特·惠特曼提出的问题：对人类而言，“伟大的大陆母亲”究竟意味着什么？ 19 世纪 80 年代的答案同样可以用惠特曼的话来表达：这块大陆，特别是正在发展中的西部是“一个向男男女女自由开放的坚固而又实用的避难所”[6]。这一回答包含强烈的反历史思想，相对于其他绝大多数说法中的那种乌托邦式的弦外之音，更是如此。决定美利坚帝国特性的不是过去带来的影响，不是某种文化传统，也不是它在国际社会中的地位，而是人与大自然的关系——或者更严格地说，是美国人与美国西部之间的关系。

人们以为这种关系带来的永远是幸运吉祥。追求进步，大力发展经济的原则乃是花园神话和帝国神话都信奉支持的原则，但花园神话同时也包含着对于进步的成果，即城市化和工业化的怀疑。依据上述解释，无论是美国人还是美洲大陆都不存在任何重大的缺陷或邪恶的本性。言外之意便是，因为与美国的美德和福祉无缘，其他各国人民和各大陆秉性邪恶或天生倒霉。而人们往往把威胁花园帝国的灾害归咎于异邦人的入侵，这对以上的说法更是起到了推波助澜的作用。既然邪恶绝对不可能在这所花园的围墙内产生，那么从逻辑上的需要来看，它一定来自外界。而通常的防御战略就是修筑更高的围墙，并杜绝围墙出现裂痕。

后来，人们把这些基于花园神话的推论视为“孤立主义”的精髓。孤立主义理论所包含的对于过去以及外界的态度，即其外交政策，通过花园神话与国内政策联系起来。在人们的想象中，这个社会成长发展的环境是免受外界影响的西部地区，从理论上讲（虽然事实上几乎不是这样）其发展基础是小型农业生产——以善良的自耕农的家庭农场为单位的劳动生产。因此，这个社会的性质单一，没有阶级的区分，没有雇主也没有雇员，所有居民的举止喜好也都彼此相似。正如鉴别明显古怪的外表或举止一样，人们一眼就可以将阶级分裂的观点当作异类予以识别，所以也就视之为腐化堕落的思想。然而，托大自然这一西部（以及美国）利益卫士的洪福，这类有失偏颇之说因为“安全阀”一说所提出的土地康复功能而很快得到纠正。

尽管世界花园神话呈现给人们一幅健康善良的农民在肥沃的土地上耕作的生动画面，但它最引人注目的特征之一是在经济灾难面前显得不堪一击。其经济发展至上理论全面发展之际，正是西北地区日益依赖于世界谷物市场，因而在经济上与欧洲，甚至与亚洲关系日益密切之时。然而，花园神话的种种主张和希望都是以坚信西部大自然的慷慨赐予为基础，并没有考虑到可能威胁其他地区或国家的各种灾难。的确，正是由于花园神话断言在花园内绝不可能出现灾难和不幸，在人类遭遇恶性或悲剧性结局时它也就无计可施。一旦西部农民经济进步的水平呈现下降之势，一旦人们发现他们在田间的辛勤劳动并没有像诸多预言家就西部前景所断言的那样，带给他们舒适的生活，花园神话便会成为一个笑话。因为它无法给予人们任何安慰，只会加剧他们内心的愤怒。而因为经济灾难，花园神话之破灭标志着美国思想史上边疆时期的真正终结。

第 18 章

农业乌托邦梦想的破灭

《宅地法案》通过之后的20年里，西部花园形象在战胜沙漠形象之后，成为整个国家，或者说至少是共和党的一个信念。19世纪80年代，大多数美国人可能会说《宅地法案》已成功地证实了19世纪60年代的预言。而这些预言一直以来的确光芒万丈，鼓舞人心。1862年5月参议院通过《宅地法案》时，格里利为美国完成了一项重大改革而表示祝贺，称之为前所未有、独一无二、富有成效。他认为，《宅地法案》将会使贫民和懒汉的人数大大减少，并使得“自食其力、自给自足的农民人数的比例在今后不断增长”[1]。该法案标志着劳动史上的一个新纪元。格里利确信成千上万甚至数以百万计在城市贫民窟生活的人将前往西部，为子孙后代开辟新家园。合众国永远不再会有严重的失业问题。[2] 费城《新闻报》(*The Press*)的编辑约翰·W. 福尼(John W. Forney)断言，数以百万含辛茹苦的自由人如今能够在西部的沃土上独立谋生，让西部原野像玫瑰般盛开。[3] 纽约《晚邮》(*Evening Post*)的威廉·卡伦·布赖恩特(William Cullen Bryant)下意识地用嘲讽的口气宣告那些做公地买卖的投机商已经无事可做。[4] 5 年后，格里利依然对城市的失业劳动者这样说道：

> 要是你告别城市去那宽广、自由的西部，在山姆大叔肥沃的领土上为你自己找到一块农场，你就不用和人争地盘，争面包，而且……你和你的孩子也不再需要央求别人给你们活儿干。[5]

但是，《宅地法案》几乎完全没有产生人们预言的结果。该法案并没有能让大量农民在自己拥有、自己耕作的土地上定居下来。当时公地制度实施的实际情况是，大批土地拨给了铁路公司，被土地投机商滥用的允许私人购买政府土地的现行法令未被废止，依然有人在肆无忌惮地钻法律的空子。《宅地法案》通过后，1862 年至 1890 年间实际落实定居的人数只有 372659 人，而原本真正可以从《宅地法案》的实施中获益的农民家庭成员应该多达 200 万名，因为当时美国全国人口已增加了大约 3200 万人，实行宅地法的大部分西部各州人口也已增加了 1000 万以上。[6] 例如，仅铁路公司以平均每英亩五美元的价格售出的土地就比通过《宅地法案》转让给农民的土地还要多。由于机械革命，西北部生产小麦地区引进了以蒸汽为动力的拖拉机和脱粒机，使自有、自耕、自足的小型农场面临淘汰的危险。[7] 最能说明这一问题的是土地租佃率的变化。根据第一次有据可查的 1880 年的统计，当年内布拉斯加州百分之十八的农场由佃户耕作；1890 年，这一数字已上升到百分之二十四。[8] 到 1900 年，全体美国农民中已有百分之三十五以上成为佃农，而且这一比率还在迅速增大。[9] 许多农场从法律上说应属于自有自耕性质，但是由于深受抵押借贷之苦，这些名义上的农场主已很难把握自己的命运。

宅地原则的拥护者们早就预言，如果不立法约束投机商，就会出现诸如此类令人失望的现象。[10] 特别是土地改革家们还要求宅地一旦授予定居者后就不得转让，且个人拥有土地的数量应由法令明文规定予以限制。[11] 然而，即便是这些理论家，当初也几乎无法预见土地法会在多大程度上促进土地集中于部分人手中。早在1871年，旧金山不知名的印刷商亨利·乔治（Henry George）就曾指出，公地制度的作用就是促成垄断。

（他说）毋庸置疑，租借土地的习俗已经流行起来。在新加入联邦的各州中，垄断新开垦土地的速度不亚于联邦原来各州中土地所有权集中的速度。最终，或许正像动力织机和杵锤的出现造成了制造业的集中一样，以蒸汽为动力的犁和运输车的出现也将在农业生产中促成同样的集中趋势。

我们不仅正在把大片新开垦土地送到少数人手中，而且我们还在努力帮助这些人保住这些土地，并且在帮助大庄园吞噬小农场。……集中乃是这个时代的法则。大城市正在并吞小城镇；大商人正在将财力不如他们的对手赶出商业圈；拥有大理石贴面大厦的财主让数以千计的小商贩沦为他们的职员或雇员；数以千计的熟练工人成为某位资金雄厚的工厂主的雇工，而那些庞大的企业——瓦特（Watt）和斯蒂芬森（Stephenson）带给这个世界的新型社会力量的骇人产品——

> 他们自身也被纳入了更加庞大的企业之中。……至于土地政策在政治上会走向何处简直无须说明。如果说一个国家的土地得由一个人数极少的阶级所占有，那么这就意味着这个阶级将统治这个国家；如果说——只不过换一种说法——一个国家的人民由极其富有和极其贫穷的人组成，那就等于说共和主义只是空中楼阁。共和主义的种种形式也许得以保留，但现实的政府只能是个笑柄，因为如果披上了共和的外衣，那么它要比毫不掩饰的聪明的专制政府更加糟糕。[12]

继乔治之后，经常有人对宅地制度的失败进行分析，但并无多大进展，只不过是为乔治描绘的情景添加些细节。土地投机和铁路垄断者摧毁了世界花园里的农业乌托邦，更确切地说，使它半途夭折。然而这一切只是说明了内战后活跃在美国的种种更加庞大的社会势力——机器、公司财政的种种手段以及大企业左右国会的势力。《宅地法案》失败的原因在于它与工业革命无法调和。

在与这些新兴势力的对抗中，土地改革者之所以表现软弱，至少在一定程度上是由于他们的社会理论根本无助于他们分析实际形势并提出实质性问题。宅地原则的鼓吹者，尤其是像朱利安和邓纳姆这样的西部拥护者，其思想观念与 19 世纪后期西部农业或美国社会的总体情况几乎毫无瓜葛。

从朱利安 1879 年在《大西洋月刊》(*Atlantic Monthly*) 上发表的《我们的土地政策》(*Our Land Policy*) 一文，可以清楚地发现这些心怀良好愿望的人在理论上的缺陷。朱利安承认，在《宅地法案》通过后的17年中，土地投机活动可能没有减少反而增加了，而他对于公地制度，特别是向铁路公司赠予土地的做法给予了严厉批评：他称之为残酷无情的愚弄，是政府与投机商之间达成的一纸罪恶的契约，是一项仅仅为大公司利益效劳的政策。[13]而且他还认为对公地的妥善管理不是件小事，而是美国政治事务中压倒一切的重大问题。但是，朱利安没有任何补救办法，也提不出遏制土地投机商和大公司的具体建议。他唯一能做的只是重提农业乌托邦的梦想，谴责对土地的垄断，这是因为土地垄断

> 会使得我们的人民聚集到城镇中，把他们变成单纯的消费者，而不是使他们疏散到各地，引导他们成为土地的主人和财富的创造者。对土地的垄断只会助长人们追求人口密集的城市中那种矫揉造作的生活和刺激，而不是展示以下真理："上帝创造了乡村"并希望人们在乡村安居乐业。如果要维护我们的社会制度，就必须坚持小型农场、精耕细作、拓居地相对集中、免费教育及政治权利平等政策，摒弃大庄园、粗耕滥作、拓居地分散、民众普遍愚昧无知以及养尊处优凌驾于人民之上的贵族。[14]

在朱利安看来，世界花园的神话依然如此生动鲜明，似乎只要念一句咒语就可以实现。

农业理论和内战后西部现实状况之间的鸿沟无疑在很大程度上造成了19世纪末的25年中农民改革运动所表现出的幻灭感。以前西部农民总是听到人们说他并非庄稼汉，而是与这个国度里

的其他人一样享有公民地位，他对社会的贡献是首要的、基本的，相比之下，所有其他人则不过是位居其次，甚至算是寄生虫；城市乃是国家肌体上的疮痈，而住在城市中的商人、银行家、工厂主以及他们雇用的那些不幸的人则是邪恶堕落的。人们还告诉农民说作为对他们简朴生活方式的补偿，他们不会受奢靡与罪恶的诱惑，不会受市场兴衰的影响。按照习惯的说法，农民的显著特点是其独立性，即在经济上自给自足，品质上为人正直。人们还以肯定的语气告诉农民：鉴于以上种种原因，正确的政治理论要求政府特别注意保护农民的利益。

但是内战之后，共和党的政策明显地有利于城市而不利于乡村，有利于银行家和商人而不利于农民，有利于土地投机商而不利于拓居者。不管简朴的农村生活从理论上看有多少优点，报界却用蛊惑人心的方式向人们炫耀新兴城市中新富起来的人们奢侈铺张的生活，其目的在于证明一个自由的社会可能带给人们何等美好的生活。此外，西部农民还发现自己无法独立自主，他不仅受制于芝加哥、纽约和利物浦粮食交易中的圈套，还受到铁路、粮食仓库和轮船公司的摆布，因为他必须依靠它们把自己的谷物送到市场上去。过去，大自然慈祥宽厚，像掌管沃土的女神，也像慷慨施舍的女施主那样守护着世界花园。如今，自然似乎变成了复仇之神，不时把干旱、沙暴、蝗虫等灾祸带给这片大平原上饱受苦难的人们。19 世纪 70 年代后，农民反抗运动之所以不断高涨，愈演愈烈，其原因就在于想象和事实、理想和现实、希望和结果之间所凸显的差距。1892 年，哈姆林 · 加兰指出，那些高调的老生常谈因为掩盖了西部穷苦农民的困境，危害极大。在他那篇颇有影响的故事《卢克雷蒂娅·伯恩斯》(*Lucretia Burns*)中，他借拉德本（Radbourn）这一人物之口说："长期以来，作家和演说家们津津乐道关于农场生活的'田园牧歌'的谎言，高谈阔论所谓'独立的美国农民'，甚至连他自己都一直无视这样一个事实，即农民是美国干活最艰苦，但是收入最可怜的人之一。"西北地区的农民们住在简陋的茅舍内，疯人院里则挤满农民的妻子。无论男女如同着魔似的干活，但是他们得到的只是"夏季里勉强食宿栖身的窝，眼前苦闷的生活，还有几乎毫无希望的未来"[15]。

在同一时期，埃德温·马卡姆（Edwin Markham）笔下的俄勒冈和加利福尼亚的"荷锄人"形象颇为流行，轰动一时。19世纪初的农业理论家们总是煞费苦心地把美国农民与惨遭蹂躏的欧洲农民加以区分，但是埃德温则把美国农民比作欧洲农民。在加兰的小说和马卡姆的诗歌中，一度令人自豪的自耕农只不过是个田间劳动者，象征着一个

被出卖的人，
被掠夺、被侮辱、被剥夺了权利的人……[16]

第 19 章

花园神话与土地制度改革

虽然花园神话对奴隶制争议的影响是保守的，但它促使人们给予白人劳动者以及没有土地的农民人道主义关怀，并通过宅地原则中的理想主义促成了1860年共和党的胜利。但是，随着大企业的势力在内战期间及内战之后对共和党的控制得到巩固，像朱利安这样的改革斗士遭到冷遇。显然，共和党的新领导人们对于农业乌托邦之梦没有丝毫兴趣。

然而，过时的理想主义的幽灵往往不会轻易驱除。一旦与业已变化的社会现实脱离联系，它们往往会成为那些一心希望混淆事端者手中的工具，造成不良影响。花园神话的命运正是如此。及至19世纪70年代，已经有人在利用花园神话阻挠土地制度的改革。朱利安刻意于1879年3月在《大西洋》(*The Atlantic*)上发表了一篇文章，其目的就是支持对公地法令进行急需的修订。就出发点而言，这些提出修订法令要求的人与最初提出宅地立法的人一样，都心怀高尚的目标。但是，像所有神话一样，花园神话的特性在于超越时空亘古永恒，无法反映新的变化，因而只会阻碍而不是促成这些目标的实现。

修订土地法令的要求缘于远西地区降雨量稀少这一实际问题。当初，鼓吹《宅地法案》的人提议让农民向公共土地移居落户，其原因是他们以为在边疆以西有无边无际的沃土等待人们开垦。自从第一批移民进入密西西比河流域之后，近百年来自由土地一词的意义正在于此，而花园神话的思想基础也在于此。但是，如果干旱导致可利用土地面积减少，那么就必须对花园神话以及为实现这一神话而制定的农业规划进行大幅度的修正。如果在降雨量不足的地区进行农业拓居，其后果只有看不到尽头的苦难，劳民伤财，最终一败涂地。随着边疆向大平原以西一路推进，有一位了不起的人物出现在公众面前，警示人们老式的农业拓居手段已经行不通了。[1] 他就是落基山地区联邦调查署的负责人约翰·韦斯利·鲍威尔（John Wesley Powell）。160 英亩的宅基地根本无法帮助一个家庭在亚湿地带维持生计。而在高原地带，土地主要用来放牧牛羊。因此，宅地面积理应大幅度增加，或许扩大到 2560 英亩，甚至更多。[2]

然而，这只是鲍威尔的提议之一。此外，他还认为有必要协调各方对尚未开垦地区开展科学考察，以便确定这些地区经济发展的可能性。不能再想当然地以为密西西比河以西所有地区基本都一样肥沃，因而适宜采取习以为常的方式进行开垦拓居。这些科学考察还将包括改组与公共土地事务相关的各级署局机构。[3] 虽然鲍威尔没有明确说明，但是众所周知的是这样的改组将有助于整顿清理早已因腐败、低效而臭名昭著的土地总署（General Land Office）。

鲍威尔最早公开提出有关公共土地的论断并暗示其改革计划是在1874年众议院公共土地委员会的一次听证会上。他指出，“在99或100子午线以西所有地区，除加利福尼亚、俄勒冈和华盛顿准州的一小部分地区之外，都是干旱地带，完全无法开垦。要在该地区发展农业生产，除了实施人工灌溉别无他法”。他极力主张依据其经济发展可能性对余下的公地进行科学划分。[4]但是，由于格兰特执政时期华盛顿的气氛不利于改革运动，鲍威尔在好几年里都无法推进实施他的计划。然而，1877年海斯（Hayes）就任总统之后，形势发生了变化。卡尔·舒尔茨（Carl Schurz）出任内务部部长一职，而清理包括土地总署在内的内务部机构成为他的一项使命。1878年4月1日，鲍威尔抓住机会向舒尔茨递交了著名的《干旱地区情况报告》(*Report on the Lands of the Arid Region*)。然而，同年5月另有一件让人感到意外的事情发生，国家科学院院长约瑟夫·亨利（Joseph Henry）去世，耶鲁大学地理学家，科学院原副院长O.C. 马什（O.C. Marsh）接任院长一职。[5]马什支持鲍威尔的计划，且熟悉十多年来围绕公地而进行的科学调查工作。

纽约的众议员艾布拉姆·休伊特（Abram Hewitt）是国会中促进实施鲍威尔计划最为得力的领袖。1878年6月20日，他推动国会通过了一项决议，要求科学院调查科学考察中的问题并提出机构改组方案。[6]这就意味着对所有公地问题进行深入研究。科学院的一个委员会撰写了一份报告重申了鲍威尔计划的所有要点，并于国会12月份会议开始时提交会议。由此在国会引发了激烈的立法纷争，至少涉及三个方面的问题：(1）是否余下的公共土地的干旱程度足以需要相应修改土地法规；（2）为受雇于政府从而控制公地的科学勘测，科学家中存在一定程度上出于个人原因的激烈竞争；（3）土地总署存在的贪污腐败和各自为政问题。

说到底，上述三个问题彼此关联，围绕这些问题出现了意见几乎完全相左的两大主要政治集团。鲍威尔声称农业边疆正日趋接近大自然所设置的路障，这就等于是挑战公众普遍对于西部的乐观看法，挑战土地投机商的经济利益，挑战可能会因继续在大平原拓居而得利的其他人的利益。土地投机商以及垄断一方的人与土地总署里愿意提供方便的官员编织起有利可图的关系网。他们意识到，公地管理方面发生任何影响深远的变化都将干扰长期以来让他们获利丰厚的非法交易。西部集团从政府勘测队的科学家中找到了一位忠诚的发言人费迪南德·V. 海登（Ferdinand V. Hayden）。他是鲍威尔事业的对手，打定主意要千方百计抵制机构改组或是合并勘测机构。如果无法阻止机构改组，则要设法控制新的机构。海登意识到，最佳策略就是坚决反对合并勘测机构，因为要想控制新组的机构有赖于总统的任命，而海斯总统显然支持的是舒尔茨的人。

由于西部集团掌控着公地委员会，科学院提交委员会的提议全都遭到搁置，最终石沉大海。但是，鲍威尔找到了一位强大的同盟者——众议院拨款委员会主席，田纳西的众议员约翰·D.C. 阿特金斯（John D.C. Atkins）。包含上述改革措施的议案在休伊特、鲍威尔和舒尔茨的指导下起草完成后，阿特金斯想出一个办法，将该议案附在《司法拨款议案》（*The Judicial Appropriation Bill*）和《多种民事经费议案》（*The Sundry Civil Expenses Bill*）之中。这一策略虽不符合议会惯例但机智巧妙。于是，这些议案混在一大堆其他文件中，在会议接近尾声时提交讨论，但导致会议延长了辩论时间。支持改革提案的人包括阿特金斯、休伊特、詹姆斯 · A. 加菲尔德（James A. Garfield）和加利福尼亚的彼得 · D. 威金顿（Peter D. Wigginton）。持反对意见的西部集团主要代言人包括蒙大拿（Montana）准州的代表马丁 · 马吉尼斯（Martin Maginnis）、堪萨斯州（Kansas）的达德利 · C. 哈斯克尔（Dudley C. Haskell）、科罗拉多州（Colorado）的托马斯 · M. 帕特森（Thomas M. Patterson）和加利福尼亚州的霍勒斯 ·F. 佩奇（Horace F. Page）等众议员。而参议院中的反对者还有艾伦 · A. 萨金特（Aaron A. Sargent），人们把他视为科利斯 · P. 亨廷顿（Collis P. Huntington）在国会中的代表。简言之，这项议案在众议院获得通过，但在参议院遭到否决，因而移送两院协调委员会。所有有关土地制度的变革受到阻挠，但休伊特还是得到了两项特许——将现有勘测机构合并，成立由鲍威尔最终负责的合众国地质勘测局（United States Geological Survey）；授权公地委员会（Public Land Commission）进行调查。[7] 然而，该委员会的所有提议均在下届国会中遭到否决。[8]

1878—1879 年之间的冬季，以科学院的名义提出的鲍威尔计划在首次提交众议院讨论时受到许多方面的攻击。有人认为，这只是一伙“乳臭未干的大学生”和“科学家中的政治说客”玩弄的伎俩，其目的是阻止西部的发展，并从联邦政府为自己领一份干薪。[9] 有人把它错误地说成是对划拨土地资助公立学校制度的威胁。[10] 而在反对鲍威尔建议的论点中，最有分量的莫过于指责这些提议是对花园神话的亵渎。

> （众议员帕特森说）我们的农业用地……是有限的，因此人口中务农的人数也应予以限制。但是如果要使务农人数尽可能多些并能够达到最大限度，把公地分成小块发放的计划……就必须始终坚持。

如果按建议扩大在干旱地区发放的宅地面积，就会破坏已经久负盛名的自耕农自给自足的社会理想。帕特森对鲍威尔的提议大肆歪曲，断言大平原

> 要不了几年就会到处都是阔绰豪华的宅院，里面居住着一小撮富有的贵族老爷，其中的每位所拥有的土地足以抵得上一处欧洲的封邑，而那些在自己的一小块土地上自食其力、勤劳勇敢的人则被排斥在外。但正是这些人不仅创造出了物质财富，而且在民族危亡之际构成坚强的自耕农群体，成为这个国家的堡垒。[11]

几乎所有来自西部的国会议员都站在帕特森一边。哈斯克尔指出，在拥有公地的19个州和准州的所有议员中，除两人外，都不同意对现行土地制度做任何修改。而那些赞成修改的议员则主要“来自新英格兰地区各州，来自纽约及业已完成拓居的历史较悠久的一些地区”[12]。除了朱利安与亨利·乔治同时代人的揭露外，此后的大量历史史实也证实了朱利安的说法，即19世纪70年代

的土地制度乃是一种无情的嘲讽，表面上似乎富于人情味，实际上只是投机者的梦想。难道当时像休伊特和阿特金斯这样的东部人对这些事实一目了然，而那些西部的众议员对此却一无所知吗？再说，假设他们确实明白联邦土地制度根本没能实现其设计者心目中的自耕农理想，我们是否应该责备他们故意无所顾忌地混淆是非？

人们很难相信西部的国会议员对当时土地制度的具体实施情况会一无所知。然而，要说他们都只是那些靠土地制度渔利的投机者手中的工具，也并不属实。诚然，十足的腐败行为确实存在。宅地制度可悲的失败虽然稍许磨灭了自耕农社会梦想的理想主义光泽，但这一梦想本身却毫发无伤地幸存下来，为这些事实蒙上一层想象的面纱，为那些虽然肤浅，但也发自内心地反对鲍威尔所提出的激烈改革措施的人提供了口实。这是因为他的要求过高。他要求西部接受对西部的核心神话进行合理而科学的修正，事实上就是要求举国上下在信奉进步、信奉美国使命、信奉显然天命等主要理论基础中选择放弃一个。这样的要求过于严厉，要改革花园神话谈何容易。尽管花园神话与现实之间的距离越来越大，但是只要这一神话能够保留下来，它就有可能成为那些自私自利者手中的工具。

第 20 章

花园的安全阀功能

遗憾的是，《宅地法案》既没有能帮助西部的农民，也同样没能帮助东部的城市劳工。与边疆农民争取土地的努力遭受的挫败相比，这对后者来说并不那么重要，但是同样说明了一个道理：农耕传统在解决19世纪工业化社会中的问题时是多么无能为力。长期以来，美国的平均地权论者坚信美国西部，即边疆以西的自由土地能够为平息东部的社会和经济冲突发挥安全阀般的作用。这一观点的倡导者中最为著名的人是霍勒斯·格里利。因为在纽约的《论坛报》和演讲台上始终强调安全阀理论，格里利享有西进运动代言人的盛名，而这一称号并不完全名副其实。早在1837年，他曾提出他的著名口号“年轻人，到西部去，到农村去”。当时，为缓解大恐慌造成的贫困和失业问题，他正积极致力于鼓励西部移民计划。[1]1846年，他采纳埃文斯提出的国家改革方案，预言一旦这个安全阀发挥作用就会在公地上建立起一个独立自主、殷实富足的自耕农阶层，表现出他对农耕传统的耿耿忠心。[2]1854年，《论坛报》刊登了一篇阐释格里利理论的文章，其中的解释颇具代表性：

> 让真正的移民拥有160英亩公地，绝对不允许其他人染指。这样的话，世界上千百万没有土地的人不必再无依无靠，沦为乞丐。他们可以为富人们工作，但不必再因担心辞退挨饿而忍辱负重，心惊胆战。即便丢了工作，或是工资收入不济，他们可以整理行装，向西进发，去往威斯康星（Wisconsin）河畔、得梅因（Des Moines）河畔或是普拉特河畔，拥有自己的土地，在自己的田地上耕作。自从最初出现在这个世界上，那里的土地就一直在耐心等待着他们的到来。一旦每个公民都有机会从最有利于自己的角度选择是为自己工作或是为他人工作，罢工停产也就显得荒诞不经。那些受雇于人的技工或体力劳动者之所以愿意为别人干活，只是因为相比为自己干活可以确保更加丰厚、更加满意的报酬。[3]

这段文字中的主要观点相当古老，不同历史时期持各种政治观点的作家们都曾加以援用。在马萨诸塞湾（Massachusetts Bay）殖民地的总督约翰·温斯罗普（John Winthrop）1643年发表的一份声明中，弗雷德里克·杰克逊·特纳就曾发现类似的说法。[4]18世纪有关英国殖民地政策的讨论中也曾出现过这种说法，其目的是说服当局在美洲殖民地并不存在制造业取得重大发展的危险。例如，1721年，伦敦商人乔舒亚·吉（Joshua Gee）曾经在给贸易及殖民委员会（Council of Trade and Plantations）的报告中写道，尽管有大批优秀工人移居美洲，殖民地人并不会有兴趣从事制造业。

> （他认为）其原因显而易见。因为那里的地价低廉，只要拥有一小块农场和一小群牛羊就很容易维持生计，所以绝大多数人看不起工厂，即便在新英格兰（那里是整个英国殖民地中最穷困、人口最多的地区）的情况是，的确有少数人在工厂劳动，而这些工人生产钉子和其他产品所得收入接近于英国工人收入的五倍。……[5]

1731年，皇家海关官员、宾夕法尼亚及特拉华总督威廉·基思（William Keith）爵士曾敦促英国政府在阿勒格尼山脉以西授权一片土地作为殖民地，其理由是如果缺乏这样一个发挥自身活力的新去处，殖民地人会因为烟草、大米和玉米生产过剩而不得不投入制造业生产。[6]约翰·巴特拉姆（John Bartram）的《观察》（1751）（*Observations*）一书伦敦版序言中，其姓氏不明的作者发表了类似的论点，敦促中央政府鼓励人们在美洲开展边疆拓居。[7]同年，为了对英国政策施加影响，富兰克林在其《关于人口增多问题的意见》（*Observations Concerning the Increase of Mankind*）中也强调了这一观点。他这样写道："这里的劳动力永远不可能廉价，因为在这里没有人会长期受雇于其他人，没有人不想要获得一个属于自己的种植园。……"[8]

随着美国的独立，这种经济分析的意义也发生了改变。制定政策的准则不再是英国商人的利益，而是日益发展的美国民族主义，它信奉的是美国西部乃是全世界受压迫者的避难所的人道主义观念。美国革命结束之际，乔治·华盛顿在给拉斐特（Lafayette）的信中用少见的诙谐笔调写道：

> 我希望看到这个世界上的男男女女生活安宁，忙碌于……令人愉悦的消遣中，履行至关重要的伟大圣训——繁衍后代，增丁添口：为表示支持鼓励，我们向全世界贫苦的人们和遭受压迫的人们开放了俄亥俄肥沃的平原。因此，无论是不堪生活重负的人，或是需要土地耕耘的人，都可以前往那里，生活在希望之乡，得到充足的牛奶和蜂蜜。……[9]

类似的关于西部作用的观点也为杰斐逊完善其反对美国发展工业的理论提供了有力的依据。1805 年，他在酝酿新版《弗吉尼亚笔记》（*Notes on Virginia*）时写道，他计划对第 19 章中抨击制造业的一些表述加以斟酌。他说这些表述仅仅适用于“当下欧洲古老国家大城市里的产业工人”。在欧洲，城市劳动者的贫困导致了腐化堕落、依赖成性和营私舞弊。这就使得他们无法成为共和国的合格公民。但是因为自由土地的造福，美国还没有沦落到欧洲这种地步。

> 迄今为止，我们的制造商（即产业工人）与我们的农村居民一样心情愉悦、独立自主、品德高尚，只要还有大片无人占据的土地供他们使用，这一状况就会继续下去。因为，一旦由于其他阶层的干涉，他们的生活只能维持最低水平，他们就会告别手中的行当，去开荒种地。[10]

这种对于西部作用满怀希望的看法乃是花园神话存在的一个主要基础。这一看法贯穿19世纪绝大部分时间，其存在形式多样，表现在各个方面。例如，有人指责新英格兰的实业家们试图限制向西部移民，目的是维护市场上的剩余劳动力从而压低工资水平。而正是参议员罗伯特·Y. 海登（Robert Y. Hayden）在1829年提出的这一指控导致了著名的韦伯斯特—海恩辩论。[11] 在这场论战中，海恩的同事托马斯·H. 本顿对新英格兰进行了全面充分的指控，他痛斥了

> 通过法律制造贫民的可怕政策——这种残酷的立法将东北部的穷人监禁在工厂成为雇工，而不是让他们前往新农村获得土地，成为独立自主的不动产所有者，为他们的子孙后代舒适而独立的生活奠定基础。

他还指出，东部的工厂主们

> 如今意识到，正如45年之前富兰克林博士所说，他们需要大量穷人充当廉价劳动力；这样的穷人在欧洲很容易找到，因为那里没有属于他们的土地，但在美国这样的穷人没法找到，除非这里的土地全部有人占据。……眼下，我们正在讨论的这项议案正是为工厂提供所需穷人的不二之选。[12]

20年之后，纽约州的国会议员乔赛亚·萨瑟兰（Josiah Sutherland）提出的反对《宅地法案》的理由与本顿认为是由工厂

主提出的理由完全类似。他认为，该议案将使劳动力从工业州流向农业州，提高劳动力的成本，从而导致生产商成本的提高。[13]

美国劳动者的地位与自由土地关系这一理论也得到卡尔·马克思的赞同，[14]尤其是通过乔治·亨利·埃文斯及其国家改革运动的影响，该理论成为美国激进传统的一个重要成分。[15]19 世纪 50 年代，共和党正式采纳了宅地原则，埃文斯的安全阀理论从此正式成为共和党的信条。最早使用“共和党”这一名称的一个团体就是阿尔万·E. 博维（Alvan E. Bovay）1854 年在威斯康星的里彭（Ripon）成立的。而阿尔万·E. 博维曾是埃文斯移居西部之前的一个密友。[16]霍勒斯·格里利也曾不遗余力地大力宣传安全阀的观点，从理论上支持共和党。1859 年，他在《论坛报》上发表鼓舞人心的召唤：“劳动者们！请记住，共和党才是唯一致力于公地免费分配政策的全国性政党，根据这个政策，每个真正的拓居者都能获得一块 160 英亩的土地，每个工人都能够在大西部的处女地上为自己的家人开辟一处家园。”[17]不妨引用另外一位共和党代言人——威斯康星州参议员詹姆斯·R. 杜利特尔（James R. Doolittle）1860 年的讲话如下，“我支持这一（宅地）措施……因为这项造福社会的举措将会把自由州的过剩人口吸引到西部，去创造更加富足的生活。这样的话，自由州所有激烈的劳资冲突即便不会永远推迟，至少也会延迟数百年”。[18]

然而，《宅地法案》并没有能够终结失业现象和诸多社会问题。反之，在《宅地法案》通过之后的 30 年里，美国社会的劳工问题之尖锐，涉及面之广达到了前所未有的程度。因此，近期的学者对于公地之于东部劳工是否发挥着安全阀功能提出了质疑。

就此展开的探讨明显倾向于以下结论，即这一理论，至少就格里利及其拥护者所主张的形式而言，几乎没有任何根据。[19]东部城市的失业工人通常没有能力前往西部，转而化身为农民。他们中极少人有钱让家人前往免费公地，并在庄稼收获之前安置全家人的食宿。即便有人设法在西部农场安置下来，如果缺乏通过长期学习才能够获得的农耕技艺，他也不大可能获得成功。富兰克林曾经把西部视为“掌握农耕技艺”[20]的劳动者的避难所。在18世纪肥沃的俄亥俄河流域，懂得农耕技艺也许并非难事。但是内战之后在亚湿气候的大平原上，这是非常困难的事。边疆移民通常是来自附近各州多少有些经验的农民。除了由铁路公司和其他有土地出售的公司送往西部的欧洲移民以外，农业边疆地带几乎没有直接来自东部工业中心地区的移民。

但是，如果安全阀理论总体上是不切实际的，那么对于19世纪几乎人人都接受这一理论又如何解释呢？如果仅仅从边疆移民的实际情况来看，这个问题很难回答。然而，如果我们能够认识到它是世界花园神话的一个重要部分，那么这种信念的盛行也就不难解释。安全阀之说乃是一种想象，它用讨人喜欢的暗示掩盖了贫困现象和工业化社会中的冲突和斗争。但是，它向人们暗示仁慈的大自然自古就蕴藏着无尽的财富可供美国人民享用，拥有超越任何人力的力量，以及让美国变得富强的威力，因而它也将解决工业化发展带来的新问题。正像“耕犁动，甘露至”一说是花园神话向气象学的扩张一样，安全阀理论乃是在经济分析层面所表现的花园神话。

无论正确与否，这一理论是把双刃剑。它在具有人道精神的改革家手中可以发挥作用，为贫困者和受剥削者，或那些希望促进自己所在地区迅速发展的西部人开创各种机会。但这一理论的不足之处在于，它暗示人们这个国家未来的繁荣取决于是否存在可供开垦的土地。只要认定土地供应确无止境，人们尽可以无所顾忌地鼓吹安全阀理论来论证美国享有无人可比的福祉。但是，如果说机会、幸福、社会和谐，甚至自由本身都取决于边疆以西存有自由土地，那么一旦那些可供开垦的土地最终证实并非取之不尽，上述这些价值观念的结局又将如何？安全阀一说提示人们，在这种情况下美国社会将会变得像拥挤不堪的欧洲一样。旧世界的天灾人祸，历来出现在那些坚信合众国享有前所未有的福祉的人笔下，如今将会成为新世界的灾祸。人口增长一度被视为美利坚帝国光辉未来最为确凿的吉兆，但是正如马尔萨斯（Malthus）曾经断言人口的增长是欧洲的灾难一样，如今这也将成为大西洋此岸的灾难。[21]

杰斐逊对于这样一个结局曾经有过暗示。1787 年，他在从巴黎写给詹姆斯·麦迪逊的信中写道，只要合众国的人民主要从事农耕，他们就会始终是品德高尚的人。只要美国任何地方还有无人占据使用的土地，这一状况就会持续下去。但是，一旦土地资源用尽，美国“大城市里就会像欧洲一样人满为患，像欧洲一样人吃人”[22]。当然，杰斐逊认为这样的日子还十分遥远。在美国人当中南方的奴隶制辩护者最早认为安全阀关闭的时刻已经迫在眉睫。他们一直在找寻北方对自由劳动崇拜中的短处。早在 1836 年，威廉和玛丽学院（William and Mary College）的托马斯·R. 迪尤（Thomas R. Dew）就曾提出疑问：一旦自由土地资源供应枯竭时将会发生什么?

(他说)那一天终将到来，飞速增长的人口就像弹性十足的弹簧，我们辽阔的领土上将会填满密集的人口；西部这个巨大的安全阀将向我们关闭；数百万人将会涌进工厂和都市；届时社会发展的发动机将会面临巨大而可怕的压力……

这种压力将会引发阶级之间的战争：

届时，穷人和富人之间、资本家和劳工之间将会出现一道极其鲜明的分界线，数以千计，甚至数以万计的苦命人将起早贪黑终生劳作，根本无望摆脱年轻时代开始就深陷其中的辛劳境遇，甚至无法为自己提前积攒一小笔钱款，让自己在年老体衰时免受劳碌之苦，减少晚年的不幸……

(迪尤向北方的有产者发问道)一旦面临这样的情况——那些总是身处贫困的压迫，不时濒临饥饿威胁的人有一天多达数百万之众，在数量上超越你们(世界上那些古老国家今天的情况正是如此)，而普选权将把政治权利抛到他们手中，你还能指望他们把你们的财产权视为神圣不可侵犯吗？对于人性的脆弱和缺陷，我几乎心存太多恐惧，因而没有那份信心来期待这种公平善举。

可能出现的结局甚至骇人听闻：

> 首先是组织机构分崩离析，用立法方式实行掠夺，接着是派系纷争和内战，最后则是建立一个军事专制政府，通过制造混乱无序和劫掠四方的恶行，让人难以忍受，从而将社会置于自己的掌控之中。[23]

由于间接提及罗马及其令人悲观的现实主义论调，迪尤的言论与显然天命论盛行时期美国官方的乐观主义基调完全不相吻合。当时，北部和西部地区人们思想的出发点是进步论，而南方人则是持异议的少数派。1857 年，弗吉尼亚人乔治·菲茨休在其《皆为生番！》（*Cannibals All!*）一书中断言，完成西部开垦之后，由于人口增长引发的社会关系紧张将会迫使北方诉诸奴隶制以便控制桀骜不驯的威胁社会安定的劳工阶层。[24]《南方文学信使》杂志的一位作者于第二年撰文预言，人口增长将会造成有限的生活资源紧张，从而给北方带来一系列灾祸——城市中暴徒横行暴行触目，报刊遭到盲目狂热和政治情绪玷污，法治由于蛊惑人心者的宣传而败坏。[25]

同一主题也出现在 1857 年麦考利勋爵写给一位杰斐逊传记美国作者的著名的信中。麦考利断言杰斐逊式民主只有在一种特定的社会中才行得通：土地辽阔而肥沃，且尚有土地无人开垦。如果有朝一日合众国像英国一样变得人口稠密，“你们美国也会出现一座座曼彻斯特和伯明翰，并且在那些曼彻斯特和伯明翰中成千上万的工匠一定会不时承受失业之苦。到那时，你们的制度终将面临考验”。由于把选举权交到了每个人的手中这一严重错误，上层阶级也就无力阻止人们通过立法剥夺自己的财产。就像南方奴隶制的拥护者一样，麦考利预见到美国民主将会经历罗马式的衰落。

> 要么某个恺撒式人物或拿破仑式人物将凭借铁腕攫取政府权力，要么如5世纪时罗马帝国的命运一样，你们的共和国在20世纪遭遇野蛮人的可怕劫掠，沦为废墟。唯一不同的是，蹂躏罗马的匈奴人和汪达尔人来自外部，而蹂躏你们的匈奴人和汪达尔人将会出自你们自己的国家，从你们自己的制度中产生。[26]

在这类段落中，"安全阀"一词的寓意显而易见。由于穷人被吸引到了西部，使得他们不可能劫掠富人的财产，这一阀门也就为富人提供了安全保险，使其免受穷人可能带来的侵犯。值得再次提及的是格里利曾大力宣传用宅地计划取代罢工。在他看来，一旦工人有机会移居到由公地划拨给自己的农场上，罢工则完全是愚蠢和不必要的。

从麦尔维尔的叙事长诗《克拉瑞尔》(1876)(*Clarel*)中，读者可以清楚地发现安全阀一说的反民主倾向。罗尔夫(Rolfe)是个"为人直率"的美国人。昂加尔(Ungar)是个移居国外的南部邦联退役军人。他"头脑糊涂""不满现状"，与迪尤和菲茨休的诸多见解相同。罗尔夫与昂加尔谈起了合众国的命运。

> (罗尔夫说)那些荒废的拦河堰
> 是内陆的洪水在新世界留下的杰作

任浊流在此来去自如；
那些巨量的储备——尚未开垦的土地
将会长期阻止或是延缓
阶级之间的战争、贫富之间的冲突。
而这样的争斗，历史曾经上演
且足以让天下大乱。

但是，昂加尔用《南方文学信使》特有的语调拒绝接受这种取悦听众的甜言蜜语。进入现代，历史发展的速度较之以往更快。种种静寂无声的不安定要素注定将会爆发，且用不了多久。

快到了，就快到了！
出现一个煽动者就会引发不小的麻烦，
何况这样的人物成千上万？
何况还有普选权的有力支撑，
让他们可以肆无忌惮，
势不可当？

一场“30 年战争”注定将在不同阶级之间爆发。其结局可能会是“人们对地位身份的平等习以为常”，对于昂加尔而言（若非麦尔维尔本人的看法的话），意味深长的是一个未来世界出现在美国西部，出现在辽阔的大平原上，人们早就期待在那里建设一个世界花园。早先的预言充满自信：西部文化艺术繁荣，民众的品德高尚，但是形成鲜明对照的是未来的美国社会将“陷入民主的黑暗时代，令这个民族蒙受耻辱”。克拉瑞尔的同伴甚至也对他的描述表示震惊，半疑半信：

> 的确，对于自己的疑虑，
> 他们并非真的感觉麻木：
> 他们体会到年轻的新世界
> 可能突然面临未老先衰的痛苦，
> 相比年迈的欧洲那刻骨的悲思
> 这种痛苦有过之而无不及——
> 他们体会到希望之路上的重重险阻，
> 而最后的遗产也早已挥霍一空；
> 他们只有高声呼号——“为界标神修建神殿吧！
> 这个世界的罗曼司到哥伦布时代已经告终：
> 人类的新世界，从此不再会有！”[27]

第 21 章

文学作品中农业为主导的西部

Ⅰ. 库珀与社会发展阶段

边疆以西荒蛮的西部很容易成为文学作品演绎的主题，用来表现大自然的宏伟壮观以及各种冒险奇遇。而农业占据主导地位的西部，正如我们此前所讨论的，很难成为文学作品的素材。花园神话和西部自耕农这一理想人物形象，诚如托克维尔所说都是富于诗意的概念，但无法用小说的形式加以表现。问题在于西部农民的社会地位。《独立宣言》宣称人人生来平等，而且美国政治制度表明早在 19 世纪 20 年代和 30 年代，广泛取消参政权的财产限制已经成为普遍的共识。然而，这种政治上人人平等的观念从取得胜利到表现在文学作品之中，其间相隔了半个世纪之久。

在早期文学作品中，像皮袜子这样的人物与这一问题并没有真正的关系，因为这类角色置身社会以外的环境中。这位西部英雄是一名猎人和印第安勇士，人们对他的赞颂可以不必顾虑阶级界限问题。但是，我们也注意到这位西部猎人花费了相当长时间才获得相应的社会地位，最终得以与女主人公结为连理。直到19世纪70年代末，来自荒蛮之地的西部人物才在小说中明确获得这一解放。

自耕农则经历了更为艰苦的斗争才在文学作品中占据了一席之地。库珀虽然偏爱皮袜子角色，理论上也支持政治权利的平等，但是他坚决抵制打破社会阶层之间界限的想法。的确，纽约州北部的“反对地租战争”（Anti-Rent War）就曾让他情绪激动，他甚至认为政治领域出现的对自耕农的崇拜就已经太过分了。他在1848年断言，那些渴望得到选票的政客已经把不起眼的农民变成了偶像，拜倒在他们的脚下。这位固执的小说家还说过这样的话，“我们可以把这些农民视为公民，但不是王子，不应该让法律剥夺他人来特别惠顾他们”[1]。在他看来，这种崇拜属于正日益受到欢迎的“冒牌的民主”，是一种在贫民窟中寻找人民主权的运动，“全然忘记地主、东家、富人、乡绅与佃户、帮工、穷人和无赖一样都享有受到保护的权利”。[2]库珀在其“利特尔佩奇三部曲”（Littlepage Trilogy）中就猛烈抨击了哈德孙河流域的佃农，因为他们诉诸暴力抗议让普通农民难以获取土地所有权的土地保有制度。显然，自耕农社会的理想与库珀秉持的大地主为主体的贵族社会理想格格不入。

与库珀同时代的作家中很少有人像他那样直抒自己保守的社会偏见。或许，他们甚至没有意识到自己存有偏见。但是，这种偏见显然抑制了作家把不起眼的农民作为小说人物写进作品中。詹姆斯·K. 保尔丁就是一例。在其《来自边远地区的人》中，他曾对巴兹尔大加歌颂。十多年之后，他在1832年出版的小说《嗨！西进》中又再次以农业为主导的西部生活为创作主题。尽管他承认自己有关密西西比河流域的原始资料来自弗林特的《过去十年的回忆》，[3] 但是他的故事情节则是围绕一群从弗吉尼亚移居肯塔基的种植园绅士展开。小说中唯一真正属于西部的人物是老猎人安布罗斯·布什菲尔德（Ambrose Bushfield）——皮袜子和丹尼尔·布恩合二为一的人物。[4] 小说中没有任何代表自耕农阶层的人物出现。

移居国外的雕塑家托马斯·布坎南·里德（Thomas Buchanan Read）曾下定决心要在自己的无韵体叙事长诗《新田园》（1855）（*The New Pastoral*）中刻画一个田园牧歌式的西部。从他的努力中可以十分清楚地看出，用文学方式来描述农业边疆向密西西比河流域的推进何其困难。在里德心中有大量关于农耕理论的老一套说辞。他声称自己打算用牧笛赞美茅舍和豪宅之间温馨怡人的小康生活，歌颂那种“上帝直接赐予我们的自然简朴的生活”。他要书写广大的西部农民，因为他们付出的劳动让这个社会得以维系，因为相比于那些身着紫色精纺亚麻衣衫、游手好闲的阔佬，他们的品行更加高尚。[5] 但是如何实现这一计划呢？里德跟随一群移民沿陆路从宾夕法尼亚农村前往匹兹堡，然后沿俄亥俄河南下到达辛辛那提，随后又继续向前进入印第安纳的森林地带。这些移民一路开山劈岭，在荒野中建起家园，传播文明，昔日黑压压的森林不久就变成翻滚着金色麦浪的良田。但是，这位诗人却因无法获得具体创作素材而苦恼。无奈之余，他只好把目光投向西部更为荒蛮的地区，描绘西部捕猎野牛、套猎野马的场景，用精心创作的韵文呈现未来密西西比河流域的理想画卷：令人愉悦的农场、安静的牧群、星罗棋布的城市、穿梭不息的汽船、横贯大陆的太平洋铁路以及五大湖畔的一座大都市。

> 前进，继续前进
> 声势浩大，脚步飞快，
> 文明的臂膀向远方张开；
> 平整一新的林中空地向天空展露笑靥，
> 还有那丰收的累累硕果随风舞蹈摇摆。[6]

但是除了关于农民感染疟疾的描述之外，我们几乎没有看到有关农业拓居实际进程的描写。移民队伍的两名领头人最终没有坚持下去，返回了宾夕法尼亚。——“对于这种人，这样的战斗太过严峻了。”[7]虽然里德的文笔讨喜流畅，但是其作品整体上平淡无奇。正如保尔丁的作品《来自边远地区的人》，问题不在于诗人自身，而在于作品的题材与其选择的文学表现形式之间缺乏和谐性。里德一贯的风格温和平淡，无法表现该作品主题包含的粗犷不羁、生动活泼的现实场景。此外，对于作品中人物的身份地位他明显只是在理论上予以肯定。

不妨再举一例，卡罗琳·A. 索尔（Caroline A. Soule）夫人的《小艾丽斯》（*Little Alice*）尝试用温和而欢快的笔调来描绘西部的农业拓居生活，但同样以失败告终。在序言中作者称该作品是“体验了上得梅因河（Upper Des Moines）河谷以及草原小屋的移民生活四年”[8]之后的结果。她坚信边疆农民是一群品行高尚的人，农业边疆的推进过程对于人类的进步意义重大。例如，在她的作品中参加婚礼的宾客们沉浸在纯朴自然的气氛之中：

> 50 名体格健壮的拓荒者身着整洁的土布衣衫，站立四周。他们神态各异，但都面容开朗，心地坦诚，容光焕发。在长满青苔的圆木上坐着数目相当的一群女子，她们神态端庄，身着粗布，朴素整洁，笑容满面地分享着当天这位美丽新娘的喜悦。[9]

索尔夫人认为在农业拓居的最初阶段，艰苦的生活与危险的环境培养了互助精神，“人与人之间情同手足的关系不仅是理想也成为现实”。[10] 15 年之后，这个社区发生的变化显而易见。

> 但是，感谢上帝，这是光明而美好的变化。由于这一变化，成千上万挣扎求生、债台高筑、流离失所、忍饥挨饿的人从老州拥挤不堪的城市来到这里，获得了平静富足的生活、住房和土地。作为回报，他们“将这片荒原和旷野改造成为自己的乐土，让荒漠上的生活充满欢欣，如鲜花般盛开”。[11]

虽然该故事意在展示这种变化过程，但是如同里德的诗歌一样令人难以置信。故事中的男女主人公从新英格兰移居当地不久，早年家境富裕，待人接物彬彬有礼。比利大叔（Uncle Billy）是位“上了年纪的经验老到的猎手”，说着一口浓重的方言。他属于温和的皮袜子型人物，他的边疆生活技艺完全表现了西部荒蛮之地的传统。[12] 索尔夫人还塑造了一位类似比利大叔的女性角色，心地善良但目不识丁的西姆斯（Symmes）奶奶。[13] 这些人物反映出西部的情调，但是正如库珀小说中皮袜子的地位从属于贵族乡绅一样，他们显然在小说中也处于从属地位。该小说中的社会价值观念围绕享有优越感的男女主人公展开，主人公的光彩品质与西部地区或农业生活毫不相干。索尔夫人虽然在草原上生活了四年之久，但是她并没有能够找到适当的文学形式来表现其信奉的理论所倡导的农耕理想。

表现农业占据主导地位的西部生活主题的早期文学创作表明，边疆农民根本无法成为人们认可的主角。身为农民必须坚守一方土地辛勤劳作，这使得他们的生活缺乏西部荒蛮之地那些猎人和侦察手身上可以挖掘的迷人魅力。同时农民的社会地位低下，也让作家无从在其优雅气质上做文章。无论演说家们如何用光鲜抽象的辞藻标榜自耕农的美德，对西部农民在社会阶级体系中的卑微地位带来的各种情绪，小说家们也感到无能为力。正是因为人们对于自耕农的等级观念是农业占据主导地位的西部为文学创作提出的难题，我们不得不尽可能深入细致地考察有关西部地区及其居民在美国社会中的地位的普遍看法。

这就要求我们再次回到文明与野蛮之间的对立。这一问题是区别“尚未开发的荒蛮的西部”与“业已有人定居或以农业为主导的西部”的根本问题。人们普遍认为开展农业拓居的边疆乃是文明与野蛮的分界线，可是在边疆地区，关于文明社会的结构存在两种彼此对立的思想。源自杰斐逊的农耕传统倡导纯朴的农业社会理想，主张财产分配基本均等，社会分层相应控制在最低范围内。然而这种平等主义的主张不可能在全国广为接受。无阶级社会的观点仅仅对于激进的少数派具有吸引力，且由于社会分层观点根深蒂固，总是面临随时湮灭的危险。这一状况不可能发生改观，因为平等主义，尤其是社会和经济的平等主义这一概念来源于 18 世纪法国的激进主义思潮，当时刚刚流行，或许很快也就成为明日黄花。而社会地位的隶属观念、阶级等级观念和地位等级体系观念的背后则有数百年的历史影响。要想充满想象地阐释美国生活的内容，更为重要的是认清一个事实，即以上流社会的绅士和淑女为男女主角的言情小说里弥漫着英国社会阶级结构中的自负傲慢。一如既往地反映平等主义思想的文学传统并不存在。

由新英格兰神权政治传统产生的一些思想进一步强化了西部农民社会地位低下的观念。依据新英格兰神权政治传统，所有移民都是罪犯，或是潜在的罪犯，因为他们逃离井然有序的城市生活，来到了边疆地区，远离神权控制的中心。教会和政府合力维系的社会秩序培养了清教徒般的耿耿忠心，自然造就了上述态度。从 1758 年托马斯·巴纳德牧师（Reverend Thomas Barnard）在波士顿的一次讲道中就可以清楚看出针对边远地区居民的神权政治观念。他说，宗教将会在培养促进和平之技艺的地方，“尤其是工业企业，在那些天生干体力活的人中”，兴旺至极。因为在一个井然有序的社会中，平静安稳的生活令人关注品德和虔诚，热心参与集体礼拜，培养人们鲜明的正义感以及对于财产的敬意，引导人们对自己的地方官员表示恰如其分的服从。另一方面，一旦人们信步荒蛮之地，定居之地彼此相隔遥遥，那么结果就是“性情凶蛮，愚昧无知，缺乏宗教生活的条件;（这些都会出现在荒凉偏僻的州、相距遥远的居民点中）”。更为糟糕的是，如果有大量自由土地让人们自给自足，“几乎无须劳作就可以依靠大自然中自然生长的物产为生，经验表明，人们将会沾染懒散和酗酒的恶习，对于公众危害极大”。[14]

上述观点广为人知，无须详述。但是，东部的人们固执地相信边疆腐败堕落，对此值得提及后来的一些言论加以说明。其中，耶鲁大学校长蒂莫西·德怀特牧师根据其1789年和1806年在佛蒙特州旅行经历所写的有关该州“林中居民或拓荒者”性格的描述最为著名。在这位知名的牧师眼中，这些人游手好闲、多嘴饶舌、性情暴躁、得过且过。在四平八稳的社会中，他们根本无法获取财产和名声，因而希望逃避法律、宗教、道德和政府的约束。由于无法适应社会现实，“他们最终变得心灰意冷：不堪贫困之苦，又害怕锒铛入狱，加之意识到公众对于他们的蔑视态度，于是背井离乡，投身荒原”。[15]根据德怀特的区分，林中居民行为放纵不羁，而在第一批拓荒者继续西进之后，建设有序家园的农民们心怀美德，品行高尚。但是，他又暗示远西地区大部分移民都来自他所描述的佛蒙特州那种堕落阶层。

> （他断言）这个阶层的人，即我所讨论的主要对象早已从新英格兰及这个联邦的其他地方一路漂泊到了路易斯安那州。从政治的角度来看，他们移居其他地方对于那里的居民来说好处极大。……相比其他地方，我觉得新英格兰的制度和风俗习惯更加能够防止或遏制这种败坏社会道德的风气，但是又无法完全防范这种情况发生或避免其影响。因而，面对这

> 些自律、勤劳、善良的居民，上帝出于怜悯在广袤的西部原野上为他们开放了一条生路，那里足以吸引他们离开自己的故乡。尽管如今我们依然有诸多问题，但是假如这些林中居民依旧留在故乡的话，我们的问题应该会比现在多得多。[16]

对于接受过神学传统熏陶的新英格兰人来说，来到新定居点后这些生活特点依然记忆犹新。这一传统的影响极为明显，即便是年轻气盛、相对激进的一神教牧师詹姆斯·弗里曼·克拉克（James Freeman Clarke）也未能成功抵制。他曾深受超验主义的影响，多多少少怀揣传播福音的目的前往路易斯维尔。克拉克在对曼·巴特勒（Mann Butler）的《肯塔基州史话》（*History of the Commonwealth of Kentucky*）与詹姆斯·霍尔的《西部历史和风土人情随笔》（*Sketches of History, Life, and Manners, in the West*）所作评论中承认，西部“地域辽阔、资源丰富、富于活力、多姿多彩而且前景光明”。但与此同时，西部也是放纵不羁、无法无天、缺乏治理的地方，这一点让他惊诧不已。西部的母亲们鼓励自己的孩子打架，女人们爱看决斗，而貌似庄重的法官参与赌博，罪恶已经完全腐蚀了社会道德。西部需要宗教的约束，需要道德的规范，需要给予法律更多敬重，也需要各尽其职的社会风尚，即大抵遵循新英格兰的明智教导。[17]

1842年，卡罗琳·M. 柯克兰（Caroline M. Kirkland）对哈佛大学科尼利厄斯·C. 费尔顿的著作《林中生活》（*Forest Life*）所作的评论中，将上述态度中所隐含的阶级偏见表现得更加明显。根据其评论，西部人口不断增加，但是“并没有出现其他国家存在的约束劳动阶层的种种限制”。人们的情感得到自然的表现，性格得到充分的发展，完全不受封建效忠思想的影响。在西部，每个人都视自己是自身命运的主宰者，享有不可剥夺的权利，他们坚信没有任何人能够在任何方面超越自己。[18]

西部农民不仅是神权政治眼中逃亡社会的叛逆之徒，而且从文明和进步的观念来看评价也同样不佳。正如文明一词，这一概念最早流行于 18 世纪中叶，出现在杜尔哥（Turgot）和卢梭（Rousseau）的作品中。[19] 18 世纪 90 年代，孔多塞（Condorcet）的著作《人类精神进步史表纲要》（*Esquisse d'un tableau historique des progrès de l'esprithumain*）对文明的概念进行了最具说服力的系统阐述。该书出版后马上被译成了英文，而且在 1825 年之前在美利坚合众国有过两种版本。[20] 孔多塞的文明理论最具影响力的一个方面在于，他认为在由原始野蛮向普遍开化目标进化的过程中，人类社会无一例外都要经历同样的一系列社会阶段。他将人类历史划分为 10 个时代。前 9 个时代始于人类的出现直至法兰西共和国诞生，而第 10 个时代则包含理性的胜利为人类所揭示的光辉未来。就社会理论而言，其中最早的几个时代最为重要，包括主要以狩猎为生的各自独立的家庭联合成为“游牧部落”；驯养各种动物，开启畜牧社会发展阶段；以及从畜牧社会阶段向农业社会阶段的过渡。其他一些作家则进一步提出，一个社会只有在采取了农业生活方式之后，才真正开始拥有文明。[21]

在欧洲，人们自然而然地认为社会发展各阶段从时间上来看是前后相继的，因而对于原始社会的研究只有通过历史和考古才得以进行，然而美国的情况则完全不同。有关文明的理论在这个国家开始传播之时，许多观察家对于该理论能否适用于西部的实际颇感兴趣。人们常常可以听到这样的评论，即在旧世界的漫长历史时期里各个社会发展阶段前后相继地出现，而在美国则可以同时观察到各个阶段。例如，威廉 · 达比（William Darby）于 1818 年在其《移民指南》（*Emigrant's Guide*）中这样写道：从新奥尔良一路向西到萨宾河（Sabine）的旅途中，人们可以看到从最文明到最野蛮的人类发展的各个阶段。新奥尔良代表着人类社会的文化教养、精致优雅和生活享受的极致。而密西西比河下游众多的种植园也“依靠财富的支持，为人们提供艺术产品”。在阿塔卡帕斯（Attacapas）和奥珀卢瑟斯（Opelousas）教区，让人眼花缭乱的骄奢生活无影无踪，取而代之的是农民们居住在简陋而让人感到惬意的房屋中，过着独立自主、自给自足的生活。而在奥珀卢瑟斯教区西部地区，还可以看到草原猎人，这不禁让人联想到历史上的原始时期。再向西前进，那些散居在萨宾河沿岸的居民的生活方式会让人以为那里是“地球上有人类居住的最最遥远的地方，是人类进步之黎明开始的地方”。[22]

1824 年，费城的《弗里欧港周刊》（*Port Folio*）引用了一段英国旅行家亚当 · 霍奇森（Adam Hodgson）结束自西向东穿越美国旅行时所发表的类似讲话。他说：“我见到过就像牧人一样四处流浪的猎人。”“草原生活融入了农耕生活，而农耕生活又消失在工业生产和商业生活之中。”[23] 杰斐逊本人曾在蒙蒂塞洛（Monticello）接待过霍奇森的造访，[24] 不久之后对这一理论进行了详细的阐述。

（他这样写道）设想让一位处变不惊的观察家从落基山脉中那些野蛮人那里出发，一路向我们的东海岸行进。这段旅程开始的时候，他会看到当地人完全生活在自然状态之中，没有法律的约束，茹毛饮血，兽皮为衣。接着，他会来到边疆地区，那里的人以畜牧为生，饲养着各种家畜以便在狩猎收获不佳时满足生活所需。继这些生活在半原始状态中的人们之后，便是那些传播文明的开拓者。在这一路的旅程中，我们这位观察家所遇到的人在文明开化程度上越来越高，而这种文明程度在他最后抵达的海港城镇最为发达。事实上，这段旅程就相当于按照时间先后考察了人类从摇篮时期到现代发展的进程。[25]

这一理论流传甚广，从富于想象力的文学作品中选取一二事例就足以证明。1825—1826年期间分期连载的《弗朗西斯·贝里恩》（*Francis Berrian*）中，作者蒂莫西·弗林特借主人公之口指出，在从纳基托什（Natchitoches）向西进入得克萨斯时，他“有机会去证实这一说法：一路向边疆行进的过程中，可以看到文明进步的程度不断降低，这种变化准确展示了一幅历史倒退的画卷”。贝里恩感到自己仿佛在六天时间里穿越了六个世纪。居住在遥远的边疆地带的那些半野蛮的拓荒者过着半是农耕半是狩猎的生活。他们是“身处野蛮人与文明人之间的中间一族”。[26]不妨从库珀的《大草原》（1827）中选取一例最后加以说明：

本书所描绘的社会发展演变既包括优雅讲究的生活状态，

> 也包括文明人尚能宽容的接近野蛮的状态，既包括财富、奢华和艺术开始滋长勃兴的合众国心脏地带，也包括那些遥远的不断向外退却的边境地区——它们标志着这个国家的外围，也宣告着这个国家前进的步伐，恰如黎明前游移的雾霭。[27]

这段抽象的陈述引出了伊什梅尔·布什（Ishmael Bush）这一角色。他来自肯塔基边远地区，体现了库珀对于农业边疆问题极其深刻的洞察，其地位堪比皮袜子这个“森林之子”。不同的是，皮袜子与纯真的大自然息息相通，因而具有一种天生的美德和异乎寻常的风采，而布什及其儿子则始终与自然为敌。皮袜子穿越半个美洲大陆所要逃避的正是他们这样的伐木人。由于迫切想要证明其象征意义，库珀甚至在本来不见树木生长的大平原上想象出了一片树林，让布什的几个儿子砍伐殆尽。[28] 虽然皮袜子和布什出现在了同一部小说中，他们各自的观念却完全不同。把他们彼此分隔的界线就是农业边疆。皮袜子生活在边疆之外，其赖以谋生的手段是狩猎和设置陷阱猎取兽皮，根本不属于社会成员。而布什这个庄稼汉则是社会的一员。他“与文明开化一族的联系”在于他加入到了社会契约之中，而皮袜子则不在其中。

但是，如果布什在这一文明体系中占有一席之地，而这个体系的顶端是库珀笔下的贵族绅士阶层，那么布什代表的也只是这一体系的最底层，与精致优雅的上层社会相去甚远。[29] 他是个流浪者——库珀作品的读者绝不会忘记他的姓名中包含的《圣经》典故。同时，他还招人猜疑，因为他身处社会最底层，不名一文。他只不过是伯纳德和德怀特所描写的边地居民，穿着“最粗劣的庄稼汉服饰"，佩戴的"那些饰物稀奇古怪，既不经济又不美观"，把他半野蛮的审美观表露无遗。他的面容下半部分"粗犷、宽阔、僵硬"，而上半部分"毛发脱谢、无精打采、俗气平庸"。虽然看上去肌肉发达强壮有力，但是他的神态冷漠，举止懒散。简言之，他一半是兽一半是人，就像库珀用一个比喻明示的那样，"……他艰难地挪动着自己粗笨的身躯，从并不陡峭的斜坡上缓慢地走下来，迟钝的样子就像是一头肥胖过度不堪重负的野兽"[30]。小说作者让布什成为其内弟阿比拉姆·怀特（Abiram White）——一个拐卖奴隶者——的帮凶。怀特诱拐过女主人公伊内兹·德·塞塔瓦洛斯，把她囚禁在布什车队的一辆货车中。此外，我们还知道他枪杀过肯塔基的一名代理治安官，因为此人试图驱逐他和另外 50 名霸占公地的移民。[31] 在《开拓者》中，皮袜子对抗法律的行为源于对其恩人埃芬厄姆封建式的忠诚。对比之下，布什的反叛之举似乎更加邪恶。

布什的所有这些特征与保守主义理论完全吻合。虽然库珀蔑视理论，但是他对布什这个角色饶有兴趣。布什身上的那种野蛮，加之不折不扣的犯罪行为启发读者产生一种道德上的崇高感。它与皮袜子的道德之美的联系正如库珀和同时代人眼中萨尔瓦托·罗莎（Salvator Rosa）所创作的阴沉昏暗的风景画与他们喜爱的另一位画家克劳德·洛兰（Claude Lorrain）创作的温暖怡人的风景画之间的联系一样。在揭示布什的审美趣味过程中，库珀能够在那一刻完全抛开上层社会的标准或是社会发展阶段论来评价他，因而写出了皮袜子系列故事中最出色的片段。接近故事尾声的时候，伊什梅尔作为一族之长决定为其子阿萨（Asa）遭到谋杀一事主持正义。凭借他对《圣经》的一点了解，他以为原始的以牙还牙之道就是上帝的法律。然而，一旦得知谋杀者竟是自己的妻弟阿比拉姆时，上帝的律法与原始的宗族忠诚观念产生了冲突。可是伊什梅尔与妻子查阅了《圣经》，得出的结论是阿比拉姆必须以命偿命。如果说皮袜子具备明辨是非的天赋异禀，伊什梅尔具备的正义感同样让人吃惊。阿比拉姆如懦夫般哀求多活一个小时，反而启发伊什梅尔采取了更为残忍的行刑手段，即将他双臂捆绑，脖子上套上绞索，挂在绞架一端，只等他最终精疲力竭无法站立而结束生命。当晚，夜黑风高，阴云翻卷，不禁让人想起画家萨尔瓦托的画风。伊什梅尔和妻子回到行刑现场，割断绞索，放下挂在绞架上的尸体，将其埋葬。[32] 而在这之前出版的故事里，同样出于正义感，经过良久沉思后布什选择放走了伊内兹。[33]

西部原始的农业生活造就了伊什梅尔·布什这一角色，可是无法诉诸文明和进步的观念加以解释。库珀对于布什这一角色价值的认识为找寻更为恰当的文学形式来表现农业边疆主题指明了方向。但是，关于文明的观念已经在美国人心中深深扎根，不可能突然消除。因而，连续几十年间那些以农业占据主导地位的西部为题材的作家始终在两种方式之间摇摆：一种是根据故事素材直接作出响应；另一种则是根据流行的社会理论对西部的粗俗持保留或反对态度。库珀本人也觉得这一问题十分棘手，但在如何解决这个问题方面他并没有多少进展。在 1838 年出版的作品《家乡风貌》(*Home as Found*) 中，他再次描写了库珀斯敦。15 年前，他在《开拓者》中就曾描述过这座小镇的早期历史。如今，他没有再用描写伊什梅尔的篇幅来描写西部人物，而是从理论上详尽分析了这片荒野上开展农业拓居之后所发生的事。

在库珀看来，所有这类移民定居社区的发展目标相当明确：那就是形成一个稳定的乡绅阶层。对于修身养性来说必不可少的财富和闲暇来自他们拥有的土地。显然，这一社会理想的基础在于库珀所说的“等级划分”，而在农业拓居发展的最初阶段由于原始的平等观占据主导地位，这一理想根本无法实现。在富于冒险色彩的早期拓居岁月里，人们一度“像童年时代一样无忧无虑，天真无邪，彼此依赖，心情欢畅”，而出乎意料的是库珀的确对于这一时期怀有田园牧歌式的想象。但是这一阶段转瞬即逝。只有在社会地位级差依据财富继承的多寡得到清晰划分之后，一个社会才会最终实现有序和稳定。[34]

就其社会发展观而言，库珀始终是一名不折不扣的保守派。虽然对于政治民主的支持有所保留并表现得小心翼翼，但是他毫不掩饰地表示只有当上层社会成员拥有足够的财富保障其闲暇，并拥有相当稳固的社会地位以赋予其沉着和自信时，他们才有可能谈及高贵和教养。从这部多愁善感的小说的表现形式就完全可以看出上述观点。尝试以农业为主导的西部为题材的其他小说家觉得有必要将民主和平等的堂皇滥调从政治领域拓展到社会和经济生活之中。因而他们面临的一项任务就是不断努力，使他们对优雅生活近乎本能的关注与他们的种种民主理论以及在粗俗的西部找到一些道德准则的愿望彼此协调。

只要他们坚持认为文明的发展包含一系列固定不变的社会阶段，这种冲突就不可能消除。因为在这样的体系中西部只能占据一种地位：西部是原始的，因而并不优雅。实际上，这才是它的本质特征。西部一旦失去其原始特征，它与东部的区别也会随之消失，如此一来富于西部特色的文学也就失去了存在的基础。而对西部素材感兴趣的作家们隐约意识到密西西比河流域的农业拓殖乃是一场前所未有的历险，在某种意义上值得用富于想象的语言加以阐述。但另一方面，进步和文明的理论并不关注奇闻逸事，只不过视之为高度发达社会中锦上添花之物。尽管这种理论既抽象又富于理性，但它表明社会发展只有在达到高度发达的阶段才会产生出值得崇敬的人物。这一理论无助于人们找到一种与欧洲价值形成鲜明对照的美国价值，或者说无助于人们找到可以与美国东部形成鲜明对比的美国西部价值。从库珀时代到哈姆林 · 加兰时代，以西部为题材的作家们不得不奋力抗争的观念是：他们笔下的人物根本没有资格博取老于世故的读者的关注，除非作者赋予这些人物令人咋舌的教养，或者说得好听一些，是让这些人物别具一格地缺乏教养。

II. 从卡罗琳 · 柯克兰到哈姆林 · 加兰

长期以来，文学史研究者普遍认同约瑟夫 · 柯克兰（Joseph Kirkland）和哈姆林 · 加兰（Hamlin Garland）的重要性，因为他们为现实主义小说的发展贡献了“边疆生活的艰辛故事”。[35] 不妨在此提出一个更为重要的问题：他们创作的来源是什么？他们继续创作的文学背景是什么？在文学史上没有绝对的开端或结尾，柯克兰和加兰既可以被视为某个文学发展阶段的先锋，也可以被视为另一个文学发展阶段的顶点。如果在他们的作品中仅仅看到对理想破灭的预言，那就是在用简单化的头脑看待美国思想史上一个内涵丰富、极具启发的篇章。无论他们存在怎样的不足，作为艺术家，他们的努力表明关于西部农民的文学创作态度发生了缓慢但深刻的变化。众所周知，在19世纪早期的小说中只能将西部农民描写为底层社会阶层中的一员。到1890年，农民已经能够在小说中以人的形象出现，或许还只是个不幸的人，但是他即便身处磨难也保持了人的尊严。本章内容旨在回顾这一过程。为此，我们将浏览从皮袜子系列小说的最后一部到《大路》（*Main Travelled Roads*）之间的半个世纪中那些以农业为主导的西部为题材的具有代表性的作家作品。[36]

第一位代表性作家是卡罗琳·M. 柯克兰夫人。她来自纽约，从19世纪30年代末到40年代初在密歇根州南部居住过5年。当时，她丈夫正尝试投身土地投机和城镇建设行业。正是凭借这一时期与西部的接触，柯克兰夫人创作了3本书：《新家园——谁是追随者？》（1839）（*A New Home—Who'll Follow?*）、《森林生活》（1842）以及《西部林中垦殖地》（1845）（*Western Clearings*）。此外，她还写了一些同类素材的短篇随笔和故事。因为观察视角清晰，描写生动有趣，她的作品读者众多，且的确值得一读。同时，她的作品对全面了解东部上层社会对于自然原始的西部的种种态度也颇有价值。

柯克兰夫人是美国革命时期亲英派诗人塞缪尔·斯坦斯伯里（Samuel Stansbury）的孙女，拥有毋庸置疑的社会地位。这使得她不可能认同密歇根边疆不拘一格的环境和习俗。[37]相反，她把自己视为一个过客，只是出于偶然在“远离文明”的荒野中逗留了相当长的时间。[38]她的第一本书是以写给远在家乡的文人雅士的书信体完成。她意识到这些优雅脱俗的读者很难相信西部边远地区的居民“与他们本性相近”。[39]西部无视阶级界限的态度有时让她兴趣盎然，有时又让她近乎愤慨。她极其反感那些装模作样信奉社会平等原则的人。她十分肯定地指出，把这些原则付诸实践“对那些富于教养的优雅之士而言无异于无穷无尽的精神折磨”。[40]

然而，面对拓荒农民所展现的慷慨和厚道，她作出了几乎是不由自主的反应。她说每次从乡间短途旅行回来，她的心中总会增添几分对于当地人的喜爱。

> （她解释道）那里洋溢着善良、纯朴和彼此信赖的民风——到处都可以看到人性中可爱的一面——甚至让我们忘记了他们诸多粗鲁的言行，也原谅了他们诸多无礼之处。从他们身上，我们可以看到粗人的闪光之处，并懂得了如何珍惜“兄弟情谊”。[41]

在她的随笔第二卷的卷首，她用 6 节斯宾塞诗体的分节诗来赞美同情心，这一“上天赋予人类本性的可喜之处”——“北方才子”英国作家司各特让她懂得了这点。那位文学巨匠让她领会到身处边远地区的人毕竟也是人。

> 那种震撼世界动人心魄的力量
> 生长在森林中，洋溢在我们共有的天空里——

藏身于孤寂的小屋，也出现在塞满货物的集市上——
因为大自然的画家从大自然那里掌握了她全部的技艺。[42]

从这种多愁善感的见解中可见地位低下的西部农民有着高尚不凡的品质，这让人联想到蒂莫西·弗林特为《乔治·梅森：边远地区的年轻人》所写的序言。如果读者把柯克兰夫人的这一见解与她在随笔第一卷开头忸怩作态的说辞（“我做好了‘彻底放低身份’”的打算）加以比较的话，[43] 就会发现她在作品中所呈现的态度多么自相矛盾，又多么富于启示。

柯克兰夫人探寻理想文学形式的努力并不成功。从这一失败中可以发现，她那矫揉造作言过其实的说辞与她对言行粗鲁的密歇根农民本能的反感之间矛盾重重。她的作品结构极为简单，就像是一个极具教养的外乡人所作的旅行日记，其中记载的是所到之处有关当地人生活的笔记。这是首次踏足一个陌生地方的探险者都会采用的形式。有关西部的类似的旅行故事数以百计，只是这些旅行者并不把这些故事自命为文学作品。但是，柯克兰夫人采用第一人称的写作手法，不仅向读者不断呈现自己的感受，而且突出表现了自己对环境的超然态度。她自以为是地认为她的读者与她一样要比当地居民享有更高的社会地位。此外，她还使用大量文学典故和引言，并不时加入法文和意大利文字眼，以此证明在一群目不识丁的乡巴佬中自己是鹤立鸡群的女才子。

但她不愿就此满足于这样简单的文学形式，于是大胆尝试较为复杂的文学形式。她在三本书中插入了大约 12 篇小说，为每篇小说设计了故事情节。从《新家园——谁是追随者？》中受人钦佩的丹福斯夫人（Mrs. Danforth）口中简短的自传故事，[44] 到第一本书成功后受到鼓舞而进行的更加雄心勃勃的写作，柯克兰夫人进行了诸多尝试。例如，《森林生活》讲述的故事是边远地区一位出色的年轻人西摩（Seymour）如何与当地最大的地主女儿卡罗琳·海（Caroline Hay）喜结良缘，[45] 此外还叙述了一对姓西布索普（Sibthorpe）的英国夫妇的故事，而故事的结尾采用的是上世纪的书信体。[46]《西部林中垦殖地》中的好几篇随笔则接近于有声有色的故事，例如塞拉斯·阿什伯恩（Silas Ashburn）的故事。他虽然又懒惰又无用，但是还没有恶劣到对自己认定的仇敌非法施暴的地步。[47] 又比如，《埋伏》讲述了热情洋溢的猎人汤姆·奥利弗（Tom Oliver）如何受到埃玛·利弗林（Emma Levering）爱的感召，放弃狩猎成为一名勤劳的农民的故事。[48]

尽管柯克兰夫人在小说创作中进行了各种尝试，但是并不能因此就说她成功地找到了恰当的文学形式来表现其西部素材。除了爱情故事之外，她没有能找到任何其他可靠的情节结构，而且这些爱情故事中的人物最终都落入了传统的言情小说的俗套。随着故事的发展，这些人物逐渐失去了故事开头他们可能具有的任何西部特征。柯克兰夫人在克服其创作素材和创作形式之间不协调问题方面并未取得任何进展。她的努力表明，农业社会的西部为小说创作提供了有趣甚至富于挑战的题材，但是她却无法找到一种满意的方法来处理这些题材。

在此之后的 20 年里，显而易见的是许多女作家以西部为背景来创作传统的爱情故事。其中包括梅塔·V. 维克多夫人（Metta V. Victor）、她的妹妹弗朗西丝·富勒·巴里特夫人（Frances Fuller

Barritt）和前文提及的卡罗琳·A. 索尔夫人。维克多夫人的《撑筏人的女儿艾丽斯·怀尔德：林中罗曼史》（*Alice Wilde, the Raftsman's Daughter. A Forest Romance*）于1860年作为比德尔一角小说的第四集面世。小说描写的是风度翩翩、举止优雅的青年人菲利普·莫尔（Philip More）从纽约来到西部偏远地区的故事。老于世故的弗吉尼亚同样来自纽约，全然无法理解为什么菲利普会不顾一切地投身于"一个未开化的野蛮社会"，[49] 而菲利普甚至还爱上了撑筏人戴维·怀尔德（David Wilde）的女儿艾丽斯。这位父亲说着口音浓重的土话，而女儿却口音纯正。如果不是她落后20年的衣着风格，基本上看不出她来自乡下。[50] 在男主人公作出爱的告白之后，人们送艾丽斯前往城市中心一所女子学校进修。艾丽斯对未婚夫感叹道："……选择我意味着你得和傲慢、偏见、地位和社会风尚等所有这一切进行抗争啊。"[51] 维克多夫人对于艾丽斯所面临问题的看法从中可见一斑。这本小说在英国极为畅销，而在美国的销量高达250000册。这充分表明爱情克服上述障碍取得胜利受到了人们广泛的欢迎。[52]

在《边远地区的新娘：占地定居者的罗曼史》（*Backwoods Bride. A Romance of Squatter Life*）[53] 中，维克多夫人描述的冲突更加直接地来自边疆地区的农业拓殖。19世纪40年代，风度翩翩、彬彬有礼的哈里·加德纳（Harry Gardiner）在密歇根州购置了一大片政府土地。在他前往当地接受土地时，他发现早有许多人占地定居下来，其中包括伊诺斯·卡特（Enos Carter）和他17岁的漂亮女儿苏珊（Susan）。[54] 虽然加德纳先生购置这片土地的目的是为日后出售牟利，他高尚的品德让他决定把土地按照原价卖给那些定居者。但是，或许受到乔治·亨利·埃文斯的影响，这些人认定“在这片新家园，人人有权拥有自己所开垦的土地”[55]。伊诺斯·卡特慷慨激昂地表明了这一立场：

> 上帝为所有人开放了这片土地；只要来到这片荒野，在这里清理土地，耕种收割，付出汗水使它成为自己的土地——无论是谁，他就有权拥有它。那些一辈子从没有干过一天活的人有什么权利来到这里，从我们的嘴里夺走我们的面包？[56]

在维克多夫人笔下，这一冲突极其真实，甚至发展到包括伊诺斯在内的一群暴民试图冲进加德纳下榻的旅馆房间对他施加私刑。于是，年轻的主人公用手枪当场击毙了其中一个暴徒。[57] 但是，作者并不愿意把此前的矛盾发展下去，而是让加德纳由自由占地者提名成为国会议员候选人，通过和解回避了矛盾。[58] 而他与苏珊的婚姻也并没有太失体统，因为苏珊的父亲也曾经腰缠万贯，况且她还保留着一种孩童时代在纽约郊区生活养成的脱俗优雅的气质。

在《伊齐基尔大叔与他在两个大陆的英勇事迹》(*Uncle Ezekiel and his Exploits on Two Continents*)中，维克多夫人又回到了西部农民的社会地位问题上，但是在这个故事中男女主人公的地位颠倒了过来。作者全力描写了伊迪丝·兰开斯特（Edith Lancaster），这位来自英国上层社会的女子如何一路跋涉来到伊利诺伊州的草原。阿莫斯·波特（Amos Potter）是当地一位占地定居者的儿子，虽然没有自己父亲那种边远地区口音，但是其社会地位无法让伊迪丝的父亲满意。于是，伊迪丝被父亲带回了伦敦老家。[59] 而她身居伦敦却日夜思念着西部的恋人。最后，正是伊齐基尔大叔这位富于新英格兰地区幽默感的人物让这对年轻人再次相聚，并通过调解让那位父亲同意了这桩婚事。[60]

巴里特夫人在其《东部与西部，或威拉德磨坊的丽人》（*East and West, or, The Beauty of Willard's Mill*）一书中不顾现实地塑造了一位艾奥瓦州出身高贵、完美无瑕的女主人公——明妮·威拉德（Minnie Willard），一位磨坊主的女儿。相比于从纽约前来作客的表妹康斯坦斯——在城里长大，出身高贵——她这个乡下姑娘显得质朴无华。但是，她却拥有写诗和画炭笔画的不俗才能。[61] 弗莱彻·哈里斯（Fletcher Harris），一位受雇于东部一家杂志社前往当地工作的艺术家，爱上了明妮。他创作了一幅题为《草原上的幼鹿》的画作，用来赞美明妮一首诗中所描绘的意境。[62] 但是，作者首先必须让明妮前往纽约观赏绘画，聆听音乐，之后才能让二人缔结姻缘。[63] 在巴里特夫人的《公地权：密苏里河上游的故事》（*The Land Claim. A Tale of the Upper Missouri*）一书中，女主人公是一位出身高贵的英国女人的孩子，因而富于教养。但是她的母亲是与园丁私奔到美国后生下的她。而最终女主人公回到了外祖父戴明爵士（Sir Deming）身边。[64] 在索尔夫人的作品《小艾丽斯》中，女主人公玛格丽特·贝尔顿（Margaret Beldon）虽然生活在边远地区，但她的形象优雅不俗，原因是她由一户富裕的新英格兰人家抚养长大。

上述这些作者，每一位都固守社会发展阶段论，把西部的发展置于东部发展阶段之后。而西部就其自身而言并没有任何意义，因为文明的理论认可的唯一价值是修养，人们认定这种修养伴随一个人从单纯、粗俗向复杂、优雅的城市生活的进步而稳步提高。人们在西部会偶尔发现这样那样的价值，但这并不足以证明西部的发展契合了某种实际上与西部毫不相干的准则。有诸多西部女主人公的故事证明了这一道理。这些女主人公之所以值得爱慕，只是因为她们要么出生于其他地方，要么拥有难以置信的内在修养，虽然身处粗鄙庸俗的环境却出污泥而不染。西部的清新活泼与东部的城府泛滥会偶尔不经意地加以对照，但这只不过是走向没落的文化原始主义的一点影子。言情小说的思想框架来自对优雅教养的迷信，而上述对照与这种迷信完全格格不入。

要解决农业占主导地位的西部的文学问题，第一步是找到摆脱先入之见的办法，避免把东部视为道德价值的规范，视西部人的社会地位低人一等。如果小说家要按照西部的实际来表现西部，他们就必须在教养优雅的标准之外同时采用其他标准，并且必须从热衷于阶级划分的潜意识中摆脱出来，实际上，这就意味着他们要与社会发展阶段论决裂。

最早从俄亥俄州的艾丽斯·卡里（Alice Cary）19 世纪 50 年代出版的小说和随笔开始，西部与东部的关系不再成为文学作品中的主要问题。值得关注的是卡里小姐是第一位用小说来描写俄亥俄河流域的本地人。她的作品虽然有一些缺点，但是证明了爱德华·埃格尔斯顿（Edward Eggleston）的判断：她是忠实地表现西部这一传统的奠基人。[65] 她对看待地区间关系的传统方式的批判得到从埃格尔斯顿到哈姆林·加兰等人的传承，必定对文学的发展影响重大。对于东部的冷淡似乎让她增强了对细微之处的观感，并帮助她把握直观的感受，使之至今依然鲜活生动。但是，由于其中的疏忽她的作品存在诸多缺陷。她很少能摆脱传统情趣的影响，常常表现出一种习以为常的虔诚。在她的随笔《两次拜访》[66]中的那位男教师纯粹是个哗众取宠的角色。作者是这样描写的：如果说他一头乌黑的卷发、苍白的面容、忧郁的大眼，以及他对科尔里奇的迷恋还不足以说明他的身份的话，那么他的双手足以显示他出身上层社会。正如《哈克贝利·芬恩历险记》（*Huckleberry Finn*）中的埃米琳·格兰杰福特（Emmeline Grangerford）一样，他借助写生表明自己上层社会的做派，并且像埃米琳一样，他也喜爱丧葬主题。他创作的杰作就是一幅表现初恋情人墓地的画作，画面中他本人跪倒在墓前。[67]

此外，卡里小姐的创作手法也妨碍了小说角色的充分发展。她继承了柯克兰夫人以第一人称写作的习惯，往往无法让自己置身小说之外。有时她会忍不住暗示自己也是一位淑女，通晓斯宾塞（Spenser）和弥尔顿（Milton）的著作，并且有资格对体现教养或缺乏教养的人和家庭进行评判。在抛弃社会发展阶段论提供的思想框架同时，她并没有能力构建任何合乎逻辑的理论来取而代之。她断言道："独立自主的自耕农拥有淳朴的性格、健康的习性，是世界上最幸福的人。"但是，她随后引证的格雷的话充满了优越感："如果无知者有福，那么明智者就是傻子。"[68]她认为她作品中的西部农场和村庄上的角色属于"比较低下阶层"，她只是在为穷人们书写历史，而其他女作家"显然只是熟悉富裕和显赫的阶层，以及那些伴随奢华和艺术体面地出现的快乐和悲伤……"。

> （她继续写道）在我们这个国家，尽管并非所有人都是“生而平等”，但是自由和政治平等的观念影响巨大，因而
>
> “一切思想、一切情感、一切快乐，
>
> 所有打动这个人世的事物”，
>
> 对于栖身小木屋，或是身居大理石豪宅的人的言行和向往多半应该同样有所影响；我们这个民族的愿望和目标就是阐明这一真理，消除文学大师们长期以来竭力营造的“普通人”必然低贱这一错误看法。为此，我们也许会明智地投入最卓越的聪明才智，但在某种程度上，这一目标或许可以通过朴实无华的作品来实现，比如这些关于这个小村庄诸多往事的回忆录，孩提时代起我就在这里关注周围人的思想脉动。[69]

或许，这要比弗林特和柯克兰夫人类似观点的表述更加明确一些，而且卡里小姐较之他们更加接近于完成自己小说的写作计划。但是她的随笔始终未能前后连贯地聚焦其创作主题。这些随笔表明作者的看法虽饶有趣味，但最终显得三心二意，让人生厌。

以包含那位教师感人形象的随笔作品为例，其开头是富有而过于严肃的奈特一家与贫穷但可爱的莱特尔一家的对照。但作者在收笔之前插入了小亨利·哈撒韦（Little Henry Hathaway）的葬礼、赫蒂·奈特（Hetty Knight）的恋爱和婚姻以及姬蒂·莱特（Kitty Knight）可能因为过于伤心导致的夭亡。作者并不确定自己的兴致所在，或者说根本不知道自己要做什么。不妨再举一例，随笔《夏洛特·瑞恩》（*Charlotte Ryne*）中描写的是居民点最底层一户人家的女儿。她出身贫寒，跟随亲戚前往辛辛那提附近做

客时首次见识到何谓雅致。在光彩照人的萨利·丁斯莫尔（Sully Dinsmore）先生面前，她因自己的土气深感不安。后来，另有朋友带她前往某个未具体说明的更加让人目眩的大城市。她在一次舞会上成为众人瞩目的耀眼之星，于是，她刻意冷落丁斯莫尔先生来报复他在俄亥俄州针对她的刻毒言行。但是，如今虽然身着绫罗绸缎，夏洛特并不比当初布衣粗食时更加幸福快乐。[70]

围绕辛辛那提农村生活主题，卡里小姐创作的最具雄心的小说是1856年出版的《缔结姻缘，但不匹配》（*Married, Not Mated*）。该作品看似一部自传式的回忆录，但让读者摸不着头脑。该书第二章出现的女士中的一位以第一人称讲述了余下的故事情节。该故事的情节大致上是讲述来自辛辛那提的任性而为的安妮特·弗尼斯（Annette Furniss）如何为逃避无聊的生活决定嫁给亨利·格雷厄姆（Henry Graham）——一位向她家供应黄油的年轻农民。而安妮是个自私的人，她真正爱的人是亨利那个让人讨厌的哥哥斯塔福德（Stafford）。因此，这场婚事后来失败了，亨利也死了。卡里小姐称主人公为农民，似乎颇有对西部乡野角色加以研究之意。作者暗示亨利·格雷厄姆的谈吐和衣着需要因为爱情变得优雅脱俗一点，但是作者从来没有让他说过任何土话，而且他的性格极其斯文，完全无法让人相信他是个西部人。例如，他在幽静的树林中阅读诗歌，为了改善环境还在小溪旁种下一排杨柳。而农场的实际工作是由雇工们完成的。亨利唯一的劳作是充满感情地照看安妮特的妹妹内莉（Nellie）的墓地。[71]

该小说的后半部分离开了正题，冗长乏味地描写了自以为是的彼得·思罗克莫顿（Peter Throckmorton）先生这一角色，并且十分滑稽地探究起一个接一个业余的和专业的医生为他所作的治疗。该书中还有其他一些荒诞的内容。尽管如此，该作品还是出奇地有趣，部分原因是卡里小姐以不同人称来讲述亨利和安妮特的故事，几乎误打误撞地进行一次惹人注目的写作实验；部分原因是她成功地直观再现了对道德败坏和神经机能病的观察，而最主要的原因是对拉斐·马金斯（Raphe Muggins）这个角色的描写。小说开头，拉菲是个边远地区的流浪少女，在格雷厄姆的家里做女仆干杂活；后来她结了婚，建立了一个生机勃勃的小家庭。她和丈夫都是普通人，在作者心中无疑与格雷厄姆一家的社会地位截然不同。然而，在该故事中拉菲的角色远比其他角色更加真实。卡里小姐不仅详细呈现了拉菲粗鲁的语言，而且还赞美了她对于格雷厄姆一家痛苦生活敏锐而强大的洞察力，甚至用她的幸福婚姻来衬托小说主要角色之间发人深省的纠葛关系。作者对这个极度粗俗的西部女人表达了发自内心的喜爱，简直打破了把这个角色置于低人一等位置的文学传统。[72]

虽然卡里小姐偶尔取得了一些成就，但是在发现以农业为主导的西部的文学价值方面，爱德华·埃格尔斯顿的作品标志着显著的进步。的确，他和卡里小姐一样未能超越小说就是爱情故事这一普遍接受的俗套。他笔下的男女主人公全都属于多愁善感的角色。此外，他的小说也的确反映出西部低人一等这一陈旧思想的影子。例如，《印第安纳州的教师》（*The Hoosier School-Master*）的一个重要主题就是巴德·米恩斯（Bud Means）心中的渴望——“为耶稣基督拼尽全力”，从而“让自己的生活不会像弗莱特·克里克那样卑贱”。[73]《巡回牧师》（*The Circuit-Rider*）中的女主人公帕蒂·拉姆斯顿（Patty Lumsden）正是由于坚持自己的尊严才免于“遭受周围的庸俗粗野同化”。[74] 在描述帕蒂时埃格尔斯顿的言辞中充满了赞许。《罗克西》（*Roxy*）中，作者对南希·柯特利（Nancy Kirtley）这一角色刻画得相当细致，意在把他描写成“那种性情古怪而又不名一文的白人的代表，这种人在北卡罗来纳州被称为‘焦油脚’（tarheel），在南卡罗来纳州被称为‘沙丘人’（sand-hiller），在肯塔基州叫作‘玉米脆饼’（corn-cracker），在密西西比州叫作‘粗人’（yahoo），而在加利福尼亚叫作‘梭子鱼’（pike）”。正如《印第安纳州的教师》中米恩斯一家的大多数人一样，这些边远地区的居民类似于《大草原》中的伊什梅尔·布什，既粗鲁无知又无法无天——一句话，就是“半个野人”。埃格尔斯顿与库伯一样对这一类型的人物颇有兴趣，其结论也值得在此引述：

> 他们从来不会在一个地方长期逗留，就像美国的半个吉普赛人，总是毫无计划地从一个地方搬到另一个地方以便改善自己的悲惨命运，或者说更像是为了满足他们对于变换环境和寻求冒险的不断追求。他们是印第安纳州山林地区的山里人，也是伊利诺伊州南部的埃及人。他们总是生活在半野蛮的状态中，实施私刑在他们当中司空见惯。追求刺激让他们过着鲁莽的生活，甚至走上犯罪道路。他们中有肯塔基边疆的开拓者，有得克萨斯州的巡警，有莫勒尔（Murrel）的拦路强盗，有阿肯色州的执法者和不法之徒，有古旧的内河货船上的船工，有新式平底船上的船员，也有撑筏工人和码

> 头工人。这类人中或许不只产生了出没于各准州地界上的拦路强盗，其中有些人浑身是胆、慷慨大方。但是，他们中决不可能出现超越丹尼尔·布恩和西蒙·肯顿（Simon Kenton）式的人物。[75]

在南希的影响下走上犯罪道路后，马克·博纳米（Mark Bonamy）一度想要告别过去的生活，跟随她前往得克萨斯州，从而在那里继续堕落下去，不受任何道德约束。在那些逃犯和身无分文的破产的人当中，他或许可以成为一个头头儿，过上自己的生活。

> 这个南斯（Nance）是个无法无天的人——一个穷凶极恶的野蛮人。在他身上可以发现艾尔弗雷德·丁尼生（Alfred Tennyson）笔下的“洛克斯利·霍尔”（Locksley Hall）式的多愁善感。他宁愿选择道德沦丧而不是自杀成仁——宁愿释放本性中动物的本能而不是忠诚于更好的选择。由于他在文明社会中经历的失败，他可能会像野蛮人一样孤注一掷拼拼运气。如今的博纳米不会举枪自杀或投水自尽，而是会献身于西南边疆的自然环境之中。[76]

显然，埃格尔斯顿乐意像所有新英格兰的牧师那样，把偏远的边疆描述成为无法无天的野蛮地带。虽然在他眼里印第安纳州要比得克萨斯州更加文明，但是那里依然保留着早期野蛮不化的影子。毕竟，南希与马克一样来自印第安纳州。在埃格尔斯顿的小说中所呈现的西部既有卑鄙的政治腐败，有篡改先买权法令的不正当行为，也有不择手段牟取利润的自私贪婪之举。[77]他还特别提及边疆开垦后当地最大的财富并非来自辛勤劳动，而是来自土地投机买卖。[78]《梅特罗波利斯维尔的奥秘》（*The Mystery of Metropolisville*）中来自明尼苏达州的马车夫惠斯基·吉姆（Whiskey Jim）是个富有同情心的人。在他看来西部不是个讲究思想的地方，而是一片穷乡僻壤。他的结论是："依我说，在这里除了一个利字，什么都没有。"[79]

虽然埃格尔斯顿的观念十分传统，认定西部的堕落和利益至上，但他始终认为该地区值得成为文学作品的题材。这一点的确让人费解。在《印第安纳州的教师》的前言中，他这样写道：

> 对我们而言这的确让人十分猜忌。因为在我看来新英格兰乡间的风俗习惯、思想情感几乎充斥各种书籍，而我们的生活与新英格兰的生活相比虽然丝毫不乏趣味，不乏浪漫，也不乏幽默和奇特的素材，但是在文学中却没有一席之地。我们似乎被隔绝于美好的社会。而除了艾丽斯·卡里这个特例，或许我们的西部作家中还没有其他人敢于越雷池一步，勇于打破库珀的丰富想象所虚构出的西部世界。[80]

但是，上述这些话并不会给我们太多启示，而且也并不足以用来分析埃格尔斯顿对于印第安纳州人的态度。一年之后，他在为《海角天涯》（*The End of the World*）所写的序言中引用了约翰·C. 谢普（John C. Shairp）有关华兹华斯（Wordsworth）的演讲中的一段话。华兹华斯发现人类的七情六欲和感情，乃至“感觉的精髓和判断力的可靠性”，在地位卑微的乡下人中反而更为单纯，也更加强烈。[81] 但是这也同样并不能说明埃格尔斯顿本人的态度。理由之一是，根据华兹华斯的理论，柯特利一家人（以及与他们一样的西部贫困的白人阶层）是大自然的纯朴子孙，他们要比具备一定文化修养的马克博纳米一家和拉尔夫·哈索克（Ralph Hartsook）一家更加令人钦佩。埃格尔斯顿赞同的是文化教养会伴随社会阶段的进步而不断进步的理论，因而无法去接受华兹华斯的观点。对他而言，大自然是精神价值的源泉这一观念没有什么意义。即便他虔诚但开明的内心允许他准备考虑这一观念，他依然会觉得这种观念与他从泰纳（Taine）和达尔文（Darwin）那里套用过来的宿命论观念彼此矛盾。[82]

埃格尔斯顿对其创作意图的交代语焉不详，因此我们必须根据其作品自己判断。常有人说起在写作《印第安纳州的教师》之前，他曾为《无党派人》(*The Independent*) 杂志写过一篇短文介绍泰纳的《荷兰艺术哲学》(*The Philosophy of Art in the Netherlands*) 的译本。[83] 泰纳对他的影响并不突出，但是他的小说对于普通和日常情节仅作纯形象化的描写，而不作道德和社会价值的评价，从中至少可以看出一点泰纳的影响。《罗克西》第六章题为“一幅风俗画”，讲述了年轻的牧师惠特克与罗克西和她做鞋匠的父亲一起如何消磨了一个黄昏，之后便爱上了她。显然，埃格尔斯顿想要读者关注这些角色出现在厨房里的形象。而《巡回牧师》中描述帕蒂·拉姆斯顿纺纱的一段文字则更加清晰地证明，作者对于纯粹的形象描写乐此不疲。埃格尔斯顿声称，在表现“神话和史诗”题材时我们的雕塑家们应该认识到美国人永远只是模仿者。如果以我们自己的原始生活为题材的话，那么这位纺纱女子就是极好的主题——没有其他任何活动更能够表现出女性的美好形象。埃格尔斯顿还认为拉姆斯顿家的厨房完全可以成为古代荷兰画师风俗画的绝佳主题。[84]

这就提示人们应该客观地看待原始的西部素材，而不是诉诸那种常常让柯克兰夫人等观察者晕头转向的理论工具。这一提示即便毫不起眼却也让人耳目一新。但是如果这一成就仅仅局限于视觉感受，那么就不可能对文学态度和方法产生十分深远的影响。借鉴绘画般的表现手法来描绘西部早已成为一种创作传统。例如，许多作者曾引用狂放不羁的萨尔瓦托 · 罗萨的图画来传达他们对于壮美如画的西部景色的感知。[85]就文学实践而言，仅仅从引用萨尔瓦托的画作转向引用荷兰“现实主义”绘画大师的画作算不上惹人注目的进步。必要的是将客观观察的技巧从观察人物的外表或居住的房屋拓展到观察人物的道德和内心世界。[86]

在这方面泰纳对埃格尔斯顿并没有多少帮助。这位小说家的虔诚和反复的感伤使其作品带有强烈的陈腐气息。但他的确开辟了一条新的道路。他的小说中对后来的作家最有价值，而且至今最为有趣的部分就是他对“乡里乡亲”的真挚情感——对于特定地理环境和社会环境中的人类独特性格的情感。这不仅是他所说的“现实主义”的根源，也是他对社会历史兴趣的根源，而正是这种兴趣让他最终彻底放弃了小说创作。

抛开边远地带居民作为文明进步的旗手作用，或是其既令人震惊又刺激人心的野蛮，抑或其与生俱来的德行，他们的知识经验和风俗习惯本身也许就引人关注。但是这一观点很晚才出现。尤其是 19 世纪 30 年代以来，尽管有诸多旅行者记述过法裔加拿大伐木人的歌曲片段以及偶尔来自远西地区的令人难以置信的故事，但是显然对于农业社会西部民间文学的兴趣最早出现在艾丽斯 · 卡里的作品中。这些素材在她看来既错综复杂又对未来极具启发，因此值得仔细端详。

在描述她拜访严厉的奈特太太家时，卡里小姐提及萨利和简 · 安在与客人独处的时候，为客人背诵谜语以示款待："四条长腿直直站，四条手臂垂如钩，还有两臂弯两边，两只眼睛四处瞅，一只手儿轻摇摆"；"穿过粗筛子，穿过线轴芯，穿过老纺车……"；"双腿长长，大腿短短，脑袋小小，没长眼睛"；"圆圆的个像苹果，浅浅的像个茶杯，国王的公牛全部套上，你也甭想拉得动它。"他们还念起了童谣（奥尼里，奥利力，基特里 · 凯……），这时候她们的妈妈走了进来，生气地让她们离开房间，好像她们做错了事。此处当然是要说明卡里小姐本人对于她所记载的民间文学的热爱。她指出"奈特太太发现她的女儿沉浸在我所记述的那些莫名其妙的话语中时，感到十分丢脸，于是就对她们加以管束。但是，如果为了教养孩子她每天都能花费一些时间训诫她们，那么就不需要任何惩戒了。如果她们懂得一点任何有用的东西，她们或许就不会背诵那些似乎让自己如此开心的无聊的东西"。卡里小姐提出要给她们带"一些有漂亮插图的故事书……或许这些书会让她可爱的女儿感到开心"[87]。

于是，这些谜语和童谣就成了莫名其妙的黑话和没有意义的话语，对孩子来说应该用合适的儿童图书——可能像彼得 · 帕利

（Peter Parley）系列丛书那样的图书——取而代之，从而进行系统的教育。但是，卡里小姐对这些童谣却很感兴趣，甚至一一记录下来。显然在此之前，还没有其他人这么做过。而且，她感到十分可惜的是奈特太太拒绝让她的几个大女儿参加以民歌为主题的游戏聚会。

> （她这样写道）一次又一次，那些少女曾伤心入眠，因为在睡梦中她们听到了这样的乐曲——
>
> “我们向魁北克进军
> 隆隆战鼓声中，
> 亚美利加取得完胜
> 而英国人正在败退。
> 战争已经结束，我们即将凯旋
> 彼此再不分离；
> 不妨张开怀抱，作出新的选择
> 找一位你认准的真心爱你的人。”[88]

虽然卡里小姐对于童谣的态度始终含含糊糊，她至少隐约意识到西部那种不带书卷气的文化具有自身的价值。[89]

埃格尔斯顿同样描写过一种借助说唱的方式来选择真心爱人的游戏。他还记录过其中的三首歌词（“燕麦、豌豆、大豆，还有大麦，茁壮成长……”）。[90] 他意识到这类素材引发的议论在文学创作方面具有一定影响，但是他在分析说明其运用方面并不成功。他断言道，在那些喜爱社会小说的读者眼中，“这些热闹粗俗的游戏”绝对不是一个像样的故事开头。对于读者而言，在柔软的地毯上翩翩起舞的人身上想象他们的英雄气概、宽宏大量和英勇无畏并不难，难的是将类似的这些优点与边远地区粗野的居民联系起来。这似乎很难解释清楚目前的问题。他所探寻的是存在于当地风俗习惯中的价值，那种与他从偏远的内地感知到的形象生动的社会准则可以相提并论的价值观念。但是，他又有点漫不经心地提出那些爱闹腾爱玩接吻游戏的粗人也可能相当英勇无畏：“本世纪初那些大英雄，那些受到世人崇拜的人物恰恰就生长在像俄亥俄州这样粗犷不羁的社会之中。”这也引出了一段针对世故的读者的一番说教：

> 对于同时代那些挑剔教养的人来说，最重要的莫过于认识到人类的高尚品质并非他们所独有，此外他们不但必须宽容行为粗俗之人，而且有时还必须对这些人身上保留的由于讲究教养已经变得稀缺的品质表示敬佩。所以，不妨让我直截了当地指出：接吻游戏一场接一场不到尽兴不罢休，这种行为对于喜欢集体轮舞和未经改动的德国舞的社会来说，应该是不合体统的——但是就事论事，毕竟还是有老派的人认为优雅讲究的暴行并不比粗暴无礼的自由好到哪里去。[91]

即便是19世纪70年代，称呼集体轮舞和德国舞为“文雅讲究的暴行”似乎有点古板保守，但是我们必须记住埃格尔斯顿是个牧师。而且他也完全有理由对东部上层社会看待西部乡村的势利态度进行抨击。至少他已经认识到民间歌谣和游戏娱乐并非只是莫名其妙的黑话和胡言乱语，因为它们代表了一种传统，一种“自古以来就存在的英国传统”。[92] 如果这种民间文化表明了社会演变源远流长的连贯过程，那么它就获得了前所未有的地位。而诉诸人类社会按照固定不变的社会发展阶段统一前进的社会发展阶段论，诉诸这一理论所提出的抽象的、按部就班的，甚至违反历史发展的概念则永远无法解释民间文化所具有的历史意义。以这种方式来考察无知和野蛮也未尝不是摆脱文明和教养理论的一种有效方式，同时也为如何将西部农民从其卑微的社会地位下解救出来提供了建议。

从埃格尔斯顿及其接班人的作品中对于语言态度的改变可以清晰地发现，有关西部人的一种新概念逐步显现。因为语言毕竟是民间文化最本质、最灵活、最独特以及最具启发性的一个方面。那么，聚焦农业社会的西部的作家们是如何处理土语的呢？

我们都知道库珀的作品惯于把方言作为人物地位简单而明确的标识，事实上在言情小说中一般也是这样处理的。“正面”角色是不允许使用方言的，而任何使用方言的角色转眼就可以发现其社会地位低下。诸如柯克兰夫人所写的多少属于直接记录式的作品中，来自上层阶级的观察者把稀奇古怪的土著话语变成自己使用的上流话语的陪衬，用以取悦自己想象中的来自上层阶级的读者。同样，小说中从外地来到西部的男女主人公也因为他们规范准确而又高人一等的语言风格有别于当地人。如果想要把西部人塑造成为库珀《栎树空地》中的捕蜂人本·博登那样的主人公，作者就必须下点功夫将他的语言净化一番。而在卡里小姐的作品中，最早出现了明显脱离这一套文学创作惯例的倾向。在她的书中，她并没有把东西部之间的差异当回事，因而没有多少兴趣把谈吐当作社会地位和当地身份标识问题加以表现。虽然她曾几度尝试用文字记录西部的地方土话，但她依然能够针对不同阶层的读者，采用通俗易懂的口语记述偏僻乡村及生活极度贫困的各色人物谈吐，做到得心应手，完全不会因为方言表现出任何不自然。[93]

但是如果这只是为了终止把方言作为社会地位标识而必须采取的首要步骤，那么其成就只能是消极的。要发现民间文化的确切价值显然需要积极地多多少少去使用方言土语。把土语方言比作荷兰画意味着对于方言只是单纯审美意义的关注，是一种因为土语自身而欣赏土语的能力，而不是坚持认定土语标记了一个人的身份、地位或（相当于此的）有无教养。事实证明，埃格尔斯顿的第一篇小说《印第安纳州的教师》的创作完全出于对印第安纳州南部土语的兴趣。埃格尔斯顿的传记作家曾经发现早在 1863 年 2 月，也就是这本小说出版的 8 年前，这位小说家就曾记录过一张“印第安纳州方言特征”表。[94] 1870 年 1 月，埃格尔斯顿还就这份方言特征列表与詹姆斯 · 拉塞尔 · 洛厄尔（James Russell Lowell）通信联系。而那位哈佛大学教授的热忱无疑让他进一步确信，无论从文学或是学术的角度来看他在语言方面的兴趣都获得了尊重。[95] 若干年之后，为庆祝洛厄尔 70 岁生日而发行的一期《评论家》杂志上，埃格尔斯顿撰文称洛厄尔乃是让他受益最大的师长。“他对我首次发表的一篇有关美国方言的短文给予了宽容的评价，他真诚的鼓励和高屋建瓴的指点赋予了我继续前进的勇气。……”[96] 埃格尔斯顿的感激之情早在《印第安纳州的教师》

序言中提及“比格罗诗稿那篇旁征博引的美文前言”时就已一览无遗。

> （埃格尔斯顿断言）洛厄尔先生是我国最为杰出的作家和最卓越的学者中唯一认真关注美国方言的人。但是在我还未冒昧讨论印第安纳州边远地区的种种土语方言时，我对保存各地不同语言表达中的实际用法一直非常谨慎。我希望我所作的琐碎记录会为某位高明的先生提供一些素材，为其评论该方言提供方便。[97]

语言学家的态度不同于风俗画画家的态度，但是他们有一个共同之处，即根本不关注社会地位的含义。

如果说的确如埃格尔斯顿后来所说的那样，《印第安纳州的教师》是美国方言小说发展的领导者，[98] 这将在现代读者心中引发复杂的情绪。因为在埃格尔斯顿的小说出现后的二十年里，地方色彩学派的许多使用方言的作品既缺乏技巧又盛气凌人。乔治·菲利普·克拉普（George Philip Krapp）这样评论道：“所有使用方言的写作中，使用普通语言的人对待各种方言可能都有某种让人发笑的优越感。……”[99] 这种论断一定适用于质量一般的地方色彩作品。这些作品的效果绝大多数来自凭借想象来描述美国各地无知的当地人的奇闻逸事。但是，虽然使用方言来写作的确存在这类危险，它却在两个方面开辟了发展道路。一方面，西部边远地区居民的语言证明了历史学家所说的“当前的一切事物都带有几分过去的特征”这一原则。[100] 这一看法使得西部的土语不再仅仅被视为粗鲁、下流、没有教养的语言。这就使得那些没有受过教育的本地人获得了一种尊严，在进步与文明的理论框架下这绝对是不可能做到的事情。在《罗克西》中，埃格尔斯顿让瑞士裔美国姑娘图内特（Twonnet）（安托瓦妮特，Antoinette）解释了自己使用 right 替代 very 的理由。图内特向毕业于耶鲁大学的年轻牧师惠特克指出，right 一词在《圣经》中意指 very。她甚至更进一步，令人吃惊地暗示说即便在耶鲁大学，无论学生和教师，也都有自己的方言。[101] 这完全就是理解东西部之间语言差异的一种新方式。

这种慢慢形成的对西部方言的尊重开辟了另一条文学发展的道路。但是，在埃格尔斯顿的作品中这只是隐约可见。由于方言的使用，美国文学中的散文就此诞生了。就此而言，惠特曼是一位先驱者，但是在埃格尔斯顿看来，惠特曼的文字中只有“粗俗”。[102] 相比而言，他对马克 · 吐温要多一份敬意。马克 · 吐温的《哈克贝利 · 芬恩》正是第一部使用方言创作的杰作。[103] 而埃格尔斯顿还是顺应潮流发展的。他的风格远不像柯克兰夫人那样辞藻华丽。至少有一次，校对人员指出他的文章中使用了一个方言词语时（把 hover 一词用作及物动词，描述母鸡孵小鸡的动作），他还是保留了这个词，仅仅添加了一个注解，说明该词“至少在半个美国”都是这样使用的。[104] 在此后的创作生涯中，他更加充分地认识到了民间语言作为一种文学工具所具有的丰富潜力。1888 年，他对詹姆斯 · 惠特科姆 · 赖利（James Whitcomb Riley）的语言提出了十分尖锐的批评：“他使用的是地道的印第安纳州方言，但是有点欠火候。他主要是从村民而不是从乡野之人那里学习的这种方言。他对这种方言的了解比我要晚一些，而那时印第安纳州的公立学校体系的惊人的几乎无与伦比的活力想必早已将这种方言的本色冲刷殆尽。”[105]

埃格尔斯顿对于西部农民语言进行科学研究的兴致在约瑟夫·柯克兰的作品中得到进一步的发展，例如《祖里：斯普林县最小气的人》（*Zury, The Meanest Man in Spring County*）（1887）和《麦克维伊一家》（*The McVeys*）（1888）。[106]这两部小说的情节以新英格兰女教师安妮·斯帕罗（Anne Sparrow）为主线。她给富于农业色调的伊利诺伊州带去了当地从未有过的教化和修养。同时，作者还详细描写了祖里·普劳德（Zury Prouder）这一贪得无厌的角色受到安妮美德的感召获得新生之前的形象，并细致而巧妙地记述了乡间的俚语土话。除了辛克莱·刘易斯以外，柯克兰察言观色的能力要比任何其他写作农业西部题材的作家都要出色。他不但为方言土语精确地标注读音，而且还发现人们在谈话中常常使用省略，完全省去了各种非强调的字词。

而祖里这一角色的出现不仅仅与方言有关。这一角色似乎是通过一个又一个关于吝啬鬼的荒诞故事来塑造的，就像传奇角色戴维·克罗克特的形象是通过一个又一个猎浣熊、打架和喝威士忌酒的故事塑造的一样。柯克兰说他不过是在重复他人讲述过的故事，这位讲述者为祖里做过工，后来在合众国军队中服役时曾把祖里的故事说给同伴听，逗大家开心。他还补充说，其中有些故事已经出版面世。[107]祖里在安妮帮助下所作的政治演讲就是一篇运用方言的杰作，里面充满富于哲理的奇闻逸事，就像柯克兰极为欣赏的那些有关林肯的逸闻。[108]一方面，柯克兰钟情于民间传说，同时他又热衷于表现女性的优雅和教养。如果说这两方面的热衷让他安排了文学作品中最不可思议的一桩婚姻——让祖里和安妮·普劳德结婚，这就如同安排戴维·克罗克特与路易莎·梅·奥尔科特（Louisa MayAlcott）所写的《小妇人》（*Little Women*）(1868) 中的人物乔·马奇（Jo March）结婚一样，让人感到莫名其妙——不过，他还是意识到祖里身上的乡土气息具有令人耳目一新的重要的文学价值。柯克兰的作品也清晰地说明了这一点。安妮的女儿玛格丽特编辑的《斯普林维尔的号角》（*The Springville Bugle*）“第三专栏”（Third Page）是一个聚焦书评、奇闻逸事、犀利短评和社论的栏目。她与她风度优雅的朋友斯特拉福德（Strafford）博士就曾注意到只要祖里和他们待上一个晚上，她的写作就会大有进展。斯特拉福德问她说：“这是怎么回事，玛格丽特？他怎么会对我们有这么大的帮助？”

> （她的回答显然代表了作者的意思）“在这个问题上，就我个人的理解，他为我们的想法带来了某种色调。如果我是个博览群书的人，‘第三专栏’就会带有东部气息和书卷气；如果我请你来编辑的话，那么这个栏目的内容就会聚焦科学和政治话题；但是如果它从普劳德先生那里得到启示的话，那么它就会呈现边疆的风格，离奇古怪、注重常识、富于启迪、活力四射、洋溢着欢乐，除此之外——我真不知道该怎么说才能面面俱到。”[109]

尽管“离奇古怪”一说相当于是一种不足，但是就埃格尔斯顿和柯克兰从西部人身上开始发现的品质而言，这并不算是坏话。

但是，事实证明无论是方言的呈现还是民间文学素材的使用，对于 1891 年哈姆林 · 加兰的《大路》面世以前复杂的文学演变过程而言都终究不是什么决定性因素。确实，高寿的加兰在晚年撰写自己的回忆录时在记述该问题之初讨论了最早使用“新世界方言”的例子——比如在皮袜子的一些讲话中，《比格罗诗稿》（*Biglow Papers*）中，以及惠蒂埃（Whittier）、布雷特 · 哈特（Bret Harte）、约翰 · 海（John Hay）等人的作品中。[110] 但他又转而讨论起 E.W. 豪（E.W. Howe）。如此转换话题的确让人觉得奇怪，因为豪并不热衷于记录方言。在他的故事中，西部农民并不像埃格尔斯顿和柯克兰笔下的人物那样字斟句酌地运用方言，而是习惯使用普普通通没有鲜明特色的语言。用加兰的话来说，豪使用的文字是“既有力又地道的西部散文”。[111] 但是，方言则完全是另一回事。把美国方言体散文与有别于故事讲述者语言的故事人物的间接引语加以对比，其中不无乐趣。对此，加兰也并未深入探究。

1886 年 7 月，加兰写信给豪祝贺他的小说《月光下的孩子》（*Moonlight Boy*）出版。这封书信对于研究这至关重要的十年间的潮流和动态颇有价值。该信涉及加兰所认同的诸多看法和文学创作规范，并提出了一条具有一定深度的文学信条。对加兰而言，豪是能够“描绘当地景物和塑造当地人物”的代表性作家之一，也是唯一能够代表西部草原的人物。他在“描绘那些生活闭塞的朴实而平凡的人时”，并非像是从远处看风景，而是“就像生活在他们当中一样”。[112] 类似柯克兰夫人见闻录的游记模式，连同将东部人凌驾于西部人之上的社会阶层理论体系已经一起消失。豪创作的第一部，也是其最优秀的小说是《小镇往事》(*The Story of a Country Town*)(1883)。故事的讲述者是位年轻人，他以第一人称回顾了自己在西部大草原度过的凄凉的童年生活。

但是，豪的作品最为重要的特征是常常带着悲伤和幻灭的笔调，预示着农耕乌托邦之梦的消逝。《小镇往事》是嘲讽到西部去和合众国共同成长这一主题的写照。故事中的莱特尔·比格斯(Lytle Biggs)是个古怪的人，有时就是作者的代言人。通过这一角色，豪像库珀一样对崇拜自耕农现象进行了旗帜鲜明的抨击，只是其观点略有不同。比格斯提出，所谓农业劳动具有特殊价值、农民较之其他人更加善良正直的说法都不属实，只是政客们为自身利益考虑而散布的观点。[113]豪笔下的西部不仅对于外界的观察者来说毫无地方色彩，而且对西部人自身来说也没有什么值得慰藉之处。那里只是一个无情、原始的宗教世界，一个默然无语、逆来顺受的世界，家人之间没有温情爱意，社区内唯一的消遣就是传播恶毒的闲言碎语。豪所描写的农民总体而言似乎都生活富足，但是人们的情感却从根本上受到莫名其妙的毒害。约翰·韦斯特洛克(John Westlock)牧师大人，故事讲述者的父亲，既是位严厉的新教牧师，也是个小有成就的农民。经过好多年默默的不可思议的内心挣扎，他最终与一个自己并不爱的女人一起私奔。故事讲述者最亲密的朋友乔·埃林(Jo Erring)则因为荒唐的妒忌而毁了自己。贯穿故事开头和结尾的象征是费尔维尤(Fairview)教堂尖塔中的一口大钟。当地居民用钟声来报丧，而大风也会吹响大钟，“如同墓地里的鬼魂爬上了尖塔，计算着来年将要下葬的人数”[114]。

用加兰的话来说，这本书“充满消沉而又绝望的基调，故事内容阴郁、如真似幻，独具一格”。[115]正是在这一点上，豪与约瑟夫·柯克兰相比显得极为不同。柯克兰认为，这本小说过于夸张离奇，并曾对加兰说豪笔下的小镇“除了出现在他疲惫的大脑中，现实中根本不存在”。[116]然而，在柯克兰自己的小说中有关祖里童年的描写阴暗、辛酸，如同《麦克维伊一家》中对半疯半癫的霍布斯的描写一样，最终还以恐怖的私刑作为故事结局。而柯克兰夫人描绘过一个少女在堕胎过程中死去的骇人场景，[117]卡里小姐则写过有关报童沃德·亨德森（Ward Henderson）的随笔。[118]两位作者所呈现的西部风貌都包含着不吉之兆。这种暗示无疑是模糊的，而豪在长期探究自己阴郁的童年生活过程中，仅仅是对前人作品中的暗示进行了具体阐述。与卡里小姐随笔中的奈特夫人相比，严于责己的韦斯特洛克只不过更加神经质而已，而在严酷无情、了无生气的环境面前这两个人物全都一败涂地。

由于极端的保守主义，豪并不同情西部农民把自己组织起来成立农民联合会（Farmers’ Alliance）的政治行动。[119]《大路》中所讲述的那些故事与其说得益于柯克兰对角色语言的客观忠实，或者说他采用夸张离奇故事传统的做法，不如说是得益于豪的抑郁伤怀。加兰在创作上的确做到了忠实准确，尽管在表现人物语言方面不够敏锐，但是他尽己所能如实记述了各种人物使用的话语。对于他来说，这一方法只是为了让读者感受到农民的疾苦。多年之后，他这样写道：1887 年在他回到艾奥瓦州和南达科他州的家乡时，他“已经逃离了这种悲惨的生活，现在他的观点完全只是一个心怀同情的旁观者的观点”。他接着写道：“显然，我的那些老邻居全都情绪沮丧，日子过得很不顺利。小麦的市场价格压得很低，而乳品生产也带来了诸多新问题，让生活变得单调乏味。六年过去了，农场生活却没有什么改善。”[120] 作者的这次回乡之旅恰逢西部大繁荣衰退之际。加兰之所以能够成功描绘西北地区农场的艰辛和苦难，部分原因在于他亲身经历了整个西部在 19 世纪 80 年代末期遭受的打击，即不但国际市场上小麦价格低廉，加之虫灾、旱灾和 1886—1887 年的冬季暴风雪，而且还有最终导致 1887 年州际商业法令（The Interstate Commerce Act）的运费费率欺诈问题。

豪所表现的那种含糊不清的忧伤与经济困难并没有确切的联系。而在加兰的作品中这种忧伤集中表现在亨利 · 乔治提出的单一税征税人（Single Taxers）理论上。在论及 1887 年的西部之行时，他这样写道，“这些辛苦劳作的人的生活并无任何幽默风趣可言”。“相反，我认为他们是不公正的土地制度的牺牲品。对于他们我深表同情。我能够体察他们的孤立无助，他们的命运就像是柏油上的一群苍蝇。”[121] 小说《贾森 · 爱德华兹》（*Jason Edwards*）发表在 1891 年本杰明 · 弗劳尔（Benjamin Flower）的期刊《竞技场》（*Arena*）上，其题记为献给农民联合会。在小说的序言中，加兰对于农业占主导的西部发生的事作出了阐释：

> 半个多世纪以来，出走美国西部的自由土地一直是美国大城市里对社会心怀不满者的出路。一旦家乡的生活环境让人难以为继，手艺人或农民们便会转身而去，奔向西部的草原和森林。……因此，在 1849 年之前相当长一段时期里，西

> 部早已成为金色的西部，成为富饶、自由和幸福之地。但凡与西部这一名称相关的一切事物，无不令人惊叹、宛如神话并充满希望。[122]

但是，这种洋溢着希望的神话已经破灭。“自由的土地已经不再。如今，最后一英亩农田已为私人或公司所有。”[123]加兰的断言带着些许夸张，如果说历史学家弗雷德里克·杰克逊·特纳的笔下也有夸张的话，那么对于小说家而言当然是可以原谅的。这是一个讲述安全阀关闭的寓言故事。波士顿的技工爱德华兹带着自己的家眷前往西部，寻找广告宣传中所承诺的自由土地，结果发现铁路线左右 30 英里之内的土地已经全部被土地投机商占据。爱德华兹苦苦挣扎了 5 年，只为付清利息并获得自己农场的产权，但是就在收获之前，一场雹暴毁掉了他的小麦，将他打倒在地。他和家人一无所获，但是在艾丽斯·爱德华兹（Alice Edwards）的未婚夫，一位波士顿记者的保护下，他们又回到了马萨诸塞州。S.H. 鲍尔泽（S.H. Balser）法官，同时也是土地代理商，则是压迫爱德华兹的恶势力的代表。为了出售土地，收取利息，坐享其成，他制造了诸多土地交易红火的伪证，而爱德华兹和其他农民则在农田里埋头躬耕，积劳成疾，甚至身陷绝望。[124]里夫斯（Reeves），爱德华兹的未婚夫揭示了该故事的寓意：“原来这就是我们所梦想的现实！这就是‘金色西部浓荫蔽日、流水环抱的宅地’！事实上，这里只有一间棚屋，四周是贫瘠的荒原，炎热荒凉如同沙漠。天哪！”[125]

就西部的实际情况而言，自耕农社会的理想不过是势利的土地投机商玩弄的一种宣传手段。然而，加兰依然希望这一理想能够实现。他赞成单一税的提议，正是因为他认为这个提议有助于达成这一理想。在《肥差》（*A Spoil of Office*）中，那位激进的演说家艾达·威尔伯（Ida Wilbur）对故事的男主人公布拉德利·塔尔科特（Bradley Talcott）讲的一番话道出了加兰的看法：

> 我坚信人丁兴旺的农业社会具有自己的价值。每个人在这个社会中都拥有一块精耕细作的小农场。这是我始终提倡并为之预言的社会。但是，现在我发现我们的土地所有权制度与这种安居乐业、人丁兴旺的社会完全背道而驰。那些拥有大量土地的地主正在吞并掉拥有少量土地的农民的土地，使他们沦为土地租赁户或雇工。[126]

影响加兰早期小说创作的社会理论显而易见。土地垄断者摧残了人们对于西部的期待，单一税则会消灭土地投机商，促进农耕理想的实现。但是，加兰很难把他的理论与他个人经历和观察到的素材结合起来。他的这些激进思想只是概念，甚至极少用想象的方式来呈现——或许从来都没有充分展现过，唯一的尝试是他在《狮爪之下》（*Under the Lion's Paw*）中描写了一位刻薄的地主如何盘剥佃农。[127] 确切地说，加兰的实力还在于他朴素的富于人道主义的同情心，这一点与言情故事传统完全吻合。在《滑步之上》（*Up the Coulé*）中，他对想象中霍华德·麦克莱恩（Howard McLane）寓所墙上的一幅画作进行了描述，其中表达的情感要比作者心中自觉的原则更加深刻。这是一幅“出自比米利特更伟大的一位大师之手的风景画，画面阴沉，主题忧郁，画法逼真”。显然，这幅画对他而言带有不祥之兆：

> 这是山谷中的一处农场！山峰之上席卷着漫天的云层，纷乱、暴虐、灰暗，空中飘洒着寒冷刺骨的蒙蒙细雨，落在一位手扶耕犁的人身上。牵犁的几匹马无精打采，疲惫不堪，鬃毛和尾巴在狂风中向一旁飘拂。那位犁田的人身上裹着破旧的灰色外套，脚上套着一双笨重的满是泥土的靴子，屈身而行，保护着脸部不让刺骨的冻雨侵害自己。犁完的土地黑黝黝黏糊糊地翻开着，色泽阴郁。不远处有一个男孩，背着风望向牲口，脸颊上挂着泪珠，身旁蹲着一条狗。[128]

这位把犁人并非农耕传统中的自耕农，他不是形象鲜明的乡村少年，也不是像伊什梅尔·布什那样的半蛮子，更不是惹人发笑的粗鲁的边远山区居民，甚至算不上滥用土地制度的受害者。与他发生最为直接关系的对象是大自然。虽然他们之间是一种斗争的关系，但是它赋予他某种尊严并让他成为普通受苦受难者的代表，有助于提升他的形象。就其文学成就而言，加兰早期的小说并非一流甚至算不上二流，但这些作品标志着长期以来对于西部农民态度演变的终结。终于，在文学作品中把西部农民作为人来对待成为可能，不用再透过文学传统的面罩来观察，不用再受制于阶级偏见或社会理论的牵绊。

第 22 章

花园神话与特纳的边疆假说

1893 年，弗雷德里克 · 杰克逊 · 特纳在芝加哥美国历史学会会议上宣读的论文《边疆在美国历史上的重要性》乃是 19 世纪关于西部的最具影响力的文章。他在论文中提出的“边疆假说”使美国历史的编撰发生了革命性剧变，其影响后来波及经济学、社会学、文学批评，甚至政治领域。[1]

特纳的中心论点是“了解了一片自由土地的存在及其不断收缩，以及美国向西开拓殖民的进程便可以理解美国的发展”。[2] 如今这一观点听起来并无新奇之处，因为这已经成为我们理解美国历史的基础。但在 1893 年，这一观点是对当时美国两大历史学派的挑战：其中一派以赫尔曼 · 爱德华 · 冯 · 霍尔斯特（Hermann Edouard von Holst）为首，从奴隶制问题争端的视角来阐释美国历史；另一派则以特纳在约翰斯 · 霍普金斯大学（Johns Hopkins University）的老师赫伯特 · B. 亚当斯（Herbert B. Adams）为代表，把美国体制视为英国甚至是古代日耳曼王朝的萌芽移植到新世界的成果。特纳认为美国各个地区中最重要的是西部，而不是赞成蓄奴的南方或反对奴隶制的北方。此外，他还认为相比于来自欧洲的传统遗产，边疆带来的，尤其是边疆高歌民主所形成的那些新观念和新风尚对塑造美国社会产生了更加重要的作用。

特纳的假说对于美国历史的解释是否言之有据，本书无意妄加论断。[3]本章旨在将他的主要观点与前文所讨论的思想传统联系起来。且不论用边疆假说来解释历史事件具有何种长处或不足，就其发端而言，该假说本身源自花园神话。从宣扬西部的重要，肯定民主的价值，到其坚持的地理决定论，此假说所持的观点无不来自如本顿和吉尔平所代表的广义上的西部思想传统。由于强调农业拓居，这一假说显然属于农耕理论范畴。它来自 18 世纪的英国和法国，并通过杰斐逊由那些精心描绘西北地区自耕农社会理想的人士继承下来。而特纳本人正是来自西北地区。受到这一农耕理论的影响，特纳产生了某些落后于时代的想法，阻碍了他对 20 世纪社会问题的探讨。但需要牢记的是，西部思想传统的内涵要比那些想法更加意味深长，而正是得益于这一传统，他才能有理有据地概括家乡人民的酸甜苦辣。[4]如果说花园神话中包含了这些人对控制美国生活的经济势力所作的某些误判，总体上它依然反映了他们的生活现实，因为其中既呈现了统计数据，也表达了人们的信念和抱负。虽然不能说这是绝无仅有的历史史实，但是历史学家绝不会对于这类史实不屑一顾。

特纳从西部思想传统中继承的最重要的内容是野蛮和文明的观念，并且他也以此来解释自己的中心论题——边疆。在他看来，边疆无疑是“野蛮和文明的交汇点”。[5]他和他的前辈一样，都认为农业拓居地的边界就是划分文明与野蛮的边界。正如诸多早期作者所阐释的那样，他同样认为在这条至关重要的边界线两边存在着两个西部，而关于西部的讨论必须从区分这两个西部开始。

从经济理论的视角看，边疆以外的荒原，即荒蛮之地，是一片不断收缩的自由的土地。富尔默·穆德先生（Fulmer Mood）已经证明特纳使用的这一术语来自弗朗西斯·A. 沃克（Francis A. Walker）所写的一本经济学论著。特纳在约翰斯·霍普金斯大学就读时，一位名叫理查德·T. 埃利（Richard T. Ely）的老师曾选用该书作为教材。从沃克的著作中，特纳为自己的理论找到了依据。他认为自由土地让人人都有得到一块农场并成为社会的独立一员的机会，因而已经成为东部乃至欧洲的安全阀。这不但有助于缓解西部以外其他地区的贫困问题，也促进了边疆地区自身的经济平等。而这两种倾向都推动了民主的发展。[6] 从富兰克林时代开始，早期诸多作家曾指出西部为所有人提供了自由和生存的条件。[7] 但是，特纳更加明确地重申了这一观点，因为他坚信民主及普通人的崛起乃是现代历史的一个重大发展。

1883 年，他在大学读书时所作的一次演讲中提出：“在世界各地我们都可以听到证明人类存在的声音，听到人类争取自身权利的声音。国王们的存在变得徒有其名，而真正的统治权属于人民大众当中富于才智之人。贵族当权的时代正在逝去，而人民大众的时代由此开始。”[8] 尽管“人民大众”一词含义宽泛，但是对于特纳而言则专指农民。他认为民主是农业社会的一大特征。例如，在大约同一时期，他在其《札记》中写道，历史学家们长期以来津津乐道的是“高尚的武士以及上流阶层取得的种种辉煌夺目的业绩——但是对于社会的另一阶层，即普通百姓、地位卑微的自耕农及绝大多数普通人……他们的丰功伟业却几乎只字未提”。此外，特纳全盘接受了支持自耕农崇拜的小土地所有制理论。他还曾打算作一篇题为“论美国的农民业主”的演讲，进一步阐述这一理论（这里的农民他意指小自耕农）。

> （他在提纲中这样写道）……柯布登俱乐部（Cobden Club）探讨各国土地所有权制度的研究，关于美国土地制度的论文——文章开篇指出因为美国各地都是一色的自耕农土地所有制，该论题相当乏味——在这种性质单一的土地制度中包含着美国社会进步最为重要的一个因素。详述各种制度以及该土地制度的价值——指出美国西部的土地如果没有开放，并由外来移民占据的话，那么这些土地就有可能已经落入资本家手中，变成了大庄园——举例：达尔林普尔农场（Dalyrymple Farm）*——说明大庄园在意大利以及在英国产生的影响。[9]

他认为，土地所有权制度是推动民主浪潮在19世纪达到顶峰的关键所在：

> 对于一个国家而言，为人民赢得自由和繁荣的并非社会契约，而是关注这一类不起眼的民生细节——是循序渐进的演变——

* Virgin land 原版2009年第21次重印版中拼写为Dalyrymple，应为Dalrymple的错误拼写。（译者注）

> 指出法国革命的地位——雪莱（Shelley）笔下的普罗米修斯（Prometheus）的指环曾是觉醒的标志，但是如今——在我们这个时代一场真正的革命正在发生，借此人类将摆脱卑微的地位，获得应有的尊严（对前文内容加以扩充）——就此宏大思想而言，竭力倡导这种价值观并非虎头蛇尾之举——确立诸如农民业主的制度极其必要——作为一股推动社会进步的力量，在这场大变革中默默发挥作用，这一力量将更加强大。[10]

无论是1893年发表的文章提出的论点“民主诞生于自由的土地”[11]，还是20年后提出的著名观点，二者的理论基础都在于此。1913年，特纳提出的观点是“美国的民主绝不是来自某个理论家的梦想，不是由苏珊号轮船运到弗吉尼亚的，也不是乘坐五月花号抵达普利茅斯的。美国的民主来自美国的森林，坚强有力，生机勃勃，每开拓一片新的边疆，它就会增加一分新的力量”。[12]

尽管后面提出的观点依然以经济理论为基础，但是措辞的变化带来的寓意丰富而又新颖。由此我们从经济学家的抽象概念进入了一个充满比喻甚至是神话的世界——因为美国的森林已经成了一个近乎充满魔力的地方，人们进而借希腊神话中的利比亚巨人安泰俄斯（Antaeus）的形象暗示西部土地的威力。这种暗示甚至发展到不可理喻的地步，提示我们文明社会边界之外的荒野不仅是一片自由的土地，而且还是大自然所在。有关自然的观念启发特纳对自由土地的作用进行了富于诗意的描绘。在他看来，文明每每在边疆遭遇荒蛮，自由的土地就每每赋予人们及人类社会重生、新生和返老还童的力量。[13]

重生和新生之说只能算是神话，并非经济学意义的分析。但是一般而言，特纳却能恰如其分地运用这些比喻来阐述自己的论点，使之生动有趣，而不是生搬硬套或做字面文章，换言之，他只是诉诸这些比喻的修辞意义，而并非抒发诗情画意。在1896年发表的一次演讲中，特纳也曾同样诉诸形象鲜明的比喻来阐述自己的论点。

> 美国人拥有一个应对社会危机的安全阀，一个可以不断提取资金来填补损失的银行账户。这就是从移民拓居地边缘直到太平洋海岸的那片无人占据的大片领土。……只要位于文明世界边界的这片原野（原文如此）向所有受压迫者、所有身心健硕并渴望开辟家园建功立业的人敞开大门，那么就不存在任何社会问题。即便这个社会有分裂为不同阶级的迹象，这片原野总会提供机会让这个社会继续重新开始。这里就是一眼神奇的青春之泉，美国始终沐浴其中，并从中汲取力量恢复青春活力。[14]

上述神奇泉水之说仅仅是用在段落结尾的一个修辞手段，有条有理，可是按照人们普遍接受的各种原则来看也容易受到非议。但有时，尤其是在特纳用极其生动形象的手法讲述大自然是神秘力量之源的时候，特纳的那些比喻本身反倒成了认知的工具，进而取代论证推导之虞。这一点，举例来说，似乎可以从他在1903年所写的一篇文章《大西洋》中得到证明。特纳首先引用了洛厄尔所写的“纪念哈佛之歌”中一段显然有关泛灵论的文字。引文中，洛厄尔论述了在取之不尽、一尘不染的西部大地上，大自然如何塑造了林肯，这个“我们这片新土地的新生儿，第一位美国人”。随后，特纳精心写下了如下文采飞扬的文字：

> 第一批欧洲移民的大潮源源不断地缓缓进入这片广袤的、草木丛生的大陆。欧洲人、欧洲的风俗习惯及思想观念在美国的荒野中扎下根来，而了不起的美国西部将他们全部拥入怀中，教会他们用新的眼光去审视普通人的命运，训练他们适应新世界的新环境，适应那些为满足新的需求而创造的新机制。一旦位于东部的社会在社会形态和产业发展方面开始变得类似于旧世界的模样，一旦这样的社会开始丧失对于民主理想的信仰，西部就会开放新的区域，在她最遥远的地方为新的民主奉献其丰富的物质财富以及升华心灵的力量。这种力量来自边疆拓荒者与生俱来的对自由的热爱，是他们开辟家园、修建学校和教堂并为自己的家人创造一个光明未来的力量。[15]

阅读上述文字，我们很难认为所有这些比喻仅仅是为藻饰文采。例如，把西部，这片接近自然的土地视为女性，而把东部，这片远离自然并热衷于效仿欧洲的地区视为中性，这种说法难道没有一点意义吗？

从上文引述的段落中，我们可以看出《由于大自然的慈爱》西部创造出了一个农耕乌托邦。花园神话在我们眼前应运而生。

特纳在此言之凿凿，描述得真真切切，而在其他场合仅仅把它视为奋斗的理想。例如，同一篇文章中，在该段落之前，作者概括了杰斐逊的“政治原则宣言”及其“民主应该建立在农业基础之上的观点”。[16]“应该”轻而易举变成了“过去的确是”：杰斐逊的农耕理想与特纳认为自己在西部观察到的边疆民主本质上完全一样。把想象中的事物描绘得如此栩栩如生，宛如现实，这正是诗歌创作的特有手法。

特纳用于描述边疆的两个概念中的另一个是文明。如果说西部大自然这一概念为特纳提供了虽然常常难以驾驭，但却丰富多彩的富于地方特征的隐喻色彩，那么使用文明这一概念也带来了同样重要的结果，即让他信奉以下的理论：一切社会的发展，包括西部各地相继出现的社会的发展，无不是从低级向高级阶段不断发展的进程。对于这一观点，穆德先生也曾将其来源追溯到埃利和沃克，甚至追溯到二者之前的弗雷德里希·李斯特（Friedrich List）。[17] 但是，在前文的讨论中我们已经注意到，这种观点是1800年之后不久从法国引入美利坚合众国的，并且在19世纪20年代已经成为解释农业占据主导地位的西部社会生活的一个主要观点。

这一理论曾使得边疆社会的早期观察家，如蒂莫西·弗林特等作家身陷困境。而特纳由于接受了这一理论，也陷入了同样的麻烦。这是因为社会发展阶段论与那种把西部农民视为沐浴乌托邦光芒的自耕农的观点格格不入。与之相反的是，按照社会发展阶段论来看，西部农民举止粗鲁，缺乏教养，代表着社会发展进步过程中的蒙昧阶段。而同时采纳这两种彼此矛盾的理论使得特纳很难回答这样一个问题，即边疆的特质、边疆社会以及边疆带给这个国家其他地区的影响究竟是积极的还是消极的。因为特纳所探讨的是西部民主的起源，显然在他看来边疆的影响是积极的。如果说一个人把“众所周知的西部与东部之间的斗争视为民主与特权阶层之间的斗争”，[18] 那么他的立场也就一目了然了。只要坚信自由土地代表大自然，而且在这一观念体系中大自然绝对宽厚仁慈，因而是自由土地造就了边疆社会，那么持有上述态度也就是必然的事。实际上，大自然本身就是价值之标准。因而，人们根本无法想象大自然会对人类及人类社会可能产生任何不良影响。

但是，由于特纳使用了文明这一概念，情况变得更加复杂。他的基本信念是在农业边疆地区相对原始的社会中可以找到最为高尚的社会准则。但是，社会发展阶段论认为最为高尚的社会准则存在于社会发展进程的另一端，即存在于城市工业社会中，存在于杰斐逊和后来的农耕思想理论家们视为危害社会纯洁性的制造业发展及城市生活中。特纳在这两种观点之间摇摆不定。有一个微不足道但或许意义重大的例子可以证明。在 1893 年的一篇文章中，他提及西部相继出现的各地区“向更高阶段发展”——这一说法显然与正统的文明与进步的理论保持一致。1899 年，在修改该文以便再版时，他意识到这一说法可能会让他陷入自相矛盾，于是便修改为“发展到一个不同的工业发达的阶段”。[19]

但是，他无法总是保持上述文章修改中所表现出的不偏不倚立场。一方面，他强烈反感西部对于通货膨胀的狂热，认为这是边疆社会所处原始状态的自然产物。在 1893 年的那篇文章中，他断言道：“殖民时期以及美国独立革命时期的边疆正是罪恶的金钱展示种种恶劣表现的发源地。”同时他还指出，美国历史上每一次财政政策出现漏洞总是与建立新的边疆居民点不谋而合。平民党人鼓吹自由铸造银币就是一个例证。

（他这样写道）现在许多州否认自己与平民党提出的纲领有任何瓜葛，但事实上它们在早期发展阶段都曾坚持过这样的观点。一个处在原始状态的社会很难具备相应的头脑去理解一个发达社会中商业得失的纷繁复杂。[20]

在1899年完成的那篇修改稿中，特纳心满意足地指出威斯康星州已经证明了自己的理论：

以威斯康星州为例，在出现多种多样的农业生活和错综复杂的工业生活之前，那里是农民运动和美钞运动的堡垒，但是它已经处于向工业化发展的变革中，因此在上一届总统竞选中布赖恩先生在这个州仅仅获得了一个县的支持。[21]

由上文可见作者认为，伴随从农耕社会的单一化向高度复杂化的发展演变，其结果是实现社会进步。

然而，虽然特纳能够从一个方面肯定进步和文明，合众国社会发展的总体进程却令他在理论上陷入重大困境。他曾将自己的最高准则——民主——建立在自由土地的基础之上。但是由于文明横贯大陆向西推进，自由土地随之逐步消失。民主的未来将会如何呢？因为他把民主与自由土地联系起来，必然也将民主与自然——精神价值的源泉——联系起来，所以他面临的困难更加艰巨。正是因为这样的联系，从他对民主的理解看，其弦外之音无不带有文化原始主义的痕迹，因而往往与文明的观念发生冲突。在这个问题上，就其本身而言未必就是缺陷，因为人们始终诉诸文明论来为 19 世纪诸多值得怀疑的行为进行辩护，其中包括欧洲人掠夺世界各地土著民族的行径。此外，通过研究以农业为主导的西部在文学作品中的表现，我们注意到求助于社会进步是按照一成不变的几个阶段达成的这一理论并不能有效地帮助人们理解西部农民。但是，特纳始终诉诸文明的观念来概括北美大陆的社会发展进程，而伴随自由土地最终在这片大陆上一去不返，这一观念也成为他用来分析当代美国社会的唯一理论根据。

对于特纳来说，民主与自然相关，但与文明似乎没有任何逻辑上的关系，因而根据他的理论，美国社会在边疆消亡之后就不再存在任何推进民主的力量。19 世纪初，傅立叶空想社会主义者（Fourierist）也曾得出过类似的结论，认为文明仅仅是社会发展中的一个过渡阶段，人类必须通过向“联盟”（association）阶段进步来超越这一阶段。与特纳同时代的亨利·乔治曾经宣称进步导致贫困，文明包含着激烈的冲突，而这种冲突只有诉诸革命性手段才能解决，即自然资源的自然增值应该统一归公众所有。但是对于这些提议背后多多少少带有革命性的态度，特纳并不赞同。[22] 相反，特纳认为，社会进步发生在当前的社会体系之中，即文明的范围之内。无论采用什么方法来解决社会问题，都必须以社会早已接受的那些基本原则为基础。这就意味着在他放眼美利坚合众国考察研究文明之际，他要面对的问题是在文明的某个方面为民主找到赖以存在的基础。在这方面他所作的不懈努力表明，相比于孕育了边疆假说的观念，他的思想以及他关于社会道德的标准更加敏锐更加开明，但是他却成为他所继承的农耕传统观念的囚徒。[23] 他转而求助一种十分缺乏说服力的主张，提出中西部的大学或许可以培养训练有素的领袖人物来拯救民主。[24] 此后，他又辅之以科学，除了教育，他认为科学是人类身处现代社会困惑迷茫时可以求助的另一种力量。但是这些主张并不能真正让他满意。最终，他还是求助于自己在大学读书时所记的札记中表露的信念——他的信念既非寄托于自然，也非寄托于文明，而是完全寄托于人类，寄托于普通百姓。1924 年，在分析了世界所面临的最为迫切的难题之后，特纳雄辩而又庄严地宣告：

> 我宁愿相信人类的力量要比威胁自身的种种危险更为强大；教育和科学的力量足以改善人类的处境，并足以为人类找到合理的方法来解决生活在这个日益拥挤的星球上的各种难题。我相信那种依靠深思熟虑而非心血来潮和因循守旧来解决问题的人。他们勇于探索以求找寻到适应环境的新途径；他们富于领导才干，善于在普通百姓中传播新的思想观念；他们献身世界和平，并时刻准备为之千方百计不惜一切。[25]

这番言论无异于承认以下事实：在这个备受工业化、城市化和国际冲突影响的世界里，主张民主孕育于自由的土地这种带有原始主义色彩的观点是难以解决问题的。而第一次世界大战又摧毁了 19 世纪其他种种思想体系，也动摇了特纳的价值理念中的农耕社会准则。他虽然继续为解决现代世界各种重大问题而斗争，但是他最初使用的理论武器已经变得无能为力。

特纳的困境表明他所坚持的传统已经时过境迁。从富兰克林时代到几乎一个半世纪之后的边疆拓居阶段的末期，西部始终在提醒人们农业在美国社会中的重要性，并孕育了旨在阐明这个国家性质和前途命运的农耕哲学和农耕神话。这种哲学和神话确立了一套美妙的社会准则，但却因为无法提供理解工业革命的思想武器，很快不再有助于解释美国社会整体的发展变化。一个聚焦半神话色彩的自然观，并把初级农业社会标榜为理想的思想体系根本无力应对技术进步所带来的各种问题。农耕理论鼓励人们完全无视工业革命，或者说把工业革命视为违背自然秩序的不合时宜的反常之举。例如，在历史研究这一虽有局限但依然重要的领域，边疆假说对于农耕生活的强调常常令人忽略半个世纪以来工业化所造成的诸多问题，而正是在此期间美利坚合众国发展成为世界上最强大的国家。[26] 农耕传统产生的另一个更加重要的影响在于它对政治的影响。历史上从杰斐逊时代至今，由于花园神话中隐含对于城市和一切与工业相关事物的不信任感，农民和工人之间无法进行合作共渡危机的事例并非个案。

农耕传统也让美国人难以把自己视为世界大家庭中的一员，因为根据这一传统，这个国家的前途命运在于远离欧洲走向北美大陆内地的农业区。这一点在特纳的理论中尤其显而易见。[27] 虽然他十分关注西部扩张所产生的外交问题，但依据他的边疆假说，与欧洲保持紧密的联系才是美国社会极大的不幸。1903 年，特纳用赞许的语气写道，边疆曾经产生过安德鲁 · 杰克逊这样的人物，那里“完全不受欧洲的各种思潮和习俗的影响，‘西部世界’的人们背弃了大西洋，开始建设一个摆脱陈规陋俗统治的新社会，干劲十足，洋溢着自立的精神”。[28] 后来，只是在他试图从边疆之外寻找民主的理论依据之际，他才开始批评美国人对于欧洲国家的社会法规表现出的“傲慢冷漠”。[29]

但是，如果说用自然论来解读西部会割裂西部与城市化的东部及欧洲的联系，那么与之对立的文明论则具有更大的缺陷。文明论不仅在西部人身上强加了社会落后、道德败坏及文化卑劣的标签，而且也令人无法认识到这样一个事实，即美国人在美洲大陆上的拓居活动为美国历史陡增了让人耳目一新的篇章。因为根据文明论，美国西部乃至整个美国如果无法重现欧洲的成就则将毫无价值。美国农耕传统的主要问题在于这一传统诉诸自然和文明这一对彼此相关但又相互矛盾的观念，以它们为原则来理解历史和社会。若要巧妙地以文学的形式来表现西部，或者说若要充分理解西部的社会发展进程，我们就需要一种新的思想体系。

注释

序幕：十八世纪的开端

1 “God’s Controversy with New England”, P*roceedings of the Massachusetts Historical Society*,XII (1871-1873),83,84.

2 *Calendar of State papers. Colonial Series. America and West Indies. March, 1720,to December,1721*, ed. Cecil Headlam (London,1933),pp.443-444.

3 Quoted by Thomas P. Abernethy, *Western lands and the American Revolution* (New York, 1937), pp.20-21

4 Clarence W. Alvord, *The Mississippi Valley in British Politics*, 2 vols. (Cleveland,19170), I,52.

5 “Observations Concerning the Increase of Mankind, Peopling of Countries, Etc.,”*The Writings of Benjamin Franklin*,ed. Albert H. Smyth, 10 vols. (New York, 1905-1907), III, 63,71. The pamphlet was written in 1751 and published in 1755.

6 *Ibid.*, IV, 55 (1760).

7 *Ibid.*, III,71.

8 *Ibid.*, IV,4.

9 "Verses on the Prospect of Planting Arts and Learning in America,"*The Works of George Berkeley*, D.D., ed. Alexander C. Fraser, 4 vols. (Oxford, 1901), IV, 364

10 Quoted by Fred J. Hinkhouse, *The Preliminaries of the American Revolution as seen in the English Press, 1763-1775* (New York, 1926), pp.106-107.

11 *The Poems of Philip Freneau, Poet of the American Revolution*, ed. Fred l. Pattee, 3 vols. (Princeton,1902), I, 73n. When Freneau revised the text for republication in 1809 he changed "Britain's sons" to "we"and added that American ships would "people half the convex of the main" (*ibid.*, I.75).

12 Thomas Hutchins, *An Historical Narrative and Topographical Description of Louisiana, and West-Florida*(Philadelphia, 1784), pp. 93-94.

13 Timothy Dwight, *Greenfield Hill: A Poem*(New York, 1794), pp. 52-53.

14 "Observations on the Article Etats-Unis Prepared for the Encyclopedie," June 22, 1786, *The Writings of Thomas Jefferson*, ed. Paul L. Ford, 10 vols. (New Thomas Jefferson, ed. Paul L. Ford, 10 vols. (New York, 1892-1899).IV, 180-181.

15 *The Freeman's Journal: or, The North American Intelligencer* (Philadelphia), January 9, 1782, p. [1].

第1章　通往太平洋之路：托马斯·杰斐逊与远西地区

1 *The Writings of Thomas Jefferson*, ed. H. A. Washington, 9 vols. (Philadelphia, 1868-1871),IV, 509 (letter to Du Pont de Nemours, Washington, November 1, 1803).

2 *The Writings of Thomas Jefferson*, ed. Andrew A. Lipscomb, 20 vols. (Washington, D. C.,1904-1905), XI, 20 (letter to William Dunbar, March 13, 1804).

3 *Original Journals of the Lewis and Clark Expedition*, ed. Reuben G. Thwaites, 8 vols. (New York. 1904-1905), VII, 195-197, 202-205.

4 Jefferson's "Secret Message to Congress," January 18, 1803, *ibid.*, VII, 206-209.

5 *Ibid.*, VII, 208.

6 *Ibid.*, VII, 334.

7 Harrison C. Dale, *The Ashley-Smith Explorations and the Discovery of a Central Route to the Pacific 1822-1829* (Cleveland, 1918), pp. 36-40, 89-112.

8 James C. bell, *Opening a Highway to the pacific, 1838-1846* (New York, 1921), pp. 183-190.

第 2 章 通往印度之路：托马斯·哈特·本顿与阿萨·惠特尼

1 Clarence W. Alvord and Lee Bidgood, *the First Explorations of the Trans-Allegheny Region by the Virginians 1650-1674* (Cleveland, 1912), p. 61.

2 *The Poems of Philip Freneau*, ed. Pattee, I, 76n., 77n.

3 *An Historical Narrative and Topographical Description of Louisiana, and West-Florida*, p. 94.

4 *Original Journals of the Lewis and Clark Expedition*, ed. Thwaites, VII, 204.

5 *Kentucky Gazette* (Lexington), February 28, 1795, p. 2.

6 *Original Journals*, ed. Thawites, VII, 248.

7 *Ibid.*, VII, 335. In a letter to Lewis dated July 15, 1803, Jefferson had quoted without comment a communication from "Mr. La Cepede at Paris" containing the following statement: "If your nation can establish an easy communication by rivers, canals, & short portages between N. York for example &… the mouth of the Columbia, what a route for the commerce of Europe, Asia, % America" (*Writings*, ed. Ford, VIII, 200n.).

8 *Original Journals*, VII, 334.

9 Philip A. Rollins, ed., The Discovery of the Oregon Trail. Robert Stuart's

Narratives of his Overland Trip Eastward from Astoria in 1812-13 (New York, 1935), pp. lxv-lxxi.

10 "Remarks Made on a Tour to Prairie du Chien; Thence to Washington City, in 1829," in The Writings of Caleb Atwater (Columbus, Ohio, 1833) , p. 202.

11 Hunt's Merchants' Magazine, XIX, 530 (November, 1848).

12 John Charles Frémont, Memoirs of My Life.... *Together with a Sketch of the Life of Senator Benton, in Connection with Western Expansion*, Volume I (all published) (Chicage and New York, 1887), p. 10; Thomas Hart Benton, *Thirty Years' View; or, A history of the Working of the American Government for Thirty Years, from 1820 to 1850*, 2 vols. (New York, 1854), I, 43.

13 *Thirty Years' View*, I, 14.

14 *Frémont, Memoirs*, p. 12.

15 *Ibid.*, pp. [1]-2.

16 *Ibid.*, p. 8.

17 *Ibid.*, p. 17.

18 *Selections of Editorial Articles from the St. Louis Enquirer, on the Subject of Oregon and Texas, as Originally Published in That paper in the Years 1818-19; and written by the Hon. Thomas H. Benton* (St, Louis, 1844), p. [5].

19 *Ibid.*, p. 7.

20 *Ibid.*, p. 17.

21 *Ibid.*, p. 23.

22 18 Cong., 2 sess., *Register of Debates in Congress*, Senate, I, cols. 712-713 (March 1, 1825).

23 *Ibid.*, cols. 711-712.

24 30 Cong., 2 Sess., *Congressional Globe*, Senate, p. 473 (February 7, 1849).

25 *Idem.*

26 *Idem.*

27 29 Cong., 1 Sess., *Congressional Globe*, Senate, p. 916 (May 28, 1846).

28 *Idem.*

29 *Letter from Col. Benton to the People of Missouri. Central National Highway from the Mississippi River to the Pacific* (1854), n. p., n. d.

30 30 Cong., 1 Sess., *Congressional Globe*, Senate, p. 1011 (July 29, 1848).

31 *Discourse of Mr. Benton, of Missouri, before the Boston Mercantile Library Association, on the Physical Geography of the Country between te States of Missouri and California... Delivered in the Tremont Temple, at Boston... December 20,1854* (Washington, 1854), p. 4.

32 *Ibid.,* p. 17.

33 *Ibid.,* p. 21.

34 *Address of Mr. A Whitney, before the Legislature of Pennsylvania, on His Project for a Railroad from Lake Michigan to the Pacific* (Harrisburg, 1848), pp. 16-17.

35 *Atlantic and Pacific Railroad. A Letter, from the Hon. S. A. Douglass [sic],to A. Whitney, Esq., N. Y.* (dated Quincy, Illinois, October 15, 1845), n. p., n. d., pp.5-6.

36 Asa Whitney, *A Project for a Railroad to the Pacific* (New York, 1849), p.12.

37 *Hunt's Merchants ' Magazine* , XXI, 75 (July, 1849).

38 *Address of Mr. A. Whitney before the Legislature of Pennsylvania*, p. 14.

第3章　天命难违：威廉·吉尔平

1 *Hubert H. Bancroft, History of the Life of William Gilpin. A Character Study* (San Francisco, 1889), pp. 6-9, 14-23, 28-32. Mr. Bernard De Voto has called attention to Gilpin in an article in *Harper's Magazine* (CLXXXVIII, 313-

323, March, 1944) entitled "Geopolitics with the Dew On It." Gilpin's activities in Oregon are discussed by Maurice O. Georges, "A suggested Revision of the Role of a Pioneer Political Scientist,"*Reed College Bulletin*, XXV, 67-84 (April, 1947).

2 Bancroft, *Life*, p. 43.

3 *The Central Gold Region. The Grain, Pastoral and Gold Regions of North America* (Philadelphia and St. Louis, 1860), pp. 132-133.

4 *Mission of the North American People, Geographical, Social, and Political* (Philadelphia, 1874), p. 130 (quoting a letter of 1846).

5 "Settlement of Oregon- Emigrants of 1843," 29 Cong., 1 Sess., Senate Document No. 306. Report of the Committee on the Post Office and Post Roads (April 20, 1846), pp. 39-40.

6 *Central Gold Region*, pp. 178-179.

7 *Ibid.,* p. 55.

8 *Ibid.,* p. 133.

9 *Ibid.,* p. 103.

10 *Ibid.,* pp. 20-21.

11 *An Essay on Criticism* (London, 1711), p. 7.

12 Leonard C. Jones, *Arnold Guyot et Princeton* (Neuchâtel, 1929).

13 Arnold H. Guyot, *The Earth and Man: Lectures on Comparative Physical Geography, in its Relation to the History of Man*, trans. Cornelius C. Felton (New York, 1887), p. 33.

14 *Ibid.*, pp. 176-177.

15 *Ibid.*, pp. 236-237.

16 *Ibid.*, pp. 183-185.

第 4 章　沃尔特 · 惠特曼与显然天命

1 The substance of this chapter, under the same title, appeared in the *Hun-*

tington Library Quarterly, X, 373-389 (August, 1947). I wish to thank the editor of that journal for permission to reprint portions of the text.

2 "Poem of the Sayers of the Words of the Earth," *Leaves of Grass* (New York, 1856); (hereafter *"Leaves of Grass* [1856]"), p. 329.

3 *Ibid.*, p. iv.

4 In " Calamus," Section 30 (later revised and given the title, "A Promise to California"), *Leaves of Grass* (Boston, 1860); (hereafter "*Leaves of Grass* [1860]"), p. 371.

5 In "Chants Democratic," Section 14, *ibid.*, p. 187.

6 *Leaves of Grass by Walt Whitman. Reproduced from the First Edition(1855),* ed. Clifton J. Furness (New York, 1939); (hereafter *"Leaves of Grass*[1855]", p. iii. *Leaves of Grass*(1860), p. 368 ("Calamus," Section 25).

7 *Leaves of Grass* (1860), p. 183.

8 *Ibid.*, p. 312.

9 *Drum-Taps* (New York, 1865); (hereafter "*Drum-Taps* [1865]"), pp. 25-30. The central idea and many details of "Pioneers!" closely parallel Gilpin's accounts of his Western experiences and discussions of the westward movement. I am strongly disposed to believe that Whitman was borrowing directly from Gi;pin, although the exact circumstances are not easy to make out. The most relevant documents are a letter describing the emigration of 1843 to Oregon (29 Cong., 1 Sess., Senate Report No. 306. Committee on the Post Office and Post Roads... Submitted April 20, 1846, pp. 19-47); an address on the Doniphan Expedition delivered by Gilpin in 1847 (reprinted in Gilpin's *The Mission of the North American People* [Philadelphia, 1874], pp. 131-140); and Gilpin's speech on the Pacific Railway delivered in 1849 (reprinted in *The Central Gold Region*, pp. 145-180.)

10 29 Cong., 1 Sess., Senate Report No. 306, p. 46.

11 *Drum-Taps* (1865), pp. 53-54.

12 *Ibid.*, pp.64-65.

13 *Two Rivulets* (Camden, New Jersey, 1876), p. 5n.

14 *Passage to India* (Washington, D. C., 1871), pp. 8-9.

15 *Ibid.*, pp. 6-7.

16 *Ibid.*, pp. 9-10.

第5章　丹尼尔·布恩：帝国缔造者抑或原始主义的思想家?

1 *The Journals of Francis Parkman*, ed. Mason wade, 2 vols. (paged continuously); (New York, 1947), p. 53.

2 *Ibid.*, p. 77.

3 *The Oregon Trail*, rev.ed. (New York, 1872), pp. 12-13.

4 *Journals*, p. 3.

5 *The Oregon Trail*, pp. [vii]-viii.

6 The work is described in *Ballou's Pictorial Drawing-Room Companion*, IX (1855), 284.

7 The painting is in the possession of Washington University, St. Louis. It was reproduced in *The Magazine of Art*, XXXII, 330 (June, 1939).

8 John E. Bakeless, *Daniel Boone, Master of the Wilderness* (New York, 1939), pp. 85, 89, 144-145. The *Port Folio* mentioned Boone in 1814 as an example of American “enterprise” (Third [Fourth] Series, IV, 337).

9 *The Discovery, Settlement and Present State of Kentucke* (Wilmington, Delaware, 1784) pp. 81-82.

10 Daniel Bryan, *The Mountain Muse: Comprising The Adventures of Daniel Boone; and The Power of Virtuous and Refined Beauty* (Harrisonburg, Virginia,1813), pp. 42-43.

11 *Ibid.*, p. 54.

12 *Ibid.*, p. 59.

13 *Ibid.*, pp. 184-185.

14 *Niles' Register*, X, 361 (June 15, 1816).

15 *Niles' Register*, XXIV, 166 (May 17, 1823); *American Monthly Magazine and Critical Review*, III, 152 (New York, June, 1818). *Niles' Register* picked up a similar remark from the St. Louis *Enquirer*, XV, 328 (December 26, 1818).

16 Edwin James, ed., *Account of an Expedition from Pittsburgh to the Rocky Mountains, Performed in the Years 1819 and' 20... under the Command of Major Stephen H. Long*, 2 vols. And atlas (Philadelphia, 1823), I, 105.

17 *Ibid.*, I, 106.

18 They were reprinted, for example, *in Life and Adventures of Colonel Daniel Boone, the First White Settler of the State of Kentucky ... Written by Himself ... annexed Is a Eulogy on Col. Boone and Choice of Life, by Lord Byron* (Brooklyn, 1823), reprinted in *The Magazine of History*, Extra No. 180 (Tarrytown, New York, 1932), pp. 226-227.

19 *Ibid.*, pp. 217-221.

20 *The Life and Adventures of Daniel Boone, the First Settler of Kentucky, Interspersed with Incidents in the Early Annals of the Country* (first published 1833); (Cincinnati, 1868), pp. 226-227. According to *the Dictionary of American Biography*, this work went through fourteen editions.

21 *Ibid.*, pp. 229-230.

22 *Ibid.*, p. 246.

23 *Ibid.*, p. 41.

24 *Lives of Daniel Boone and Benjamin Lincoln*, The Library of American Biography, ed. Jared Sparks, Second Series, XIII (Boston, 1847), pp. 186-189. Peck's characterization of Boone exhibits a number of parallels with the character of Leatherstocking. He was one of Nature's noblemen – benevolent, rigidly honest, reluctant to shed blood. Although he never joined and=y church, he had received religious instruction in his youth, and "was a believer in Christianity as a revelation

from God in the sacred scriptures." The character of Boone in James Hall's "The Backwoodsman" also strongly suggests Leatherstocking, although Hall develops the functions of the hunter in rescuing a heroine rather than his ethical nobility (*Legends of the West*, "second edition," Philadelphia, 1833, pp. [1]-40.

25 *North American Review*, LXII, 97, 86-87 (January, 1846).

26 Notes of a Military Reconnoissance from Fort Leavenworth ... to San Diego (1848), 30 Cong., 1 Sess. House Executive Document No. 41, in Vol. IV, p. 25.

27 *Wild Western Scenes: A Narrative of Adventures in the Western Wilderness, the Nearest and Best California. Wherein the Exploits of Daniel Boone, the Great American Pioneer, Are Particularly Described*, by Luke Shortfield (pseudo.); (Philadelphia, 1849), p. 22. Since Boone plays but a negligible part in the story, the exploitation of his name in the title suggests the currency of the Boone legend.

第 6 章 皮袜子与社会秩序问题

1 *Bakeless, Daniel Boone*, p. 139. The reviewer of *The Pioneers* in the *Port Folio* (Fourth [Fifth] Series, XV, 232, March, 1823) remarked that Leatherstocking had been "modeled from the effigies of old Daniel Boone."

2 *The Last of the Mohicans: A Narrative of 1757*, 2 vols. (Philadelphia, 1826), I, 146.

3 Bakeless, *Daniel Boone*, pp. 133-139; *Mohicans*, I 166-174.

4 *The Prairie*: *A Tale*, 2 vols. (Philadelphia, 1827), I, 14-15.

5 *The Prairie*, red Rover ed. (New York, n. d.), p. 3n. Cooper has adopted Jefferson's estimate of the point at which density of population makes Americans "uneasy" (above, p. 10).

6 *The Prairie*, I x.

7 *Niles' Register*, XXIX, 217 (December 3, 1825). The roving propensities

of Leatherstocking had impressed an anonymous writer for *Niles' Register*within a few months after the publication of *The Pioneers*: "A settlement at the mouth of the Columbia has been seriously advocated in Congress, and will soon be made under the sanction of government; and , in a few years, we may expect that some persons *there*, feeling themselves too much crowded, like 'Leather Stocking' in the 'Pioneers,' will seek a country more *west*-Japan, perhaps, if good hunting could be expected therein!" (XXIV, 71, April 5, 1823).

8 *Prose Sketches and Poems, Written in the Western Country* (Boston), 1834), p. 60. Bushfield was a Kentucky hunter in James K. Paulding's novel *Westward Ho!* (1832).

9 Although critics often objected to the Indians of the Leatherstocking tales, they were enthusiastic about the old hunter from his first appearance. A reviewer in the generally unsympathetic *North American Review* called Leatherstocking " a bold and original conception .... Upon the whole, the best piece of invention our author has ever produced; one, we may say, which deserves to be ranked in the first class of the creations of genius" (XXIII, 172, July, 1826). A later reviewer in this periodical, on the other hand, was cool toward the character (XXXII, 517, April, 1831). The *United States Review and Literary Gazette* said in 1827 that Cooper must mainly depend on Leatherstocking for his future fame (II, 307, July). Four years after Cooper had described the death of the hunter in *The Prairie, the American Monthly Magazine* of Boston declared, " in the whole range of fictitious writing, you will not find anything finer than Long Tom and Natty Bumpo [sic]" (II, 696, January, 1831). –The suggestion that the Leatherstocking series should be read in terms of " atension between civilization and noncivilization" is interestingly set forth in Roy Harvey Pearce's article, "The Leatherstocking TalesRe-examined" (*South Atlantic Quarterly*, XLVI, 524-536, October, 1947). I have profited greatly in my discussion of Cooper from Mr. Pearce's observations.

10 *The Pioneers, or The Sources of the Susquehanna; A Descriptive Tale*, 2 vols. (New York, 1823), I viii.

11 *Ibid.*, I, 21, 27

12 *Ibid.*, I, 8-20, II, 206-215.

13 *Ibid.*, I, 269.

14 *Ibid.*, II, 228.

15 *Ibid.*, I, 254-255.

16 Susan Fenimore Cooper, *Pages and Pictures, from the Writings of James Fenimor Cooper, with Notes* (New York, 1861), p. 157.

17 *The Pathfinder; or, The Inland Sea*, 2 vols. (Philadelphia, 1840), I, 14.

18 *Ibid.*, I, 114.

19 *Ibid.*, I, 135-136.

20 *Ibid.*, II, 34-40.

21 *Ibid.*, II, 214-225.

22 *The Prairie*, Red Rover ed., p. 3n.

23 *The Oak Openings; or, The Bee-Hunter*, 2 vols. (New York, 1848), I, 14, 18, 30-31.

24 *Ibid.*, II, 227.

第 7 章　自然的纯真与狂野：查尔斯 · W. 韦伯及其他作者

1 *The Prairie* (1827), II, 92.

2 Thomas J. Farnham, *Travels in the Great Western Prairies, the Anahuac and Rocky Mountains, and in thr Oregon Territory* (Poughkeepsie, N. Y., 1841), p. 72.

3 *Ibid.*, pp. 72-73.

4 *Old Hicks, the Guide; or, Adventures in the Camanche Country in Search of a Gold Mine*, first published 1848, 2 vols. (paged continuously); (New York, 1855), p. 46.

5 *Ibid.*, pp. 311-313.

6 *Ibid.*, pp. 304-305.

7 *Ibid.*, p. 311.

8 *Idem.*

9 *Ibid.*, p. 121.

10 *Idem.*

11 Evart A. Duyckinck and George L. Duyckinck, *Cyclopaedia of American Literature*, 2 vols. (New York, 1855), II, 665-669.

12 *Graham's Magazine*, XXXIV, 386 (June, 1849).

13 *Ibid.*, XXXII, 356 (June, 1848).

14 *United States Magazine and Democratic Review*, New Series, XXII, 332 [properly 432], 328 [properly 428] (May, 1848).

15 "Experience,"*Complete Works*, ed. Edward Waldo Emerson, 12 vols. (Boston, 1903-1904), III, 63-64.

16 *Walden*, Chapter I, *Writings*, Riverside edition, 11 vols. (Boston, 1893-1894), II, 21-23, 25-28.

17 *Ibid.*, IX, 266-267.

18 *Ibid.*, IX, 272-273.

19 *Ibid.*, IX, 275-276.

20 *Ibid.*, II, [327].

21 *Ibid.*, IX, 276.

22 *Mardi, and a Voyage Thither* (London, 1922), II, 264-267, [225]-231, 238-245.

23 *Moby-Dick or The Whale*, ed. Willard Thorp (New York, 1947), pp. 178-179. The widely current legend of the White Steed of the Prairies is discussed in *Mustangs and Cow Horses*, edd. J. Frank Dobie, Mody C. Boat-right, and Harry F. Ransom (Austin, Texas, 1940), pp. 171-183. Melville's use of this legend is noted at p. 245.

24 *Ibid.*, p. 183.

第 8 章 作为西部故事主人公的山里人：基特·卡森

1 *The Shoshonee Valley; A Romance*, 2 vols. (Cincinnati, 1830), I, 21.—The Substance of Chapter VIII, IX, and X appeared in the *Southwest Review* (XXVIII, 164-189, Winter, 1943; XXXIII, 276-284,378-384, Summer, Autumn, 1948; XXXIV, 182-188, Spring, 1949). I wish to thank the editor of that magazine for permission to reprint the material here)

2 *Ibid.*, I, 20.

3 *Ibid.*, I, 21-22.

4 Charles Sealsfield (pseud. of Karl Anton Post), *Life in the New World; or Sketches of American Society*, first published in 1835-1837, in German; Eng. Trans. Gustavus C. Hebbe and James Mackay (New York, 1844), p. 42.

5 *Ibid.*, I, 43.

6 David H. Coyner, *The Lost Trappers: A Collection of Interesting Scenes and Events in the Rocky Mountains* (New York, 1847), pp.xii-xiii.

7 *The Prairie Flower; or, Adventures in the Far West* (Cincinnati, 1849), p. 31. Harold A. Blaine has noted extensive plagiarism from George F. Ruxton's *Adventures in Mexico* and *Life in the Far west* in *The Prairie Flower* ("The Frontiersman in American Prose Fiction: 1800-1860," unpublished doctor's thesis, Western Reserve University, 1936, pp. 239-240).

8 *Ibid.*, p.29;*Leni-Leoti; or, Adventures in the Far West* (Cincinnati, 1849), p. 38.

9 *The Prairie Flower*, p.29.

10 *Idem.*

11 Lewis H. Garrard, *Wah-To-Yah, and the Taos Trail; or, Prairie Travel and Scalp dances, with a Look at Los Rancheros from Muleback and the Rocky*

Mountain Campfire (Cincinnati, 1850), pp. 270-271.

12 The Publicizing of Carson through Fremont's reports is pointed out by James Madison Cutts, *The Conquest of California and New Mexico* (Philadelphia, 1847), pp. 166-167 and by Charles Averill, *Kit Carson, The Prince of the Gold Hunters: or, The Adventures of Sacramento* (Boston, 1849), p. 58.

13 Cutts, *Conquest of California*, pp.165-167.This anonymous account of Carson was also reprinted in *The Rough and Ready Annual; or Military Souvenir* (New York, 1848), pp. 153-168.

14 Edwin L. Sabin, *Kit Carson days: 1809-1868* (Chicago, 1914), p. 506.

15 DeWitt C. Peters, *The Life and Adventures of Kit Carson, the Nestor of the Rocky Mountains, from Facts Narrated by Himself* (Nre York, 1858), p. 50.

16 Charles Burdett, *Life of Kit Carson: The Great Western Hunter and Guide* (Philadelphia, 1862), pp. 83-84, 367, 369.

17 John S. Abbott, *Christopher Carson. Familiarly Known as Kit Carson* (New York, 1873), p. 70.

18 *Ibid.*, 183-184.

19 *The Prairie Flower*, pp.58-60.

20 *Kit Carson's Autobiography*, ed. Milo Quaife (Chicago, 1935) , p. 135. Later Wild Western heroes sometimes took it for granted that they would be described in the newspapers and books down in the clearings (Oregon Sol in Edward S. Ellis, *Nathan Todd; or, the fate of the Sioux' captive*. Beadle's Dime novels, No. 18, 1860, p. 64).

21 Frederick Hudson, *Journalism in the United States, from 1690-1872* (New York, 1973), pp. 587-589.

22 Ralph Admari, "Ballou, the Father of the Dime Novel,"*American Book Collector*, IV, 121-122 (September-October, 1933).

23 Ralph Admari, "Bonner and 'The Ledger,'"*ibid.*, VI, 176-181(May-June, 1935).

24 *Ibid.*, IV, 123; Hudson, *Journalism in the United States*, p. 647.

25 Admari, " Ballou,"*American Book Collector*, IV, 124.

26 Bennet's early novels were published by various firms in Cincinnati (including J. A. & U. P. James) and subsequently by T.B. Peterson of Philadelphia: these publishing centers were feeling the same impulses that were motivating Ballou and Gleason in Boston, and Bonner in New York. In 1856 Bonner hired Bennett to write for the *New York Ledger*, and in 1867 Bennett became a contributor to Street & Smith's *New York Weekly* (with "Sol Slocum; or, The maid of the Juniata. A Tale of the Frontier," beginning on December 26 in Vol. XXIII, No. 6, p. 4).

27 *Kit Carson, The Prince of the Gold Hunters*, pp. 57-58.

28 Carson appears occasionally in the Beadle stories , as for example in James F.C. Adams's *The Fighting Trappers; or, Kit Carson to the Rescue*. Beadle's New York Dime Library, No. 1045 (1901 of original ed. 1879). The story contains an old trapper, Vic Vannoven, "rough but generous," toward whom the heroine feels as she would toward her father, so that we recognize him as a legitimate descendant of Leatheratocking. Kit Carson, young and agile, "the most renowned Indian fighter the world ever produced," appears briefly toward the end of the story to rescue the heroine and her party. He preserves the elusive, almost elfish quality he had had in Emerson Bennett's *The Prairie Flower*. Adams, incidentally, was not so violent a prohibitionist as the genteel biographers were. After the fight Kit offers brandy to the party, and he consumes "quiet draughts" during his turn on guard during the night (p. 26).

第 9 章　一角小说中的西部男主角

1 I. FROM SETH JONES TO DEADWOOD DICK Ralph Admari, "The House That Beadle Built 1859 to 1869,"*American Book Collector*, IV, 223-225

(November, 1933).

2 *Ibid.*, IV, 288 (December, 1933).

3 *The Beadle Collection of Dime Novels Given to the New York Public Library by Dr. Frank P. O'Brien* (New York, 1922), p. 8; Edmund Pearson, *Dime Novels; or, Following an Old Trail in Popular Literature* (Boston, 1929), pp. 46, 83.

4 Admari, "The House that Beadle Built,"*American Book Collector*, IV, 225.

5 Obituary note in "Chronicle and Comment,"*Bookman*, XX, 92 (October, 1904).

6 Pearson, *Dime Novels*, pp. 106-107; George C. Jenks, "Dime Novel Makers,"*Bookman*, XX, 112 (October, 1904).

7 Pearson, *Dime Novels*, p. 99.

8 In Edward L. Wheeler, *Corduroy Charlie, the Boy Bravo; deadwood Dick's Last Act*. Beadle's Half Dime Library, No. 77 (1879).

9 Pearson, *Dime Novels*, p. 99.The editors of the *New York Weekly* felt they were making a strong claim when they said that Dr. John H. Robinson's *Nick Whiffles* was "the greatest story since the days of Fennimore [*sic*] Cooper, and … not inferior to that great author's best work" (XXII, No. 41, August 29, 1867, p. 4).

10 *Seth Jones* was published in 1860 as Beadle's Dime Novels, No. 8. Victor's comment is quoted by Henry Morton Robinson, "Mr. Beadle's Books,"*Bookman*, LXIX, 22 (March, 1929). We are told that Seward once entered a cabinet meeting "waving a copy of *Seth Jones* in unconcealed delight" (LXIX, 20).

11 Boy's Library of Sport, Story and Adventure, No. 144.

12 *Ibid.*, pp. 6, 26.

13 *Ibid.*, p. 31.

14 Reprinted in 1875 as Beadle's New Dime Novels, New Series, No. 45.

15 *Ibid.*, p. 16.

16 Beadle's Dime Novels, No. 18 (1861), p. 44.

17 Beadle's New Dime Novels, New Series, No. 133 (1879), p. 52 (first published in 1871).

18 *Mustang Sam; or, The Mad Rider of the Plains, A Romance of Apache Land.* Beadle's Pocket Novels. No. 184 (1881), p. 19 (first published in 1877).

19 Albert Bigelow Paine, *Mark Twain, A Biography*, 3 vols. (paged continuously); (New York, 1912), I, 203.

20 *Old Avalanche, the Great Annihilator, Wild Edna, the Girl Brigand.* Beadle's Half Dime Library, No. 45 (1878), p. 4 (first published in 1877).

21 He is, for example, in Wheeler's *Corduroy Charlie, the Boy Bravo, and also in his Blonde Bill; or, Deadwood Dick's Home Base. A Romance of the "Silent Tongues."* Beadle's Half Dime Library, No. 138 (1880).

22 *Apollo Bill, the Trail Tornado; or, Rowdy Kate from Right Bower.* Beadle's Half Dime Library, No. 236 (1882), p. 6.

23 Beadle's Dime Novels, No. 18 (1861).

24 *Ibid.*, pp. 119, 122.

25 *Ibid.*, pp. 75, 87, 118.

26 Beadle's Dime Novels, No. 36 (1862), p. 50.

27 Beadle's Dime Novels, No.41 (1862), p. 10.

28 *Ibid.*, p. 35.

29 *Ibid.*, p. 65.

30 Beadle's Dime Novels, New Series, No.462 (1880), p. 14 (first published in 1867).

31 *Ibid.*, pp. 18, 36.

32 Beadle's Dime Novels, New Series, No.133 (1879), p. 12 (first published in 1871).

33 Beadle's Pocket Novels, No.140 (1879; first published in 1872).

34 Beadle's Dime Novels, No.257 (1872), p. 28. "W. J. Hamilton" was the pseudonym of Charles Dunning Clark, a member of the staff of the Oswego (New

York) *Times* and a local historian of the Cooper country.

35 *Ibid.*, p. 45.

36 *Ibid.*, p. 100.

37 Beadle's half Dime Library, No. 30 (1878), pp. 4, 10, 12.

38 "Dime Novels and the American Tradition,"*Yale Review*, XXVI, 765 (Summer, 1937).

39 W. H. Bishop, "Story-Paper Literature,"*Atlantic*, XLIV, 387 (September, 1879).

40 Edward L. Wheeler, *Deadwood Dick's Dream; or, The Rivals of the Road. A Mining Tale of "Tombstone."*Beadle's Half Dime Library, No. 195 (1881), p. 8.

41 *Deadwood Dick's Protégée; or, Baby Bess, the Girl Gold Miner. A Tale of Pistol Pocket.* Beadle's Half Dime Library, No. 515 (1887), pp. 6, 14.

42 Edward L. Wheeler, *Deadwood Dick, Jr., in Chicago; or, The Anarchist's Daughter*. Beadle's Half Dime Library, No. 515 (1887), pp. 6, 14.

43 The change of tone in this period is noted by W. H. Bishop in *Atlantic*, XLIV, 384-386 (September, 1879). Ralph Admari remarks that writers of dime novels began to shape their stories consciously for a juvenile audience during the 1870's (*American Book Collector*, V, 24, January, 1934).

44 II. BUFFALO BILL AND BUCK TAYLOR Richard J. Walsh in collaboration with Milton S. Salsbury, *The Making of Buffalo Sill. A Study in Heroics* (Indianapolis, 1928), p. 368. The *New Buffalo Bill Weekly*, in which every story dealt with Buffalo Bill, was still running in 1918 (John A. Hayes, *A Catalog of Dime Novel Material, Including a Section on Buffalo Bill* [Red Bank, New Jersey, 1936], p. 21).

45 Pearson, *Dime Novels*, pp. 202-203.

46 The *New York Weekly*, for example, printed a dispatch from the North Platte (Nebraska) *Democrat* dated May 2, 1872, quoting William F. Cody on the

subject of his recent participation In an Indian fight with B Troop of the Third Cavalry. "Ned Buntline takes his characters from life," exclaimed the editors of the *Weekly*, and they promised that Buffalo Bill's companion, Texas Jack (XXVII, No. 31 [June 10, 1872], p. 8).

47 Walter Blair, "Six Davy Crocketts,"*Southwest Review*, XXV, [443]-462 (July, 1940).

48 Frederick E. Pond, *Life and Adventures of " Ned Buntline" with Ned Buntline's Anecdote of "Frank Forester" and Chapter of Angling Sketches* (New York, 1919), pp. 23, 48-51, 138.

49 *New York Weekly*, XXV, No. 2 (November 25, 1869), p. 4; Pond, *Life and Adventures*, p. 93.

50 *New York Weekly*, XXV, No. 2 (November 25, 1869), p. 4. Buntline's biographer states that he made a tour in California and along the Pacific Coast in 1867 and 1868 delivering temperance lectures. He probably took advantage of this tour to collect Western materials (Pond, *Life and Adventures*, p. 86).

51 Walsh, *Making of Buffalo Bill*, pp. 155, 156.

52 *New York Weekly*, XXV, No. 2 (November 25, 1869), p. 4. The serial began in the issue of December 23, 1869 (XXV, No. 6) and ran until March 10, 1870 (XXV, No. 17). Buffalo Bill's first appearance in fiction, however, had been in a short anecdote Buntline contributed to the *Weekly* on December 2, 1869 (XXV, No. 3, p. 8) as a part of the advance publicity for the serial. In this sketch Buntline refers to a letter he had received from Cody in November. An illustration for the first installment of *Buffalo Bill, the King of Border Men* depicts the hero in an authentic Leatherstocking costume with Indian leggings and moccasins. He carries a long flintlock rifle and is on foot. He wears a full beard (in contrast with the neat imperial and moustache of his later career). *Buffalo Bill's Best shot; or, The Heart of Spotted Tail. A Sequel to "Buffalo Bill"*began in the *Weekly* March 25,1872 (XXVII, No. 20). The illustration for the first installment shows the hero

wearing a moustache but no beard. The standard goatee and moustache appear with the second installment (XXVII, No. 21 [April 1, 1872], p. [1]).

53 Walsh, *Making of Buffalo Bill*, p. 367.

54 Ned Buntline, *Buffalo Bill* (New York: International Publishers, n. d.), pp. 3, 11, 16, 142, 145, 202.

55 *Ibid.*, p. 183.

56 George D. C. Odell, *Annals of the New York Stage*, 14 vols. (New York, 1927-1945), IX, 168 (February 19, 1872).

57 Walsh, *Making of Buffalo Bill*, pp. 168-172. Maeder's play began something like a craze for border drama (Odell, Annals, IX, 218, 501). Within a month it was being burlesqued in *Bill Buffalo, with His Great Buffalo Bull* at Hooley's Opera House in Brooklyn (*ibid.*, IX, 226). The original play held the boards, however, for several years, with various actors in the title role (*ibid.*, IX, 278, 290, 328, 349, 431, 570, 633).

58 Walsh,*Making of Buffalo Bill*, pp. 178-180. *The Scouts of the Plains* reached New York March 31, 1873 (Odell, *Annals*, IX, 276) and became a competitor of Maeder's *Buffalo Bill* (*ibid.*, IX, 353, 414, 568) .

59 Walsh, *Making of Buffalo Bill*, p. 182.

60 XXV, No. 2 (November 25, 1869), p. 4.

61 Walsh, *Making of Buffalo Bill*, p. 18.

62 *Buffalo Bill, from Boyhood to Manhood. Deeds of Daring, Scenes of Thrilling Peril, and Romantic Incidents in the Early Life of W. F. Cody, the Monarch of Bordermen.* Beadle's Boy's Library of Sport, Story and Adventure, No. 2 (1884), p. 2 (first published in 1881).

63 *The Life of Hon. William F. Cody, Known as Buffalo Bill, the Famous Hunter, Scout and Guide. An Autobiography* (Hartford, Conn., 1879), p. 365.

64 Walsh, *Making of Buffalo Bill*, p. 368; William C. Miller, *Dime Novel Authors 1860-1900* (Grafton, Mass., 1933), p. 7.

65 Beadle's Half Dime Library, No. 204 (1881), p. 3.

66 *Life of Hon. William F. Cody,* p. 282.

67 Walsh, *Making of Buffalo Bill*, p. 191.

68 First published in 1875.

69 *Ibid*., pp. 22-23.

70 Beadle's Dime New York Library, No. 83 (1879), pp. 2-3.

71 *Ibid*., pp. 22-23.

72 *Bison Bill, the Prince of the Plains; or, Buffalo Bill's Pluck*. Beadle's Half Dime Library, No. 216 ("Twelfth Edition," 1881), p. 14; *Buffalo Bill's Secret Service trail; or, The Mysterious Foe. A Romance of Red-Skins, Renegades and Army Rencounters*. Beadle's Dime New York Library , No. 682 (1891; first published in 1887).

73 Edward King, "Glimpses of Texas," *Scribner's*, Vii, 303 (January, 1874).

74 "Eight Hundred Miles in an Ambulance,"*Lippincott's*, XV, 695 (June, 1875).

75 "Picturesque Features of Kansas Farming," *Scribner's*, XIX, 139-140 (November, 1879).

76 "Over Sunday in New Sharon,"*ibid*., XIX, 771 (March, 1880).

77 James D. Richardson, ed., *A Compilation of the Messages and Papers of the Presidents, 1789-1897*, 11 vols. (Washington, 1909), VIII, 53-54.

78 Walsh, *Making of Buffalo Bill*, pp. 217-225.

79 *Buck Taylor, King of the Cowboys; or, The Raiders and the Rangers. A story of the Wild and Thrilling Life of William L. Taylor*. Beadle's Half Dime Library, No. 497 (1887), pp. 2-3, 5, 12-13.

80 *Buck Taylor, The Saddle King; or, The Lasso Rangers' League. A Romance of the Border Heroes of To-Day*. Beadle's New York Dime Library, No. 649 (1891), p. 2.

81 Beadle's New York Dime Library, No. 685 (1891), p. 7. On p. 24 of this

story Valerie Tracey, the Tigress of Texas, plays the guitar and sings a song of which four lines are reported. They may well be of folk origin. If so, this is the first appearance of a cowboy ballad in print with which I am familiar.

82 *Buck Taylor, The saddle King*, p. 21.

83 Beadle's Half Dime Library, No. 556 (1888).

第 10 章　一角小说中的西部女主角

1 *A Fable for Critics* (New York, 1848), p. 47.

2 Ralph Admari, " Ballou, the father of the Dime Novel," *American Book Collector*, IV, 128 (September-October, 1933).

3 *Life in California; or, The Treasure Seekers' Expedition. A Sequel to Kit Carson, the Prince of the Gold Hunters* (Boston, 1850), pp. 12, 26.

4 Beadle's Pocket Novels, No. 222 (1882), p. 87. The copyright date of this story reads :1862," but it refers to events of the Civil War and to the collapse of the Confederacy; the date must be an error.

5 *Ibid.*, p. 48.

6 *Ibid.*, p. 61.

7 Beadle's Pocket Novels, No. 127 (1879), p. 23 (first published in 1870).

8 *Ibid.*, pp. 78-79, 92.

9 *Ibid.*, p. 97.

10 Joseph E. Badger, *The Forest Princess; or, The Kickapoo Captives. A Romance of the Illinois*. Beadle's New Dime Novels, New Series, No. 133 (1879), p. 102 (first published in 1871).

11 *Mountain Kate; or, Love in the Trapping Grounds. A Tale of the Power River Country.* Beadle's Pocket Novels, No. 143 (1879), pp. 94, 102 (first published in 1872).

12 Beadle's New Dime Novels, No. 389 (1877; first published in 1872).

13 *Ibid.*, pp. 51, 92, 102.

14 Beadle's Dime Library, No. 1 (1878), p. 2.

15 *Ibid.*, p. 14.

16 *Ibid.*, p. 4.

17 *Ibid.*, p. 16.

18 *Bob Woolf, the border ruffian; or, The Girl Dead-Short*. Beadle's Half Dime Library, No. 32 (1878), p. 3 (first published in 1877).

19 *Ibid.*, p. 8.

20 *Ibid.*, p. 11.

21 *Ibid.*, pp. 6, 16.

22 *Old Avalanche, the Great Annihilator; or, Wild Edna, the Girl Brigand.* Beadle's Half Dime Library, No. 45 (1878), p. 17 (first published in 1877).

23 Beadle's Half Dime Library, No. 138 (1889), pp.2, 6.

24 *Ibid.*, p. 12.

25 Beadle's Half Dime Library, No. 156 (1880), pp. 13, 15.

26 *Deadwood Dick's Dream; or, The Rivals of the Road. A Mining Tale of "Tombstone."* Beadle's Half Dime Library, No. 195 (1881), pp.5, 6, 10.

27 *Ibid.*, pp. 4-5.

28 *Ibid.*, pp. 6, 8.

29 Beadle's Half Dime Library, No. 57 (1885), p. 2 (first published in 1878).

30 *Ibid.*, p. 16.

31 *Ibid.*, p. 4.

32 *Ibid.*, p. 13.

33 *Ibid.*, p. 31.

34 *The Pathfinder; or, The Inland sea,* 2 vols. (Philadelphia, 1840), I, 139.

35 Literary depiction of the cowboy in the twentieth century is trace in Douglas Branch, *The Cowboy and His Interpreters* (New York, 1926), pp. 185-

191, 210-235.

第11章 世界花园与美国的重农主义

1 Alexis de Tocqueville, *Democracy in America*. The Henry Reeve textas revised by Francis Bowen, ed. Phillips Bradley, 2 vols. (New York, 1945), II,74.

2 The Uncollected Poetry and Prose of Walt Whitman, ed. EmoryHolloway, 2 vols. (Garden City, New York,1921), II, 35.

3 Lewis Evans, *Geographical, Historical, Political, Philosophical Essays. The First, Containing An Analysis of a General Map of the MiddleBritish Colonies in America*, 2nd ed. (Philadelphia, 1775), p.31.

4 Jonathan Carver, *Travels through the Interior Parts of NorthAmerica, in the Years 1766, 1767, and1768*(London, 1778), p. viii.

5 Nathaniel Ames, *An Astronomical Diary: or, an Almanack for theYear of Our Lord Christ 1758*(Boston, n. d.), p. [16].

6 Philip Freneau and Hugh Henry Brackenridge, "The Rising Glory of America,"*The Poems of Philip Freneau*, ed. Fred L. Pattee, I, 76n., 77n.-78n.

7 *The Writings of Benjamin Franklin*, ed. Albert H. Smyth, IX, 245-248(from a letter to Benjamin Vaughan, Passy, July 26, 1784).

8 "The Internal State of America; Being a True Description of theInterest and Policy of That Vast Continent," *ibid.*, X, 117-118.

9 *Ibid.*, X. 121.

10 "The Freehold Concept in Eighteenth-century American Letters," *William and Mary Quarterly*, Third Series, IV, 42-59 (January, 1947);" The Influence of Natural Rights and Physiocratic Doctrines on American Agrarian Thought during the Revolutionary Period," *Agricultural History*, XXI, 12-23 (January, 1947).

11 These doctrines are set forth, for example, in George Logan's *Letters,*

Addressed to the Yeomanry of the United States: Shewing the Necessity of Confining the Public Revenue to a Fixed Proportion of the Net Produce of the Land; and the Bad Policy and Injustice of Every Species of IndirectTaxation and Commercial Regulations,"by a Farmer"(Philadelphia, 1791). As the title suggests, Logan is a dogmatic Physiocrat, and to this extent notentirely representative of the vaguer and more eclectic ideas that were generally current. But his praise of "an independent yeomanry," virtuouslyalooffrom the dissipations, effeminacy, indolence, and vice of cities, is thoroughlytypical (pp. 34-35).

12 Howard C. Rice. *Le cultivateur américain, étude sur l'oeuvre de Saint John de Crévecoeur*(Paris,1933), pp.[7]-18.

13 Bernard Faÿ, *The Revolutionary Spirit in France and America* (London, 1928), pp. 233, 235, 532; Rice, *Le cultivateur*, pp. 73-75. Julia P. Mitchell (*St. Jean de Crèvecoeur*,New York, 1916, pp. 346-350) lists more than fifty reprintings of passages from Crèvecoeur' s works in American periodicals between 1782 and 1805. Crèvecceur' s description of the Ohio country, added to the 1787 French translation of the *Letters* (Rice, *Lecultivateur*, p. 95) and translated into English for use in promotional literature of the Ohio Company(Mitchell, *Crèvecceur*, pp. 347-348),was a favorite item with American editors, being reprinted eight times between July and December, 1787.

14 *Letters from an American Farmer*(London, 1782), p. 48.

15 Faÿ, *Revolutionary Spirit*, p. 23; Anatole Feugère, *Un précurseur de la révolution. L'AbbéRaynal(1713-1796). Documents inédits*(Angoulème, 1922), p.iii.

16 *Letters*, p. x.

17 Guillaume -Thomas -Francois Raynal, A *Philosophical and Political History of the Settlements and Trade of the Europeans in the East and West Indies*, trans. J. Justamond, 4 vols. (Edinburgh, 1776), IV, 310.

18 *Letters*, pp. 46-48.

19 *Writings*, ed. Paul L. Ford, VII, 36(to the Rev. James Madison, October 28, 1785). An often-quoted passage to similar effect from the *Notes on Virginia* is at III. 268.

20 *Ibid.*,IV,479-480.

21 *Ibid.*, II, 25. Jefferson's views are ably summarized in A. Whitney Griswold, "The Agrarian Democracy of Thomas Jefferson," *American Political Science Review*, XL, 657-681 (August, 1946). and "The Jeffersonian Ideal,"in *Farming and Democracy* (New York, 1948), pp 18-46.

22 The long agrarian tradition in Europe is discussed in two extremely suggestive articles by Paul H. Johnstone, "In Praise of Husbandry,"*Agricultural History*, XI, 80-95(April, 1937);"Turnips and Romanticism, *ibid.*, XII, 224-255(July, 1938). English imitators of Virgil's *Georgics* are dealt with in detail in Dwight L. Durling, *Georgic Tradition in English Poetry,* Columbia University Studies in English and Comparative Literature, No. 121 (New York, 1935), especially pp. 43-107. Jefferson's relations with the Physiocrats are discussed by Professor Griswold in the article cited in note 21 above; by Gilbert Chinard, *Thomas Jefferson, The Apostle of Americanism* (Boston,1929), pp. 493-495; and by Chester E. Eisinger in *Agricultural History*, XXI, 20-22.

23 Translation by an unknown hand of a passage first published in the French Version of the *Letters of an American Farmer* (*Letters d'un cultivateur amérıcan*, Paris, 1787), included in [Manasseh Cutler], *An Explanation of the Map Which Delineates That Part of the Federal Lands, Comprehended between Pennsylvania West Line, the Rivers Ohio and Sioto[sic], and Lake Erie* (Salem, Massachusetts, 1787),p.23. This pamphlet was intended as advertising for the Ohio Company, a notorious scheme of land speculation.

24 John Filson, *The Discovery, Settlement, and Present State of Kentucke*, pp.107-109).

25 Ralph L. Rusk, "The Adventures of Gilbert Imlay," *Indiana University*

Studies, X, No. 57(March,1923).

26 *A Topographical Description of the Western Territory of North America*(London,1792), pp.[1]-2.

27 *Ibid.*, pp. 39-40.

28 *Ibid.*, pp. 138-139.

29 *American Museum*, IV ,212(September, 1788).

30 *Ibid.*, III, 280(March, 1788).

31 (August 19, 1797), p. [4].

32 *Kentucky Gazette* (April 1, 1797), p. 3.

33 Josiah Morrow, ed., "Tours into Kentucky and the Northwest Territory. Three Journals by the Rev. James Smith of Powhatan County, Va., 1783-1795-1797," *Ohio Archeological and Historical Quarterly*, XVI(1907), 396.

第 12 章 自耕农与自由土地帝国

1 *The Speech of Charles Jas. Faulkner, (of Berkeley)in the Houseof Delegates of Virginia, on the Policy of the State with Respect to HerSlave Population. Delivered January 20, 1832* (Richmond, 1832), p. 9.

2 The triumph of the plantation ideal in Southern thoughtwas socomplete that the large and important yeoman class of the Old South almostdropped from sight and has had to be rediscovered by historical research. "Little was written of them [the yeomen of the Plantation South], and whengeneralizations were made, this group was often ignored"(Blanche H. Clark,*The Tennessee Yeomen 1840-1860*[Nashville, Tennessee, 1942], p. 3). Thefact that contemporary observers so completely ignored the Southern yeomanis striking testimony to the way in which preconceptions like the pastoral ideal of the plantation can become actual categories of perception.

3 Edmund Dana, *Geographical Sketches on the Western Country: Designed*

for Emigrants and Settlers(Cincinnati, 1819), p. 26.

4 Thomas Cooper wrote in 1794: "Nor is the term 'farmer' synonimous[*sic*] with the same word in England. With you it means a tenant, holdingof some lord, paying much in rent, and much in tythes, and much in taxes:an inferior rank in life, occupied by persons of inferior manners and education. In America a farmer is a land-owner, paying no rent, no tythes, andfew taxes, equal in rank to any other rank in the state, having a voice in theappointment of his legislators, and a fair chance, if he deserve it, of becoming one himself" (*Some Information Respecting America*, Dublin, pp. 72-73). This passage and other early comments on the status of the farmer in Americaare quoted and discussed by Chester E. Eisinger, "Land and Loyalty: Literary Expressions of Agrarian Nationalism in the Seventeenth and Eighteenth Centuries,"*American Literature*, XXI, [160]-178 (May, 1949).

5 The important adjective "independent "had also changed its meaning. In England it was applied to a tenant who owed no feudal obligationsto his landlord (Adam Smith, *Wealth of Nations*, London, 1899, I, 420). In this country it had come to imply fee-simple ownership of land.

6 *The Backwoodsman. A Poem* (Philadelphia, 1818), p. 11.

7 *Ibid.*,pp.80-81.

8 *Ibid.*,pp.149-150.

9 *Ibid.*, P. 155. At p. 162 they are "our brave yeomen."

10 *Ibid.*, p.[7].

11 *Ibid.*, pp. 173-174. Copper, more than twenty years later, was to follow the same procedure with his worthy Ben Boden, the bee hunter(above, p. 69).

12 *Recollections of the Last Ten Years, Passed in Occasional Residences and Journeyings in the Valley of the Mississippi*(Boston, 1826), P. 290.

13 *Western Monthly Review*, I, 169-170(July, 1827).

14 From Flint's *Oration before the Washington Benevolent Society of*

Lancaster and Sterling and of Leominster and Fitchburg. Delivered at Leominster[Massachusetts], July 4, 1815, quoted in John E. Kirkpatrick, *Timothy Flint Pioneer, Missionary, Author, Editor, 1780-1840*(Cleveland, 1911), p. 52.

15 Timothy Flint, T*he History and Geography of the Mississippi Valley,* 3rd ed., 2 vols. (Cincinnati, 1833), I, 396.

16 *Ibid.*, II,15-16.

17 *George Mason, the Young Backwoodsman; or 'Don't Give Up the Ship.' A Story of the Mississippi* (Boston, 1829), pp. 4, 5.

18 *Ibid.*, pp.7,18.

19 *Ibid.*, p. 154.

20 *Hunt's Merchants' Magazine*, III, 38-39(July, 1840).

21 *Ibid.*, V, 219-220 (September, 1841). An anonymous article published in the same periodical a few months later developed similar themes in discussing Michigan(VI, 348, April, 1842). But the most striking fictional account of life in Michigan at this period, Mrs. Caroline Kirkland's *A New Home- Who'll Follow?* (New York, 1839), while written with more humor and a much sharper eye for character than Flint could command, shows an upper-class condescension toward the backwoods settlers fully equal to Flint's and bears no trace of the cult of the yeoman.

22 "Greeley on Reforms," *Southern Literary Messenger,* XVI I, 271-272 (May, 1851).

23 "L. C. B.," "The Country in 1950, or the Conservatism of Slavery," *ibid.*, XXII, 432 (June, 1856).

24 (Richmond, 1857), p. 335.

第13章　南方与花园神话

1 29 Cong., 1 Sess. Senate Report No. 306. Committee on the Post Office

and Post Roads (April 20, 1846) , pp. 28-29.

2 *Leaves of Grass*, inclusive edition, ed. Emory Holloway (GardenCity, New York, 1931) , pp. 248-249.

3 *The Writings of James Monroe*, ed. Stanislaus M. Hamilton, 7 vols. (New York,1898-1903) ,I,150.

4 Max Farrand, ed., *The Records of the Federal Convention of 1787,* 4 vols. (New Haven, 1911-1937) , I, 533.

5 *Ibid.*, II, 2.

6 *Speech of Mr. Benton, of Missouri, in Reply to Mr. Webster:TheResolution Offered by Mr. Foot, Relative to the Public Lands, Being underConsideration. Delivered in the Senate, Session 1829-1830* (Washington,1830) , pp.53-54.

7 *Ibid.*,p. 65.

8 James Gadsden, urging Calhoun to accept the invitation, wrote: "Nowis the time to meet ourWestern friends at Memphis-to set the ballin motion which must bring the Valley to the South: and make them feel asallies of the Great Commercial andAgricultural interests-instead of theTax gathering and Monopolizing interests of the North" (J.Franklin Jameson, ed., *Correspondence of John C. Calhoun* [Washington, 1900], p. 1062) . Calhoun' s attitude is discussed in HerbertWender, *Southern CommercialConventions 1837-1859*, Johns Hopkins University Studies in Historical andPolitical Science, Series XLVIII, No. 4 (Baltimore, 1930) , p. 54.

9 *Reports and Public Papers of John C. Calhoun*, being Volume VI of *Works*, ed. Richard K. Crallé (New York, 1856) , pp. 273-274.

10 *Ibid.*, p. 280. Benton had called the Mississippi and its tributaries "*mare nostrum*"in his speechduring the Webster-Hayne debate fifteenyears before (*Speech of Mr. Benton... in Reply to Mr Webster*, p. 66) . An anonymous contributor to the *Southern Quarterly Review* of Charlestonmore orthodox than the Pope, greeted Calhoun' s "inland sea" doctrine withthe cry, " *Et tu, quoque,*

Brute?"（IX, 267, January, 1846）.

11 *Works*, VI, 284.

12 Buckner H. Payne ,"New Orleans- Her Commerce and Her Duties," *De-Bow's Review*, III, 39-48（January, 1847）.

13 Thomas B. Hewson, "Thoughts on a Rail-Road System for New Orleans,"*ibid.*, X, 175-188（February, 1851）.

14 "Progress of the Great West in Population, Agriculture, Arts andCommerce," *ibid.*, IV, 31-85（September, 1847）.

15 "Hemp-growing Region of the United States,"*ibid.*, XXIV, 56-58（January, 1858）; "The Great Basin of the Mississippi," *ibid.*, XXIV, 159-165（February, 1858）.

16 "The North American Plain," *ibid.* XXVI, 564（May, 1859）. Scottalso contributed "Westward the Star of Empire," *ibid.* XXVII, [125]-136（August, 1859）.

17 "The Cause of the South," *ibid.*, X, 107（January, 1851）.

18 36 Cong., 1 Sess., *Congressional Globe*. Senate（March 22, 1860）, pp.1303-1304.

19 Francis P. Gaines, *The Southern Plantation. A Study in the Development and Accuracy of a Tradition*（New York, 1925）.

20 Lewis C. Gray, *A History of Agriculture in the Southern UnitedStates to 1860*, 2 vols.（Washington, 1933）, II, 906-907.

21 *Letter of Mr. Walker, of Mississippi, Relative to the Annexation ofTexas: In Reply to the Call of the People of Carroll County, Kentucky,toCommunicate his Views on That Subject*（Washington, 1844）, p. 5.

22 *Ibid.*, pp. 8-9. The prevalence of this argument is indicatedby Albert K. Weinberg, *Manifest Destiny. A Study of Nationalist Expansionism in American History*（Baltimore, 1935）, pp. 52-56. It should be pointedout that many proslavery Southerners were opposed to the annexation ofTexas（Chauncey S.

Boucher, "In Re That Aggressive Slaveocracy," *Mississippi Valley Historical Review*, VIII, 27, June-September, 1921）.

23 *Letter of Mr. Walker*, p. 9.

24 *Ibid.*, P. 11.

25 *Ibid.*, p. 14.

26 *Ibid.*,p.15.

27 Mathew F. Maury, "Gulf of Mexico," in James D. B. DeBow, ed.,*The Industrial Resources,Etc., of the Southernand Western States*, 3 vols.,（New Orleans, 1852）, I, 365-373.

28 Reprinted in *DeBow's Review*, XVII, 280-281（September, 1854）. The Democratic platform in 1856 demanded that the United States maintain its ascendency in the Gulf of Mexico to protect the mouth of the Mississippi,and that American "preponderance" in the Interoceanic Isthmus be guaranteed also.

29 "J.C.," "The Destinies of the South," *Southern Quarterly Review,* N. S. XXIII, 201（January, 1853）.

30 *John Brown's Body*（Garden City, New York, 1928）, p. 374.

31 Albert Bigelow Paine, ed., *Mark Twain's Letters*, 2 vols.（New York,1917）, I, 34-35. Mark Twain mentions the report by Lieutenants WilliamL. Herndon and Lardner Gibbon（*Exploration of the Valley of the Amazon, Madeunder Direction of the Navy Department,* 2 vols. and volume of maps, [Washington, 1853-1854], 32 Cong., 2 Sess. Senate Executive Document No. 36）. Herndon was a Virginian and the brother-in-law of Maury, whoseviewsabout the development of the Amazon valley as a slave empire heshared（I, 193, 281）. The expedition was ordered by John PendletonKennedy, Secretary of the Navy, and bore an obvious relation to Southern policy. Coca,in which Mark Twain was interested, is mentioned at I, 88-89, 249; II, 46-47.

第14章 对西部活力的新认识

1 "Present Population and Future Prospects of the Western Country," *Western Monthly Review*, I, 331 (October, 1827).

2 *Sketches, Historical and Descriptive, of Louisiana* (Philadelphia, 1812), p. 387.

3 *Natural and Statistical View, or Picture of Cincinnati and the Miami Country* (Cincinnati, 1815), p. 227.

4 *Western Monthly Review*, I, 332 (October, 1827).

5 Filson, The Discovery... of Kentucke (1784), pp. 44-45; Imlay, *Topographical Description* (1792), pp. 99-100.

6 *Western Souvenir* (Cincinnati, n. d.), pp. 107-108.

7 "Progress of the West," *Western Monthly Review*, I, 25-26 (May, 1827).

8 2nd ed. (Philadelphia, 1834), p. 60. This anonymous work is sometimes ascribed to Robert Baird.

9 "Remarks Made on a Tour to Prairie du Chien; Thence to Washington City, in 1829," in *The Writings of Caleb Atwate*r (Columbus, Ohio, 1833), pp. 203-204.

10 *Statistics of the West, at the Close of the Year 1836* (Cincinnati, 1836), p. 217.

11 "The Progress of Navigation and Commerce on the Waters of the Mississippi River and the Great Lakes. A. D. 1700 to 1846," *Publications of the Mississippi Historical Society*, VII (1903), 493-494.

12 Quoted in Henry C. Hubbart, *The Older Middle West, 1840-1880* (New York, 1936), p. 20.

13 For example, Alice Freeman Palmer, "Some Lasting Results of the World's Fair," *Forum*, XVI, [517]-523 (December, 1893); Henry Van Brunt, "Thc

Columbian Exposition and American Civilization," *Atlantic*, LXXI, [577]-588 (May, 1893).

14 *The Education of Henry Adams* (Washington, 1907), pp. 296-297.

15 "Internal Trade of the United States," *Hunt's Merchants' Magazine* VIII, 325 (April, 1843).

16 "The Progress of the West; Considered with Reference to Great Commercial Cities in the United States," *Hunt's Merchants' Magazine*, XIV, 164 (February, 1846).

17 *Ibid.*, VIII, 329.

18 "Internal Trade in the United States," *ibid.*, IX, 31 (July, 1843).

19 *Ibid.*, IX, 42.

20 "The Great West," *DeBow's Review*, XV, 52 (July, 1853).

21 "Westward Movement of the Center of Population, and of Industrial Power in North America," *Hunt's Merchants' Magazine*, XXXVI, 198-199 (February, 1857).

22 "Westward the Star of Empire," *DeBow's Review*, XXVII, 125 (August, 1859).

23 "Railroads in the Great Valley," *Hunt's Merchants' Magazine*, XXVII, 50-51 (July, 1852).

24 *DeBow's Review*, XV, 51.

25 "The North American Plain -Valley of the Mississippi, Etc.," *ibid.*, XXVI, 561 (May, 1859).

26 Allen Johnson, *Stephen A. Douglas*: *A Study in American Politics* (New York, 1908), p. 481.

27 *Ibid.*, pp. 483-484. Douglas's position is discussed in Carl R. Fish, "The Decision of the Ohio Valley,"*American Historical Association Report* (1910), p. 161.

28 *The Writings of Abraham Lincoln*, ed. Arthur B. Lapsley, 8 vols., (New

York, 1905-1906), VI, 194 (Annual Message to Congress, December 1, 1862).

29 *Ibid.*, VI, 196-197.

30 *Ibid.*, VI, 197.

31 *Ibid.*, VI, 198.

第15章 政治上的农业乌托邦：宅地法

1 William E. Dodd, "The Fight for the Northwest," *American Historical Review*, XVI, 785 (July, 1911); Roy M. Robbins, "Horace Greeley: Land Reform and Unemployment, 1837-1862," *Agricultural History*, VII, 40 (January, 1933); Henry C. Hubbart, *The Older Middle West*, p. 20.--This chapter, in slightly revised and condensed form, appeared in the *Pacific Spectator* under the title "Soil of Freedom" (II, 151-158, Spring, 1948).

2 Reinhard H. Luthin, *The First Lincoln Campaign* (Cambridge, Massachusetts, 1944), p. 150.

3 *Ibid*, p. 151.

4 *The Nebraska Question Comprising Speeches in the United States Senate by Mr. Douglas, Mr. Chase, Mr. Smith, Mr. Everett, Mr. Wade, Mr Badger, Mr. Seward, and Mr. Sumner* (New York, 1854), p. 21 (March 11, 1850).

5 *Ibid.*, p. 70 (February 8, 1854).

6 *Ibid.*, p. 105 (February 17, 1854).

7 *Ibid.*, p. 99 (February 17, 1854).

8 *Ibid.*, pp. 65, 66 (February 6, 1854).

9 *Ibid.*, p. 66.

10 "Horace Greeley and the Working Class Origins of the Republican Party," *Political Science Quarterly*, XXIV, 488 (September, 1909).

11 Fred A. Shannon, "The Homestead Act and the Labor Surplus," *Ameri-*

can Historical Review, XLI, 643 (July, 1936).

12 Joseph G. Rayback, "Land for the Landless. The Contemporary View," Unpublished Master's Thesis, Western Reserve University, 1936, pp. 58-59; Table III and Map III in Appendix, pp. 97-98.

13 Helene S. Zahler, *Eastern Workingmen and National Land Policy, 1829-1862* (New York, 1941), p. 33, quoted from *Working Man's Advocate* (March 3, 1834).

14 *Ibid.*, pp. 33-35, 45-46. Grow's speech in 1852 favoring a homestead system was "merely an oratorical transcript" of articles in Evans's *Working Man's Advocate* (John R. Commons in *Political Science Quarterly*, XXIV, 484, September, 1909).

15 A. Whitney Griswold, "The Agrarian Democracy of Thomas Jefferson," *American Political Science Review*, XL, 672-680 (August, 1946).

16 James T. DuBois and Gertrude S. Mathews, *Galusha A. Grow, Father of the Homestead Law* (Boston, 1917), p. 84.

17 Zahler, *Eastern Workingmen*, pp. 29, 34, 194. John Locke's labor theory of property implied that no man had a right to more land than he himself could cultivate (Griswold, *American Political Science Review*, XL, 675-676).

18 Zahler, *Eastern Workingmen*, pp. 194-197; Paul W. Gates, "The Homestead Law in an Incongruous Land System," *American Historical Review*, XLI, 652-681 (July, 1936).

19 DuBois and Mathews, *Galusha A. Grow*, pp. 99-101.

20 31 Cong., 2 Sess. *Congressional Globe*, Appendix, p. 137 (January 29, 1851). The description of agriculture as the nursing father of the State is from Vattel (Emerich de Vattel, *The Law of Nations*; or, *Principles of the Law of Nature*, anonymous trans. [London, 1793], p. 31). Chapter VII of Vattel's treatise, "Of the Cultivation of the Earth" (pp. 31-33), from which Julian's phrase was quoted, is a tissue of the stereotypes of eighteenth-century agrarian theory. Andrew

Johnson quoted the same dictum from Vattel, adding his warning against allowing large tracts of land to lie uncultivated and against holding the husbandman in contempt (35 Cong., 1 Sess. *Congressional Globe*, Senate, p. 2265, May 20, 1858).

21 32 Cong., 1 Sess. *Congressional Globe*, Appendix, p. 410 (April 6, 1852).

22 *Idem.*

23 Quoted in Horace Greeley, *The American Conflict: A History of theGreat Rebellion in the United States of America*, 1860-'65, 2 vols. (Hartford,Conn., 1866), I, 200n.

24 31 Cong., 2 Sess. *Congressional Globe, Appendix*, p. 136 (January 29, 1851).

25 36 Cong., 1 Sess. *Congressional Globe*, Senate, p. 1650 (April 11, 1860).

26 36 Cong., 1 Sess. *Congressional Globe*, Senate, p. 1635 (April 10, 1860).

27 31 Cong., 2 Sess.*Congressional Globe,*Appendix, p. 136 (January 29, 1851). During the fifty years that had elapsed since the end of the eighteenth century, the word "freeman" had acquired an additional overtone of meaning. It now meant not only "a man possessing the franchise" and "a freeholder," but also, more emphatically, "a man not a slave."

第16章 花园与荒漠

1 The subject of this chapter is dealt with at greater length in my article, "Rain Follows the Plow: The Notion of Increased Rainfall for the Great Plains, 1844-1880,"*Huntington Library Quarterly*, X, 169-193 (February, 1947).

2 John W. Gregory, "What of the Desert?"*Century*, XLI, 796 (April, 1891). The pioneer discussion of the problem of settlement on the Plains is Walter P.

Webb's *The Great Plains* (Boston,1931), especially pp. 319-382.

3 Fred A. Shannon, *The Farmer's Last Frontier. Agriculture, 1860-1897 (The Economic History of the United States*, edd. Henry David, Harold U. Faulkner, Louis M. Hacker, Curtis P. Nettels, and Fred A. Shannon, vol. V, New York, 1945, pp. 218-220.

4 Carter Goodrich and others, *Migration and Economic Opportunity* (Philadelphia, 1936), pp. 517-518; The Great Plains Committee, *The Future of the Great Plains* (Washington, 1936), pp.2-3.

5 Ralph C. Morris, "The Notion of a Great American Desert East of the Rockies,"*Mississippi Valley Historical Review*, XIII, 190-200 (September, 1926); Webb, *Great Plains*, pp. 152-160.

6 *The Expeditions of Zebulon Montgomery Pike*, ed. Elliott Coues, 3 vols. (New York, 1895), II, 525.

7 Thomas Pownall remarked in 1776: "This Globe, the Earth which we inhabit, is in its natural State, ...universally, wherever the Waters do not prevail, covered with Woods .... Except where the Land is worn to the Bone, and nothing remains on the Surface but bare Rocks, every Soil, even the poorest, hath its peculiar Cloathing of Trees or Shrubs" (*A Topographical Description of Such Parts of North American as Are Contained in the (Annexed) Map of the Middle British Colonies* [London, 1776], p. 5).

8 Henry M. Brackenridge, *Views of Louisiana: Containing Geographical, Statistical and Historical Notices of That Vast and Important Portion of American* (Baltimore, 1817), p. 72.

9 *Account of an Expedition from Pittsburgh to the Rocky Mountains Performed in the Years 1819, 1820* (1823), reprinted in Reuben G. Thwaites, ed., *Early Western Travels*, 1748-1846, 32 vols. (Cleveland, 1904-1907), XVII, 191,147-148.

10 *Travels in the Great Western Prairies, the Anahuac and Rocky Moun-*

tains, and in Oregon Territory (1843), in *Early Western Travels,* XXVIII, 108-109.

11 *The California and Oregon Trail: Being Sketches of Prairie and Rocky Mountain Life* (New York, 1849), pp. 81-82.

12 *What I saw in California: Being the Journal of a Tour by the Emigrant Route and South Pass of the Rocky Mountains, across the Continent of North America* (1848), 3d ed. (New York, 1849), p. 98.

13 For example, Benton called the southern plains Indians "Arabs of the New World" (*Thirty Years' View; or A History of the Working of the American Government for Thirty Years, from 1820 to 1850*, 2 vols., New York, 1854-1856, I, 41). A writer in the *Port Folio* in 1817 (Fourth [Fifth] Series, III, 422) referred to the northern plains Indians as :the American Tartars." Timothy Flint spoke of the Southwestern Indians who attacked James O. Pattie as "ruthless red Tartars of the desert" (*Pattie's Personal Narrative* [1831], edited by Flint, in *Early Western Travels,* XVIII, 330). These associations gave Melville an epithet. In the chapter on dreams in *Mardi*, the Arkansas brings down his Tartar rivers from the plain (*Works*, 16 vols., London, 1922-1924, IV, 54).

14 *The Works of the Right Honorable Edmund Burke*, 12 vols. (Boston, 1866-1867), II, 131-132.

15 *Astoria, or Anecdotes of an Enterprise beyond the Rocky Mountains*, 2 vols. (Philadelphia, 1836), I, 232.

16 *Idem*. Irving was so deeply impressed with the idea of outlaw bands in the American desert that he used it again as a conclusion for his version of Captain B. L. E. Bonneville's journal, *The Rocky Mountains: or, Scenes, Incidents, and Adventures in the Far West*, 2 vols. (Philadelphia, 1837), II, 239.

17 *DeBow's Review*, I, 67 (January, 1846).

18 *Hunt's Merchants' Magazine*, XXV, 167 (August, 1851).

19 *Southern Quarterly Review*, XVI, 84 (October, 1849).

20 35 Cong., 2 Sess. House Executive Document No. 2, in Vol. II, Part 2, pp. 641, 644.

21 Summary of the results of the surveys by Secretary of War Jefferson Davis in "Report of the Secretary of War Communicating the Several Pacific Railroad Explorations," 33 Cong., 1, Sess. House Executive Document No.129, in Vol. XVIII, Part I, p. 7.

22 Representative Thomas M. Edwards of New Hampshire (37 Cong., 2 Sess. *Congressional Globe*, Part 2, p. 1704 [April 17, 1862]); Representative Frederick A. Pike of Maine (*ibid.*, Part 2, p. 1707 [April 17, 1862]); Representative Aaron A. Sargent of California (*ibid.*, Part 2, p. 1908 [May 1, 1862]); Senator James A. McDougall of California (*ibid.*, Part 3, p. 2804 [June 18, 1862]).

23 *Commerce of the Prairies: or the Journal of a Santa Fé Trader*, 2 vols. (New York, 1844), II, 202-203.

24 Bayard Taylor in the *Tribune*, June, 1866 (dispatch reprinted in *Colorado: A Summer Trip* [New York, 1867], pp. 41, 42, 45); Alexander K. McClure in the *Tribune*, May, 1867 (dispatch reprinted in *Three Thousand Miles through the Rocky Mountains* [Philadelphia, 1869], pp. 112-113).

25 *Report of the Commissioner of the General Land Office for the Year 1867* (Washington, 1867), pp. 135-136.

26 *Preliminary Report of the United States Geological Survey of Wyoming and Portions of Contiguous Territories* (1871), 42 Cong., 2 Sess. House Executive Document No. 325, in Vol. XV, pp.6-8.

27 Samuel G. Aughey and Charles Dana Wilber, *Agriculture beyond the 100th Meridian or A Review of the U. S. Public Land Commission* (Lincoln, Nebraska, 1880), pp. 3-6; Aughey, *Sketches of the Physical Geography and Geology of Nebraska* (Omaha, Nebraska, 1880), pp. 43-44.

28 Charles Dana Wilber, *The Great Valleys and Prairies of Nebraska and*

the Northwest (Omaha, Nebraska, 1881), p. 69.

29 *Ibid.*, p. 70.

30 *Ibid.*, p. 355.

31 Samuel Aughey, *Sketches of the Physical Geography and Geology of Nebraska*, p. 155.

第十七章　复活的帝国

1 IV, 500 (August, 1872).

2 Our Western Empire, p. 131.

3 Ibid., p.54.

4 Ibid., pp.206-207.

5 Joseph Nimmo, Jr., *Report on the Internal Commerce of the United States*, 48 Cong., 2 Sess. House Executive Document No. 7, Vol. XX, Part 2, p. 51. Nimmo points out how "exceedingly erroneous" had been earlier predictions concerning trade with Asia over the Pacific railways.

6 Richard M. Bucke, ed., *Notes and Fragments Left by Walt Whitman* (London, Canada, 1899), p. 48.

第十八章　农业乌托邦梦想的破灭

1 *New York Semi-Weekly Tribune* (May 9, 1862), quoted by Roy M. Robbins, "Horace Greeley: Land Reform and Unemployment,"Agricultural History, VII, 41 (January, 1933).

2 *New York Semi-Weekly Tribune* (May 8, 1862), quoted by Joseph G. Rayback, "Land for the Landless. The Contemporary View," Unpublished Master's Thesis, Western Reserve University (1936), p. 89.

3 May7,1862, ibid., p.90.

4 May7,1862, ibid, p.89.

5 *New York Tribune* (February 5, 1867), quoted by Carter Goodrich and Sol Davison, "The Wage-Earner in the Westward Movement. I. The Statement of the Problem," *Political Science Quarterly*, L, 181 (June, 1935)

6 Fred A. Shannon, "The Homestead Act and the Labor Surplus," *American Historical Review*, XLI, 638 (July, 1936).

7 Fred A. Shannon, *The Farmer's Last Frontier*, pp. 125-147.

8 Paul W. Gates, "The Homestead Law in an Incongruous Land System," *American Historical Review*, XLI, 670 (July, 1936).

9 Shannon, *Farmer's Last Frontier*, Statistical Table, p. 418.

10 Representative George. Julian, 31 Cong.,2 Sess. *Congressional lobe*, Appendix, p. 136 (January 29, 1851).

11 Helene S. Zahler, *Eastern Workingmen and National Land Policy,* pp.34-35.

12 Henry George, *Our Land and Land Policy, National and State* (San Francisco, 1871), pp. 34-35.

13 *Atlantic Monthly*, XLIII, 328, 330 (March, 1879)

14 Ibid., XLIII, 336.

15 *Other Main Travelled Roads* (1892, 1899, 1910), Sunset ed.(new York, n. d.), p. 102.

16 The Man with the Hoe and Other Poems (New York, 1899), p. 17.

第 19 章　花园神话与土地制度改革

1 Powell's program is described in Walter P. Webb, The Great Plains, (New York, 1931), pp. 353-356, 419-422.

2 John Wesley Powell, Report on the Lands of the Arid Region of the

United States (Washington, 1878), pp. 25-45.

3 Powell's proposals for reorganization of the surveys are discussed at greater length in my article, "Clarence King, John Wesley Powell, and the Establishment of the United States Geological Survey," Mississippi Valley Historical Review, XXXIV, 37-58 (June, 1947), and in Harold H. Dunham, Government Handout: A Study in the Administration of the Public Lands (New York, 1941), pp. 66-68.

4 "Geographical and Geological Surveys West of the Mississippi," 43 Cong., I Sess. House Report No. 612, p. 53.

5 Charles Schuchert and Clara Mae LeVene, O. C. Marsh, Pioneer in Paleontology (New Haven, 1940), p. 249.

6 45 Cong., 3 Sess. House Miscellaneous Document No. 5, in Vol. I, p.2.

7 Dunham, Government Handout, pp. 69-73.

8 The important and voluminous Report of the Commission is 46 Cong., 2 Sess. House Executive Document No. 46, in Vol. XXII. The fate of the Report in Congress is discussed by Dunham, Government Handout, pp. 83-84.

9 Delegate Martin Maginnis, 45 Cong., 3 Sess. Congressional Record, VIII, Part 2, p. 1202.

10 Representative Thomas M. Patterson, ibid., VIII, Part 3, Appendix, p. 219.

11 *Ibid.*, VIII, Part 3, Appendix, p. 221.

12 *Ibid.*, VIII, Part 2, p.1211.

第 20 章　花园的安全阀功能

1 Roy M. Robbins, "Horace Greeley: Land Reform and Unemployment, 1837-1862,"Agricultural History, VII, 18 (January, 1933).

2 Ibid., VII, 25. Further documentation of Greeley's agrarianism is

provided by Roland Van Zandt in "Horace Greeley, Agrarian Exponent of American Idealism," Rural Sociology, XIII, [411]-419(December 1948).

3 February 18, 1854. Quoted by Carter Goodrich and Sol Davison, "The Wage-Earner in the Westward Movement. I. The Statement of the Problem,"Political Science Quarterly, L, 179-180 (June, 1935).

4 The Frontier in American History (New York,1920), p. 62.

5 Calendar of State Papers, Colonial Series. America and West Indies, March, 1720, to December, 1721, p. 473.

6 Ibid., Volume for 1731, p. 90.

7 John Bartram, Observations on the Inhabitants, Climate, Soil ... and Other Matters Worthy of Notice. Made by Mr. John Bartram, in his Travels from Pensilvania to Onondago, Oswego and the Lake Ontrario (London, 1751), p. v.

8 Writings, ed. Albert H. Smyth, III, 65.

9 The Writings of George Washington from the Original Manuscript Sources, ed. John C. Fitzpatrick, 39 vols. (Washington, 1931-1944), XXVIII, 206.

10 Writings, ed. Andrew A. Lipscomb, 20 vols. (Washington, 1903-1904), XI, 55. To "Mr. Lithson," Washington, January 4, 1805.

11 21 Cong., 1 Sess. Register of Debates in Congress, VI, 34 (January 19, 1830).

12 Ibid., VI, 24 (January 18, 1830).

13 32 Cong., 1 Sess. Congressional Globe, Appendix, p. 737 (April 22, 1852).

14 Capital. A Critical Analysis of Capitalist Production, trans. Samuel Moore and Edward Aveling (London, 1912), pp. 784-800.

15 Helene S. Zahler, Eastern Workingmen and National Land Policy, pp. 10, 23-24, 29, etc.

16 John R. Commons, "Horace Greeley and the Working Class Origins of the Republican Party,"Political science Quarterly, XXIV, 484 (September, 1909).

17 Quoted from the New York Tribune, November 7, 1859, in DeBow's Review, XXVIII, 253n. (March, 1860).

18 36 Cong., 1Sess. Congressional Globe, p. 1631 (April 10, 1860).

19 Representative recent articles: (1) Contra the safety-valve theory: Carter Goodrich and Sol Davison, "The Wage-Earner in the Westward Movement. I. The Statement of the Problem,"Political Science Quarterly, L, 161-185 (June, 1935); Fred A. Shannon, "The homestead Act and the Labor Surplus,"American Historical Review, XLI, 637-651 (June, 1936); Clarence H. Danhof, "Farm-Making Costs and the 'safety Valve': 1850-60,"Journal of Political Economy, XLIX, 317-359 (June, 1941). (2) Pro the safety-valve theory: Joseph Schafer, "Some facts Bearing on the Safety-Valve Theory,"Wisconsin Magazine of History, XX, 216-232 (December, 1936); "Concerning the Frontier as a Safety Valve,"Political Science Quarterly, LII, 407-420 (September, 1937); "Was the West a Safety Valve for Labor?"Mississippi Valley Historical Review, XXIV, 299-314 (December, 1937). Fred A. Shannon seems to me to have established the falsity of the idea in his most recent article on the subject, "A Post Mortem on the Labor-safety-Valve Theory,"Agricultural History, XIX, 31-37 (January, 1945).

20 Writings, ed. Albert H. Smyth, III,65.

21 Joseph J. Spengler, "Population Doctrines in the United States. I. Anti-Malthusianism,"Journal of Political Economy, XLI, 433-467 (August, 1933); "II. Malthusianism," XLI, 639-672 (October, 1933).

22 The Writings of Thomas Jefferson, ed. H. A. Washington, 9 vols. (Washington, 1853-1854), II, 332.

23 "An address, on the Influence of the Federative Republican System of Government upon Literature and the Development of Character. Prepared to be Delivered before the Historical and Philosophical Society of Virginia,"Southern literary Messenger, II, 277 (March, 1836).

24 Cannibals All! Or Slaves without Masters (Richmond, 1857), p. 61.

25 “R. E. C.,”“The Problem of Free Society,”Southern Literary Messenger, XXVII, 93-94 (August, 1858).

26 Quoted in Richard C. Beatty, Lord Macaulay, Victorian Liberal (Norman, Oklahoma, 1938), pp. 366-369. The letter was addressed to R. S. Randall.

27 Clarel. A Poem and Pilgrimage in the Holy Land, 2 vols. (New York, 1876), II, 524-527. The allusion to the god Terminus is apparently a reminiscence of Benton’s speech on the occupation of Oregon in 1825: “... the ridge of the Rocky mountains may be named without offence, as presenting a convenient, natural, and everlasting boundary. Along the back of this ridge, the western limit of this republic should be drawn, and the statue of the fabled god, Terminus, should be raised upon its highest peak, never to be thrown down” (18 Cong., 2 Sess. Register of Debates in Congress, I, 712. Senate, March 1, 1825).

第 21 章　文学作品中农业为主导的西部

1 I. Cooper and the Stages of Society

The Oak Openings; or, The Bee-Hunter, 2 vols. (New York, 1848), I, 154.

2 *Ibid*., I, 113.

3 *Westward Ho! A Tale*, 2 vols. (New York, 1832), I, 4.

4 Bushfield had been a companion of Boone (*ibid*., I, 70); he was a loyal retainer of Colonel Dangerfield (I, 71); he felt crowed by the advance of settlement (I, 179-181); he wished to be able to fell a tree near his house for fuel (I, 184); and finally he fled to a remote military post on the Missouri River (II, 193).

5 *The New Pastoral* (Philadelphia, 1855), p. vi.

6 Ibid., p. 208.

7 *Ibid*., pp. 215-217, 225, 233-234, 237.

8 *Little Alice; or, The Pet of the Settlement. A Story of Prairie Land* (Boston,

1863), p. iii.

9 *Ibid.*, p. 143.

10 *Ibid.*, p. 56.

11 *Ibid.*, p. 236.

12 *Ibid.*, pp. 18, 67, 28.

13 *Ibid.*, p. 45.

14 *A Sermon Preached in Boston, New-England, before the Society for Encouraging Industry, and Employing the Poor, September 20, 1758* (Boston, 1758), pp. 10-11, 13.

15 *Travels; in New-England and New-York*, 4 vols. (New Haven, 1821-1822), II, 459.

16 *Ibid.*, II, 461-462.

17 *North American Review*, XLIII, 27-28 (July, 1836).

18 *Ibid.*, LV, 511 (October, 1842).

19 The origins of the conception and its currency in the United States are traced in Charles A. and Mary Beard. *The Rise of American Civilization, Volume IV: The American Spirit: A Study of the Idea of Civilization in the United States* (New York, 1942).

20 Philadelphia, 1796, and Baltimore, 1802.

21 This point, for example, was frequently made by missionaries working with Western Indians (*Twenty-sixth Annual Report of the American Board of Commissioners for Foreign Missions,* Boston, 1835, p. 99; *Twenty-Seventh Annual Report*, Boston, 1836, pp. 95-96). William Tooke, an English traveler in Asia cited by William Darby (*View of the United States*, Philadelphia, 1828, p. 321), had asserted that the transition from a migratory pastoral life to agriculture "determines the boundary between civilized and barbarous nations" (*View of the Russian Empire during the Reign of Catherine the Second,* 3 vols., London, 1799, III, 230). Volney made the same point with regard to the Bedouins of Arabia

(*Travels through Egypt and Syria*, Eng. Trans., 2 vols., New York, 1798, I, 231).

22 *The Emigrant's Guide to the Western and Southwestern States and Territories* (New York, 1818), pp. 61-62.

23 *Port Folio*, Fourth [Fifth] Series, XVII, 214 (March, 1824).

24 Adam Hodgson, *Letters from North America*, 2 vols. (London, 1824), I, 318-319.

25 *Writings*, ed. H. A. Washington, VII, 377-378 (Monticello, September 6, 1824).

26 *Francis Berrian; or, The Mexican Patriot*, 2 vols. (Boston, 1826), I, 39.

27 *The Prairie* (Philadelphia, 1827), I, 88.

28 *Ibid.*, I, 26, 103.

29 Cooper calls the Bush group "semi-barbarous" (*ibid.*, I, 165), which was Jefferson's word for American settlers just within the frontier, immediately above the pastoral Indians in the scale of social stages.

30 *Ibid.*, I, 16-17, 20. At I, 166 Ishmael is again compared to "a well-fed and fattened ox," and is said to be a member of "a race who lived chiefly for the indulgence of the natural wants…."

31 *Ibid.*, I, 78.

32 *Ibid.*, II, 237-248.

33 *Ibid.*, I, 222.

34 *Home as Found*, 2 vols. (Philadelphia, 1838), I, 180-183.

35

II. FROM CAROLINE KIRKLAND TO HAMLIN GARLAND

Vernon L. Parrington, *The Beginnings of Critical Realism in America (Main Currents in American Thought*, Volume III, 1930), reprint ed. (New York, n. d.), p. 288.

36 Ludwig Lewisohn's comment greatly overstates the case, but suggests the importance of this development for American literature: "It took genuine

courage, genuine independence of mind to give literary treatment to the rude of this peasantry that our modern literature takes its rise.... The germs of our period of national expression are to be found in those few writers like Edward Eggleston and E. W. Howe who, whether consenting to it or resisting it, made the collective life of the American people the substance of serious literature" (*The Story of American Literature*, New York, 1932, p. 276).

37 The fullest account of Mrs. Kirkland's life and work is Langley Carleton Keyes, "Caroline M. Kirkland. A Pioneer in American Realism," Unpublished Doctor's Dissertation, Harvard University, 1935. The social position of the Stansburys is discussed on p. 96.

38 *A New Home- Who'll Follow? or Glimpses of Western Life,* by Mrs. Mary Clavers (pseudo.) (first published 1839; 4thed. , New York, 1850), p. 3.

39 *Ibid.*, pp. 7, 8.

40 *Forest Life*, 2 vols. (New York, 1842), I, 122.

41 *Ibid.*, I. 209.

42 *Ibid.*, I. 7.

43 *A New Home*, p.9.

44 *Ibid.*, pp. 29-31.

45 *Forest Life*, I, 237-250, II, [3]-45.

46 *Ibid.*, II. 46-146.

47 *Western Clearings* (New York, 1845), pp. 66-86.

48 *Ibid.*, pp. 118-143.

49 *Alice Wilde*, p. 72.

50 *Ibid.*, p. 20.

51 *Ibid.*, pp. 77, 81.

52 Advertisement on p. [30] of Edward S. Ellis, *The Frontier Angel*, New and Old Friends, No. 7 (New York, 1973).

53 Beadle's Dime Novels, No. 10 (1860).

54 *Ibid.*, pp. [9], 11,14.

55 *Ibid.*, p. 17.

56 *Ibid.*, p. 19.

57 *Ibid.*, p. 23.

58 *Ibid.*, p. 98.

59 Beadle's Dime Novels, No. 16 (1861), p. 103.

60 *Ibid.*, pp. 103, 119-120.

61 Beadle's Dime Novels, No. 35 (1862), pp. 9, 41.

62 *Ibid.*, pp. 58-59.

63 *Ibid.*, pp. 84-85.

64 Beadle's Dime Novels, No. 39 (1862), pp. 9, 95.

65 *The Hoosier School-Master. A Novel* (New York, 1871), p. [5].

66 *Clovernook or Recollections of Our Neighborhood in the West, Second Series* (first published 1853; New York, 1884), pp. 109-145.

67 *Ibid.*, p. 143.

68 *Ibid.*, p. 25.

69 *Ibid.*, pp. 363-364. The Preface to the First Series of Clovernook sketches (New York, 1851, reprint, 1852), pp. v-vi, makes the same point about the failure of city dwellers to sympathize with poor and humble farm people. Although Miss Cary does not consider all Westerners socially inferior (Cincinnati, for example, has an upper class), she is vividly conscious of class differences between urban and rural populations.

70 *Clovernook* (Second Series), pp. 245-280.

71 *Married, Not Mated; or, How they Lived at Woodside and Throckmorton Hall* (New York, 1856), pp. 67, 97, 266, 270.

72 Miss Cary's other fictional efforts (*Hager. A Story of To-Day*, [New York, 1852; "second edition," 1852]; *The Bishop's Son. A Novel* [New York, 1867]) show no change in the rather confused pattern of her attitudes toward

Western farmers.

73 *Hoosier School-Master*, pp. 122, 125.

74 *The Circuit Rider: A Tale of the Heroic Age* (New York, 1874), p. [173].

75 *Roxy* (New York, 1878), p. 183.

76 *Ibid.*, p. 343.

77 *Hoosier School-Master,* p.163*; The Mystery of Metropolisville* (New York, 1873), p. 93.

78 *Hoosier School-Master,* p. 29.

79 *Mystery of Metropolisville,* p. 21.

80 *Hoosier School-Master,* p.[5].

81 *The End of the World. A Love Story* (New York, 1872), p. 8.

82 Eggleston remarks of Nancy Kirtley that she had only "something which a sanguine evolutionist might hope would develop into a conscience, by some chance, in many generations" (*Roxy*, p. [346]). His interest in and eventual acceptance of Darwin's position is discussed by his biographer William P. Randel (*Edward Eggleston, Author of The Hoosier School-Master* [New York, 1946], pp. 11, 218). In The Faith Doctor Eggleston referred to Darwin as "the intellect that has dominated our age" (Randel, *Eggleston*, p. 196). He publicly accepted Darwin in 1887 (*ibid.*, p. 218).

83 Randel, *Eggleston*, p. 123.

84 *The Circuit Rider*, pp. 55-56.

85 Some instances: George W. Kendall, *Narrative of the Texan Santa Fé Expedition*, 2 vols. (New York, 1844), I, 216-217; Francis Parkman, *The California and Oregon trail: Being Sketches of Prairie and Rocky mountain Life* (New York, 1849), p. 187; Thomas B. Thorpe, *Spirit of the Times*, X. [361] (1840).

86 If the term "realism" has any use in the vocabulary of literary criticism – and until a Professor Lovejoy discriminates the half-dozen or more current senses of the word it will probably continue to confuse more things than it clarifies – it

might well be made to designate precisely these aspects of Dutch pictorial method transferred to the sphere of psychological analysis.

87 *Clovernook*(Second Series), pp. 116-117, 121-122.

88 *Ibid.*, pp. 119-120.

89 In "Mrs. Wetherbe's Quilting Party" the play-party is a functional part of the plot. The "plays" include the nonmusical "Hunting the Key" as well as "rude rhymes, sung as accompaniments to the playing." Three speciments of the rimes are quoted: "O Sister Phoebe,""Uncle Johnny's sick a-bed," and a four-line stanza announcing, "My love and I will go, / And we'll settle on the banks /Of the pleasant O-h-*i*-ó" (*ibid.*, pp. 50-51).

90 *The Circuit Rider*, p. 22.

91 *Ibid.*, p. 21. Volney, among others, had long before compared American Indians to "the nations so much extolled of ancient Greece and Italy"–intending of course to belittle the Greeks and Romans (*A View of the Soil and Climate of the United States of America*, [1803], trans. Charles Brockden Brown [Philadelphia, 1804], p. 410). The theory that the American West exhibited all the stages of social development lent itself easily to the discovery of a "heroic" age at some point in the Mississippi Valley.

92 *The Circuit Rider*, p. 22.

93 Mrs. Wetherbe, in "Mrs. Wetherbe's Quilting Party," whom Miss Cary admires, is given a marked dialect (*Clovernook*, Second Series, pp. 18-19, etc.), but the poverty-stricken family in "Ward Henderson" do not speak in dialect (*ibid.*, pp. 346-360). The strongly sentimental atmosphere of this story has perhaps exerted a refining influence on the language of the characters.

94 Randel, *Eggleston*, p. 79.

95 *Ibid.*, p. 105.

96 *Ibid.*, p. 187. It is not clear what publication Eggleston had in mind.

97 *Hoosier School-Master*, p. 6.

98 Randel, *Eggleston*, p. 126.

99 *The English language in America*, 2 vols. (New York, 1925), I, 229.

100 Edward Eggleston, "Folk-Speech in America,"*Century magazine*, XLVIII, 870 (October, 1894).

101 *Roxy*, pp. 426-427.

102 Eggleston remarks that if the Backwoods Philosopher in *The end of the World* had known Whitman's work, he would have assigned the poet to the "Inferno" section of his library along with Swinburne, *Don Juan*, and "some French novels" (p. 44).

103 Eggleston wrote to his wife in 1888, after meeting Mark Twain, that he was "only a good clown after all" (Randel, *Eggleston*, p. 184).

104 *The end of the World,* P. 37 and note.

105 Randel, *Eggleston*, p. 184

106 Kirkland told Hamlin Garland he was trying to improve on Eggleston, although he did not specify in what respect (*Roadside Meetings* [New York, 1930], p.111.

107 *Zury: The Meanest Man in Spring County. A Novel of Western Life* (Boston, 1887), pp. 80-81. I have not been able to trace this allusion.

108 *Ibid.*, pp. 348-356. Kirkland explains in a note that one of the illustrations in the speech- based on feeding a calf –is derived from a stump speech of "Representative Horr, of Michigan" (p. 352n.).

109 *The McVeys: An Episode* (Boston, 1888), p. 339.

110 *Roadside Meetings*, pp. 90-94.

111 *Ibid.*, p. 95.

112 *Ibid.*, pp. 94-95.

113 *The Story of a Country Town* (Boston, 1883), pp. 239-240.

114 *Ibid.*, p. 3.

115 *Roadside Meetings*, p. 94.

116 *Ibid.*, p. 111.

117 *A New Home*, pp. 173-176.

118 *Clovernook* (Second Series), pp. 346-360.

119 Lytle Biggs is an unscrupulous man who organizes chapters of the Alliance to make money for himself. He cynically tells the farmers how industrious, honest, and oppressed they are in order to win their favor (*Story of a Country Town*, p. 240). The character of Biggs is not sympathetic but here he seems to be voicing Howe's own views.

120 *Roadside Meetings*, p. 113.

121 *Idem.*

122 *Jason Edwards, An Average Man* (Boston, 1892), p. [v].

123 *Ibid.*, p. [vi].

124 *Ibid.*, pp. 103, 111.

125 *Ibid.*, p. 142.

126 *A Spoil of Office. A Story of the Modern West* (Boston, 1892), p. 152.

127 *Main-Travelled Roads. Six Mississippi Valley Stories* (Boston, 1891), pp. 217-240.

128 *Ibid.*, pp. 96-97.

第 22 章　花园神话与特纳的边疆假说

1 *References on the Significance of the Frontier in American History*, compiled by Everett E. Edwards (United States Department of Agriculture Library, Bibliographical Contributions, No. 25, 2nd ed. [April, 1939]. Mimeographed),lists 124 items bearing on the subject, ranging in date from Franklin's "Observations on the peopling of Countries" (1751) to 1939. A passage from a radio address by Franklin D. Roosevelt in 1935 which Dr. Edwards quotes in his excellent Introduction illustrates the political application of Turner's

ideas: "Today we can no longer escape into virgin territory. We must master our environment.... We have been compelled by stark necessity to unlearn the too comfortable superstition that the American soil was mystically blessed with every kind of immunity to grave economic maladjustments..." (p. 3).

2 "The Significance of the Frontier in American History," in *The Early Writings of Frederick Jackson Turner, with a List of All His Works Compiled by Everett E. Edwards and an Introduction by Fulmer Mood* (Madison, Wisconsin, 1938), p. 186.

3 A growing body of scholarship is being devoted to this challenging question. George W. Pierson has called attention to inconsistencies in Turner's doctrines and has inquired into the extent of their currency among historians at the present time: "The Frontier and Frontiersman of Turner's Essays: A Scrutiny of the Foundations of the Middle western Tradition," *Pennsylvania Magazine of History and Biography*, LXIV, 449-478 (October, 1940); "The Frontier and American Institutions: A Criticism of the Turner Theory," *New England Quarterly*, XV, 224-255 (June, 1942); "American Historians and the Frontier Hypothesis in 1941," *Wisconsin Magazine of History,* XXVI, 36-60, 170-185 (September, December, 1942). I am indebted to Professor Pierson for many ideas, especially the remark he quotes from a colleague to the effect that Turner's frontiersman closely resembles the stock eighteenth-century picture of the small farmer of Britain (*Wisconsin Magazine of History*, XXVI, 183-184) and the suggestion that Turner's "poetic interpretation" revived "the grandest ideas that had gone to make up the American legend" (*idem*).

4 James C. Malin points out that most of Turner's ideas were "in the air." He remarks that great thinkers are normally "the beneficiaries of the folk process and are probably seldom so much true creators as channels through which the folk process finds its fullest expression in explicit language..." ("Space and History: Reflections on the Closed-Space Doctrines of Turner and Mackinder and

the Challenge of Those Ideas by the air Age," *Agricultural History*, XVIII, 67-68, April, 1944).

5 *Early Writings*, p. 187.

6 Fulmer Mood, "The Development of Frederick Jackson Turner as a Historical Thinker," *Publications of Colonial Society of Massachusetts*, XXXIV: *Transactions 1937-1942* (Boston, 1943), pp. 322-325.

7 Turner copied into a Commonplace Book that he kept in 1886, during his first year of teaching a quotation ascribed to Franklin: "The boundless woods of America which are sure to afford freedom and subsistence to any man who can bait a hook or pull a trigger" (Commonplace Book [II], p. [1]. Turner Papers, Henry E. Huntington Library). The idea occurs often in Franklin but I have not been able to find these words.

8 "The Poet of the Future," delivered at the Junior Exhibition, University of Wisconsin, May 25, 1883, and reported in full in the Madison *University Press* (May 26, 1883), p. 4 (clipping in Turner Papers, Henry E. Huntington Library).

9 Commonplace Book [1], 1883,pp. [25-27]. Turner Papers, Henry E. Huntington Library.

10 *Ibid.*, pp. [49-53].

11 *Early Writings*, p. 221.

12 "The West and American Ideals," an address delivered at the University of Washington, June 17, 1914, *Washington Historical Quarterly*, V, 245 (October, 1914). When Turner revised this address for inclusion in the volume of collected papers *The Frontier in American History* in 1920, he omitted the words "start and strong and full of life" (New York, 1920, reprint ed., 1931, p. 293). Although Turner repudiated the "germ theory" of constitutional development in his 1893 essay (*Early Writings*, p. 188), he had accepted it for a time after he left Herbert B. Adams' seminar at Johns Hopkins. Reviewing the first two volumes of Theodore Roosevelt's *The Winning of the West* in the Chicago Dial in August

of 1889 (X, 72), he remarked that "the old Germanic 'tun'" reappeared in the "forted village" of early Kentucky and Tennessee, the "folkmoot" in popular meetings of the settlers, and the "witenagemot" in representative assemblies like the Transylvania legislature. "These facts," he added, "carry the mind back to the warrior-legislatures in the Germanic forests, and forward to those constitutional conversations now at work in our own newly-made states in the Far West; and they make us proud of our English heritage." In an undergraduate address he had asserted that "The spirit of individual library slumbered in the depths of the German forest" from the time of the barbarian invasions of Rome until it burst forth in the American and French Revolutions (*Madison University Press* [May 28, 1883], p. 4). Turner's discovery of the American frontier as a force encouraging democracy may exhibit some imaginative persistence of this association between desirable political institutions and a forest.

13 A characteristic phrase is the reference to "this rebirth of American society" that has gone on, decade after decade, in the West (from an essay in the *Atlantic*, 1896, reprinted in *The Frontier in American History*, p. 205). In his undergraduate Commonplace Book Turner had jotted down, among notes for an oration, "See Emerson's preface to 'Nature'…" and had added part of a sentence: "…let us believe in the eternal genesis, the freshness & value of thongs present, act as though, just created, we stood looking a new would in the face and investigate for ourselves and act regardless of past ideas" (Commonplace Book [1], p. [3]). This is quite Emersonian; it might well be a paraphrase of the familiar first paragraph of Emerson's essay: "Why should not we also enjoy an original relation to the universe? Embosomed for a season in nature, whose floods of life stream around through us, and invite us, by the powers they supply, to action proportioned to nature, why should we grope among the dry bones of the past, or put the living generation into masquerade out of its faded wardrobe?" (*Complete Works*, Volume I: *Nature, Addresses*, and Lectures [Boston, 1903], p. [3]). Turner

said in 1919 that he had been impressed with Woodrow Wilson's emphasis on Walter Bagehot's idea of growth through "breaking the cake of custom" (Frederick Jackson Turner to William E. Dodd, Cambridge, Mass., October 7, 1919, copy in Turner Papers, Henry E. Huntington Library). The phrase appears in the *Atlantic* essay (*The Frontier in American History*, p. 205).

14 Address at the dedication of a new high school building at Turner's home town of Portage, Wisconsin, January 1, 1896, reported in the Portage *Weekly Democrat*, January 3, 1896 (clipping in the Turner Papers, Henry E. Huntington Library).

15 *The Frontier in American History*, pp. 255, 267.

16 *Ibid.*, p. 250.

17 *Publications of the Colonial Society of Massachusetts*, XXXIV, 304-307. Mr. Mood says that the idea of applying the theory of evolution to social phenomena was the "fundamental, unifying concept" of Turner's early writings (p. 304), but adds that the *a priori* idea of a sequence of social stages "can be asserted to be, as a universal rule ... fallacious .... It is one component element in Turner's [1893] essay that will not now stand the test of inspection" (p. 307n.).

18 *The Frontier in American History*, p. 121 (1908).

19 *Early Writings*, pp. 199, 285.

20 *Ibid.*, p. 222.

21 *Ibid.*, p. 285.

22 Frederick Jackson Turner to Merle E. Curti, San Marino, Cal., January 5, 1931. Copy in Turner Papers, Henry E. Huntington Library. Turner says he had not read George before writing the 1893 essay and that he had never accepted the single-tax idea.

23 Professor Malin has emphasized the fact that in his later career Turner was "baffled by his contemporary world and had no satisfying answer to the closed-frontier formula in which he found himself involved" (*Essays on Histo-*

riography, Lawrence, Kansas, 1946, p. 38).

24 *The Frontier in American History*, p. 285 (1910).

25 "Since the Foundation", an address delivered at Clark University, February 4, 1924, *Publications of the Clark University Library*, VII, No. 3, p. 29. After the words "dangers that menace him" Turner has indicated in his personal copy in the Henry E. Huntington Library (No. 222544) the addition of the following words: "that there are automatic adjustments in progress."

26 Charles A. Beard makes this point in what seems to me a convincing manner in "The Frontier in American History," *New Republic*, XCVII, 359-362 (February 1, 1939). Professor Malin asserts vigorously that "among other things, the frontier hypothesis is an agricultural interpretation of American history which is being applied during an industrial urban age..." ("Mobility and History," *Agricultural History*, XVII, 177, October, 1943).

27 Benjamin F. Wright has a similar comment in his review of *The Significance of Sections in American History, New England Quarterly*, VI, 631 (September, 1933). Professor Malin calls the frontier hypothesis "an isolationist interpretation in an international age" (*Agricultural History*, XVII, 177). "It seemed to confirm the Americans," he remarks elsewhere, "in their continental isolationism. Was not their United States a unique civilization; was it not superior to that of Europe and Asia?" (*ibid.*, XVIII, 67, April, 1944).

28 *The Frontier in American History*, p. 253 (1903).

29 *Ibid.*, p. 294 (1941). In the 1903 article Turner had emphasized the contrast between American democracy, which was "fundamentally the outcome of the experiences of the American people in dealing with the West," and the "modern efforts of Europe to create an artificial democratic order by legislation" (*ibid.*, p. 266). The implication is clearly that American democracy is the opposite of artificial, i.e., natural, and that this natural origin establishes its superiority,

Virgin Land 译名对照表

Abbot, James 詹姆斯 · 阿博特

Abbott, John S.C. 约翰 · S.C. 阿博特

Adams, Henry 亨利 · 亚当斯

Adams, Herbert B. 赫伯特 · B. 亚当斯

Adams, John Quincy 约翰 · 昆西 · 亚当斯

Adventures of Daniel Boone, The《丹尼尔 · 布恩历险记》

Agassiz, Louis 路易斯 · 阿加西斯

agrarian philosophy 农耕哲学

agrarian social theory 农耕社会理论

Albert 艾伯特

Alcott, Louisa May 路易莎 · 梅 · 奥尔科特

Alexandria 亚历山大（港）

Alice Wilde, the Raftsman's Daughter. A Forest Romance《撑筏人的女儿艾丽斯 · 怀尔德：林中罗曼史》

Alleghenies 阿勒格尼山脉

Allegheny 阿勒格尼

America《美国》

American《美国人》杂志
American Museum《美国博物馆》
American News Company, The 美国新闻公司
American Philosophical Society 美国哲学学会
Ames, Nathaniel 纳撒尼尔 · 埃姆斯
Anahuacs 阿纳瓦克
Ancient History《古代史》
Aneola 安妮奥拉
Antaeus 安泰俄斯
Anti-Rent War 反对地租战争
Appalachian Mountain 阿巴拉契亚山脉
Arkansas River 阿肯色河
Arthur, Chester A. 切斯特 · A. 阿瑟
Asa 阿萨
Ashburn, Silas 塞拉斯 · 阿什伯恩
Ashley, William 威廉 · 阿什利
Assyria 亚述古国
Astor, John Jacob 约翰 · 雅各布 · 阿斯特
Astoria 阿斯托里亚
Atkins, John D.C. 约翰 · D.C. 阿特金斯
Atlantic Monthly《大西洋月刊》
Atlantic, The《大西洋》
Attacapas 阿塔卡帕斯
Atwater, Caleb 凯莱布 · 阿特沃特 20
Aughey, Samuel 塞缪尔 · 奥格海
Austin 奥斯汀
Averill, Charles E. 查尔斯 · E. 埃夫里尔
Backwoods Bride. A Romance of Squatter Life《边远地区的新娘：占地定

居者的罗曼史》

Backwoodsman, The《来自边远地区的人》

Badger, Joseph E. Jr. 约瑟夫 · E. 小巴杰

Balbec 巴尔贝克

Ballou, Hosea 霍齐亚 · 巴卢安 · S. 斯蒂芬斯 (Ann S. Stephens)

Ballou, Maturin M. 马图林 · M. 巴卢

Ballou Pictorial《巴卢画报》

Bank of the United States 美国银行

Banks of Kentucke, The "肯塔基河两岸"

Barham, Uriah 尤赖亚 · 巴勒姆

Barnard, Thomas 托马斯 · 巴纳德

Barritt, Frances Fuller 弗朗西丝 · 富勒 · 巴里特

Bartram, John 约翰 · 巴特拉姆

Basil 巴兹尔

Battle of Pea Ridge, the 皮里奇战役

Beadle & Adams 比德尔和亚当斯印刷公司

Beadle dime novel, the 比德尔一角小说

Beadle, Erastus 伊拉斯塔斯 · 比德尔

Bedouins 贝都因人

Beldon，Margaret 格丽特 · 贝尔顿

Bellaire 贝莱尔

Belmont, August 奥古斯特 · 贝尔蒙特

Ben, Buckskin "鹿皮 · 本"

Benét, Stephen Vincent 斯蒂芬 · 文森特 · 贝尼特

Bennet, Emerson 爱默生 · 贝内特

Bennett, James Gordon 詹姆斯 · 戈登 · 贝内特

Bent Fort 本特堡

Benton, Thomas Hart 托马斯 · 哈特 · 本顿

Berkeley County 伯克利县

Betsey 贝齐

Biddle 比德尔

Biglow Papers《比格罗诗稿》

Bingham, George C. 乔治 · C. 宾厄姆

Bishop Berkeley 伯克利主教

Black Hills 黑山

Blade《刀锋》

Blonde Bill; or, Deadwood Dick's Home Base. A Romance of the "Silent Tongues"《金发女郎比尔；或，戴德伍德 · 迪克的老巢："沉默者" 的罗曼史》

Blue Ridge 蓝岭

Boden, Ben 本 · 博登

Bonamy, Mark 马克 · 博纳米

Bonner, Robert 罗伯特 · 邦纳

Boone, Daniel 丹尼尔 · 布恩

Boonesborough 布恩斯博勒

Boonslick County 布恩斯利克县

Border Renegade, The; or, The Lily of the Silver Lake《边疆叛徒；或，银湖白莲》

Boston Mercantile Library Association 波士顿商贸图书馆协会

Bovay, Alvan E. 阿尔万 · E. 博维

Bowery Theater 鲍厄里剧院

Brackenridge, Henry M. 亨利 · M. 布雷肯里奇

Brahmin, Boston 波士顿 · 布拉汉

Brockett, Linus P. 莱纳斯 · P. 布罗克特

Brother Jonathan《乔纳森兄弟》

Bryan, Daniel 丹尼尔 · 布赖恩

Bryant, Edwin 埃德温 · 布赖恩特

Bryant, William Cullen 威廉 · 卡伦 · 布赖恩特

Buchanan 布坎南

Buffalo 布法罗

Buffalo Bill 公牛比尔

Buffalo Bill, the King of the Border Men《公牛比尔：边境好汉之王》

Buffalo Bill's Spy-Shadower; or, The Masked Men of Grand Canyon《公牛比尔的密探；或，大峡谷中的蒙面好汉》

Buffon 布丰

Buntline, Ned 内德 · 邦特兰

Burdett, Charles 查尔斯 · 伯德特

Burke, Edmund 埃德蒙 · 伯克

Burke, John M. 约翰 · M. 伯克

Bush, Ishmael 伊什梅尔 · 布什

Bushfield 布什菲尔德

Bushfield, Ambrose 安布罗斯 · 布什菲尔德

Butler, Mann 曼 · 巴特勒

Byron 拜伦

Calhoun 卡尔霍恩

California 加利福尼亚

Callaway, Fanny 范妮 · 卡拉韦

Camanches 科曼奇族

Cannibals All!《皆为生番！》

Cape of Good Hope 好望角

Carey, Mathew 马修 · 凯里

Carnegie 卡内基

Carson, Kit 基特 · 卡森

Carter, Enos 伊诺斯 · 卡特

Carver, Jonathan 乔纳森 · 卡弗

Cary, Alice 艾丽斯 · 卡里

Caucasian 高加索

Central Gold Region. The Grain, Pastoral and Gold Regions of North America, The《中部黄金地带：北美的谷仓、草原和黄金宝地》

Central National Road 中央国家公路

Certavallos, Inez de 伊内兹 · 德 · 塞塔瓦洛斯

Charlotte Ryne "夏洛特 · 瑞恩"

Chateaubriand 夏多布里昂

Chatillon, Henry 亨利 · 查狄伦

Chesapeake Bay 切萨皮克湾

Cherokees 彻罗基人

Chicago 芝加哥

Cincinnati 辛辛那提

Circuit-Rider, The《巡回牧师》

Clarel《克拉瑞尔》

Clark, Lewis Gaylord 刘易斯 · 盖洛德 · 克拉克

Clark, Richard 理查德 · 克拉克

Clarke, James Freeman 詹姆斯 · 弗里曼 · 克拉克

Cleveland 克利夫兰

Clemens, Sam 萨姆 · 克莱门斯

Clyman, James 詹姆斯 · 克莱门

Cobden Club 柯布登俱乐部

Cody, Honorable William F. 威廉 · F. 科迪阁下

Colfax 科尔法克斯

Collier, Old Cap 老卡普 · 科利尔

Colorado 科罗拉多

Columbia 哥伦比亚

Commerce of the Prairies《草原上的贸易》

Commons, John R. 约翰 · R. 康芒斯

Condorcet 孔多塞

Conrad, Sibyl 比尔 · 康拉德

Constantinople 君士坦丁堡

Cooke, John Esten 约翰 · 埃斯腾 · 库克

Cooper 库珀

Cooper, William 威廉 · 库珀

Copperhead movement “铜头蛇运动”

Cooperstown 库珀斯敦

Cora Richter 科拉 · 里克特

Cosmopolitan Railway《超越界限的铁路》

Council of Trade and Plantations 贸易及殖民委员会

Cowboy Clan, The; or, The Tigress of Texas. A Romance of Buck Taylor and his Boys in Buckskin《牛仔部族；或，得克萨斯的母老虎：巴克 · 泰勒与穿鹿皮衣的伙伴们的罗曼史》

Coyner, David H. 戴维 · H. 科伊纳

Crèvecœur, St. John de 圣约翰 · 德 · 克雷夫科尔

Crockett, Davy 戴维 · 克罗克特

Croghan, George 乔治 · 克洛根

Cumberland Road 坎伯兰大道

Cumberland settlements, the 坎伯兰移民定居点

Curti, Merle 默尔 · 科蒂

Custer 卡斯特

Cyclopaedia of American Literature《美国文学百科全书》

Cyrus 居鲁士河

Dakota Territory 达科他地区

Dalrymple Farm 达尔林普尔农场

Dana, Edmund 埃德蒙 · 达纳

Danforth 丹福斯

Darby, William 威廉 · 达比

Darrall, Duke 杜克 · 达拉尔

Dartmouth 达特茅斯 (学院)

Darwin 达尔文

Deadwood Dick in Leadville; or, A Strange Stroke for Liberty《莱德维尔的戴德伍德 · 迪克；或，为自由而采取的奇异之举》

Denver Doll, the Detective Queen; or, Yankee Eisler's Big Surround《侦探皇后丹佛 · 多尔；或，美国佬艾斯勒的大包围圈》

Dol, Dashing 戴辛 · 多尔

Douglas 道格拉斯

Deadly-Eye《致命的眼睛》

Debow, James D. B. 詹姆斯 · D. B. 德鲍

DeBow's Review《德鲍评论》

Declaration of Independence, The《独立宣言》

Deerfield 迪尔菲尔德

Delaware Bay 特拉华湾

Deming 戴明

Democratic Review, The《民主评论杂志》

Denton, Henry 亨利 · 登顿

Dernor, Lew 卢 · 德诺

Dernor, Lewis 刘易斯 · 德诺

Des Moines 得梅因

Deserted Village《荒村》

Detroit 底特律

Dew, Thomas R. 托马斯 · R. 迪尤

Dick, Deadwood 戴德伍德 · 迪克

Dime Novels 一角小说

Dinsmore, Sully 萨利 · 丁斯莫尔

Discovery, Settlement and Present State of Kentucke, The《肯塔基的发现、移民和现状》

Dixon, Archibald 阿奇博尔德 · 狄克逊

Dollar Magazine《美元杂志》

Doniphan 多尼芬

Don Juan《唐璜》

Doolittle, James R. 詹姆斯 · R. 杜利特尔

Douglas, Stephen A. 斯蒂芬 · A. 道格拉斯

Dove-Eye 鸽眼

Drake, Daniel 丹尼尔 · 德雷克

Dred Scott v. Sandford 德雷德 · 斯科特诉桑福德案

Duganne, A.J.H. A.J.H. 杜根

Drum-Taps《桴鼓集》

Dunham，Cyrus L. 赛勒斯 · L. 邓纳姆

Dunham, Mabel 梅布尔 · 邓纳姆

Dwight, Timothy 蒂莫西 · 德怀特

Duyckincks 戴金克兄弟

Earth and Man, The《大地与人类》

East and West; or, The Beauty of Willard's Mill《东部与西部；或，威拉德磨坊的丽人》

Edna, Wild 怀尔德 · 埃德娜

Effingham, Oliver 奥利弗 · 埃芬厄姆

Eggleston，Edward 爱德华 · 埃格尔斯顿

Eisinger, Chester E. 切斯特 · E. 艾辛格

El Paso 埃尔帕索

Eliza 伊莉莎

Ellis, Edward S. 爱德华 · S. 埃利斯

Ely, Richard T. 理查德 · T. 埃利

Emerson 爱默生

Emigrant's Guide《移民指南》

Emigration of Daniel Boone, The 丹尼尔 · 布恩的迁移

Emilie 埃米莉

End of the World, The《海角天涯》

Enda, Wild 怀尔德 · 恩达

Enquirer《探究者》

Enquiry Concerning Political Justice《关于政治公平的调查》

E Pluribus Unum 东普鲁利伯斯 · 欧努姆

Esquisse d'un tableau historique des progrès de l'esprit humain《人类精神进步史表纲要》

Esther: A Story of the Oregon Trail《埃丝特：俄勒冈小道的故事》

Euphrates 幼发拉底河

Eureka Saloon 尤里卡酒馆

Evans, Lewis 刘易斯 · 埃文斯

Evans, George Henry 乔治 · 亨利 · 埃文斯

Evening Post《晚邮》

Everett, Alexander Hill 亚历山大 · 希尔 · 埃弗里特（义华业）

Everett, Edward 爱德华 · 埃弗里特

Fanny Campbell《范妮 · 坎贝尔》

Farley, Hattie 哈蒂 · 法利

Farnham, Thomas J. 托马斯 · J. 法纳姆

Far Southwest 远西南部

Faulkner, Charles J. 查尔斯 · J · 福克纳

Felton, Cornelius C. 科尼利厄斯 C. 费尔顿

Ferrington, George 乔治 · 费林顿

Filson, John 约翰 · 菲尔森

Finks, Mike 迈克 · 芬克斯

First Missouri Volunteers 密苏里第一志愿军团

Fitzhugh, George 乔治 · 菲茨休

Five Champions, The; or, The Backwoods Belle《五战士；或，森林美女》

Flag of Our Union, The《合众国的旗帜》

Flint, Timothy 蒂莫西 · 弗林特

Forest Life《林中生活》

Forest Princess, The; or The Kickapoo Captives. A Romance of the Illinois《森林公主；或，基卡普的俘虏，伊利诺伊的罗曼司》

Forney, John W. 约翰 · W. 福尼

Fort Hall 霍尔堡

Fort McPherson 麦克弗森堡

Fort Osage 欧塞奇堡

Fort Vancouver 温哥华堡

Fourierist 傅立叶空想社会主义者

Francis Berrian《弗朗西斯 · 贝里恩》

Frederici, Louisa 路易莎 · 弗雷德里希

Freedom' s band 自由卫士

freehold concept 土地（或财产）终生保有权观念

Frémont, Jessie Benton 杰西 · 本顿 · 弗里蒙特

Frémont, John Charles 约翰 · 查尔斯 · 弗里蒙特

French and Indian War 法国与印第安人战争

French, Samuel 塞缪尔 · 弗伦奇

Freneau, Philip Morin 菲利普 · M. 弗雷诺

Frontier Hypothesis 边疆假说

Fulton 富尔顿

Furniss, Annette 安妮特 · 弗尼斯

Gallatin, Albert 艾伯特 · 加勒廷

Gardiner, Harry 哈里 · 加德纳
Garfield, James A. 詹姆斯 · A. 加菲尔德
Garland, Hamlin 哈姆林 · 加兰
Garrard, Lewis H. 刘易斯 · H. 加勒德
Gee, Joshua 乔舒亚 · 吉
General Land Office 土地总署
Genêt 热内
Genoa 热那亚
Geographical Sketches《地理特写》
Geological and Geographical Survey of the Territories 准州地质地理勘测队
George I 乔治一世
George, Henry 亨利 · 乔治
George Mason: The Young Backwoodsman《乔治 · 梅森：边远地区的年轻人》
Gertrude of Wyoming《怀俄明的格特鲁德》
Gibbon 吉本
Gilpin, William 威廉 · 吉尔平
Gilpin, Henry P. 亨利 · P. 吉尔平
Girty, George 乔治 · 格蒂
Gleason, Frederick　弗雷德里克 · 格利森
Glenn 格兰
Godwin, William 威廉 · 戈德温
Gold Bullet Sport; or, The Knight of the Overland《金弹公子；或，大陆骑士》
Gold Mines of the Gila, The《希拉河的金矿》
Gold Plume, the Boy Bandit《金色羽毛，少年盗匪》
Gold Rush, The 淘金热
Goldsmith 哥尔德斯密斯

Goochland, Andy 安迪 · 古奇兰德

Graham, Henry 亨利 · 格雷厄姆

Grangerford，Emmeline 埃米琳 · 格兰杰福特

Grant 格兰特

Great American Desert 美洲大沙漠

Great Annihilator, The; or Wild Edna, the Girl Brigand《伟大的毁灭者；或，怀尔德 · 埃德娜：布里根德姑娘》

Great Lakes 大湖区

Great Migration to Oregon 俄勒冈大移民

Greeley, Horace 霍勒斯 · 格里利

Greenfield Hill《格林菲尔德希尔》

Greenough, Horatio 霍雷肖 · 格里诺

Gregg, Josiah 乔赛亚 · 格雷格

Grow, Galusha A. 加卢沙 · A · 格罗

Guyot, Arnold 阿诺德 · 盖约特

Hall, James 詹姆斯 · 霍尔

Hamilton, W.J. W.J. 汉密尔顿

Hard Crowd, A; or, Gentleman Sam's Sisier《冷酷的世界；或，绅士山姆的妹妹》

Harris, Fletcher 弗莱彻 · 哈里斯

Harte, Bret 布雷特 · 哈特

Hartford Convention 哈特福德会议

Hartsook, Ralph 拉尔夫 · 哈索克

Hartstein, Katrina 卡特里娜 · 哈特斯坦

Haskell, Dudley C. 达德利 · C. 哈斯克尔

Hassam 哈萨姆

Hathaway, Little Henry 小亨利 · 哈撒韦

Hawkeye 霍基

Hay, Caroline 卡罗琳 · 海
Hay, John 约翰 · 海
Hayden, Ferdinand V. 费迪南德 · V. 海登
Hayden, Robert Y. 罗伯特 · Y. 海登
Hayes 海斯
Haymarket Riots 牧草市场骚乱
Hayward, Blanche 布兰奇 · 海沃德
Henry, Joseph 约瑟夫 · 亨利
Hewitt, Abram 艾布拉姆 · 休伊特
Hill, Sam 山姆 · 希尔
Hints Toward Reforms《改革提示》
Hirst, Robert 罗伯特 · 赫斯特
History of the Commonwealth of Kentucky《肯塔基州史话》
Hitchcock, Bill 比尔 · 希契科克
Hodgson, Adam 亚当 · 霍奇森
Home as Found《家乡风貌》
Homestead Act《宅地法案》
Homestead Bill《宅地法议案》
Hoosier School-Master, The《印第安纳州的教师》
Hover, Paul 保罗 · 霍弗
Howe, E.W. E.W. 豪
Huckleberry Finn《哈克贝利 · 芬恩历险记》
Hudson River 哈德孙河
Hudson Bay Company 哈德孙湾公司
Hugh Henry Brackenridge 休 · 亨利 · 布拉肯里奇
Humboldt, Alexander von 亚历山大 · 冯 · 洪堡
Hunt, Wilson P. 威尔逊 · P. 亨特
Huntington, Collis P. 科利斯 · P. 亨廷顿

Hunt's Merchants' Magazine《亨特商业杂志》

Hunter's Cabin, The. An Episode of the Early Settlements《猎人的小屋：早期殖民地插曲》

Hurricane Nell《飓风内尔》

Hutchins, Thomas 托马斯 · 哈钦斯

Hutter, Judith 朱迪斯 · 赫特

Illinois 伊利诺伊州

Imlay, Gilbert 吉尔伯特 · 伊姆利

Independence 独立城

Independent, The《无党派人》

Ingraham, Prentiss 普伦蒂斯 · 英格拉哈姆

Iola 约拉

Irving, Washington 华盛顿 · 欧文

Ismail 伊斯梅尔城

Jack Long; or The Shot in the Eye《杰克 · 朗；或，敌对之举》

Jackson, Andrew 安德鲁 · 杰克逊

Jackson, Richard 理查德 · 杰克逊

Jaguar Queen, The; or, The Outlaws of the Sierra Madre《美洲虎皇后；或，马德岭的亡命徒》

James, Edwin 埃德温 · 詹姆斯

Jamestown 詹姆斯敦

Jane, Calamity 卡拉米蒂 · 简

Jared Sparks's Library of American Biography 贾里德 · 斯帕克斯美国传记图书馆

Jay, John 约翰 · 杰伊

Jefferson, Thomas 托马斯 · 杰斐逊

Jewett, Oscar 奥斯卡 · 朱伊特

Jim, Whiskey 惠斯基 · 吉姆

Johannsen, Albert 艾伯特 · 约翰森
Johns Hopkins University 约翰斯 · 霍普金斯大学
Johnson, Laura Winthrop 劳拉 · 温思罗普 · 约翰逊
Johnson, Andrew 安德鲁 · 约翰逊
Jones, John B. 约翰 · B. 琼斯
Jones, Seth 塞斯 · 琼斯
Judicial Appropriation Bill, The《司法拨款议案》
Judson, E.Z.C. E.Z.C. 贾德森
Julian, George W. 乔治 · W. 朱利安
Kansas 堪萨斯
Kate, Mountain 芒廷 · 凯特
Kansas-Nebraska Bill《堪萨斯—内布拉斯加议案》
Kansas-Nebraska Act《堪萨斯 - 内布拉斯加法案》
Kansas River 堪萨斯河
Keith, William 威廉 · 基思
Kennedy, John P. 约翰 · P. 肯尼迪
Kent, Ranger; or The Fugitives of the Border《肯特，骑警；或，边境逃亡者》
Kenton, Simon 西蒙 · 肯顿
Kentucky 肯塔基州
Kentucky Gazette, The《肯塔基报》
Keokuk 基奥卡克
King, Henry 亨利 · 金
Kirkland, Caroline M. 卡罗琳 · M. 柯克兰
Kirtley, Nancy 南希 · 柯特利
Kit Carson, The Prince of Gold Hunters《基特 · 卡森：淘金王子》
Knickerbocker Magazine《纽约人杂志》
Knight, Hetty 赫蒂 · 奈特

Knight, Kitty 姬蒂 · 莱特

Krapp, George Philip 乔治 · 菲利普 · 克拉普

Lafayette 拉斐特

Lakes, the 五大湖区

Lake George 乔治湖

Lake Otsego 奥齐戈湖

Lancaster, Edith 伊迪丝 · 兰开斯特

Land Claim, The. A Tale of the Upper Missouri《公地权：密苏里河上游的故事》

Lanman, James B. 詹姆斯 · B. 兰曼

Lariat Lil; or, The Cast for a Life. A Story of Love and Jealousy《套索利尔；或，孤注一掷：爱情和嫉妒的故事》

Larry 拉里

Last of the Mohicans, The《最后的莫希干人》

La Valliere, Louisa 路易莎 · 拉瓦利尔

Lawrence, Abbott 阿博特 · 劳伦斯

Leatherstocking 皮袜子

Ledyard, John 约翰 · 莱迪亚德

Leighton, Frank 弗兰克 · 莱顿

Leland, Sir William 威廉 · 利兰爵士

Leslie, Roland 罗兰 · 莱斯利

Letcher, Agnes 阿格尼丝 · 莱彻

Letters from an American Farmer《一个美国农民的来信》

Levering, Emma 埃玛 · 利弗林

Lexington 莱克星顿

Lewis, Meiliwether 梅里韦瑟 · 刘易斯

Life in California《加利福尼亚的生活》

Lincoln, Abraham 亚伯拉罕 · 林肯

Linn, James 詹姆斯 · 林
Lion Legion, the “雄狮军团”
Lippincott's《利平科特月刊》
Lisbon 里斯本
List, Friedrich 弗雷德里希 · 李斯特
Little Alice《小艾丽斯》
Little Women《小妇人》
Littlepage Trilogy 利特尔佩奇三部曲
Lloyd's Evening Post《劳埃德晚邮报》
Locke, John 约翰 · 洛克
Locksley Hall《洛克斯利 · 霍尔》
Long, Stephen H. 斯蒂芬 · H. 朗
Lord Kames 凯姆斯勋爵
Lorrain, Claude 克劳德 · 洛兰
Lost Trappers, The《失去的猎兽人》
Lost Trail, The: A Legend of the Far West《消失的小路：远西传奇》
Louisiana 路易斯安那
Louisiana Purchase 收购路易斯安那
Lowell 洛厄尔
Lowell, James Russell 詹姆斯 · 拉塞尔 · 洛厄尔
Lowell Institute of Boston 波士顿洛厄尔学院
Louisiana Purchase 路易斯安那购买
Louisville 路易斯维尔
Lucretia Burns《卢克雷蒂娅 · 伯恩斯》
Lytton, Bulwer 布尔沃 · 利顿
Mackenzie, Alexander 亚历山大 · 麦肯齐
Madison, James 詹姆斯 · 麦迪逊
Maeder, Fred G. 弗雷德 · G. 梅德

Maginnis, Martin 马丁 · 马吉尼斯

Main Travelled Roads《大路》

Majors, Alexander 亚历山大 · 梅杰斯

Malaeska《马拉斯卡》

Malthus 马尔萨斯

March, Jo 乔 · 马奇

Mardi《马迪》

Markham, Edwin 埃德温 · 马卡姆

Marks, Barry 巴里 · 马克斯

Married, Not Mated《缔结姻缘，但不匹配》

Marsh, O.C. O.C. 马什

Marx, Karl 卡尔 · 马克思

Mason, James M. 詹姆斯 · M. 梅森

Massachusetts 马萨诸塞州

Massachusetts Bay 马萨诸塞湾

Mat, Moccasin 莫卡辛 · 马特

Maumee 莫米

Maury, Mathew F. 马修 · F. 莫里

McCanles, Jake 杰克 · 麦坎利斯

McHenry, James 詹姆斯 · 麦克亨利

McNally, Captain 麦克纳利上校

McVeys, The《麦克维伊一家》

Mead, Charles 查尔斯 · 米德

Means, Bud 巴德 · 米恩斯

Media 米提亚

Memphis 孟菲斯

Memphis Commercial Convention 孟菲斯商业大会

Merment, Irene 艾琳 · 默门特

Mexican War 墨西哥战争
Michaux, André 安德烈 · 米肖
Middlesex Journal《米德尔塞克斯杂志》
Middleton 米德尔顿
Milton 弥尔顿
Minnesota 明尼苏达州
Mississippi 密西西比
Mississippian Scenery《密西西比的风景》
Mississippi Valley 密西西比河流域
Missouri Argus《密苏里巨人报》
Moby Dick《莫比 · 迪克》
Moll, Phantom 幽灵莫尔
Monette, John W. 约翰 · W. 莫尼特
Montana 蒙大拿
Monticello 蒙蒂塞洛
Montriche 蒙特里奇
Montesquieu 孟德斯鸠
Monticello 蒙蒂塞洛
Montour 蒙图尔
Mood, Fulmer 富尔默 · 穆德
Mora Valley, The 莫拉河谷
Mordaunt, Myra 迈拉 · 莫当特
More, Philip 菲利普 · 莫尔
Moreau, Eulalie 尤拉莉 · 莫罗
Moses 摩西
Muggins, Raphe 拉斐 · 马金斯
Munro, Cora 科拉 · 芒罗
Murray 默里

Murrel 莫勒尔

Mustang-Hunters, The; or, The Beautiful Amazon of the Hidden Valley《野马猎人；或，幽谷美女战士》

Mystery of Metropolisville, The《梅特罗波利斯维尔的奥秘》

Nance 南斯

Natchitoches 纳基托什

Nathan Todd; or The Fate of the Sioux' Captive《内森 · 托德；或，苏人俘虏的命运》

Nebraska 内布拉斯加州

Nellie 内莉

Neville, Morgan 摩根 · 内维尔

New Home, A —Who'll Follow?《新家园——谁是追随者？》

New Jersey 新泽西州

New Mexico 新墨西哥

New Orleans 新奥尔良

New Pastoral, The《新田园》

New World《新世界》

New York Herald《 纽约先驱论坛报》

New York Ledger《纽约纪事报》

New York Tribune《纽约论坛报》

New York Weekly《纽约周刊》

New York Workingmen' s party 纽约工人党

Nicaragua 尼加拉瓜

Niles, John M. 约翰 · M. 奈尔斯

Niles' Register《奈尔斯年鉴》

North American Review《北美评论》

North Carolina 北卡罗莱纳

North, Major Frank 弗兰克 · 诺斯少校

North Pass 北山关

North Platte 北普拉特

North West Company, The 西北公司

Northwest Ordinance《西北地域法令》

Notes on Virginia《弗吉尼亚笔记》

Notion《见解》

Nova Scotia 新斯科舍

Oak Openings《栎树空地》

Observations《观察》

Observations Concerning the Increase of Mankind《关于人类增多问题的意见》

Ohio Valley 俄亥俄河流域

Old Avalanche《老雪崩》

Old Avoirdupois; or, Steel Coat, the Apache Terror《老胖子；或，钢铁外套，阿帕切恐怖行动》

Old Glory Blowout "国庆盛典"

Old Hicks, the Guide《向导老希克斯》

Oliver, Tom 汤姆 · 奥利弗

Omaha 奥马哈

Omohundro, Jack 杰克 · 奥莫亨德罗

Omoo《奥穆》

Oonomoo, Huron 赫龙 · 奥诺莫

Opelousas 奥珀卢瑟斯

Orange County 奥林奇县

Oregon Trail 俄勒冈小道

Oregon Trail, The: Sketches of Prairie and Rocky-Mountain Life《俄勒冈小道：草原及落基山生活随笔》

Orinoc 奥里诺科河

Orpheus-Heracles 奥菲士–赫拉克勒斯型

Ostend Manifesto《奥斯坦德宣言》

Our Western Empire: or the New West Beyond the Mississippi《我们的西部帝国：密西西比河以西的新西部》

Owen, Robert Dale 罗伯特 · 戴尔 · 欧文

Oxus 奥克苏斯河

Page, Horace F. 霍勒斯 · F. 佩奇

Page, Thomas Nelson 托马斯 · 纳尔逊 · 佩奇

Paine, Tom 汤姆 · 潘恩

Palmyra 巴尔米拉

Panic of 1837 1837 年经济大恐慌

Parkman, Francis 弗朗西斯 · 帕克曼

Parley, Peter 彼得 · 帕利

Patterson, Thomas M. 托马斯 · M. 帕特森

Paulding, James K. 詹姆斯 · K. 保尔丁

Peaceful Valley 和平山谷

Pearce, Roy H. 罗伊 · H. 皮尔斯

Pepita 佩皮塔

Persia 波斯

Peters, DeWitt C. 德威特 · C. 彼得斯

Phasis 发西斯（河）

Philosophical and Political History of the Settlements and Trade of the Europeans in the East and West Indies《欧洲人在东西印度群岛殖民和贸易的哲学史和政治史》

Philosophy of Art in the Netherlands, *The*《荷兰艺术哲学》

Phoenicians 腓尼基人

Pike, Zebulon M. 泽布伦 · M. 派克

Pike's Peak 派克斯峰

Pioneers! O Pioneers《开拓者！啊，开拓者！》
Pioneer《开拓者》
Pitt, William 威廉 · 皮特
Pittsburgh 匹兹堡
Platte River 普拉特河
Platte Valley 普拉特河谷
Pompey 庞比
Pope 蒲柏
Port Folio《弗里欧港周刊》
Potomac 波托马克河
Potter, Amos 阿莫斯 · 波特
Powder Face “粉脸”
Powell, John Wesley 约翰 · 韦斯利 · 鲍威尔
Prairie, The《大草原》
Prairie Flower, The《草原之花》
Prairie Rover, The《草原流浪汉》
Precaution《戒备》
Press, The《新闻报》
Prince of the House of David, The《戴维之家的王子》
Prometheus 普罗米修斯
Prouder, Zury 祖里 · 普劳德
Public Land Commission 公地委员会
Radbourn 拉德本
Raynal, Abbè 阿贝 · 雷诺尔
Read, Thomas Buchanan 托马斯 · 布坎南 · 里德
Recollections of the Last Ten Years《过去十年的回忆》
Red River Valley 红河谷
Report on the Lands of the Arid Region《干旱地区情况报告》

Reports of Hayden’s Survey 海顿勘测队报告

Riley, James Whitcomb 詹姆斯 · 惠特科姆 · 赖利

Riflemen of the Miami, The《迈阿密的步兵》

Rio Grande 里奥格兰德河

Roaring Ralph Rockwood, The Reckless Ranger《咆哮的拉尔夫 · 罗克伍德，鲁莽骑警》

Rosa, Salvator 萨尔瓦托 · 罗莎

Robinette, Kate 凯特 · 罗比内特

Robinson, Dr. John Hovey 约翰 · 霍维 · 鲁宾逊博士

Rockefeller 洛克菲勒

Rocky Mountain 落基山脉

Rolfe 罗尔夫

Rollins, Charles 查尔斯 · 罗林

Rosalind 罗莎琳德

Rousseau 卢梭

Roxy《罗克西》

Rumsey, James 詹姆斯 · 拉姆齐

Russel & Majors 拉塞尔和梅杰斯

Sabine 萨宾河

Saint Lawrence 圣劳伦斯河

Sal, Shian 希安 · 萨尔

Sam, Big 大块头山姆

Sam, Mustang 马斯坦 · 山姆

Sam, Salamander 萨拉曼德 · 山姆

San Francisco 圣弗朗西斯科（旧金山）

Sandusky 桑达斯基

Sandwich Islands 桑威奇群岛

San Joaquin Valley 圣约华金河谷

Santa Fé 圣达菲

Sargent, Aaron A. 艾伦 · A. 萨金特

Schurz, Carl 卡尔 · 舒尔茨

Scott, Jessup W. 杰瑟普 · W. 斯科特

Scribner's 斯克里布纳出版社

Scribner's Monthly《斯克里布纳月刊》

Sealsfield, Charles 查尔斯 · 西尔斯菲尔德

Sears, Roebuck 西尔斯–罗巴克公司

Seminole War 塞米诺尔战争

Seth Jones or, The Captives of the Frontier《塞斯 · 琼斯；或，边疆的俘虏》

Seward, William H. 威廉 · H. 苏厄德

Seymour 西摩

Shafer, Pete 皮特 · 谢弗

Shairp, John C. 约翰 · C. 谢普

Shelley 雪莱

Shenandoah Valley 谢南多厄瓦利

Sibthorpe 西布索普

Sidon 希登

Silver-spur; or, The Mountain Heroine. A Tale of the Arapaho Country《银马刺；或，山林女杰：阿拉珀霍的故事》

Simms, Lucy 露西 · 西姆斯

Simms, William 威廉 · 西姆斯

Sketches of History, Life, and Manners, in the West《西部历史和风土人情随笔》

slave power 奴隶主集团

Sleuth, Old 老侦探

Smiles, Ben 本 · 斯迈尔斯

Smith, Francis S. 弗朗西斯 · S. 史密斯

Smith, James 詹姆斯 · 史密斯

Smith, Jedediah 杰迪代亚 · 史密斯

Sol, Oregon 俄勒冈 · 索尔

Song of Myself《自我之歌》

Soule, Caroline A. 卡罗琳 · A. 索尔

South Lebanon 南莱巴嫩

South Pass 南山口

Southern Literary Messenger《南方文学信使》

Southern Quarterly Review《南方评论季刊》

Southwestern humor 西南部幽默

Sparrow, Anne 安妮 · 斯帕罗

Spectre of the Forest, The《森林幽灵》

Spenser 斯宾塞

Springfield 斯普林菲尔德

Springville Bugle, The《斯普林维尔的号角》

Spy, The《密探》

Squatter Sovereignty 人民主权论

St. George, Harry 哈里 · 圣乔治

St. Louis 圣路易斯

Stafford 塔福德

Stansbury, Samuel 塞缪尔 · 斯坦斯伯里

Stanton, Annie 安妮 · 斯坦顿

Stanton, Sylvester 西尔维斯特 · 斯坦顿

Stephens, Ann S. 安 · S. 斯蒂芬斯

Stephenson 斯蒂芬森

Storm Cloud 风暴云

Stoddard, Amos 阿莫斯 · 斯托达德

Strafford 斯特拉福德

Street & Smith 斯特里特与史密斯出版公司

Stuart, Robert 罗伯特 · 斯图亚特

Street, Francis S. 弗朗西斯 · S. 斯特里特

Sudbury, Edith 伊迪丝 · 萨德伯里

Sundry Civil Expenses Bill, The《多种民事经费议案》

Susan 苏珊

Sutherland, Josiah 乔赛亚 · 萨瑟兰

Swallow Barn《燕子谷仓》

Symmes 西姆斯

Taine 泰纳

Tanner, Henry S. 亨利 · S. 坦纳

Tartars 鞑靼人

Tecumseh 特库姆塞

Temple, Elizabeth 伊丽莎白 · 坦普尔

Temple, Marmaduke 马默杜克 · 坦普尔

Tennessee 田纳西州

Tennyson, Alfred 艾尔弗雷德 · 丁尼生

Terminus 忒耳弥努斯（界标神）

Texas 得克萨斯

Thirty Years' View《三十年之观察》

Thoreau, Henry David 亨利 · 戴维 · 梭罗

Throckmorton, Peter 彼得 · 思罗克莫顿

Tippecanoe 蒂珀卡努

Tocqueville 托克维尔

Toledo 托莱多

Topographical Description of the Western Territory of North America《北美西部地域地形说明》

Trachtenberg, Alan 艾伦 · 特拉亨伯格

Treaty of 1818, The《1818 年协议》

Treaty of 1846, The《1846 年条约》

Treaty of Greenville, the《格林维尔条约》

Treaty of Sycamore Shoals《锡卡莫尔 · 肖尔斯条约 》

Trinity River, The 特里尼蒂河

Turgot 杜尔哥

Turner, Frederick Jackson 弗雷德里克 · 杰克逊 · 特纳

Twain, Mark 马克 · 吐温

Twonnet 图内特

Typee《泰庇》

Tyre 提尔

Uncle Billy 比利大叔

Uncle Ezekiel and his Exploits on Two Continents《伊齐基尔大叔与他在两个大陆的英勇事迹》

Ungar 昂加尔

Union Pacific Railway 联合太平洋铁路

United States Geological Survey 合众国地质勘测局

Upper Canadian River, The 上加拿大人河

Upper Des Moines 上得梅因河

Upper Rio Grande Valley 上里奥格兰德河谷

Van Buren 范布伦

Venice 威尼斯

Vermont 佛蒙特

Vernon, Ray 雷 · 弗农

Victor, Metta V. 梅塔 · V. 维克多夫人

Victor, Orville J. 奥维尔 · J. 维克托

View of the Valley of the Mississippi《密西西比河流域风景》

Views of Louisiana《路易斯安那州见闻》

Virginia—The West “弗吉尼亚——西部”
von Holst, Hermann Edouard 赫尔曼·爱德华·冯霍尔斯特
Wade, Benjamin F. 本杰明·F. 韦德
Wade, Ellen 埃伦·韦德
Walden 瓦尔登湖
Walker, Francis A. 弗朗西斯·A. 沃克
Walker, James A. 詹姆斯·A. 沃克
Walsh, Richard J. 理查德·J. 沃尔什
Waltermyer, Kirk 柯克·沃尔特迈尔
War of 1812 1812 年对英战争
Waring, Margaret 玛格丽特·韦林
Warne, Philip S. 菲利普·S. 沃恩
Warren, Lieutenant Gouverneur K. 古凡纳·K. 沃伦中尉
Watt 瓦特
Webber, Charles W. 查尔斯·W. 韦伯
Weekly Novelette, The《中篇小说周刊》
West Florida 西佛罗里达
Western Baptist 西部浸礼会
Western Clearings《西部林中垦殖地》
Western, Jasper 贾斯珀·维斯顿
Western Souvenir《西部的纪念》
Weston，Frank 弗兰克·韦斯顿
Westward Ho!《嗨！西进》
Westward Movement 西进运动
Wheeler, Edward L. 爱德华·L. 惠勒
Wheeling 惠灵
White, Abiram 阿比拉姆·怀特
Whiteman, Kent 肯特·怀特曼

Whitman 惠特曼

Whitney, Asa 阿萨 · 惠特尼

Whittaker, Frederick 弗雷德里克 · 惠特克

Whittier, (John Greenleaf) 惠蒂埃

Wigfall, Louis T. 路易斯 · T. 威格夫

Wigginton, Peter D. 彼得 · D. 威金顿

Wigglesworth, Michael 迈克尔 · 威格尔斯沃思

Wilber, Charles Dana 查尔斯 · 达内 · 威尔伯

Wild Western Scenes《荒凉的西部风景》

Wilde, David 戴维 · 怀尔德

Wilder, Fred 弗雷德 · 怀尔德

Wilderness Trail, The 荒原小道

Willamette Valley 威拉米特河谷

Willett, Edward 爱德华 · 威利特

Wilkins, Pete 皮特 · 威尔金斯

Willard, Minnie 明妮 · 威拉德

William and Mary College 威廉和玛丽学院

Wilna 维尔纳

Winthrop, John 约翰 · 温思罗普

Wisconsin 威斯康星

Wollstonecraft, Mary 玛丽 · 沃斯通克拉夫特

Woolf, Bob 鲍勃 · 伍尔夫

Wordsworth 华兹华斯

Wormley, Silas 塞拉斯 · 沃姆利

Wright, Frances 弗朗西斯 · 赖特

Wyoming 怀俄明州

Xerxes（波斯王）薛西斯

Yellow Hand “黄手”

译后记：读懂西部，读懂美国

一

《处女地：作为象征和神话的美国西部》(*Virgin Land: The American West as Symbol and Myth*)(以下简称《处女地》)一书作者亨利·纳什·史密斯(Henry Nash Smith，1906—1986)1925年毕业于美国南卫理公会大学(Southern Methodist University)。1927年获得哈佛大学文学硕士学位后，他回到南卫理公会大学任教，并长期担任《西南评论》(*Southwest Review*)的编辑(1927—1937年)。1940年他成为哈佛大学美国文明方向首位博士毕业生。作为一名教师，他先后任教于得克萨斯大学奥斯汀分校、明尼苏达大学、加州大学伯克利分校，并曾任哥本哈根大学、国立莫斯科大学访问教授。作为一名学者，他热爱探究社会文化问题，热情倡导并主张学术自由，在明尼苏达和得克萨斯任教期间就曾因捍卫学术自由遭遇解聘和教职调整。1986年6月，史密斯因车祸辞世，享年 79 岁。《处女地》出版于 1950 年，第二年便获得美国历史学会颁发的邓宁奖（The John H. Dunning Prize）及哥伦比亚大学颁发的班克罗夫特奖（The Bancroft Prize）。该书既是他的第一部著作，也是令他闻名于世的代表作，被视为“美国学”（American Studies or American Civilization）研究领域的开山之作，也催生了“神话和象征学派”（The myth and symbol school）这一名号。他的其他著作主要包括：*Mark Twain of the Enterprise*, 1957; *Mark Twain: the Development of a Writer*, 1962；coed., *Mark Twain-Howells Letters, 2 vols.*, 1962; *Mark Twain's Fable of Progress*, 1964; ed., *Popular Culture and Industrialism 1865–1890*, 1967; *Democracy and the Novel*, 1978。毕其一生，他热衷探究“文化”和“身份”的奥秘，从未刻意引领任何流派和运动，但在去世后却被公认为美国研究的一位开创者。他的名字也与西部或 19 世纪美国文化研究联系在一起。

二

原始荒原和边疆精神贯穿了西部叙事，共同诠释了美国文学、历史和政治历来热衷探讨且乐此不疲的话题——何为美国人或何为美国特性？《处女地》一书探究的正是“西部——边疆以西空旷无主的陆地——对美国人思想意识产生的影响，以及迄至特纳予以阐述为止这一影响在文学、社会思想方面的主要结果”（《处女地》二十周年重印版序言）。其独特之处在于作者从文学、历史和大众文化的跨学科视角，聚焦美国西进扩张历程中的西部故事，尝试全景或立体地审视关于西部的象征、神话及其文化内涵，反思年轻的美利坚民族的所思所想及其精神特性。

该书分为三个部分：第一部分题为“通往印度之路”，讲述立国之初的美国人如何笃信其“显然天命”，向西进发开疆扩土拓展美利坚帝国蓝图的故事。作者聚焦美国人开辟亚洲贸易通道、构筑贯通东西部交通网络的西进历程，指出其目的不仅在于探索发展经济贸易的可能，更重要的是探索建立独立的经济和文化体系，确立美国的文化身份或“美国性”的可能。第二部分题为“皮袜子的儿子们”，聚焦横跨大陆的帝国开拓者——美国西部故事的主人公——的边疆生活，通过分析西部文学、人物传记、通俗小说中的男女主人公形象，探讨了美国社会关于文明与荒蛮、东部教养崇拜与西部原始自然崇拜或欧洲文化传统与新大陆民主理想之间的碰撞与纠葛，旨在描述和反思美利坚人的特质。第三部分题为“世界花园”，讲述世界花园神话——19世纪美国人心中的西部美好社会——的发展演绎及美国人如何探索西部治理之道。作者解读和分析了“世界花园”的含义及其内在矛盾，同时又面向美国社会发展的未来，深刻反思了西部神话背后的思想文化传统。

上述三部分的标题既反映了西部拓殖的进程，也诠释了19世纪美国人眼中的西部——西部是“通往印度之路”，真正开辟这条道路的是“皮袜子的儿子们”，而边疆的推进和西部拓殖营造了西部“世界花园”这一神话。在史密斯看来，“通往印度之路”承载的是美国人追求经济平等和自由、构建美利坚帝国未来之梦想。关于西部“世界花园”神话的想象，以及有关西部农业乌托邦理想社会的叙事、争议与边疆拓殖的实践赋予了西部超越其地域局限的意义。而野蛮和文明、传统和创造、旧思想和新观念的冲突和抉择塑造出西部开拓者的主要特性——既粗鲁强健又乐观敏锐、既异想天开又求实敢干、既怀有极端的个人主义又强调秩序、结社和自治。理解了西部故事主人公的这些特性也就理解了美利坚这个新民族的特性。西部故事的字里行间不仅燃烧着美国人追求机会平等和经济繁荣的热情，而且洋溢着一种由"无主的土地"赋予美国人的天命意识，即在边疆拓殖和西进运动中蕴含着独特而宏大的国家命运意识。用美国历史学家霍夫施塔特的话说，这种意识乃是"美国精神的一个标志"。作为一部解析美国西部及美国文化的经典，"该书属于那种拥有丰富内涵的著作，读者的眼界越宽，它所呈现的思想也越广。美国人有关美利坚的思考无不直接或间接地从该书中得到启迪"。（Richard Hofstadter, *American Quarterly*, Vol. 2, 1950, p.279）

三

西部与美国建构独立的文化身份，尤其是19世纪美国的社会文化有何关系呢？众所周知，1776年英属北美殖民地联合发表《独立宣言》，6年之后的1783年正式签署的《巴黎和平条约》确立了美国这个新兴国家的边界，4年后《美国宪法》制订通过，建立了一个全新的政治机制。10年奋斗，美国以武力摆脱英国的遥控，通过辩论实现合众为一，完成建国大业。但事实上，美国的真正和完全的独立才刚刚开始。诉诸武装革命和口号檄文来切断与旧世界旧王朝的联系可能只是创建一个独立国家的斗争中最容易的工作。19 世纪的美国社会百废待举，独立自由地掌握自己的命运成为时代的主旋律。西部正是在这样的时代旋律中跃入美国人的视野，成为 19 世纪美国社会变革的重要舞台。从蜗居大西洋沿岸到横贯北美大陆，在美国社会的形成和扩张过程中西部既是一个不断延伸的地理空间，也催生了影响深远的西部思想传统。这一传统由来已久，从富兰克林、杰斐逊时代到托马斯·本顿、威廉·吉尔平、惠特曼、特纳时代以至经济全球化的今天可谓代代相传。无论是就民族身份的构建、文化传统的认同而言，或是从地缘政治的角度来看，没有西部广袤的土地和西部开拓历程就没有后来的美国。

一方面，西进运动和边疆话题不仅为美国人创造了一个符号（美国思想）的共同体，也在事实上发展并巩固了美利坚合众国这个政治共同体。尽管看得见的纽带都被割断，由于一个半世纪殖民地思想的束缚，旧世界的思想传统、对于宗主国的精神和文化依赖根深蒂固。对于年轻的美国，从政治、经济领域到文学创作和大众文化，谋求民族性、美国性的诉求既迫切又艰巨。然而伴随西部纳入美国的疆域，大量定居者西迁，全国三大地区的利益分歧日益明显：东部致力于工业资本主义和城市社会的理想，南方期待实现以奴隶制为基础的帝国主义蓝图，西部则酝酿着以自由土地、自由劳动为基础的农业乌托邦之梦。从重农主义、平均地权主义、乌托邦社会实验到奴隶制问题、文明进步论等争议，西部既是贯穿 19 世纪美国政治、经济和文化生活的重大话题，也是美国摆脱殖民地属性构建独立民族身份、维护联邦统一的关键要素。如果说 18 世纪的美国是个“繁忙、欢乐、不爱读书的社会”

（布尔斯廷，《美国人：开拓历程》，北京：生活·读书·新知三联书店，1993年第一版，第358页），19世纪的美国不仅产生了大量西部故事、游记和政论演讲，而且催生出一大批“小说读者”和诸多流传至今的西部英雄形象。西部不仅有吸引东部的风景、牛仔和传奇，还培育出了“征服东部，乃至英国”的马克·吐温，养育了影响美国政治和历史的布赖恩和林肯。借助政客、游记和廉价小说的渲染，作为神话和象征的西部应运而生，不仅反映了人们对自由土地的渴望和深入人心的天命意识，也将内陆和沿海、现实和梦想紧密联系起来。

另一方面，西部在推进美国化或同质化的同时也成为“美国性”想象的考场。1893年，特纳提出“边疆假说”，认为美国自东向西扩张过程中催生了不断推进的边疆地带。文明与野蛮在这里遭遇，欧洲文明、东部的殖民地经验和思想传统经这里转化为真正的美国文化、美国特性。换言之，边疆的推进和边疆经验创造了美国的民主，赋予了美国社会不断新生的力量。由于“边疆假说”的问世，“美国历史的编撰发生了革命性剧变”，“其影响后来波及经济学、社会学、文学批评，甚至政治领域”，成为美国人理解自身历史的基础（见《处女地》第22章）。而摒弃“边疆”概念的美国新生代历史学者则把美国西部历史视为一个文化“融合”的过程，把西部拓殖视为不同民族之间经济、政治、文化、语言长期竞争和彼此作用的过程（Alan Brinkley, *American History: A Survey, McGraw-Hill Publishing Company*, 2008）。在此过程中，“不是局部环境而是美国整个的环境（辽阔的土地、便于流动、独立的气氛和崇尚乐观进取的精神）决定了美国人的性格，或者说造就了美国式的人”。作为一个新兴国家，美国的传统就是打破欧洲根深蒂固的封建主义和民族主义传统束缚，“不承认强烈的地方性传统”，“总体超越局部”（康马杰，《美国精神》，南木等译，北京：光明日报出版社，1988年第一版，第5页）。西部拓殖成为美国身份建构或美国文化认同的实证过程，而西部经历无疑赋予美国文学、政治和历史独特的文化内涵。西部作为一个地理概念，与19世纪美国社会的扩张牢不可分。作为一个文化概念，在相当程度上西部就是美国社会似乎与生俱来的“天命”意识或美利坚帝国梦的产物。而西部思想传统无疑是英国，或者说是欧洲文化的继承与美国环境的创造彼此结合的成果。

在史密斯看来，特纳的“边疆假说”正是源于“花园神话”和“帝国神话”。其思想基础在于重农主义或农耕乌托邦社会理想。然而，史密斯敏锐地指出，拘泥自然论与文明论的思想传统无法理解和解决工业化时代带给美国社会的现实问题：前者导致美国的封闭，如推行孤立主义的外交政策，漠视城市化、工业化技术革命造成的现实矛盾；后者则导致文化帝国主义，“将落后野蛮的标签强加给西部”，或导致人们为某种政治理想而借进步和文明之名将历史过于简单化、二元化，进而为一些不光彩的行径——包括欧洲对世界各地土著进行掠夺——做辩解。（见《处女地》第22章）无论是用文学来表现西部，或是想要充分认识西部，都不能不关注那些“表达人们共同向往”“激励并指引人们采取行动”的富于神话和象征色彩的形象，因为离开了这些形象19世纪美国的历史将完全是另一番光景（见《处女地》二十周年重印版序言）。进入20世纪后，美国人崇尚的是商业而不再是冒险，是金融大亨和工业巨擘而不是古代圣贤。在“边疆假说”统领美国半个多世纪之后，史密斯提出，“若要充分理解西部的社会发展进程，我们就需要一种新的思想体系”（《处女地》第 22 章）。创造性想象与富于激情的实践才是边疆的特质或美国生活的希望所在。

作者诉诸“神话和象征”的研究思路让人耳目一新，由其开创的“神话和象征”传统影响至今，但也受到诸多批评质疑。在二十周年重印版序言中作者坦承其论述中存在“简单化”“二元化”的问题，但同时指出，“人的思想与其所处环境之间存在持续不断的辩证的互动关系。”作为象征和神话的西部乃是 19 世纪美国人“集体的描绘”或“思想创意”；同时，这些描绘和创意“对实际事务的影响显而易见”。作为“拓荒者与大自然之间力量悬殊的对决”（Arthur Schlesinger, *The Rise of the City,* New York: The Macmillan Company, 1933, p.40）的见证，西部是美国自由、平等的立国信念不断遭遇挑战的战场，也是人性的高度与底线的一面镜子。通过反思西部的原始荒蛮与东部的文明进步、英国的传统与美国的创新、农耕理想与工业文明之间的联系，该书带领读者重新审视了人们习以为常的有关美国西部和美国文化的观念，审视了诞生于东部的美国观念与西部荒原间的互动，反思美国文明作为一种新型文明成长中的人性冲突和社会矛盾。神话和象征是人类心灵的创造，一旦诉诸大众的文学、民主政治的实践以及现代化的技术和资本就有可能增进人类文明的发展。环境会塑造观念，观念同样会改造环境。一个社会的文明进程理应取决于两者开放有效的互动。时至今日，这本书还值得一读，一个重要的原因或许正在于此。

该书的翻译得到恩师钱满素先生的鼓励和支持，也得到东方出版社姚恋老师耐心细致的帮助，感恩之情无以言表。翻译过程中，伯明翰大学美加研究中心、佛罗里达州立大学图书馆、上海海事大学图书馆为我提供了许多帮助，在此谨致谢忱。译文中存在的错漏之处，祈请读者不吝指教。

译者，2021 年 9 月于上海浦东